四川省首批名师工作室建设成果
四川省名师名校长工作室专项课题"现代中学历史教学实践体系"成果

问道历史

——现代中学历史教学实践体系的构建

贾雪枫　著

西南交通大学出版社
·成　都·

图书在版编目（ＣＩＰ）数据

问道历史：现代中学历史教学实践体系的构建 / 贾
雪枫著. —成都：西南交通大学出版社，2022.11
ISBN 978-7-5643-9015-0

Ⅰ. ①问… Ⅱ. ①贾… Ⅲ. ①中学历史课 – 教学研究
Ⅳ. ①G633.512

中国版本图书馆 CIP 数据核字（2022）第 216989 号

Wendao Lishi——Xiandai Zhongxue Lishi Jiaoxue Shijian Tixi de Goujian
问道历史——现代中学历史教学实践体系的构建
贾雪枫　著

责 任 编 辑	居碧娟
助 理 编 辑	邵莘越
封 面 设 计	原谋书装
出 版 发 行	西南交通大学出版社
	（四川省成都市金牛区二环路北一段 111 号
	西南交通大学创新大厦 21 楼）
发 行 部 电 话	028-87600564　028-87600533
邮 政 编 码	610031
网　　　址	http://www.xnjdcbs.com
印　　　刷	成都蜀通印务有限责任公司
成 品 尺 寸	170 mm×230 mm
印　　　张	25.5
字　　　数	391 千
版　　　次	2022 年 11 月第 1 版
印　　　次	2022 年 11 月第 1 次
书　　　号	ISBN 978-7-5643-9015-0
定　　　价	98.00 元

前　言

　　人们常说，教学有法，教无定法。这句话的意思就是教学是科学，教学也是艺术。教学有法，说的是教学要遵循规律和法则，比如学生身心发展规律、学科知识发展规律，要体现循序渐进、因材施教的原则。教无定法，说的是教学是一项个性十足的工作，同样的教学内容，对于不同的学生来说难度是不同的，不同的教师在处理同一个教学内容时也会有不同的方法，所以教学是一项艺术。

　　集科学与艺术于一身的教学，当然充满了无穷魅力，吸引着广大教师孜孜以求。我们也是其中的一员。本书是四川省贾雪枫名师工作室建设的成果，我们力图通过自己的实践，在现代中学历史教学实践体系构建中做出一点成绩。

　　要做好这项工作，学术史梳理是基础。本人才疏学浅，接触文献甚少，幸而手上有陈辉教授主编的《历史教师培训的理论与实践探索》，内中赵亚夫教授撰写的《我国中学历史教育的研究历程及其主要课题》[①]对我国中学历史教育教学研究的历史进行了条分缕析的梳理，认真学习后予以摘要如下：

　　1. 中学历史课程的分期

　　可以划分为"定型时期"（1950—1965）、"混乱时期"（1966—1976）、"调整时期"（1978—2000）、"探索时期"（2001—）。课程反映国家意志，具体包括两个层面：一是中华人民共和国成立以来国家为中学历史教育所定的主旨性内容没有变过，历史课程作为意识形态学科的地位也没有动摇过；二是中学历史教育进步的总趋势是协调好"国家意志"和"个人健全发展"之间的关系。中学历史教育研究，从来就不是单纯的学术

---

① 陈辉. 历史教师培训的理论与实践探索[M]. 成都：四川大学出版社，2020：185-207.

研究，更不存在由纯粹的历史学定向教学的问题。

2. 中学历史教学法研究的趋向与作为

中学历史教学法的研究水平从 20 世纪 80 年代开始快速积累起来，形成了两个研究群体，丁西玲、赵恒烈、周发增、于友西、金相成、陆满堂、白月桥、王铎全等人组成一个较为整齐的研究群体。姬秉新、李稚勇、聂幼犁、叶小兵、杨向阳、刘军、姚锦祥、陈辉、朱煜、赵亚夫等人组成一个较为松散的研究群体。

赵恒烈是 20 世纪八九十年代相关研究的领军人物，有些成果不仅是研究热点而且代表那个时期的研究水平。90 年代末，特别是"新课改"以来，研究呈多样化趋势，尽管研究水平参差不齐，但还是显示了一些特色，研究的深度也高于前辈学者。

3. 中学历史教育研究的基本课题

从历史教育学的博士培养方向看，其学科研究课题包括：历史教育价值论、历史课程论、历史教学论、历史教材论、历史学习论、历史教师论、历史教育技术、历史教育史、历史教育比较。

对中学历史教学的研究，从学科建设上看，经历了从历史教学法到历史教育学的发展过程。我自己接触最早的中学历史教学法方面的著作是茅蔚然的《中小学历史教学法》（甘肃人民出版社，1983 年）。然后先后又接触了龚奇柱的《中学历史教学法概要》（陕西人民出版社，1983 年）、上海师范大学历史教学法教研室编著的《中学历史教学法概论》（上海社会科学出版社，1986 年）、赵恒烈的《历史教育学》（河北教育出版社，1989 年）、北京师范大学历史教学法教研室、天津师范大学历史教学法教研室编著的《中学历史教学法概论》（北京师范大学出版社，1988 年）、金相城的《历史教育学》（浙江教育出版社，1994 年）、张媛主编的《中学历史教育学》（中州古籍出版社，1995 年）等 20 世纪八九十年代的著作。其中北京师范大学历史教学法教研室、天津师范大学历史教学法教研室编著的《中学历史教学法概论》内容丰富，体系周全，全书共五编，内容涵括中学历史教学任务、中学历史课程、中学历史教学过程、中学历史教学方法、中学历史教师备课、中学历史教师进修等内容，从第四编内容看，具体而微，比较细致，对微观的活动给予了关照，可以说"该书奠定了历史教学法学科体系的基础"①。

在学科教学法的研究和学科建设过程中，很多学者纷纷撰文，对学科的结构、内容、对象、任务等一系列问题进行探讨，提出了历史教育学的概念，有学者认为"历史教育学是全面研究历史教育现象及其规律的科学"②。稍后，龚奇柱先生发表《中学历史教育学建设的理论思考》一文，从"毛泽东同志曾说过：'科学研究的区分，就是根据科学对象所具有的特殊矛盾性。因此，对于某种现象的领域所特有的某一种矛盾的研究，就构成某一门科学的对象'"出发，认为"中学历史教育学所要研究的'特有的某一种矛盾'，就是要研究中学历史教育的现象、本质及规律"。"我还认为，从中学历史教育学研究的任务和读者对象出发，中学历史教育学的主要和核心的部分，仍是阐明中学历史教学规律的中学历史教学论。"③以"历史教育学"为名出版的著作也多了起来。赵恒烈先生的《历史教育学》是其中影响最大的一部，该书探讨了历史教育的功能，对历史教育进行了哲学思考。奠定了当今历史学科教育学学科体系的基础，明确了历史学科教育学的研究目的和方法④，具有开创性意义。

进入 21 世纪以来，随着新课程改革的不断深入，学者们对中学历史教育教学的研究在体系建设方面用工更勤。李稚勇、陈志刚、王正翰编著的《历史教育学概论——中学历史教育的理论与实践》（高等教育出版社，2015 年）、赵亚夫的《中学历史教育学》（北京师范大学出版社，2019 年）是近些年影响较大的中学历史教育学著作。李著内容分为上篇历史教育基础论、中篇历史教育实践论、下篇历史教师论，以历史教育实践论为主体，研究了中学历史教学的基本要素、结构与原则、中学历史教学的基本方法及类型、中学历史教学设计、中学历史课程与历史教学的评价、中学历史学业评价与历史高考等问题。赵著共八章，分别讨

---

① 李稚勇，陈志刚，王正翰. 历史教育学概论——中学历史教育的理论与实践[M]. 北京：高等教育出版社，2015：导论 6.

② 张显传. 历史教育学性质之我见[J]. 北京师范学院学报（社会科学版），1989（3）.

③ 龚奇柱. 中学历史教育学建设的理论思考[J]. 北京师范学院学报（社会科学版），1992（4）.

④ 冯素娟. 赵恒烈中学历史教育思想初探[D]. 成都：四川师范大学，2010.

论中学历史教育学是什么、历史教育价值论、历史课程论、历史教材论、历史教学论、历史教育评价论、历史教师教育论、历史教育研究方法。

比较两书，可以发现虽然李著、赵著在体例安排、内容编制和一些学术观点上有差异，但基本框架一如赵亚夫所言，均在历史教育学博士培养的学科研究课题范围之内。这是大学的研究范畴。

但是，中学历史教育的实践者是中学历史教师。赵亚夫教授列举的所有研究课题在教学实践中都不可避免地会涉及，中学历史教师的职责在教学，虽然不能如博士那样将课题作为专门的学问来追求，但终归得去思考。而且正如赵教授所言"现在仍是以教科书为中心，以考试为中心的时代，超于传统不容易，没有相应的理论作根基，也无法实现超越"。历史教育的价值何在？历史教育的价值如何体现？这不仅是知的问题，更是行的问题。知与行应完美地体现在历史教学之中，使历史教学成为一个以"问"（行）寻"道"（知）的过程。在这个过程中，历史教师首先得明白自己所处的时代是现代信息技术深度融入生活，自然也深度融入教学的时代，教师必须清楚地认识在这个时代，教学关系有什么新的变化，学生具有新的什么特征。在新的时代学生的历史观念如何形成，历史教学所承担的德育、智育、美育目标如何体现，采用什么办法来实现历史教学的目标，怎样知道自己的教学目标实现与否，面对日新月异的时代发展，历史教师怎样才能与时俱进，不至于被时代所抛弃等问题，自然而然地摆在教师面前，成为他们在实践中必须认真对待和时刻思考的问题。

这些问题，在工作室的历次活动中都有涉及，都有讨论。2021 年 5 月 13—14 日，在内江，由四川省贾雪枫名师鼎兴工作室、绵阳师范学院四川基础教育研究院、四川省基础教育学科改革研究团队、新华文轩内江市分公司、内江市教育科学研究所主办的四川省历史名师工作室课堂展示活动中，来自成都、南充、泸州、宜宾、凉山、攀枝花、自贡、内江 8 个市州的 16 名历史教师奉献了 16 节以"问道"理念开展教学的研究课，工作室的指导专家陈辉教授、张天明教授等对教师们的教学给予了充分的指导，工作室积累了丰富的教学资源，也汇集了教师们思考的成果。现在，我把这些资源和成果进行综合，结合自己长期从事历史教学研究的点点滴滴，草成本书。本书既是工作室三年努力的结晶，也是试图将实践成果上升到一定理论程度的尝试。

教学是一门实践性的学问。马克思说："哲学家们只是用不同的方式解释世界，而问题在于改变世界。"教学是教育人的工作，没有试错的机会，历史教师在教育学生的同时，也在教育自己。因此，历史教学在"问道"，历史教师作为"问道"之人，要永远行走在"问"的道路上！

2022 年 11 月

著　者

目 录

绪　论
基于理解和解释的"问道"历史教学

　　"道"作为人类社会发展的文化成果内在地蕴藏在历史中，故子曰："朝闻道，夕死可矣。""闻道"的途径包括"博学之，审问之，慎思之，明辨之，笃行之"，这个观念应用到历史教学便形成了"问道"教学。

　　"问道"历史教学，具有"问为表征，道为内核"的特质。"问为表征"以问题为载体，综合学、问、思、辨、行等知行活动，构成历史教学的课堂形式，也构成教学的结构或者教学范式，强调问题的连贯性、逻辑性，强调问题生成的理解和对话，在师生、生生的交互问答中形成教学发展的逻辑链条，在问的教学过程中，实现由浅入深、层层递进。"道为内核"强调历史教学的根本目的是传道。

　　"道"是中国重要的哲学概念，有世界本原、普遍规律、真理和原则等意义，它与"事"是表里关系，也就是说，"道"是抽象的，必然通过具体的"事"表现出来。"道"蕴藏于"事"，"事"承载着"道"，通过对具体事物的观察研磨可以认知普遍规律或体悟人生真谛，所以王阳明曰"事即道，道即事"[①]。"事""道"是一个统一体，即所谓"文以载道"，知识、能力、思想观念呈合而为一的关系。教学中，在"事"层面上，即知识传授中，强调形成知识的体系；在"道"层面上，即观念培育上，强调历史教育承载的思想和情怀。二者在教学实践中融为一体，无法截然分开，不可能离开知识空谈史观、情怀，也不可能有脱离史观指导的纯粹知识，更不可能有缺乏具体场景支撑的抽象的能力。

　　"事""道"虽是一个统一体，但在统一体内，它们并不是并列的关

---

① 鸿雁. 王阳明全书[M]. 昆明：云南人民出版社，2013：185.

系，"事"是躯壳，"道"是灵魂，"事"为用，"道"为体。面对同样的事物，不同的人会有不同的看法，所问的道有境界高下之分与趣向取舍之别。表现在教学中，有的课注重知识传输，忽视知识蕴涵的思想价值；有的课强调能力训练，同样忽视知识蕴涵的思想价值。这种课缺乏"道"——思想的灵魂，也就缺乏深度，让学生味同嚼蜡，"问道"历史教学就是为改变这种现象而提出的。

"问道"与"闻道"在逻辑上是以追求"道"为目的的连续过程，"问"是追求的过程和形式，"闻"是追求应达到和能达到的程度。历史教育的目的是学生通过历史课程的学习，"初步学会从历史的角度观察和思考社会与人生，从历史中汲取智慧，逐步树立正确的世界观、人生观和价值观"①，"问道历史"就是在"问""闻"的过程中实现历史教学的目的。所以"问道"既是一种教学理念，又是一种教学范式和教学方式。

一、"问道"历史教学的理论基础

（一）"问道"的诠释学基础

"问道"，简言之就是追寻存在的价值，"问道"历史就是对历史存在（历史现象、历史事件、历史人物、历史过程）是什么、为什么的追寻。法国学者雷蒙·阿隆指出，"历史认识或被当作认识的历史是根据现存之物对以往知识的重建或重构"，"这不是对过去的抽象重构，而是对一个发生在具体时空的过去的重构"②。"具体时空的过去"是客观的历史，对"具体时空的过去"的"重构"是书写的历史或主观的历史。历史既是客观存在，它便以自己的方式巍然永存，不可改变。但历史不可能重复再现，要了解历史的客观存在，必须通过叙述（系统地记录、研究和诠释），哪些被记述，哪些被遗忘，无不是记述者在对事实理解和解释基础上的选择。但是，被遗忘的历史并不是永久消失，一旦有时机，它就会重现在世人面前，比如三星堆遗址发掘出的各种器物，研究

---

① 中华人民共和国教育部. 义务教育历史课程标准（2011 年版）[S]. 北京：北京师范大学出版社，2012：1.

① 中华人民共和国教育部. 义务教育历史课程标准（2011 年版）[S]. 北京：北京师范大学出版社，2012：1.
② 雷蒙·阿隆，梅祖尔. 论治史——法兰西学院课程[M]. 冯学俊，吴泓缈，译. 北京：生活·读书·新知三联书店，2003：99.

者正在进行修复和整理。因此，所有的历史叙述都是基于对过去的理解基础上的解释。

历史教学也是一种叙述，同样是基于理解基础上的解释。

1. 理解是理解者的创造性"重构"过程

诠释学包括三个要素：理解、解释和应用，伽达默尔认为三者是一个统一过程的组成要素。三者互不分离，解释是理解，应用也是理解，理解必须通过解释才能实现，理解的本质就是解释和应用。伽达默尔指出："问题并不在于我们做什么或我们应该做什么，而只在于，在我们所意愿和所做的背后发生了什么。"①因此，理解文本并不意味着回溯过去的生活，而是当前参与到文本所说的内容中去。"作为解释学的一项任务，理解从一开始就包括了一种反思因素。理解并非仅仅是知识的重建，也就是说，理解并不纯粹是重复同一事物的活动。"②只要人在理解，就总会产生不同的解释。"经过史学家思考和讲述的战役绝不是对实际战役的再现或复制，而是一种重构或重组。"③从学习者和研究者角度看，理解不是一个复制的过程，它需要根据现有知识对过去的事件进行重构，这种重构必然带有大量创造性的劳动和思维成果。

学生学习历史，目的是建构自己的历史认识，"是什么""为什么"的问题贯穿历史学习的始终，需要得到回答。在柯林伍德看来，提出问题是认识活动的一半，另一半则是回答问题，问与答二者的结合构成认识。"问道"就是提出问题和回答问题的结合。

狄尔泰说"我们说明自然，我们理解心灵"，他认为，自然科学与人文科学同样都是真正的科学，自然科学是从外说明世界的可实证和可认识，而人文科学则是从内理解人们的精神世界。因而说明与理解分别构成自然科学与人文科学各自独特的方法。理解和解释成为人文科学的普遍方法论。

"问道"是一种关于理解和解释的理念，是知（认识和理解）行（解释与应用）的合一。在历史研究和历史教学中，"历史是如何行进的"和"学习历史是为了什么"等问题伴随着各种各样、或大或小的事件贯

① 伽达默尔. 哲学解释学[M]. 夏镇平，宋建平，译. 上海：译文出版社，2004：1.
② 伽达默尔. 哲学解释学[M]. 夏镇平，宋建平，译. 上海：译文出版社，2004：46.
③ 雷蒙·阿隆，梅祖尔. 论治史——法兰西学院课程[M]. 冯学俊，吴泓缈，译. 北京：生活·读书·新知三联书店，2003：133-134.

穿始终。很多历史事件发生在今人陌生的时代环境，今人要理解它，就需要进行转换，比如六经晦涩难解，历代注疏汗牛充栋，但这些注疏并不是对古语的复述，而是注疏者根据时代需要和思想发展，用时人能懂的语言进行了转换的劳动成果。所以伽达默尔说："诠释学的工作就总是这样从一个世界到另一个世界的转换"，"从一个陌生的语言世界转换到另一个自己的语言世界"①。这种转换，必然要求理解者发挥自己的想象力，对理解对象进行创造性的转换。

2. 解释是理解者"重构"的思想表达

解释是理解的表现形式。历史是研究人类社会发展规律的科学，是人的活动。"所有生命都是精神，没有精神就没有生命，没有存在，甚至没有感官世界。"②理解必须深入精神世界。理解并不能凭空而发，任何理解都是在前理解基础上进行的。"前"也被海德格尔称之为"先"，这是理解发生前就已存在的现象或状态。海德格尔说："把某某东西作为某某东西加以理解，这在本质上是通过先有、先见和先把握来起作用的。"③"先有"是每个人降生之前，就存在于某一文化中的历史与文化传统，这是理解发生的先决条件。"先见"是指人思考与理解时借助的语言、观念以及运用语言的方式，在任何情况下，人都是在语言观念的状态下思考与理解问题。"先把握"（或"先知"）指在理解前已具备的观念、前提和假定等，这是我们理解的起点和参照系，是理解开始的必要条件。理解发生前人所处的先有、先见、先把握的这三种存在状态，就是前理解状态。前理解的意义在于否定理解主体在认识前处于白板状态，从哲学上肯定理解首先是人的存在方式，反映到认识上，就是肯定人的认识与理解都具有时间性。理解与前理解的关系，为我们教学中关注学生既有的知识技能，调动他们的学习积极性，在新旧知识学习中产生新的认识体悟提供哲学依据。

"理解首先产生于实际生活的利益之中。在实际生活中，人们依赖于相互交往。人们必须相互理解。一个人必须知道另一个人要干什么。

① 洪汉鼎. 理解与解释——诠释学经典文选[M]. 上海：东方出版社，2001：2.
② 洪汉鼎. 理解与解释——诠释学经典文选[M]. 上海：东方出版社，2001：2.
③ 洪汉鼎. 理解与解释——诠释学经典文选[M]. 上海：东方出版社，2001：120.

这样，首先形成了理解的基本形式。"①"理解的发展和它的说明被称为解释（explication）。"②从理解到解释，是一个不断"问"的过程："解释植根于理解，而理解并不生自于解释。解释并不是要对被理解的东西有所认识，而是把理解中所筹划的可能性加以整理。"③海德格尔指出："我们理解的不是意义，而是在者和存在。""意义的概念包含必然属于理解着解释所明确说出的东西的形式架构。"④理解是针对部分（具体）的，部分只有在整体中才有意义，要理解部分又必须先理解整体，如何解决解释过程中整体与部分的关系是理解和诠释的核心问题。在伽达默尔的解释学中，语言文化背景是理解得以发生的整体，是解释者之所以具有理解能力的"前理解"的存在基础，被解释的对象没有独立的地位，它们必须要与解释者的"前理解"发生理解上的关系才有意义。"理解一个文本就是使自己在某种对话中理解自己。……解释属于理解所具有的本质的统一性。一个人必须把向他说的话用以下方式纳入到自身中来，即以他自己的语词说话并提出一个答案。"⑤也就是说，解释是在理解的基础上表达自己的思想认识。

"Dasein"（此在）是海德格尔哲学的重要概念，表达的是"此时此地"和"存在"，海德格尔用"此在"探索存在的自然本性，期望、理解、把握都是构成存在的行为。海德格尔把"此在"描述为"投影"。按照海德格尔的说法，一切深思熟虑解释的产生都以此在的历史性为基础，它从具体情境出发，对存在进行前反思理解，这种具体情境同解释者的过去和未来具有内在的关系。作为投影，理解在本质上与未来有关系，此在不断向未来作投影。"每一种解释——哪怕是科学的解释——都受到解释者的具体情境控制。根本不存在无前提、'无偏见'的解释。"⑥所以，解释是属于解释者的，所谓"具体情境控制"，言下之意就是解释是基于理解的。在解释中，学生不是构建历史，而是构建自己对历史的认识，这是"问道"历史教学需要特别强调的，学生只有通过自己的构建，才能真正从历史中获得前进的力量。

---

① 洪汉鼎. 理解与解释——诠释学经典文选[M]. 上海：东方出版社，2001：96.
② 洪汉鼎. 理解与解释——诠释学经典文选[M]. 上海：东方出版社，2001：9.
③ 洪汉鼎. 理解与解释——诠释学经典文选[M]. 上海：东方出版社，2001：117.
④ 洪汉鼎. 理解与解释——诠释学经典文选[M]. 上海：东方出版社，2001：121.
⑤ 伽达默尔. 哲学解释学[M]. 夏镇平，宋建平，译. 上海：译文出版社，2004：58.
⑥ 伽达默尔. 哲学解释学[M]. 夏镇平，宋建平，译. 上海：译文出版社，2004：42

（二）"问道"的教学论基础

教学是师生对教学内容认知的结构系统，它的根本目的是促进学生的发展。现代教学论认为：在教学系统中，教师是主导，学生是主体，而且是关键责任主体。所谓主体，是有头脑思维的从事实践活动和认识活动的个人或集团，客体则是实践和认识的对象及其结果。教学中师生的关系是主体与主体的相遇，不同的主体是不同的行为者。教师组织教学活动的责任在于教，是主导教学的行为者，学生参与教学活动的目的在于学，是学习活动的行为者。教学存在的目的指向学生，学生是教学运行结果的最终承担者和体现者。"教师+学生"的认知实体与教学内容构成认知的主客体关系。认知是能动性的，这种能动性决定了教学具有认识世界和改造世界的特征。

1. "问道"是教的必然要求

教者，上所施下所效也。苏联心理学家维果茨基曾指出，教学的本质特征不在于"训练""强化"业已形成的心理机能，而在于激发、形成目前还不存在的心理机能。所以教学是指导性与发展性的结合。教师在教学中居于指导性地位。唐代文学家韩愈在《师说》中将教师的责任明确定位为"传道、授业、解惑"，它包含教师的固有职责和教师如何履行职责的两方面意义。"传道"是培养学生认识、体验教学内容所体现的思想、价值。"授业"是传授知识、技能技巧，既要帮助学生掌握所学知识，又要训练学生的思维习惯，让其掌握相关技能，培养发现问题和解决问题的能力。"解惑"是解难释疑，解难释疑必然带有看问题的观点、角度，要求掌握和运用一定的方法，对疑难问题进行比较、概括、阐释，在解释中与他人合作和交流。从教师职责和行为的角度来看，问道是教的必然要求。

2. "问道"是学的必然归宿

学是接受教育，获得启蒙和觉悟。学习是个体的潜在行为由于经验的作用所产生的一种相对持久的改变，学习过程实质上是一种认识过程，是主体对客体的认识活动过程，学生通过学习来传承和发展人类的知识。按照建构主义的观点，知识学习是学习者在原有知识经验基础上，对新信息进行加工处理，建构知识的意义过程。维果茨基指出："在儿童的发展中,所有的高级心理机能都两次登台:第一次是作为集体活动、社会活动,即作为心理间的机能,第二次是作为个体活动,作为儿童的内部心理思维方式,作为内部的心理机能。"①是"教学引起了、唤醒了、启发了一系列内部发展过程",维果茨基举例像在自己周围听不到语言的聋哑父母的孩子一样,尽管他具备了一切发展语言的天赋,但他依然不会讲话的事例,说明"一切教学过程是导致一系列其他过程发展的源泉"②。教学必须培养学生问的品质,使学生在是什么与为什么之间实现飞跃,问道是学的必然归宿。

（三）"问道"的历史学基础

恩格斯指出"凡不是自然科学的科学都是历史科学"③。历史是叙述和阐释人类历史发展进程和规律的科学。关于历史的本质,英国历史学家柯林伍德指出:"历史是一种研究或探究",是"resgestae（活动的事迹）的科学,即试图回答人类在过去的所作所为","历史是为了人类的'自我认知'"④。所谓人类"自我认知",从大处说是探究人类历史发展规律、明了未来发展方向,从小处说是个体对自己的洞察和理解,把个人前途命运与国家民族相联系。这种"自我认知",决定了历史教学"问道"的必然和必须。

1. "一切历史都是当代历史"决定历史教学必然要"问道"

意大利史学家克罗齐在《历史学的理论与实际》一书中提出"一切真历史都是当代史"命题。在克罗齐的语境中,"当代"一词,指"那种紧跟着某一正在被做出的活动而出现的、作为对那一活动的意识的历史"⑤,与其相联系的活动"同时"形成。按照柯林伍德的说法,"所有的历史都是当代史严格意义的含义,即人们在真正进行某项活动时对自

---

① 维果茨基. 维果茨基教育论著选[M]. 余震球,选译. 北京:人民教育出版社,2005:389.
② 维果茨基. 维果茨基教育论著选[M]. 余震球,选译. 北京:人民教育出版社,2005:390.
③ 中共中央马克思恩格斯列宁斯大林著作编译局. 马克思恩格斯选集:第二卷[M]. 北京:人民出版社,1972:117.
④ 柯林伍德. 历史的观念[M]. 尹锐,方红,任晓晋,译. 北京:光明日报出版社,2007:9-10.
⑤ 贝奈戴托·克罗齐. 历史学的理论与实际[M]. 傅任敢,译. 北京:商务印书馆,1986:1.

身活动的意识"①。朱光潜先生简明扼要地指出了"一切真历史都是当代史"这个命题强调的是历史的联系，他说："历史是真实界的生命过程，这过程是一线连串，不是忽断忽续；前一刻的生命演变到现一刻的生命，这一刻的生命在有新生展的意义上说，是超越了前一刻的生命；在新因于成的意义上说，是包涵了前一刻的生命。换句话说，前一刻的生命并未死去，它生了现一刻的生命，就进入了现一刻的生命里面。"②强调历史的现时性，就是强调历史与生活的联贯，"某一种现时生活的兴趣引起历史家对于过去史料的研讨和思索，历史就在这研讨和思索的心灵活动中产生"③。所以，"真正的历史都必须与现时生活联贯，都必是思想批判的结果"④。李大钊则以社会与历史的关系来说明历史是"活"的，他说："同一吾人所托以生存的社会，纵以观之，则为历史，横以观之，则为社会。横观则收之于现在，纵观则放之于往古。"⑤历史事实是"死"的，一成不变的，而历史的认识则是"活"的，与时俱进的，因此"历史不怕重作，且必要重作。实在的事实，实在的人物，虽如滔滔逝水，只在历史长途中一淌过去，而历史的事实，历史的人物，则犹永永生动于吾人的脑际"⑥。他举人类用火、发明农业为例，在旧史观下，是半人半神的燧人氏、神农氏的功劳，在新史观下，则是社会的进化结果。

历史教学的实践与"一切历史都是当代历史"的命题有天然的契合感。要把遥远的历史事件与学生的现实生活连接在一起，没有"当代史"的观念是不可想象的。《义务教育历史课程标准（2011年版）》要求"学生通过历史课程的学习，初步学会从历史角度观察和思考社会与人生"⑦，普通高中历史课程标准提出了历史学科核心素养，其中家国情怀是"学

① 柯林伍德. 历史的观念[M]. 尹锐，方红，任晓晋，译. 北京：光明日报出版社，2007：153.
② 《朱光潜全集》编辑委员会. 朱光潜全集：第四卷[M]. 合肥：安徽教育出版社，1988：365.
③ 《朱光潜全集》编辑委员会. 朱光潜全集：第四卷[M]. 合肥：安徽教育出版社，1988：367.
④ 《朱光潜全集》编辑委员会. 朱光潜全集：第四卷[M]. 合肥：安徽教育出版社，1988：369.
⑤ 中国李大钊研究会. 李大钊全集：第四卷[M]. 北京：人民出版社，2006：252.
⑥ 中国李大钊研究会. 李大钊全集：第四卷[M]. 北京：人民出版社，2006：254.
⑦ 中华人民共和国教育部. 义务教育历史课程标准（2011年版）[S]. 北京：北京师范大学出版社，2012：1.

习和探究历史应有的人文追求，体现了对国家富强、人民幸福的情感，以及对国家的高度认同感、归属感、责任感和使命感"①。从历史角度观察和思考社会与人生，需要对史实进行判断。史实是事，判断是理，从历史角度观察和思考社会与人生的过程，就是事与理交融的思想生展过程。一切过去的历史都必须联系当前才能加以理解，如果不能引起学生的现时思考，不能激发他们现时的兴趣，历史教育就不能达到家国情怀的培育目标。历史教学需要找到激发学生将历史与现时生活联贯的途径，把历史知识转变为学生的思想认识，正如克罗齐指出的那样："死历史可以再活，过去史可以再变成现的，如果生活的进展需要它们。例如罗马人和希腊人躺在坟墓里，一直到文艺复兴时代欧洲人的心灵新成熟，才把他们唤醒。"②所以，历史教学必然要问道。

2. "一切历史都是思想史"要求历史教学必须"问道"

恩格斯在《卡尔·马克思〈政治经济学批判〉》中指出："历史从哪里开始，思想进程也应当从哪里开始，而思想进程的进一步发展不过是历史过程在抽象的、理论上前后一贯的形式上的反映"，但是，"历史常常是跳跃式地和曲折地前进的，如果必须处处跟随着它，那就势必不仅会注意许多无关紧要的材料，而且也会常常打断思想进程"③。因此思维的任务在于撇弃历史过程中的细节和偶然因素，对历史作出理论的概括和总结。柯林伍德则指出，历史"是思想的一种特殊形式"，有关这种思想形式的本质、对象、方法和价值的问题，必须由具有两种资格的人来回答。"第一，他们必须有那种思想形式的经验。""第二种资格是一个人不仅应该有历史思维的经验，而且要对那种经验做出反思。"④怎样撇弃细节和偶然因素，怎样找出历史事件"何以"和"怎样"背后那条不可须臾离弃的思想线索，是历史研究的重要任务。

① 中华人民共和国教育部. 普通高中历史课程标准（2017 年版）[S]. 北京：人民教育出版社，2018：5.
② 《朱光潜全集》编辑委员会. 朱光潜全集：第四卷[M]. 合肥：安徽教育出版社，1988：367.
③ 中共中央马克思恩格斯列宁斯大林著作编译局. 马克思恩格斯选集：第二卷[M]. 北京：人民出版社，1972：122.
④ 柯林伍德. 历史的观念[M]. 尹锐，方红，任晓晋，译. 北京：光明日报出版社，2007：8.

历史教学要"引导学生正确地考察人类历史的发展进程","将正确的价值判断融入对历史的叙述和评判中"①，使学生"能够从历史发展的角度理解并认同社会主义核心价值观和中华优秀传统文化，认识并弘扬以爱国主义为核心的民族精神和以改革创新为核心的时代精神，具有广阔的国际视野，树立正确的世界观、人生观、价值观和历史观"②，历史思维的培养十分重要，"何以"和"怎样"的问题每时每刻都摆在师生面前，如何克服柯林伍德列出的"当一个学生处于 in statu pupillari（学生的位置）时，他不得不相信所有的事物都被解决了，因为教科书和他的老师认为它们都被解决了"③现象，"问道"的意识和"问道"的实践就是必须具备的。

一切历史都是当代史、一切历史都是思想史看起来虽然是两个命题，实则说的是同一个认识过程，是认识者对客观存在的历史（历史事实、前人对历史事实的认识）的认识过程。一切历史都是当代史（现在史），是从认识的状态角度说明问题，是认识者从自己的视角出发对客观存在的历史（历史事实、前人对历史事实的认识）进行认识的过程，没有这个过程，历史就是一个纯粹的客观存在，有了这个过程，历史就成为认识者自己构建的历史；一切历史都是思想史，是从认识的结果角度说明问题，是客观存在的历史（历史事实、前人对历史事实的认识）为认识者所感知，并赋予认识者新的认识，也就是历史由客观的存在转化为认识者主观的认识。这种转化并不改变历史的客观性，而是存在于认识者的个性特征之中。朱光潜先生那个风趣的比喻"这犹如滚粉团，愈滚愈大，新团子不是原来的团子，而原来的团子也并没有消灭"④就很能清楚地揭示这两个命题的内在一致性，"滚"是正在进行的"现在史"，"新团子"是认识者在进行中的认识活动中形成的思想认识。

---

① 中华人民共和国教育部. 义务教育历史课程标准（2011 年版）[S]. 北京：北京师范大学出版社，2012：2.
② 中华人民共和国教育部. 普通高中历史课程标准（2017 年版）[S]. 北京：人民教育出版社，2018：1.
③ 柯林伍德. 历史的观念[M]. 尹锐，方红，任晓晋，译. 北京：光明日报出版社，2007：8.
④ 《朱光潜全集》编辑委员会. 朱光潜全集：第四卷[M]. 合肥：安徽教育出版社，1988：366.

明白了这个逻辑后，我们就可以把"现在史"和"思想史"的要求内在地统一到"问道"的教学之中。客观的历史（事实和前人的认识）相当于"团子"，"问"相当于"滚"，是一个认识过程，"道"是"滚"后得到的"新团子"，是获得的思想认识成果。如何"滚"，得到的"新团子"是什么性状，涉及教学观念和教学运行，这就是"问道"教学需要深入研究和实践的课题。

二、"问道"历史教学的基本理念和特征

（一）"问道"是一种探究性的教学理念

"问道"历史教学首先是一种教学的理念，是通过"问"找到生活与历史之间的联系。克罗齐说，历史"是用凭证或变成了凭证并被当作凭证使用的叙述写成的"，"历史家面前必须有凭证，而凭证必须是可以理解的"①。这里的"凭证"既是客观存在的历史事实，也是历史学家书写的历史学文本，反映着古人和研究者的精神世界。历史教学同样需要凭证和对凭证的理解。因为，在学生面前，历史教科书反映了前人对历史的认识，在学生进行学习的过程中，"前人的叙述或判断现在本身就变成了事实"，但这些叙述和判断并不因为它呈教科书的形态就改变了其是"等待解释或判断的凭证"②的性质。"问道"历史是要把"死"的历史知识变成学生"活"的历史知识，让学生理解历史与生活的联系，使他们明白历史对生活的意义，能够从历史中体悟人生道理、增强理想信念、获得行动力量，这样的历史才是当代的历史。否则"那些历史就不是历史，充其量只是一些历史著作的名目而已"③。学生在"问"中，不断获得比如影响事件发生的各种因素、演进过程和事件产生的影响、历史事件的整体与局部的关系等关于"历史是什么"的理解，不断生成历史事件对今天的意义等关于"学习历史为了

① 贝奈戴托·克罗齐. 历史学的理论与实际 [M]. 傅任敢，译. 北京：商务印书馆，1986：2.
② 贝奈戴托·克罗齐. 历史学的理论与实际 [M]. 傅任敢，译. 北京：商务印书馆，1986：2.
③ 贝奈戴托·克罗齐. 历史学的理论与实际 [M]. 傅任敢，译. 北京：商务印书馆，1986：3.

什么"的解释。

在"问道"历史教学中，"问"具有探寻、研究的意义，是一个包括为什么问、问什么和怎样问等有关研究的目标、路径、方法在内的体系性问题。所以，"问道"同时又是一种包涵教学方法在内的教学范式。其认知结构模型如图 1 所示。

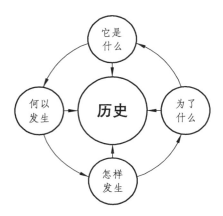

图 1 "问道"历史教学认知模型

在这个模型中，历史作为认知对象，学生首先要感知"它是什么"（历史事实），进而在"何以发生"和"怎样发生"的疑惑中理解历史，然后获得它"为了什么"的意义解释，最终形成学生理解和诠释后的"它是什么"的历史认知，这个过程就是由"问"到"闻"的过程。伽达默尔在《真理与方法》中指出："艺术作品只有当被表现、被理解和被解释的时候，才具有意义，艺术作品只有在被表现、被理解和被解释时，它的意义才得以实现。"[①]这个论断同样适用于对历史事件的认识。"它是什么"是历史事件被表现（文本叙述），"何以发生""怎样发生"是历史事件被理解，"为了什么"是历史事件被解释，经过了这个过程，历史事件成为"活"的当代史，成为学生对"它是什么"的认知。在两个"它是什么"的飞跃中，理解起着"对认识了的东西的认识"[②]作用。

---

① 汉斯·格奥尔格·加达默尔. 真理与方法[M]. 洪汉鼎，译. 上海：译文出版社，1999：6.
② 伽达默尔. 哲学解释学[M]. 夏镇平，宋建平，译. 上海：译文出版社，2004：46.

理解的深度是以理解者的思想境界为转移的，所以以"问"求"闻"的过程随着时间的推移和阅历的增加会不断循环往复。

历史是一个不断发展的过程。对于自然的生命个体来讲，既往的历史，当然早已不复存在，但是它的精神价值，会通过不同形态存在于我们的精神世界。过去之所以可知，乃是因为它已经被囊括于现在之中，所以历史虽然在时间上一去不复返，但过去以另一种形态被纳入现在。事件的过程是自然的过程，而历史的过程是思想的过程，是"人类通过在他自己的思想中重新创造他所继承的过去，来为自己创造这样或那样的人性"①的过程。历史教学，并不是简单地复述历史教科书，而是师生在学习历史过程中思想前人的思想，前人的思想在师生的学习中被囊括在自己的思想之中。其成果就是历史教学之后学生形成的"它是什么"的认知。

（二）"问道"是解决问题的教学方法和策略

"问道"历史教学，"问"贯穿于整个教学过程，在这个过程中，自主、合作、探究的学习伴随始终。"怎样问"可具体化为若干"问"的教学方法和策略。

"问"是一个把学生对知识和意义的前理解发展到理解的过程，"理解"要靠问题牵引，因此"问"就是问题导向的教学范式，与历史教学惯用的讲述和讲解相比，它不仅是教学形式、流程的变化，更是教学内在的规则、逻辑再造，可以具体化为教学方法。"问"是将教学内容以系列化问题的形式展开，把教学过程组织为学生的探求、研究、体验过程。问题导向是"问道"教学的外显特征，问题理解是"问道"教学的本质所在，问题解释是"问道教学"的价值追求。"问道"之问要摈弃肤浅、支离的问题，直面历史何以发生、历史怎样发生、历史事件的影响等判断性、生成性问题。例如"新航路的开辟"教学，教师一般会循着资本主义萌芽的产生使新生资产阶级渴求开辟新的贸易市场、奥斯曼帝国阻断商路使东方商品价格昂贵、地球知识

---

① 柯林伍德. 历史的观念 [M]. 尹锐，方红，任晓晋，译. 北京：光明日报出版社，2007：175.

的丰富和造船技术的进步是新航路开辟的外部条件等思路展开教学，但是，这个思路是"教科书所讲授的，不是现在还活着的历史学家的想法，而是过去某个时间活着的历史学家的想法"[1]。教学要基于师生认识历史事实和评价历史事实的实际，在教科书提供的知识基础上，学生需要理解新航路开辟是不同阶段旧大陆和新大陆文化交流零散成果的系统化和固定化，它对世界历史发展产生了巨大影响。由此将学生的思路引向质疑和探究：

质疑一：商路不畅造成的商业危机是新航路开辟的原因？

这是引导学生思考历史何以发生的问题。中世纪西方通往东方的商路有三条：北路是陆路，经小亚细亚、黑海、里海至中亚细亚，被热那亚人支配；中路，从地中海东岸经两河流域至波斯湾，再从海路到达东方各地，被巴格达支配；南路，经埃及亚历山大港到红海，再从海路到东方，被威尼斯人支配。学生了解了这些，会明白所谓奥斯曼帝国阻隔造成商路不畅是伪命题，关键在于商路被垄断，而西方的垄断者是意大利城市，学生明白了这一点就会明确知道为什么新航路的开辟者不是最早出现资本主义萌芽的意大利城市。

质疑二：新航路开辟真的是欧洲航海家独立完成的吗？

这是引导学生思考历史如何发生的问题。出示一些古地图，学生会发现古地图中有很多与我们知道的常识不一样的地方，然后出示 19 世纪爱尔兰诗人王尔德所说的"在哥伦布之前美洲经常被发现，但这些发现总是秘而不宣"，学生就会理解历史存在错综复杂的关系，激起寻找事件相关联系的求知欲。

探究一：马克思、恩格斯在《共产党宣言》中说："美洲的发现，绕过非洲的航行，给新兴的资产阶级开辟了新天地。"这是什么样的新天地？

这是引导学生分析历史事件的影响。出示有关欧洲殖民掠夺的材料和学者研究观点，比如德国学者贡德·弗兰克指出，欧洲不是靠自身的

---

① 柯林伍德. 历史的观念[M]. 尹锐，方红，任晓晋，译. 北京：光明日报出版社，2007：8.

经济力量兴起的，它拥有的唯一手段是他从美洲获得的金钱。我国学者王加丰也指出，"地理大发现初期的重大事件，如哥伦布和达·伽马的航行，并不是为了卖东西，而是为了买东西或抢东西"①。通过思考，学生便会理解所谓"新天地"是掠夺他人资源的天地。

探究二：明代的通用货币为什么是白银？这与哥伦布发现新大陆有何联系？

这个问题已经超出学生的学力，也不是课堂教学能够解决的，提出它，主要是帮助学生理解历史发展是一个整体系统，每一部分不仅受到其他部分的影响，而且也受到整个体系的情况变化的影响。

（三）"问道"之"道"是认识活动中对问题的回答

"问道"教学中，"道"是关于"问"的回答。狄尔泰认为历史学与自然科学的不同在于它的主题是可以体验的（erlebt），或者说是可以从内部加以认识的。柯林伍德指出在欧洲语言传统中，从说拉丁语的人把希腊语的"知识"一词翻译为自己的"科学"（scientia）一词起，"'科学'这个词指的都是任何有组织的知识体"②。但是一个知识体不单单是有组织的，它还以某种特定的形式来组织。自然科学是观察和实验的科学，通过观察（测）、严格控制条件实验、提出假设进行论证，目的是探测出某一类型的所有事件的永恒或反复出现的特征，因此自然科学是可重复、可验证的。自然科学可以通过实验来验证假设，或者从假设命题出发来论证。历史研究的出发点与自然科学不一样，历史科学的出发点是事实，纳入史学家观察的对象是事实，从历史事实中进行归纳的科学不是感知而是理解。历史现象则不仅仅是现象，它背后还有思想，"历史知识不是感知，它是辨别作为事件内部的思想"③。所以，严格地说，历史研究的对象不仅是历史事实，还包括历史事实背后的思想，思想总是和事实不可分割地构成一个历史整体。

① 王加丰. 关于地理大发现的动因问题[J]. 历史教学（中学版），2008（11）.
② 柯林伍德. 历史的观念[M]. 尹锐，方红，任晓晋，译. 北京：光明日报出版社，2007：196.
③ 柯林伍德. 历史的观念[M]. 尹锐，方红，任晓晋，译. 北京：光明日报出版社，2007：173.

弄清楚历史事实（目标）和怎样弄清楚历史事实（途径或手段）是历史学习和历史研究的基础，是回答"问"的出发点，因此历史教学的"问道"之"道"，就内在地包括历史知识的学习和技能方法的训练。

历史事实会成为后人思想经验的组成部分。"因为历史的过去，不像自然的过去，它是一种活生生的由历史思维本身的行为使之保持鲜活的过去，那么从一种思想方式到另一种思想方式的历史的变化，就不是前者的消亡，而是其与新的背景结合为一体的存活，包含着其本身观念的发展和批判。"①这样，历史就以现代人的思想存在于现代人的生活之中。

历史教学的终极目标是立德树人，对历史事实问"道"——找出贯穿其间的思想线索、体悟历史存在对现实的意义是历史教学的根本任务。毛泽东高度重视历史对现实的意义，他曾说"只有讲历史才能说服人"，"我们看历史，就会看到前途"②。俄国思想家赫尔岑也认为："充分地理解过去，我们可以弄清楚现状；深刻认识过去的意义，我们可以揭示未来的意义；向后看，就是向前进。"③对历史研究者来讲，"史学家不仅重现过去的思想，他还是在自己的知识背景下重现它，因此，在重现中，批判它，从而形成了自己对其价值的判断，更正了他所能辨别的所有错误"④。形成自己对历史的价值判断，同样适用于历史教学，历史教学的"问道"，就是要深刻挖掘历史蕴藏的对现在、未来的价值，进而将这些价值转化为学生自身的认识。

（四）"道"回答的是思想和行动发展问题

从发展角度讲，历史教学所问的"道"是关涉价值意义的问题，是让学生知道从哪里来、到哪里去的问题，是民族文化、上层建筑、价值理念、世界观等最为核心的精神所在，影响着民族和个人具体行为模式。

---

① 柯林伍德. 历史的观念[M]. 尹锐，方红，任晓晋，译. 北京：光明日报出版社，2007：175.
② 陈晋. 毛泽东关于以谦虚之心学习历史的五句名言[N]. 人民日报，2011-10-28.
③ 陈晋. 毛泽东关于以谦虚之心学习历史的五句名言[N]. 人民日报，2011-10-28.
④ 柯林伍德. 历史的观念[M]. 尹锐，方红，任晓晋，译. 北京：光明日报出版社，2007：166.

历史事件不是单纯的自然事件，它是由外部表象（是什么）和内部思想（为什么）统一构成的行动，是事与理的合一。历史的过程不同于自然的过程，自然的过程可以确切地被描述为单纯事件的序列，历史的过程不是单纯事件的过程而是行动的过程，它有一个思想的内在过程，引导事件发展的是行动者的思想，"一切历史都是思想史"的命题就是基于这个意义。历史研究者要把自己置于行动之中去寻找事件的原因和规律，从而发现思想的过程。

这个要求同样适用于历史教学。比如，中国共产党领导的土地改革（革命）是中国近代以来农村生产关系的一次彻底变革，对中国历史发展产生了极其重要的影响。在中学历史教材中，一般有四个地方会涉及土地改革。一是土地革命时期打土豪，分田地；二是抗日战争时期减租减息的土地政策；三是解放战争时期解放区土地改革使农村的阶级关系和土地占有状况发生根本性变化；四是中华人民共和国成立后新解放区土地改革废除地主阶级封建剥削的土地所有制。如果简单地照本宣科，学生难以深入领会土地改革这样一个伟大历史事件的意义，无法察觉或感受其对国家发展和人民解放所产生的巨大影响力。

"问道"的历史教学，不仅是让学生了解历史事件，还需辨别其历史和现实的价值，并理解对未来的意义。雷蒙·阿隆指出，"重构或重组必须有概念介入"，当说到某事时，"行为者亲身经历的种种经验就已经被建构的真实取代，而这个真实只能是表述或概念所建构的真实"。很多时候，行为者并没有把一系列事件当作一个统一体来经历，"它们的统一体只能来自史学家的建构"[①]。当代学生生活在城镇化迅速推进的时代，更多的农村人口走出农村进入城市，从事二、三产业，新一代的学生对土地缺乏老一辈的那种深厚情感。土地改革的整体概念和土地改革的必要性、必然性，需要历史教学来构建。在构建中使学生在对历史的探索基础上，建立历史与生活的联系，理解过去对现在和未来的意义，亦即理解土地改革对中国历史发展的影响和对中国未来历史发展的意义。

---

① 雷蒙·阿隆，梅祖尔. 论治史——法兰西学院课程[M]. 冯学俊，吴泓缈，译. 北京：生活·读书·新知三联书店，2003：134.

行动一：如何引导学生梳理土地改革思想的发展？思想发展一：认识中国共产党的土地改革政策并不是凭空产生的。

土地问题是近代中国社会变革的核心问题，弄清楚土地改革这个历史事件的发生发展，必先了解近代以来关于土地问题的思想发展过程，包括：平均地权与土地改革（革命）的内在发展联系是什么？为什么必须废除封建土地制度？农民在旧土地制度下处于什么境地（为什么把土地改革后获得土地的农民称为翻身农民）？由此引导学生思考在中国命运决战中，谁赢得了农民谁就赢得政权。

行动二：如何引导学生认识土地改革的必要性？思想发展二：认同关于土地改革的叙事与文化建构。

这个问题是思考怎样引起学生的思考，把过去史变为现时史。距离中华人民共和国成立后的土地改革，时间已经过去 70 余年。随着时间变化，土地改革的背景、农村阶级阶层的状况、中国的经济政治面貌早已发生翻天覆地的变化，有着亲身经历的人日益故去，原有的鲜活的材料难以引起学生的情感共鸣，在这种时代变化面前，历史教学如何让学生认识到土地的改革必要性，这是必须面对的挑战。

行动三：如何引导学生产生土地改革改造中国农村、农民面貌的正确价值判断？思想发展三：认识土地改革是中国社会近代化的决定性因素，为其他领域的近代化准备了最基本的条件。

这个问题是引导学生深入思考土地改革的历史价值和现实价值，在学习历史过程中获得家国情怀的熏陶。马克思在《路易·波拿巴的雾月十八日》中指出："小农人数众多，他们的生活条件相同，但是彼此间并没有发生多种多样的关系。……法国国民的广大群众，便是由一些同名数简单相加形成的，就像一袋马铃薯是由袋中的一个个马铃薯汇集而成的那样。"[①]近代中国是一个农民占主体的半殖民地半封建社会。因此，把广大农民动员和组织起来，是中国革命取得成功的关键。土地改革使农民成为土地的主人，几千年来如同散沙一般个体单干的中国农民，在短短的时间里就"组织起来"，变成集体劳动者。农村面貌的改变，改

---

① 中共中央马克思恩格斯列宁斯大林著作编译局. 马克思恩格斯选集：第一卷下[M]. 北京：人民出版社，1972：693.

变了中国历史的走向。土地改革对中国现代历史的发展具有重要作用，教学如果能够使学生获得这样的认识，"问道"就十分成功。

三、"问道"历史教学的原则

问题教学需要遵循"不愤不启，不悱不发"的原则，但是，怎样找到"不愤不启，不悱不发"的切入点，却是颇为令人头痛的难题。问题提出的三原则和问题导向的三原则是破解这个难题的关键。

（一）问题提出的三原则

真实、激趣、合距是"问道"历史教学问题提出的三原则。

第一，问题的真实性原则。"问道"所问的是真问题，不能是伪问题、假问题。真问题的含义是问题的出发点是事实而非假设。提出问题实际上就是提出判断，让学生对这个判断进行思考。判断由一系列概念组成，同一个事实，用不同的概念去判断它，得到的认识是不同的，学生缺乏经验性知识，因此，提出问题所运用的概念就尤其重要。

第二，问题的激趣性原则。"问道"所问的是能引起学生思考兴趣的问题，不能是随口提出的浅显问题，更不能是学生不屑一顾的琐碎问题。激趣应围绕激发学生对生活的热爱、激发家国情怀，做到学史明理、学史增信、学史崇德、学史力行，使学生通过问题的思考，明白道理，增强信仰和信念，加强修养，学以致用。

第三，问题的合距性原则。"问道"所问的是切合学生发展水平的问题，是以学生的知识能力为前提、力所能及的问题，不是学生不能理解、望而生畏的问题。这也就是问题要切合维果茨基所强调的最近发展区，"启发一系列没有教学根本就不可能实践的发展过程"[①]。

（二）问题导向的三原则

价值导向、研究导向、发展导向是"问道"历史教学的问题导向三原则。

---

① 维果茨基. 维果茨基教育论著选[M]. 余震球，选译. 北京：人民教育出版社，2005：389.

第一，问题的价值导向原则。问题应是有利于学生核心素养培育，指向正确的世界观、历史观、价值观、人生观的问题，有利于引导学生思考人生、思考自己能够为国家社会做什么的问题。换句话说，问题要有思想性，"只有在历史过程，也就是思想过程中，思想才终究存在；而且只有在这个过程被认识到作为一个思想过程时，它才是思想"[①]。教学尤其要注重发掘有价值的思想，为学生的人生发展注入优秀的文化基因。

第二，问题的研究导向原则。问题应是能促进学生探究学习或者合作学习的问题，有利于引导学生养成良好的思维习惯和行为习惯，是学生必须经过一番努力才能解决的问题。要指导学生学会运用历史研究的方法解决问题，树立正确的时空观念，强化史料辨析能力，科学地认识史学与史料的关系。使学生认识到史学研究如同建筑一座大厦，而史料则是建筑这座大厦的砖瓦；建筑材料无论有多少，都不是建筑物本身。

第三，问题的发展导向原则。问题应是层层深入、环环相扣的问题，有利于学生对某类现象产生注意，能使学生保持持久学习兴趣的问题。历史是"resgestae（活动的事迹）的科学"，但历史同时具有强烈的艺术性，克罗齐曾指出，历史"既然其任务是展示一个完全确定的个体的景象，那么它和艺术就是同一的"[②]。由此可见，历史是科学与艺术的统一体。科学和艺术是人类发展的双翼，是人类认识自身规律的两种不同手段，是互相融合而非排斥的。人与人之间需要科学概念的传达，还需要情操的传达。因此，从发展角度出发，问道历史的问题在传达科学概念的同时，需要传达艺术情操，所以，教学的艺术性对学生发展同样必不可少。

在"问道"的历史教学中，"道"可以描述为教学目标，具体到一节课，就是这节课所要学生"闻"的"道"。学生要"闻道"，须从培养

① 柯林伍德. 历史的观念[M]. 尹锐，方红，任晓晋，译. 北京：光明日报出版社，2007：176.
② 柯林伍德. 历史的观念[M]. 尹锐，方红，任晓晋，译. 北京：光明日报出版社，2007：144.

"问道"意识和引导如何"问道"做起。"问"是预设,"闻"是生成,从预设的"问"到生成的"闻",是一个师生共同探究的过程。所以,我们说"问道"既是一种教学理念,更是以问题为导向、师生共同探究的教学范式。

第一章
现代信息技术支撑下的教学

"教学"是什么？无论中外，"教"的基本含义是传授，"学"的基本含义是仿效。所以"教学"的基本含义是传授和学习。"教学"从本质上讲，是一种特殊的认识活动，是教师教和学生学的交往互动的双边活动，是学生在教师有目的、有计划、有组织的指导下，积极、自觉地学习和掌握系统的文化科学基础知识和基本技能，促进学生全面发展的一种实践活动。

第一节　教学和学习概述

一、教学的定义和教学过程

教学有广义与狭义之分。广义的教学包括人类所有情况下的教与学的活动，无论有无组织，只要是人与人之间的传授与学习活动都可称为教学。在广义的教学中，凡是有教授行为的皆可为教师，学习者也不限于学生。我们研究的是教育学意义上的教学，即在各级各类学校中进行的教学活动。

教学是什么？不同的学者给出的定义不同。如："教学是教育目的规范下的、教师的教与学生的学共同组成的一种教育活动。"[1]"教学就是指教的人指导学的人进行学习的活动。进一步说，指的是教和学相结合或相统一的活动。"[2]"所谓教学，乃是教师教、学生学的统一活动，

---

[1] 王道俊，王汉澜. 教育学[M]. 北京：人民教育出版社，1989：178.
[2] 李秉德，李定仁. 教学论[M]. 北京：人民教育出版社，2001：2.

在这个活动中，学生掌握一定的知识和技能，同时，身心获得一定的发展，形成一定的思想品德。"[1]

学者们给出的定义虽各有侧重，但教学是一种"活动"却是大家共同的认识。这个活动具有三个特征：一是师生共同参与，二是学生在教师指导下学习，三是教学最基本的任务是授受知识。这里的"知识"并不仅是陈述性知识，按联合国教科文组织编定的《国际教育标准分类》，"知识"是指人的行为、见闻、学识、理解力和态度、技能以及人的能力中任何一种可以长久保持（并不是先天或遗传产生）的东西。[2]授受知识的对象是学生，因此，教学的根本属性是促进学生的发展。在这个共识的基础上，林崇德先生认为对于教学，应关心三个基本点："教学的方式是一种教与学的双边活动"，"学习过程是一种特殊的认识或认知活动"，"教学的目的是促进学生的发展"。[3]由这三点可看出，教学是师生共同参与的、有目的的、指向认知的过程。

教学过程是什么？教学过程是教学活动的启动、发展、变化和结束在时间上连续展开的程序结构。它既是一个认识过程，又是一个心理活动过程、社会化过程。因此，教学过程是认识过程、心理活动过程、社会化过程的复合体。

教学过程具有多种功能，最为突出的是育人功能和发展功能。育人，即通过教学过程使学生学会做人、学会生存、学会求知、学会发展。教学过程是教书育人紧密结合的过程。教学的基本出发点和终极目标乃是学生身心的全面、健康、和谐和可持续发展。教学过程是传授知识的专门活动；是学生形成基本技能的过程；是教给学生独立获得知识的能力，形成一定的技能、技巧，并内化为个人的经验、智慧和能力，发展情感、态度和意志品质的过程。在这个过程中，教学的各种因素相互影响，形成教学中的各种关系。

教学过程是一个特殊的认识过程，它遵循三条基本规律。第一，认识过程的简约性规律。教学是要把人类积累起来的基本认识有效地转化为新生代的认识，要在有效的学习时间内使学生的个体认识迅速达到社

① 王策三. 教学论稿[M]. 北京：人民教育出版社，1985：88-89.
② 陈桂生. 教育原理[M]. 上海：华东师范大学出版社，2012：163.
③ 林崇德. 学习与发展[M]. 北京：北京师范大学出版社，1999：3.

会所要求的程度，因此，教学必然是一个简约的、经过提炼的认识过程，是一种特殊的认识活动。第二，指导与发展的统一性规律。教学的目的是促进学生发展，学生发展是教学的价值，教学各个阶段、各个环节都围绕学生发展而展开，教学的实施受制于学生发展水平，必须适应学生的身心发展程度，但是教学不是"尾随"学生的发展，不是"训练""强化"学生业已形成的心理机能，而是激发、形成目前还不具备的心理机能。因此，教学是指导性与发展性的统一。第三，教学要素的整体性规律。教学的过程是多种要素综合作用的过程，各种要素在相互联系、相互制约条件下产生作用，教学效果不是各要素的简单相加，而是各要素综合产生的合力。

　　教学是教师和学生两个主体通过中介的双边活动。关于教师与学生的关系，中西方古代具有不同的认识。中国古代侧重于学生的"学"，强调教师的作用在于点拨，孔子很多关于教学的言论都强调"学"，如："不愤不启，不悱不发，举一隅不以三隅反，则不复也。"① "学然后知不足，教然后知困。知不足，然后能自反也，知困，然后能自强也。"②这种师生关系及教学的效果，显然是建立在学生具有高度的学习自觉性基础上，学生不具有自觉学习的态度，教学的效果必然大打折扣。与中国重视学生的"学"相反，西方古代强调教师中心，从古希腊、古罗马到文艺复兴时期，重视教师权威一直是西方教学的传统。赫尔巴特教学论的问世，正式确立了教师中心思想。赫尔巴特指出，任何教学活动都必须经过四阶段。明了（或清晰）：教师通过运用直观教具或讲解，进行明确的提示，使学生获得清晰的表象，以做好观念联合，即学习新知识的准备。联合（或联想）：教师的主要任务是与学生进行无拘束的谈话，运用分析的教学方法。系统：采用综合的教学方法，使新旧观念间的联合系统化，从而获得新的概念。方法：新旧观念间的联合形成后需要进一步巩固和强化，这就要求学生自己进行活动，通过练习巩固新习得的知识。③赫尔巴特的教学论使教学有章可循，确立了教师在教学中的主导作用，同时也使教师成为课堂的绝对权威。

---

① 朱熹. 四书集注[M]. 上海：上海书店出版社，1987：46.
② 沈凤笙，陈戍国. 周礼·仪礼·礼记[M]. 长沙：岳麓书社，1989：421.
③ 吴式颖. 外国教育史教程[M]. 北京：人民教育出版社，2003：244.

20 世纪初，美国教育家杜威提出了著名的教育即生活、教育即生长、教育即经验的改造三命题。杜威认为教育是生活的过程，学校是社会生活的一种形式，学校生活应与儿童自己的生活相契合，满足儿童的需要和兴趣，使校园成为儿童的乐园而不是囚笼和监牢，学校生活应与学校以外的社会生活相契合，适应现代社会变化的趋势并成为推动社会发展的重要力量，所以"教育即生活"。教育要摒弃压抑、阻碍儿童自由发展的因素，使一切教育和教学适合儿童的心理发展水平和兴趣、需要，因此"教育即生长"。在杜威的理论中，经验不是与理性相对立的概念，不再是通过感官获得的凌乱的感觉印象，而是机体与环境相互作用的过程，是一种行为、行动，含有知的因素，其自身包含结合组织的原理。理性不是一个凌驾于经验之上的抽象的体系，而是寓于经验之中，并在经验中不断修正的一种智慧。这样学生从经验中学、从做中学，不仅获得知识，而且形成能力、养成品德，因此"教育即经验的改造"。

教育即生活、教育即生长、教育即经验的改造本质上是相同的，生活的过程、生长的过程、经验改造的过程是同一个过程。杜威将"生长"作为教育的目的，他推崇"从做中学"，在经验的情境中思维，提出"产生问题、明确问题、提出假设、预想结果、验证假设"的"思维五步教学法"，将知识的获得、发展从属于智慧的培养、从属于探究的过程。但是他忽视了儿童对直接经验的很多事物并不能理解、系统的知识并不都能还原为直接的经验（系统知识的存在形式是逻辑的）、个人的直接经验并不能自动地组织为系统的知识等问题，因而存在许多质疑。我国学者曹孚就指出："要批评杜威的这种理论，我们找不出比孔子的更好的话来：学而不思则罔，思而不学则殆！用杜威主义做教学方法论指导原则的学校，教出来的学生，一定犯着'思而不学'的毛病。"[①]

我国学者也对课程教学、教学过程、教学模式、教学方法、教学中师生关系等问题进行了深入研究。大家不再简单地用"教师中心""学生中心"衡量教学中的师生关系，开始把教学视为师生共同参与的"亚研究过程"，小组学习的教学组织形式为广大教师所熟悉。学者们的研究成果被吸纳到课程标准中，《普通高中课程方案（2017 年版）》"课程

---

① 吴式颖. 外国教育史教程[M]. 北京：人民教育出版社，2003：383-384.

实施与评价"明确要求"大力推进教学改革","关注学生学习过程，创设与生活关联的、任务导向的真实情境，促进学生自主、合作、探究地学习，注重对学生学习过程的评价，推进信息技术在教学中的合理应用，提高课程实施水平"[①]。广大教师在教学实践中自觉地选择教学方法，致力于教学质量的提高。

二、教学定义的扩展

随着现代教育信息技术的快速发展和迅猛应用，教学的空间和技术手段得到空前拓展，已悄然进入网络化教学的新阶段。全方位营造学校教育的数字化环境，实现网络一体化探讨教学，资源共享，积累信息化教学经验，把基于网络的学生自主学习、探究学习、合作学习新方式全面引入各学科教学，构建数字化网络化学校，是所有学校包括落后地区农村学校都在积极探索的教育现代化路径。课堂教学正在开始一次基于信息技术和网络资源的新革命。教学活动得以开展的空间从狭小的教室这个物理空间，拓展为有形的物理空间和无限的网络空间，教学实施使用的各种技术手段能实现从虚拟到现实的快速转换。

在这种变革面前，"教学"的定义需要扩展。基于促进学生发展是教学的本质和现代教育信息技术对教学的深刻影响，本书将"教学"定义扩展为：教学是学校教育过程中，师生双方基于数字和现代平台环境，运用一定的方法、手段开展的，对教材（教学内容）进行认知和内化的实践活动。扩展的"教学"定义如图1-1所示。

任何事件都由时间、空间、人物、事情等要素构成，教学作为学校教育的事件也不例外。在"教学"定义示意图中，教学在学校规定的时间进行，其开展空间为师生活动物理场所（教室）、数字化学习环境、教室多媒体设备等构成的平台环境，师生是进行教学事件的主体，他们运用平台提供的方法、手段开展活动，活动指向对教学内容的认知。在"教学"定义示意图中，教师、学生、教材之间的关系用双向箭头表示，师生之间的互动构成一个运动体，指向教材认知，这个认知活动在由物

---

① 中华人民共和国教育部. 普通高中课程方案（2017年版）[M]. 北京：人民教育出版社，2018：11.

理环境（教室）、网络环境、多媒体环境等共同构成的平台环境中进行。在这个认知过程中，平台既是认知得以展开的空间，又以资源、设备、技术等形式支撑认知活动的进行。

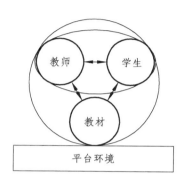

图 1-1　扩展的"教学"定义示意图

教学是由教和学两方面因素组成的过程，教是外因性和指导性的，学是内因性和发展性的。因此教学是指导性与发展性相遇相伴的过程。没有学生主体的参与就不存在"教"，没有教师主导的参与，学就不是教学之"学"，而是自学之"学"。

三、学习的理论

学生是教学过程中学习行为的实践者和探索者。"学习是人与动物在生活过程中获得个体经验，并由经验引起行为较持久的变化过程。"[①]学习包括三个内容：第一，学习必须对个体有所改变，第二，这种变化是经验所产生的结果，第三，这是一种对他们的潜在行为的改变。[②]人类的学习与动物的学习有本质的区别，主要表现在，人的学习是在社会生活实践中通过思维活动产生和实现的，是以语言为中介的，有计划、有目的、自觉地掌握社会历史经验和个体经验的过程。学生的学习是学习的一种特殊形式，它既不同于人类历史经验的积累过程，也不同于人们在日常生活中进行的学习，它是以掌握间接知识经验为主的，在教师

① 路海东. 教育心理学[M]. 长春：东北师范大学出版社，2002：45.
② 戴·冯塔纳. 教师心理学[M]. 王新超，译. 北京：北京大学出版社，2000：166.

有目的、有计划、有组织地指导下，在班集体中进行的，掌握系统科学知识、形成世界观和道德品质的过程。

关于学习的研究有丰富的成果。行为主义、认知学派、人本主义的学习理论都对教学产生了重要影响。

行为主义的学习理论强调可观察的行为，认为行为多次发生产生的愉快或痛苦的后果改变了个体的行为。斯金纳操作性行为的学习理论和加涅的信息加工教学理论是影响较大的行为主义学习理论。

斯金纳提出关于学习的习得律、条件强化、泛化作用、消退作用四条规律，由此提出了小的步子、积极反应、及时反馈、自定步调、低的错误率的程序教学理论。加涅认为，学习是个体在各个方面发展的重要因素，个体的学习是累积性的。在《学习的条件》一书中，加涅提出了累积学习层级模式，把学习从简单到复杂划分为信号学习、刺激反应学习、连续形成学习、言语联合学习、多样辨别学习、概念学习、规则学习、解决问题八个类型层级。1985年，他将学习类型简化为辨别学习、具体概念学习、定义概念学习、规则学习、高级规则学习五个层级，学习结果不外乎言语信息、智力技能、认知策略、动作技能和态度五种类型，教师只需明确教学目标和学生的学习任务，则学习类型就很清楚。加涅将学习过程看作是信息加工流程，他绘出了学习结构模式图，如图1-2所示。

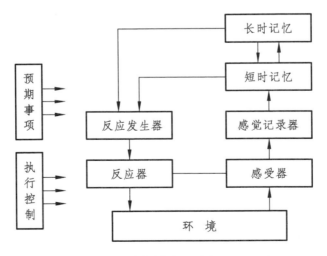

图 1-2 学习结构模式图（加涅 1974）

加涅的学习结构模式阐述了学习和记忆从一个结构流向另一个结构的过程：图右边的结构为操作记忆，是一个信息流。来自环境的刺激作用于感受器，停留时间不到一秒钟到达感觉记忆器，信息在这里加工进入短时记忆（停留几秒钟），然后进入长时记忆。信息自长时记忆提取回到短时记忆或直接从短时记忆到达反应发生器，激活反应器，在这里加工转化为行为，作用于环境便产生了学习。图左边的结构包括预期事项和执行控制两个环节。预期环节起定向作用，使学习活动朝着一定方向进行。执行环节起调节、控制作用，使学习活动得以实现。

在学习结构模式图中，记忆被分为短时记忆、长时记忆，如图 1-3 所示。

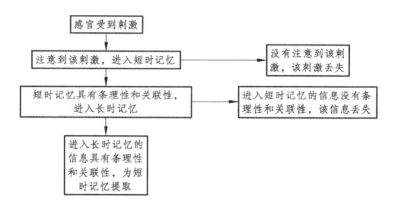

图 1-3　记忆的分类

记忆分类对教学的启示：短时记忆容量非常有限，一旦遗忘就永远丢失，不可能恢复。长时记忆容量无限，学习空间无穷大。如何储存信息，如何使信息具有条理性和关联性，直接关系到学习的质量。学习的所有内部过程，都是在学习以外的事项的影响和作用下发生的，学习可以划分为接受学习和发现学习两大类，接受学习和发现学习在教学中都有意义，不可偏废，机械的接受学习，是学习不可逾越的低级层次。

认知学派的学习理论强调整体观，注重人学习的内部心理过程，注重学习过程中内部心理结构、认知结构或图示的建构。

瑞士心理学家皮亚杰是认知学派的代表人物。皮亚杰认为认知结构是经过同化与顺应两种机能间的平衡而形成的。图示、同化、顺应、调节、平衡是皮亚杰理论中的五个基本概念，皮亚杰认为，儿童的智力发展从感知、动作开始，在活动中感知动作逐渐内化，构成直觉思维、具体思维，最后达到逻辑思维、理性思维。

　　布鲁纳是当代认知学派主要代表人物，他的结构理论和发现学习理论对教学影响极大。结构理论的基本要点是：第一，心理倾向，就是学习者所具备的学习意愿和能力，学习者的心理准备状态。第二，知识结构，就是将大量知识组织起来的方式，任何知识结构都要注意知识结构的再现形式、知识结构的经济原则、知识结构的有效力量三个方面。第三，教学程序，教材的呈现顺序要与学习者的认知发展相适应、要以经济有效的原则来安排教学顺序、要考虑认知的紧张度，这是设计最佳教学程序的三条基本要求。第四，反馈运用，就是提供矫正信息帮助学习者能顺利地学习下去，有效地达到预期的效果。时间（及时提供反馈信息）、条件（学习者退出思维定式或高度紧张状态，反馈才有效）、方式（矫正性信息对于学习者是可以理解的）是提供矫正性信息的三个基本要求。布鲁纳指出："我们教一科目，并不是希望学生成为该科目的一个小型图书馆，而是要他们参与知识的过程。学习是一种过程，而不是结果。"[①]"学会如何学习"比"学会什么"更重要。在布鲁纳看来，学习的实质在于主动地形成认知结构，他把认知结构称为表征（representation），认为表征有动作性表征、映像性表征、符号性表征三种。他指出，学习任何一门学科，都包含获得（新旧知识发生联系，通过同化或顺应使新知识纳入已有的知识结构）、转化（对新知识进行进一步分析和概括，使之转化为另一种形式，以适应新的任务）、评价（对知识转化的检验）三个差不多同时发生的过程。他强调，无论教什么学科，都务必使学生理解（掌握）该学科的知识结构，学习结构就是学习事物是怎样相互关联的。由此，布鲁纳倡导发现学习。发现学习就是独立思考、改组材料、自行发现知识、掌握原理、原则。学习过程不仅是主动地对进入感觉的事务进行选择、转换、储存和应用的过程，而且是

　　① 吴立岗. 教学的原理、模式和活动[M]. 南宁：广西教育出版社，1998：151.

主动学习、适应和改造环境的过程。因此，学习者应充分发挥自己的主观能动性，亲自去发现、探索所学的知识和规律，使自己变成发现者。发现学习具有开发智慧潜力、激发学习的内部动机、掌握探索的方法、有助于记忆的保持等优点。布鲁纳也承认，发现学习的适用性肯定是有限的，因为学习的过程并不一定样样都必须亲自发现，发现学习所需的时间比接受学习所需要的时间肯定要耗费更多。

奥苏贝尔是认知学派的代表人物之一，他提出同化教学理论。奥苏贝尔认为，要为言语讲授和接受学习正本清源，必须首先使人们真正理解接受学习与发现学习、机械学习与意义学习之间的界线。根据知识来源和学习过程的性质，可以将学习划分为两个相互独立、互不依存的维度：接受——发现、机械——意义，一个完整的学习过程可以分为学习、保持和再现（再认）三个阶段。奥苏贝尔认为接受学习既可以是有意义的，也可以是机械的；同样，发现学习既可以是有意义的学习，也可以是机械学习。学生的学习主要是有意义的接受学习。学习的性质（有意义学习或者是机械学习）取决于学习过程中的言语材料是否能够同学习者原有知识结构或认知结构建立非人为的和实质性的联系。所谓非人为的、实质性的联系是指新知识与学习者认知结构中已有的表象、已有意义符号、概念或命题的联系。奥苏贝尔认为有意义学习的条件，一是学习的材料必须具有逻辑意义，材料的关键内容能够同学习者认知结构中的有关知识建立起实质性的和非人为的联系。二是学习者具有有意义学习的心向，即积极主动把新知识与原有认知结构中的知识联系起来的倾向性。三是学习者认知结构具有同化新知识的适当观念。有意义学习过程就是原有观念对新观念加以同化的过程。

认知学习理论进一步发展，产生建构主义学习理论。建构主义的学习观认为，学习是学习者运用自己的经验去积极地建构对自己富有意义的理解，而不是去理解那些用已经组织好的形式传递的知识；学习是一种文化传承行为，并不是孤立的个人行为，具有明显的社会性质，师生之间、生生之间的相互作用对学习活动具有重要影响；学习的结果是围绕关键概念建构起来的具有网络结构的知识。建构性学习是一种积极的、累积性的、目标指引的、诊断性的、反思性的学习，注重学习的探究定向、问题定向，强调情境化学习、基于案例的学习。在建构主义的学习中，学习者只有通过自己的积极参与与努力，才能达到自己确定的目标。教师可以起辅导、引导、支撑、激励的作用，但却无法代替学习者学习，也无法将任何目标强加于学习者。

人本主义的学习观注重情感交往，体现自我实现的价值，认为教学必须考虑学生的情感、态度等人格因素。美国心理学家罗杰斯是人本主义学习理论的代表。罗杰斯把学习分为无意义学习和意义学习两种。罗杰斯把学生没有个人意义的学习，如学生感到没有生气、无兴趣的内容划分为无意义学习，他的意义学习不仅指那种靠智力认知而进行的知识累积性学习，还指一种对个体的行为、态度及个性发展起重要作用的学习，可以使个人未来行为选择发生重大变化的学习，这样他的意义学习与奥苏贝尔的意义学习有本质区别。罗杰斯认为，人具有自发学习的天然倾向，只有在个人经验中通过自己的发现而化为已有的知识才是有意义的，意义学习包括四个要素：学习具有个人参与的性质，即整个人都投入到学习活动之中；学习是自我发起的，强调学习要有个体内在需要作为原动力；学习是渗透的，学习活动渗透着对人的非智力因素所产生的作用；学习是由学生自我评价的，别人的评价最终都要转化为学生的自我评价。

教师是教学过程发展的主导者，教学方法影响教学质量。"教学方法是为完成教学任务而采用的办法。它包括教师教的方法和学生学的方法，是教师引导学生掌握知识技能、获得身心发展而共同活动的方法。"[1]教学方法一般按照教学活动的外部形态区分来命名，如讲授、谈话、演示、练习、讨论、操作（实验）等。苏联教育家巴班斯基根据马克思关于劳动过程可划分为引起、调整和控制三种成分的理论[2]，把教学方法划分为组织和进行学习认识活动的方法、激发和形成学习认识活动动机的方法、检查和自我检查学习认识活动效果的方法三大类，每大类可以划分为几个小类，如表 1-1 所示。[3]

---

① 王道俊，王汉澜. 教育学[M]. 北京：人民教育出版社，1989：242.
② 马克思指出："劳动首先是人和自然之间的过程，是人以自身的活动来引起、调整和控制人和自然之间的物质变化的过程。"（《马克思恩格斯全集》第 23 卷）
③ 吴立岗. 教学的原理、模式和活动[M]. 南宁：广西教育出版社，1998：441.

表 1-1　巴班斯基关于教学方法的归类

组织和进行学习认识活动的方法			
口述法、直观法和实践法（传递和感知知识信息方面）	归纳法和演绎法（逻辑方面）	复现法和问题探究法（思维方面）	独立学习法和教师指导下的学习方法（学习管理方面）
激发和形成学习动机方面的方法			
激发和形成学习兴趣的方法		激发和形成学习义务感和责任感的方法	
教学中检查和自我检查的方法			
口头检查和自我检查法	书面检查和自我检查法		实验实践检查和自我检查法

任何一种教学方法都不是万能的，每一种方法都有自己的适用范围和时机。选择教学方法，要考虑教学任务、教材内容、学生特点、教师的可能性，教学方法必须符合教学目的和任务，必须适合课题内容，必须符合学生实际学习的可能性，必须适合教学的现有条件和规定的时间，必须符合教师本身的可能性。

第二节　现代信息技术环境下教学要素的变化

教学既然是一个认识过程，则这个过程中存在哪些影响过程进程的要素，这些要素是怎样相互作用、搭配和排列的，形成怎样的教学结构，也是教学研究的重要内容。

一、教学要素的观点

教学是一个系统，组成系统的基本单元就是所谓要素。"素"者，有本色、本来之意，是事物带有的根本属性；"要"是重要、主要，与"素"组合为"要素"，强调的是决定事物或系统的根本属性、组成事物或系统的最小单元或最基本单元。教学要素就是决定教学根本属性、构成教学系统的基本单元。在学术界，对教学要素的研究，概括起来有以下几种观点：

三要素说："教学活动包含教师、学生、教学内容、教学方法、教学手段、教学环境等多方面的因素，其中，教师、学生、教学内容是最基本的三个因素。"[①]

四要素说：有"教师、学生、教学内容和教学手段构成教学过程中不可缺少的基本要素"[②]"从动态的角度看，主要包括教师、学生、教学媒体（主要指课程教材与教学手段）和教学环境（主要包括物理环境和心理环境）四个基本要素"[③]两种代表性的说法。

五要素说：持五要素的观点较多，主张有同有异，有"教师、学生、教材、环境和方法"[④]"教师、学生、教材、工具和方法"[⑤]"教师、学生、教学内容、教学手段和教学目的"[⑥]诸说。

六要素说：认为教学的基本要素应当包括"教师、学生、教学内容、教学工具、时间、空间"[⑦]等六方面的内容。

七要素说：将教学活动要素分为学生、教学目的、教学内容、教学方法、教学环境、教学反馈和教师。[⑧]

以上各说，虽然有分歧，但教师、学生、教学内容（教材）却是所有主张中都具备的要素。教师、学生、教学内容（教材）这三者体现着教学的根本属性，是真正的教学最基本的单元，其他的各项因素虽然必不可少，但都附着于这三者之上。

在教学的三要素中，教师是教育者，学生是受教育者，教学内容是教学过程中师生共同指向的认知对象，它既是学生经过学习须掌握的知识或应完成的任务，也是教师为达成教学目的所依凭的素材和信息。教材是教学内容的表现形式。教学内容的范围十分广阔，既有文本的，也有非文本的。在学校课堂教学中，教学内容大多以文本的教材形式出现，非文本的教学内容基本上都要以文本的教材为支撑。文本的、非文本的

① 朱德全，易连云. 教育学概论[M]. 重庆：西南师范大学出版社，2007：333.
② 南京师范大学教育系. 教育学[M]. 北京：人民教育出版社，1984：376.
③ 钟启泉. 教育方法概论[M]. 上海：华东师范大学出版社，2002：147.
④ 田慧生，李如密. 教学论[M]. 石家庄：河北教育出版社，1996：128.
⑤ 张楚廷. 教学论纲[M]. 北京：高等教育出版社，1999：58.
⑥ 南纪稳. 教学系统要素与教学系统结构探析——与张楚廷同志商榷[J]. 教育研究，2001（8）.
⑦ 郝恂，龙太国. 试析教学主体、客体及主客体关系[J]. 教育研究，1997（12）.
⑧ 李秉德，李定仁. 教学论[M]. 北京：人民教育出版社，2001：12-14.

教学内容，均具有教学材料的性质，均可以进行加工。因此，教材与教科书并不是同等概念，它是涵盖文本和非文本教学内容的教学材料。

教学内容是教学实施的价值因素，教师是教学实施的能力因素，学生是教学实施的支持因素。参考哈佛公共管理决策"三圈理论"的分析框架，得出教学三要素及其相交关系示意图，如图 1-4 所示。

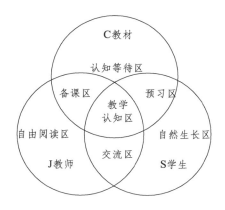

图 1-4　教学三要素及其相交示意图

（教材、教师、学生分别以汉语拼音字母 C、J、S 代称）

教材（教学内容，C）是教学系统的价值要素圈。教材是教学活动为什么要进行的目标所在，体现着教学的价值。研究教学内容就是明白教学何以发生和何时发生，教学内容是人类文化薪火相传的渠道和途径，学生对这些学习内容的学习是否具有或能否创造价值，体现着教学的目的性要求。

教师（J）是教学系统的能力要素圈。教师是教学发生和发展的基础条件，是教学实施的能力因素。教师的能力表现在对课程的理解、对教学内容的研究组织、对学情的分析、对教学方法的选择和对教学进程的掌控等方面，教师的道德、学识和教养保障着教学活动的进行，是教学实施的约束性条件，体现教的指导性要求。

学生（S）是教学系统的支持要素圈。学生是学习的主体，学生的需要是教学系统得以向深入不断运行的支持条件。从决策者角度看，学生的需要先决定教学活动从何处发生，继而决定教学后续发展到何种程度。没有学生的需要，教学就不可能进行。学生对教学系统的支持具有阶段性和变化性特征，他们的知、情、意、行各方面的发展变化推动着教学的不断深入，体现学的发展性要求。

三要素必须相互作用才能构成教学过程。三要素圈的相交和不同组合，从而产生如图 1-4 所示不同的分区。

只有一项要素而不与其他要素相交的区域有三种：

认知等待区：教学内容作为一个外在于教师、学生的客体，存在于教师、学生的认知、理解之外，等待着认知、理解的发生和进行。

自由阅读区：教师尚未进入有目的教学准备阶段，此时教师的阅读处于依凭自身的兴趣爱好而率性为之的自由状态，其关注点并不在课程教学内容，没有对教学内容进行认真研究，也没有思考如何达成教学目标。

自然生长区：学生处于自然状态，既缺乏对教学内容的感知，也缺乏与教师的交流，处于前认知状态，在这种状态下，学生的学习和发展缺乏引导，带有一定的盲目性，目标不清晰。

两种要素相交，形成三个教学活动产生的前置区：

教师与教学内容相交形成备课区（J+C）：教师根据学科课程标准，在确定教学内容、研究具体教学目标之后，开始进行有目的、有计划的备课准备。

教师是教学系统存在的责任性主体。教师作为人类文化传承与发展实践的直接责任人和教学活动的具体组织者、引领者或启发者，是教学系统存在与发展质量的保证。教师进入备课区，意味着教师开始研究课程标准、教材，审视教学内容，评估教学内容对学生发展的价值，制定课堂教学目标和实施策略。因此，备课区是教师作为教学系统的设计者、组织者开展教学工作的准备区。

学生与教学内容相交形成预习区（S+C）：学生在预知将要学习的内容后，开始在教师的指导和要求下，对学习内容进行预习，进行学习准备。

学生是教学系统存在的目的性主体。学生作为教学存在的目的主体身份，既是社会发展的要求（人类文明薪火相传），也是个人发展的需要（个人作为社会一员存在）。作为一个自主的学习者，学生在教学中具有最核心和不可替代的主体身份，不因教学阶段的不同而更改。自主的表现之一就是能够对教学内容进行预习。

教师与学生相交形成交流区（J+S）：师生双方在明确教学内容后，教师需要了解学生的现有状况，对学生的预习做出指导性安排；学生需要从教师那里获得学习重难点的提示和学习资源的查找线索。双方在各自备课、预习过程中产生交流互动。

从教学发生的逻辑意义来说，教师的教和学生的学具有同等的逻辑地位，他们的交流构成教学生长的承载者。

三种要素齐备的区域，就是教学认知区（J+S+C）。在这个区域，教学内容作为认知对象正式进入教学过程，"教师+学生"组成认知实体，构成运动系统，指向教学内容，运用各种方法手段展开认知活动，实现教学相长。

以上教学要素相交形成的三种不同区域，在时间上是一个由孤立到相交再到运行的过程，在空间上是一个不同认知水平逐步相融，从而导致学生认知空间扩展的过程。也就是说，三种不同区域处于三个不同时间段，从一种要素发展到三种要素具备，具有发展的层次性，是教学从准备到实施的过程。在这个过程中，教师、教材、学生相互之间进行着主客体的转换，作为责任性主体，教师自觉地明确这种转换，可以更好地了解教学规划、实施、评价的各个环节中教学要素的意义，对教学起着决策意义的作用。如果我们把教学缩小到一个共时的空间——课堂教学实施的微观范围，观察者在同一时空对教学过程中的各种关系进行分析研究，可更好地认识教学要素的主客体互换关系。

二、教学要素的主客体关系

教学作为一个实体系统，其内部的教师、学生、教材三要素有互为主客体的关系，其主客体相互转化的情况如表 1-2 所示。

把教师、学生、教材分别孤立地看，他们都是一个自主存在的主体。当他们两两对应发生联系时，就处于不同的主体和客体地位。

教师居于教的指导性主体地位。指导性缘于师生的"成熟差"，这种"成熟差"在行为上体现为领导者与追随者的关系。"在教与学的活动里，教的活动领导着学的活动。"[1]有学者提出了"教学即领导"的命

---

① 林崇德. 学习与发展[M]. 北京：北京师范大学出版社，1999：3.

题，认为"教学就是教师领导学生学习活动的过程"①。它决定了教师具有教育者、指导者、影响者的地位，发挥引领性和指导性作用。站在学生角度看，教师的劳动必须通过学生的努力才能转化为学生的发展，教师是助推学生发展的客体。在教学中，教师既要设计教学，更要对教学设计方案的实施、教学策略的调整和教学目标的达成进行适时调整，是一个处于主动变革状态的研究主体。从教材角度看，教师要深入分析研究教材才能进入教材的思想深处，处于与教材对话的客体位置。

表 1-2　教学要素主客体关系

教学要素	教师	学生	教材
教师	自主存在主体	指导性主体/助推性客体	研究性主体/对话性客体
学生	发展性主体/能动性客体	自主存在主体	认知性主体/探究性客体
教材	展示性主体/研究性客体	展示性主体/探究性客体	自主存在主体

学生是学习活动中的发展性主体。教学存在的目的指向学生，学生是教学运行结果的最终承担者和体现者。学生的学是教学得以发生的逻辑前提，又是教学需要实现的现实目的，在学习过程中，学生始终是发展中的自我教育主体，它具体表现为学生是"教育目的的体现者"，是"学习活动的主人和学习活动的探索者"②。在教师面前，学生是现实的能动性教育客体，这种能动性推动着学生对教学内容的认知，也改变着教学的进程。教学内容是学生的认知对象，对教学内容如何认知、认知到何种程度，学生有自己的主动权，是一个认知性主体。

教学内容是教学中无声存在的展示性主体。教学内容最直接、最集中地体现着社会对学校教育的客观要求，它将教学的社会目的和要求以具体化和物化形式展现在教师和学生面前。在师生面前，教学内容呈现为知识的面貌。"'知识'不仅包含'可以言传'的'书本知识'，而且

---

① 马健生，饶舒琪. 论教学即领导：一种教学本质的新解[J]. 教育学报，2017（6）.
② 林崇德. 学习与发展[M]. 北京：北京师范大学出版社，1999：9.

包含'难以言传''不可言传'的'经验知识'。知识在生活实践中的具体应用表现为'能力'，因而，能力的基础还是相关的'知识'。"①教学内容对教师、学生来讲是客体，它依托于媒介和载体而存在，自身只具内容而隐身于寄居的媒介载体中。我们所熟知的各类物质形态的教学资料，无不是以某种内容与手段合一的实体形式出现在我们面前。教师自己对教学内容本身是已知的，对它的研究是为了明确如何贯彻实现社会目的要求和实现的程度水平，是研究性客体；学生对教学内容则处于未知状态，对它的探究，是为了个体的发展和社会文化的传承，学生是对教学内容的探究性客体。

教学是一个师生对教学内容认知的结构实体系统。教师和学生互为充要条件，无师即无生，反之，无生也无师。师生和教学内容也是相依相存的关系，无师生的活动即无教学内容之说，无教学内容，则所谓教学无从谈起。"教师+学生"的认知实体与教学内容构成认知的主客体关系。教师和学生是教学实体系统的主体部分，教学内容是教学实体系统的客体部分。教师、学生、教学内容构成所有教学活动及其过程所必需的基本要素。

三、现代信息技术深度融合下教学要素关系的新变化

（一）现代信息技术深度融合于教学

2012年3月，教育部发布《教育信息化十年发展规划（2011—2020年）》，提出了"推进信息技术与教育教学深度融合"的理念，希望改变信息技术仅仅在"教与学环境"或"教与学方式"变化方面发挥作用的局面，促使教育的结构性变革。2015年3月，李克强总理在第十二届全国人民代表大会第三次会议《政府工作报告》中首次提出"互联网+"行动计划，旨在把互联网作为创新要素融入传统行业改革中。"互联网+教育"走进人们视野，产生一个新命题："教育部门可以从企业部门学习的经验是，如果想要看到教育生产力的显著提高，就需要进行由技术

① 查有梁. 重新全面认识农村基础教育信息化[J]. 教育与教学研究，2017，31（5）.

支持的重大结构性变革，而不是渐进式的修修补补。"①教育的结构性变化反映在教学上，是现代信息技术贯穿于教学的全过程，承担起知识的储存寄体和表现形式、信息交流（包括情感表露）的沟通媒介和传播渠道、教学成效的观察手段和检验载体等多种功能。

现代信息技术深度融合于教学，表现在技术和设备上是"宽带网络校校通""优质资源班班通""网络学习空间人人通"，教学资源数字化、教学支持网络化、教学管理数据化。在技术的运用上，现代信息技术已经深刻影响着教与学，"泛在学习""线上教学"已经常态化。在教师"教"的方面，当代无论哪个学段的课堂，新生代教师都能非常熟练地运用各种现代信息技术手段进行教学，年龄稍长的教师努力学会使用现代信息技术手段辅助教学；在学生"学"的方面，学生作为数字时代的原住民，他们与现代信息技术具有天然的联系，他们更喜欢数字化的表达方式，更容易接受数字化的呈现方式，在学习习惯和思维方式诸方面都有别于过去的学生。在教学的理念上，探究学习、合作学习、自主学习，已经由理论的倡导逐步成为实践的探索。在以现代信息技术深度融入为背景的教学系统中，"师生之间的互动构成一个运动体，指向教材认知，这个认知活动在由物理环境（教室）、网络环境、多媒体环境等共同构成的平台环境中进行。在这个认知过程中，平台既是认知得以展开的空间，又以资源、设备、技术等形式支撑认知活动的进行"②。

现代信息技术深度融合于教学，其目的是提高教育质量，培养全面发展的创新型人才。正如顾明远先生指出，"信息技术、互联网改变了教育环境和教育方式"，但是"立德树人的教育目的不会变""教师培养人才的职责没有变"③，因此，现代信息技术深度融合于教学，并没有增加或减少教学的基本要素，它改变的是要素之间的关系和表现形式。

（二）现代信息技术深度融合下教学要素的新变化

现代信息技术深度融合于教学，没有改变教学要素的组成，而是引

---

① 何克抗. 如何实现信息技术与学科教学的"深度融合"[J]. 教育研究，2017（10）.
② 贾雪枫. 信息技术背景下课堂教学文化的重构[J]. 教育与教学研究，2020，34（4）.
③ 顾明远. 教育运用信息技术要处理好五个关系[J]. 教育与教学研究，2020，34（2）.

起教学要素的结构发生了新的变化，这种变化如图 1-5 所示。

图 1-5　现代信息技术深度融合教学的"3+1"圈

　　图 1-5 中的灰色圈与教学要素相交，表示现代信息技术与教学的关系。从图中可以分析出现代信息技术深度融合之下出现的三个现象：

　　第一，现代信息技术已全方位、全过程融入教学。信息技术并不是一个新的概念，而是一直存在于人类生产生活的客观事实。在人类历史上信息技术一直都存在并一直自然地与人类的生产生活融合在一起，只是不同时代的表现形式不同而已。图 1-5 用灰色圈表示现代信息技术，很清楚地表明，当代，现代信息技术已在教学的各个阶段和各个区域以不同的形式存在。在自由阅读区、认知等待区、自然生长区，在各要素交叉出现的备课区、预习区、交流区，现代信息技术都在以各种形式存在并深度融合于师生的活动。由于现代信息技术的参与，教学要素的关系形态发生了诸多变化。一方面，传统的媒介手段依然有效地发挥作用，图 1-5 中代表现代信息技术的灰色圈与其他要素相交后存在大片空白区域，表明传统的认知手段、交流方式和表达形式依然有效。另一方面，现代信息技术与各要素相交而出现的各个区域，现代信息技术都有参与，其参与形态，可能是表现或表达工具，可能是方法手段，也可能是资源资料。到教学认知区，现代信息技术已全程参与到教学之中，成为教学得以进行的载体和手段。这既是理论的推导，更是正在实践之中的现实。

　　第二，现代信息技术作为知识的载体和传播手段，正在逐步改变人们的行为习惯和思维习惯。知识作为教学内容，必须要有一定的信息媒介和载体才能成为认知对象。随着现代信息技术的发展，知识越来越多地以现代信息技术提供的物质基础作为储存媒介、传播渠道和增容载体，知识的储存形态等物质载体的变化，必然引起知识传承方式的变化。因此，所谓信息技术深度融合教学，实质上就是信息技术作为教学的载体和手段，人们使用它达到普遍运用而习以为常的程度，这是一个渐进而到质变的过程。"深度融合"强调快速转化技术成果，它既是信息技术时代性的产物，更是激烈的国际竞争的产物。不同时代的信息技术必然被运用到教学之中而成为教学的有机组成部分，这是由人类知识储存特点和技术使用速度决定的。

教学内容是教学得以发生的基本原因和逻辑前提。在教学中，教学内容是作为教师和学生两类主体的活动对象、联系中介和基本手段而存在的，是教学活动结果所以产生、目的得以达成的基本依据和直接来源。教师和学生组成教学活动统一体，共同指向教学内容，而教学内容得以表现、师生对教学内容得以认知的渠道途径和手段都离不开信息技术。

不同的时代有不同的知识信息载体，结绳记事适用于前文字时代，甲骨、金石、竹木简适用于纸张未发明的时代，所以信息技术与人类教学历史的发展本质上就是随时代的进步而不断深度融合的进程。信息技术本身就具有集教学内容赖以存在的媒介载体和认识教学内容的工具手段为一体的特征，因此，强调现代信息技术与教学的深度融合只是一个知识媒介和载体以及认知工具手段变迁的过程，伴随着这一过程的推进，逐步完成的是人类学习思维、行为习惯以及人的发展等方面的改变。

第三，现代信息技术与教学各要素在教学中呈现复杂的人技关系，技术运用越来越成为"背景"。当代，大数据、云计算、人工智能和"互联网+"等多种新兴的信息技术快速融入教育领域，"宽带网络校校通""优质资源班班通""网络学习空间人人通"快速推进，数字校园、智慧校园建设提质增效。传统的教学要素圈相交形成的区域被现代信息技术全覆盖，现代信息技术与教学各要素相依相存成为一个整体。这个整体是一个极其复杂的生命体，它表现出来的特征并不是各部分、各层次的简单相加。现代信息技术深度融合下的教学作为一个生命体是以整体结构的存在而存在，更以整体功能的密切配合而存在，我们不能孤立地讨论某一个点或面。

现代信息技术存在两种属性，一种是人们研究和追求的技术，一种是成为背景的技术。我们可以借鉴美国技术哲学家唐·伊德关于人技关系的理论来说明现代信息技术在教学中的地位或者与其他要素的关系。唐·伊德指出，人与技术存在着具身关系、诠释关系（解释学关系）、它异关系和背景关系。具身关系是技术具化为人身体的一部分，人和技术融为一体，技术成为人类身体的化身，从而扩大人的知觉。诠释关系是技术与世界成为一个整体，人借助技术所显示的信息而获得对外部世界的感知。它异关系是指技术成为认识对象，技术与人具有同等的地位，技术是人研究的对象。背景关系指的是技术产品深深植根于日常生活，它们的存在成为一种"理所当然"，成为人们不可或缺的一部分，人们在技术的背景下认识世界。

具身关系—诠释关系—它异关系—背景关系构成人技关系的认识连续体。具身关系、诠释关系通过技术来实现人对世界的感知和了解，技术为人所用，是事物呈现的手段。在它异关系中，技术成为人的认识对象，人通过技术加强了认识世界和改变世界的力量。在背景关系中，技术融入社会之中，不可或缺，这是由量变到质变的过程。所谓信息技术深度融合教学的过程，就是信息技术与人的关系由具身关系变成背景关系的过程。在教学要素中，信息技术不是外在的物件或者其他附加，它本身就是各教学要素的组成部分，起着贮存、携带教学信息和促进教师、学生和教学内容之间反应的作用。

第三节 历史教育与历史教学

教育是什么？1976 年，联合国教科文组织教育统计局编定的《国际教育标准分类》给教育下了个定义："本标准分类所指的'教育'不是广义的一切教育活动，而是认为教育是有组织地和持续不断地传授知识的工作。"①"知识"是指人的行为、见闻、学识、理解力和态度、技能以及人的能力中任何一种可以长久保持（而并不是先天或遗传产生）的东西。教育的目的是一种关于教育过程预期结果的价值取向，1972年提交给联合国教科文组织的报告《学会生存——教育世界的今天和明天》主张教育目的要从"再现过去社会状态"向"预示某些新的社会状态"转变，也就是教育要"向前看"。由于人的生存是一个无止境的完善过程和学习过程，因此任何人都是"未完成的人"，教育的目的就是培养完善的人，教育是终身的。

一、历史教育的产生和发展

教育是巩固和发展人类群体的文化行为，历史教育是教育的组成部分，是以历史和历史学为主要内容的教育活动。"历史学是在一定历史观指导下，叙述和阐释人类历史进程及其规律的学科。探寻历史真相，总结历史经验，认识历史规律，顺应历史发展趋势，是历史学的重要社会功能。"②历史教育对学生的全面发展和终身发展有着重要的意义。历史教育发端很早，"人类有了语言和意识，就有了历史知识和历史教育。"③。历史教育不仅有存续人类文明的功能，还承载着传递人类经验的任务。历史教育有广义和狭义的区别，广义的历史教育，泛指一切以历史知识为基础和内容的教育活动。狭义的历史教育，指的是学校教育中，以历史课程为载体，以历史学为依托，以学生为培养对象的教育活动。

人类的教育从内容来讲，大致可以分为传播生产知识、生产技能和传播社会生活经验两大类，原始社会的历史教育即由此发端。中国古代非常重视历史教育，"若乃《春秋》成而逆子惧，南史至而贼臣书，其记事载言也则如彼，其劝善惩恶也又如此。由斯而言，则史之为用，其利甚博，乃生人之急务，为国家之要道。有国有家者，其可缺之哉！"④

① 陈桂生. 教育原理[M]. 上海：华东师范大学出版社，2012：163.
② 中华人民共和国教育部. 普通高中历史课程标准（2017年版 2020年修订）[S]. 北京：人民教育出版社，2020：1.
③ 赵恒烈. 历史教育学[M]. 石家庄：河北教育出版社，1989：37.
④ 刘知几. 史通（下）[M]. 姚松，朱恒夫，译注. 贵阳：贵州人民出版社，1997：2-3.

历史教育被视为"生人之急务，国家之大要"，因此，中国古代启蒙教育包含历史教育，《三字经》就叙述了自远古至宋代的历史，朗朗上口的语句启蒙了儿童的历史知识和历史观念。

以迄今为止的考古材料而言，中国有文字记载的历史始于商朝，商人以甲骨为材料，以刻具为书笔，记录下当时的社会经济生活，从此，朝朝有记录，代代有史官。商周时期，"学在官府"。春秋战国时期，礼崩乐坏，学在民间，孔子兴办私学，删定《诗》《书》《礼》《易》《乐》《春秋》，定为教育弟子的教科书。《书》《春秋》即有历史教科书的性质。秦汉时期，政府设立了"掌通古今"的"博士"官，汉武帝"罢黜百家，独尊儒术"，尊《诗》《书》《礼》《易》《春秋》为五经，出现了许多专治《春秋》和《尚书》的学者。魏晋南北朝时期思想活跃，出现经、史、子、集四大门类的目录学分类，历史学与经学相区别，开始独立发展。隋唐是中国封建社会的鼎盛时期，随着经济的繁荣，政治的发展，文化教育也呈现出一片繁荣兴旺的景象，历史学得到进一步的重视。唐太宗李世民说："以铜为镜，可以正衣冠。以古为镜，可以知兴替。以人为镜，可以明得失。""以古为镜"成为统治者的共同认识，历史教育由此空前活跃，成就显著。宋代教育事业有了较大的发展，出现了许多书院，教育内容更丰富。明清时期的历史教育进一步发展，在一些思想家眼中，学史甚至可与读经比肩。

1898 年 7 月，康有为在《请开学校折》一文中提出，各乡应设乡立小学，各县应设县立中学，历史作为独立的一门课程列入普通教育，并定为中小学必学课程。1902 年，梁启超在《新史学》一文中，指出史学是"最博大、最切要的学问"，能起到"国民之明镜""爱国心之源泉"的作用。他认为学习本国史实为全国人民刻不容缓的大事。他按照社会进化论的观点，把人类社会看成是运动、发展的，其中又有可以探究的公理、公例（即历史哲学），进化论成为历史教育近代化的思想武器。

戊戌变法以后，清政府开始废科举，兴学堂，有了近代意义的各类学校；1902 年清政府颁布《钦定学堂章程》（即"壬寅学制"），该学制的课程设置中规定有"史学"一科。1904 年，清政府颁布《奏定学堂章程》（即"癸卯学制"），把"史学"改为"历史"，规定中学需开设历史课，从此，学校历史教育步入近代化。

五四运动以后，马克思主义传入中国，从此，历史学的研究和历史教育也开始发生了重大的变化，唯物史观渐渐代替了社会进化论，彻底荡涤封建史学。中华人民共和国成立以后，马克思列宁主义指导下的历史教育，成为社会主义教育的一个有机组成部分。课程设置、教材编写、教学研究等各方面都进行了深入研究，特别是新课程改革实施以来，历史教育与其他学科教育一样，进入了倡导自主、合作、探究学习的新阶段。2014年教育部研制印发《关于全面深化课程改革落实立德树人根本任务的意见》，提出"组织研究提出各学段学生发展核心素养体系，明确学生应具备的适应终身发展和社会发展需要的必备品格和关键能力"。"中国学生发展核心素养是党的教育方针的具体化、细化"，"各学科基于学科本质凝练了本学科的核心素养，明确了学生学习该学科课程后应达成的正确价值观、必备品格和关键能力"①，历史教育同所有学科一样进入了核心素养时代。

历史教育过程中要处理好几对关系。一是古和今的关系。古即历史，今即现实。历史和现实是两个范畴，但是并没有鸿沟，历史是稳定凝结的现实，而现实则是正在流动变化着的历史。"历史不外是各个世代的依次交替。每一代都利用以前各代遗留下来的材料、资金和生产力；由于这个缘故，每一代一方面在完全改变了的环境下继续从事所继承的活动，另一方面又通过完全改变了的活动来变更旧的环境。"②历史教育要帮助学生用历史知识来观察分析现实社会中的问题，要帮助学生多接触现实生活，熟悉现实社会，教师要有意识地通过选择有关材料去沟通历史和现实之间的联系，赋予历史以时代的新气息。二是史和论的关系。史即材料，论即观点。要帮助学生了解历史知识的结构和层次，总的系统和分支系统，以史论来统帅全局，把握中心线索。捕捉历史现象和历史过程，不能单靠摹写式的映像，还应靠史论结合的思维具体去沟通，去把握，去感应。赵恒烈先生指出，教学中的史论结合，一要事真，二要理正，三要情切。③史论结合过程既是学生学习历史的过程，也是培

① 中华人民共和国教育部. 普通高中历史课程标准（2017年版2020年修订）[S]. 北京：人民教育出版社，2020：前言4.
② 中共中央马克思恩格斯列宁斯大林著作编译局. 马克思恩格斯选集：第一卷[M]. 北京：人民出版社，1995：88.
③ 赵恒烈. 历史教育学[M]. 石家庄：河北教育出版社，1989：101-103.

养、发展学生认识历史能力的过程。

专门研究历史教育的学问被称为历史教育学，赵恒烈先生曾概要指出历史教育学的研究范围，包括：（1）历史教育原理学（教育功能、教育过程、教育原理、发展史等）；（2）历史教材编纂学（课程设置、选材原则、编排体例、表述方法等）；（3）历史教育心理学（教师心理、学生心理、思维路线等）；（4）历史教育方法论（教师教授的方法、学生学习的方法）；（5）历史教育比教学（与国外历史教育进行横向比较）。①

他进一步指出，不能因为要从宏观上研究历史教育，就随意地扩大历史教育学的研究对象，认为它的研究应包括以往人类创造的一切知识体系和一切活动过程，历史教育学的建设应该是科学整体化和学科综合化的需要。这些观点对今天我们的研究具有指导意义。

二、历史教学的理念和目标

历史教学是历史教育的主要实施途径。历史教学是学校课堂教学，其内容是历史，教学形式是班级授课的组织形式，师生在教学过程中采用一定的方式和手段等来实施教学。历史教学的目的，不同的时期虽表述略有差异，但大都围绕能够使学生了解人类社会发展过程，认识人与人、人与社会、人与自然的关系，汲取智慧，提高素养，形成正确的三观，更好地在德智体美等方面得到全面发展这些内容展开。②

历史教学要贯穿课程理念。历史课程理念，《义务教育课程标准（2012年版）》指出四点：充分体现育人为本的教育理念，以普及历史知识为基础，将正确的价值判断融入对历史的叙述和评判中，鼓励自主、合作、探究式学习；③《普通高中历史课程标准（2017年版 2020年修订）》概括为三点：以立德树人为历史课程的根本任务，坚持正确

---

① 赵恒烈. 历史教育学[M]. 石家庄：河北教育出版社，1989：9.

② 参见人民教育出版社《九年义务教育全日制初级中学历史教学大纲（使用修订本）》（2000年版）、《全日制普通高中历史教学大纲》（2002年版）以及义务教育、普通高中历次课程标准。

③ 中华人民共和国教育部. 义务教育历史课程标准（2011年版）[S]. 北京：北京师范大学出版社，2012：2-3.

的思想导向和价值判断，以培养和提高学生的历史学科核心素养为目标。①《义务教育历史课程标准（2022年版）》进一步强调："立足学生核心素养发展，充分发挥历史课程的育人功能；以中外历史进程及其规律为基本线索，突出历史发展的阶段性特征；精选和优化课程内容，突出思想性、基础性；树立以学生为主体的教学观念，注重学生自主探究的学习活动，鼓励教学方式的创新；综合运用多种评价方式和方法，发挥评价促进学习和改进教学的功能。"②历史教学要实现课程目标。2001年启动的新课程改革将课程目标表述为知识与能力、过程与方法、情感态度价值观三维目标，义务教育历史课程的目标是：学生能够掌握中外历史的基本知识，初步掌握学习历史的基本方法和基本技能；对人类历史的延续与发展产生认知兴趣，感悟中华文明的历史价值和现实意义，养成爱国主义情感，开拓观察世界的视野，认识世界历史发展的总体趋势；初步形成正确的世界观、人生观和价值观，为成为拥有良好综合素质的合格公民奠定基础。③《普通高中历史课程标准（2017年版2020年修订）》以学科核心素养为课程目标，具体化表述是了解唯物史观的基本观点和方法，知道特定的史事是与特定的时间和空间相联系的，知道史料是通向历史认识的桥梁，区分历史叙述中的史实与解释，在树立正确的历史观基础上，从历史的角度认识中国的国情等。④《义务教育历史课程标准（2022年版）》更明确指出历史课程的目标是落实立德树人根本任务，引导学生初步树立正确的历史观、民族观、国家观、文化观，明理、增信、崇德、力行。⑤

　　教学目标是预期的、基本的教与学的成果。课程标准规定的课程目标是历史教学的总目标，无论是三维目标还是学科核心素养，都是一个

① 中华人民共和国教育部. 普通高中历史课程标准（2017年版2020年修订）[S]. 北京：人民教育出版社，2020：2.
② 中华人民共和国教育部. 义务教育历史课程标准（2022年版）[S]. 北京：北京师范大学出版社，2022：2-3.
③ 中华人民共和国教育部. 义务教育历史课程标准（2011年版）[S]. 北京：北京师范大学出版社，2012：5.
④ 中华人民共和国教育部. 普通高中历史课程标准（2017年版2020年修订）[S]. 北京：人民教育出版社，2020：6-7.
⑤ 中华人民共和国教育部. 义务教育历史课程标准（2022年版）[S]. 北京：北京师范大学出版社，2022：6.

整体，但这些总目标只是一种方向性的概括，不是对教学成果的具体描述，教师在教学时可能会从不同角度，以不同方式去理解。真正的教学实施需要解决的不仅仅是"三维目标"或"学科核心素养"的描述问题，它更重视对承载这些抽象目标的教学内容或教学任务如何进行合理组成，作出科学排列，更关心这些教学任务应被执行到什么程度。因此，课程总目标的实现需要阶段目标和课时目标的落实。

学生对知识的掌握程度是衡量教学目标实现与否的标尺，教学目标的可测可量在实践中显得尤为重要。如何对教学目标进行分类，使目标检测直接简便，让学生的掌握水平一目了然，是教学实施必须考虑的问题。按布卢姆目标分类学，目标分类应是对整体知识的一种完整性分类，按照心理发展层次划分为知道、理解、应用三个界限相对比较清楚的层次，比较符合学生的学习心理发展的层次递进规律。在基础上，又可将目标细化为六个层次，即按掌握水平（学习水平）由低级到高级依次分为识记、理解、应用、分析、综合、评价六级水平，《义务教育课程标准（2012 年版）》按这个分类确定评价目标，《普通高中历史课程标准（2017 年版 2020 年修订）》也按这种分类描述学业质量水平。①

教学是一个过程，是一个学生在知、情、意、行诸方面全面而和谐发展的过程。历史教学知的过程是学生掌握历史基础知识、基本理论的过程，也是智力发展的过程，包括形成历史表象、形成历史概念、形成历史整体认识。历史教学知的过程也是情感培养过程、技能训练和迁移过程，更是学生个性的形成与发展过程。就师生双边活动而言，教师在实施教学之前，必须预先知道学生的学习水平，在此基础上确定自己的教学目标并实施教学，学生则须预先复习和预习，在此基础上产生疑问，并在教师指导下开始学习，一个学习活动结束后，师生双方对教学进行评估反馈，以进入下一步学习。这个过程如图 1-6 所示。

教学必须运用一定的方法才能达成教学目标。教师要根据具体的教学目的、教学任务、教学内容、学生的年龄特征和能力水平来选择教学方法。

---

① 中华人民共和国教育部. 普通高中历史课程标准（2017 年版 2020 年修订）[S]. 北京：人民教育出版社，2020：41-44，70-72.

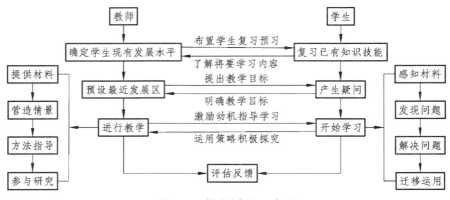

图 1-6 教学过程示意图

三、现代信息技术影响下的历史教学

现代信息技术已广泛运用到各学科教学之中。"当代的历史教学，不仅是将现代信息技术作为课堂教学中重要的展示手段，而且要着眼于如何利用现代信息技术改变学生的学习方式，如何促进学生历史学习的拓展和深入，如何为学生提供在自主学习、合作学习和探究学习的开放空间，如何通过现代信息技术的整合更好地提升学生的历史学科核心素养。"①《义务教育历史课程标准（2022 年版）》强调"将现代信息技术与历史教学深度融合""积极探索线上教学的模式，并将线上教学与线下教学有机结合"②。信息技术在推动学生的深度学习、探究学习、合作学习等方面具有具身化的优势，可以为教学提供更多的可选择性。

数字化时代是信息领域的数字技术向人类生活各方面全面推进的时代，具有信息储存海量化、数据传输迅速化、图文整合多样化等特点，人类在信息接收和处理方面的能力极大增强。数字化使学习资源随处可寻，学习机会随时可有，学习正在实现泛在化和自主化。但任何事物都有两面性，数字化时代在为学习者提供了更多资源和机会的同时，也产生了不少需要正视和解决的问题。

① 中华人民共和国教育部. 普通高中历史课程标准（2017 年版 2020 年修订）[S]. 北京：人民教育出版社，2020：54.
② 中华人民共和国教育部. 义务教育历史课程标准（2022 年版）[S]. 北京：北京师范大学出版社，2022：60，61.

（一）数字化时代历史教学的挑战

数字化时代技术带来的便捷，使越来越多对历史感兴趣的非专业者进入历史研究和传播领域。这就使历史学科具有与其他学科很大的不同点：一方面历史资源极其丰富，大量专业历史研究者无暇顾及的历史细节和个案发掘成为非专业研究者关注的对象；另一方面对历史的理解和解释因人因时而异，有的研究者为吸引注意和牟取名利，故意标新立异。如何使历史的理解和解释合乎历史客观发展逻辑，成为历史研究、历史教学和大众历史知识普及的重要任务。综合来看，数字化时代历史教学面临的挑战，主要表现在戏说化历史、虚无化历史、碎片化历史。①

戏说化历史、虚无化历史和碎片化历史是一体三面，我们可以称之为"历史三化"。虚无化是核心，它关涉价值观和方法论，否定客观规律，强调观念先行的"假设"，割裂历史的连续性和整体性，脱离具体的历史背景，有意识地屏蔽、过滤不符合自己价值观的事实和话语，解构重大历史事件。碎片化是基础，只有碎片化，虚无者才能随心所欲地解构，才能以合意的"历史细节"编制叙事情节。戏说化是必然表现，正由于虚无和碎片，所以，"一切沉重的话题，一切庄严的历史，一切伟大的人物，统统变成资本逻辑主导下可以随意取用的搞笑题材"②。

（二）作为数字移民的历史教师的尴尬

数字化时代是一个"搜索引擎时代"，几乎所有教科书知识都可以通过搜索引擎瞬间呈现在眼前，这就给教师提出了前所未有的挑战。很多教师出生于数字世界尚未到来的时代，成人后则生活在数字时代，并使用新技术，有学者鉴于教师的这种特征，将这些教师称为数字移民。作为数字移民，当前的历史教师面临着下列尴尬：

1. 尴尬之一：信息是海量的，但教师并不能准确判定学生的阅读状况

第一，教师不能准确判断学生阅读的是哪些书籍或信息。数字化时

---

① 详见本书第二章。
② 张有奎. 三种类型的历史虚无主义及其批判[J]. 马克思主义与现实，2019（1）.

代的基本特征是信息储存海量化、数据传输迅速化，理论上，学习的泛在化和自主化为学生提供了大量的学习机会，学生利用信息技术手段可以在任何地方、任何时间获取所需的任何信息。问题在于，在纸质文本时代，学习资源是有限但可控的，教师作为学习资源的掌握者和推荐者，可以很清楚地知道学生读了哪些书，即使是课外书籍，教师也大致可以判断学生的阅读面和阅读量。而数字化时代海量的信息铺天盖地，教师根本无从知道学生课外究竟阅读了哪些信息，这些信息是什么性质，也就无从预判这些信息对学生产生了什么影响。就历史教学而言，目前网络上存在大量的各种各样关于历史认知方面的文章和信息，一来教师不可能全面阅读，二来学生的阅读兴趣呈个性化分布，很多阅读处于隐蔽状态，教师缺乏对学生阅读状况的了解，因此对泛在学习过程中学生思想行为的变化缺乏清晰的把控，待发现学生状况不对劲的时候，往往为时已晚。

第二，教师不能准确判断学生阅读的质量和水平。泛在学习具有的任何人在任何时间、任何地点获取任何信息的特征，天然地与碎片化学习具有密切联系，或者说，泛在学习就是碎片化学习。根据研究，网络碎片化学习会导致感知觉障碍、注意障碍、记忆障碍、思维障碍等不同的认知障碍。[①]碎片化的网络学习资源数量庞大，内容片段化，更新速度快，导致学习者无法感知知识的整体性，无法辨别信息的真伪，注意力处于漂移涣散状态。由于碎片化信息的生命周期短，阅读者对它的记忆基本上处于短时记忆甚至瞬时记忆阶段，难以经过复述进入长时记忆。更为关键的是，碎片化知识缺乏逻辑性，因此学习者在回忆以往知识时，常混淆知识间的逻辑联系，快速阅读能使阅读者思维的跳跃性增强，但思维的逻辑性和演绎能力得不到有效锻炼。

2. 尴尬之二：教师需要寻找教学资源，可能无意间成为"历史三化"的传播者

历史是重视证据的科学，历史教学强调材料的作用。与过去教学中

① 张克永，李宇佳，杨雪. 网络碎片化学习中的认知障碍问题研究[J]. 现代教育技术，2015（2）.

只有静态的文献、图片材料可选相比，当代历史教师在课堂上能够选用的材料，其丰富程度远远是过去所不能比拟的，既有历史文献、图片，又有各种各样的视频、音频，还有他人制作的微课等可供选择。但是在海量信息的挑选面前，教师面临着史识判断力高低的考验，一些教师会不明就里地陷入陷阱。例如，网络上的各种历史文摘，但如果不详察文句的前后联系，不通看文献全文，有可能存在断章取义的问题。有些作伪资料，表面上能够为教学所用，实则违反史料真实原则。

3. 尴尬之三：数字世界为学生提供了更多的选择性，但学生内在学习动力似乎并未增强

有论者认为，在数字化时代，海量的学习资源和多渠道的知识获取方式，让学生从对教师的依赖中解脱出来。[①]传统按部就班式的知识学习，尤其是命题式知识的学习，将越来越以"个性化"的面貌出现。[②]但是，客观地说，学生不爱学习、厌学弃学、学习不自觉的问题并没有得到有效解决。目前对人工智能等信息技术提高学习效率的有关研究较多，而关于教学中学生学习情绪、学习态度的研究相对较少。历史教育要使学生通过"历史课程的学习，初步学会从历史的角度观察和思考社会与人生，从历史中汲取智慧，逐步树立正确的世界观、人生观和价值观"[③]。要达到这一目的，历史课程和历史教学需在思想性、基础性、人文性、综合性上下功夫，思想性、人文性都是情感体验的产物，但是研究证实，教师作为数字移民，存在与学生的交往由主体—主体的关系降格为脱离真实情感与价值的主体—客体关系和情感与价值不复存在的物—物关系的困境。[④]也就是说，技术越发达，师生之间的情感交往越淡漠，最终可能走向毫无情感发生的物—物关系。在这种状况下，历史教育的目的从何实现是我们必须直面回答的严峻问题。

---

① 张琪娜，吕狂飙. 困境与突围：教师作为数字移民的时代挑战[J]. 中国教育学刊，2019（9）．
② 任友群. 人工智能何以变革教育[J]. 教师博览，2019（2）．
③ 中华人民共和国教育部. 义务教育历史课程标准（2011 年版）[S]. 北京：北京师范大学出版社，2012：1.
④ 张琪娜，吕狂飙. 困境与突围：教师作为数字移民的时代挑战[J]. 中国教育学刊，2019（9）．

（三）线上教学与线下教学的相融相生

随着"互联网+"的推进，各行各业的线上与线下发展已经逐渐融为一体。特别是 2020 年年初新冠肺炎疫情的突袭，使线上教学成为一个重要的教学途径，很多学者开始探讨线上教学的利弊。教育部《教育信息化 2.0 行动计划》提出："持续推动信息技术与教育深度融合，……促进教育信息化从融合应用向创新发展的高阶演进，信息技术和智能技术深度融入教育全过程，推动改进教学，优化管理，提升绩效。"技术发展对教育教学的影响十分显著。从社会变迁角度观察，教育发生了四次革命：第一次教育革命以文字和学校的出现为主要标志；第二次教育革命以造纸术和印刷术的发明为主要标志；第三次教育革命以班级授课制的出现为主要标志；第四次教育革命以计算机和互联网为代表的信息技术引发的教育系统的全面变革为标志。第一次教育革命使教育成为专门的事业，确立了学校是传道授业的专门场所这一定位；第二次教育革命导致教育走出贵族的狭小圈子，知识的主要载体是书籍迄今未有变化；第三次教育革命使教育走向普及化和管理专门化，分科教学、分层管理至今沿用；第四次教育革命方兴未艾，它给人类教育事业的发展和变革将带来什么影响，是每个置身其间的人正在实践的大事。

随着现代信息技术的飞速发展，课堂教学正在开始一次基于信息技术和网络资源的新革命。教学活动得以开展的空间从狭小的教室这个物理空间，拓展为有形的物理空间和无限的网络空间，教学实施可以使用的各种技术手段能实现从虚拟到现实的快速转换，这些平台和手段是前人无法想象的。课堂教学在数字化、网络化、智能化和多媒体化环境下，呈现出一种以网络化环境、交互式平台、即时性反馈为基本特征，互动性与参与性结合，选择性与自主性结合，生成性与增值性结合，高激励与高效益结合的文化氛围。

任何虚拟事项都必须服务于实体，任何抽象都来自具象，线上教学并不是孤立于线下教学存在的现象，它存在的价值是解决问题，它必须服务和服从于线下教学，而非另立门户。线上与线下，其实本来就是事物的"一体两面"，无须分别。比如医生的远程会诊，对异地交流的医生来说是线上，对"落地"探讨的医生来说则是线下，这是同步进行的过程。网络上下订单是线上，快递小哥把货物送达订货人手中是线下，这是前后相续的过程。这种线上线下相融相生的现象在教育教学中同样突出存在，而且越发不可分离。

技术的现代化并没有改变教学的传统理念，反而是传统教学理念"披上了现代性外衣"，可以把它称作是传统教学问题的现代性表现。从传统到现代是一个继承、融合、发展的历程。传统不是一个僵化的概念，它随时代的发展而不断充实和调整。传统沿着时间的历史长河奔流而来。在历史发展中，一些与时宜不合者如泥沙般沉积在历史记忆里。传统是源远流长的"主流"，现代是传统发展中的"降水"。当现代与传统相遇时，无论抗拒与否，现代最终都会不由自主地融入传统中，一如过去，传统中与时宜不合者将被淘汰，从而形成新的传统，面向未来。有学者提出了中国传统教育思想现代转换的"融合创生"原则，认为"融合是中国传统教学思想与当代中国基础教育教学实践的融合，是与他者教学理论的融合，在融合中，形成'以行为本''知行相须''学、思、行结合'的新的教学过程观"。"现代教育技术集声、文、图、像于一体，使知识信息来源丰富，且容量大，内容充实，形象生动而更具吸引力，可以为中国传统教学思想的传播推广提供便捷而有力的路径。"①历史教学在现代信息技术的加持下，能够得到更好的发展。

---

① 张天明. 论中国传统教学思想在基础教育中的现代化转型[J]. 课程·教材·教法，2019（11）.

第二章
学生"问道"历史观念的形成

第一节　历史、历史观和历史方法

一、历史是什么

历史是什么？历史有什么用？这是历史教学遇到的一个根本性问题。

法国历史学家雷蒙·阿隆在法兰西学院授课时在讲到"什么是历史"时，提出了三个问题：

（1）人类史与自然史之间有什么区别？

（2）人们所说的历史社会与历史认识之间有什么关系？

（3）事件"编年史"与历史认识是否有本质区别？[①]

历史是什么？历史是人的历史。马克思、恩格斯说："全部人类历史的第一个前提无疑是有生命的个人的存在。"[②]历史既指现实（过去的现实）也指我们对现实的认识，但是，我们所讲的历史，并不是作为自然物种的人的历史，如某种生物进化的历史，而是社会的历史和文化的历史。"至少是从新石器时代的革命起，人，我们所见到的人，就只出现在群体中；作为文化的存在……"[③]"思想、观念、意识的生产最初

---

① 雷蒙·阿隆，梅祖尔. 论治史——法兰西学院课程[M]. 冯学俊，吴泓缈，译. 北京：生活·读书·新知三联书店，2003：106.

② 中共中央马克思恩格斯列宁斯大林著作编译局. 马克思恩格斯选集：第一卷[M]. 北京：人民出版社，1995：67.

③ 雷蒙·阿隆，梅祖尔. 论治史——法兰西学院课程[M]. 冯学俊，吴泓缈，译. 北京：生活·读书·新知三联书店，2003：97.

是直接与人们的物质活动，与人们的物质交往，与现实生活的语言交织在一起。人们的想象、思维、精神交往在这里还是人们物质行动的直接产物。表现在某一民族的政治、法律、道德、宗教、形而上学等语言中的精神生产也是这样。人们是自己的观念、思想等等的生产者。"①历史并不是像生物进化一般呈简单的线性序列，而是有着观念、思想等的发展。

历史社会是过去的客观存在，历史认识则是关于历史社会的理解和解释。关于历史的概念，朱光潜先生曾指出有三个名词要了解清楚，"头一个是'历史'（History），指心灵发展即真实界演变的过程；其次是'历史学'（Historiography），指研究历史的学问，尤其是关于历史写作底问题；第三是'历史的哲学'（The philosophy of history）"②。真实界的演变过程是客观存在的历史，它之所以成为知识和思想的对象，是因为"历史生于思想与批判"③。与客观的历史不同，历史认识并不总是按时间标尺排列过去，我们所接触的所有著作，都不是一个接一个地按时间序列叙述事件，而是对一个时代或一种文化的重构。因此，通常所讲的历史实际上指的是史学或历史学，历史是人类的自我认识，它的认识对象不是个别人或个别方面，而是人的总体，是整体人类社会的历史形态。

人类首要的历史活动是物质生产，满足人们物质生活的需求，而生产劳动是社会性的群体活动，必须由人们的交流协作才能取得成果。因此我们历史认识的对象，不是个别人，不是个别人的个别方面，而是人的总体，历史研究的是"组织起来的人类群体"。

历史事实具有如下几个特征：一是多样性，过去发生的一切，都有其不同的层面和各种细节，这些不同的层面和细节都可以积淀为历史事实，从而为历史认识主体或早或迟地所认识，这就决定了后人对历史事实的认识始终处于一种碎片状态。二是活跃性，一方面历史事实对应不同的参照系，存在于政治、经济、文化各大系统中；另一方面历史事实对不同的、具体的历史认识主体而言，具有不同的意义，发挥不同的作

---

① 中共中央马克思恩格斯列宁斯大林著作编译局. 马克思恩格斯选集：第一卷[M]. 北京：人民出版社，1995：72.

② 《朱光潜全集》编辑编辑会. 朱光潜全集：第四卷[M]. 合肥：安徽教育出版社，1988：362.

③ 《朱光潜全集》编辑编辑会. 朱光潜全集：第四卷[M]. 合肥：安徽教育出版社，1988：371.

用。三是层次性，历史事实按结构可分为历史事件的事实（即体现在社会历史进程中的作为历史实际情况的事实）、信息的事实（即体现在史学研究中的史料信息）、概念化的事实（即体现在历史研究中的历史事实，它不是作为一般现象的事实，而是在一定历史理论前提下的历史思维的产物）三层。四是未完成性，历史事实具有过去性、现实性、未来性三重性质。过去性是从历史事实的时空维度而言，时间上的流逝、空间上的消亡，使历史事实有着不可复制的特征；现实性是从历史认识的主体而言，任何历史认识的主体都必然打上时代的烙印，所阐述的历史事实必然与"真实"的历史事实存在差异；未完成性是从历史认识的发展而言，包括历史上存在的、业已发生的但历史认识主体尚未认识的历史事实、已知的历史事实含有的尚待认识的潜在内容。

从客观存在的事实出发，历史，就其本身而言，是指事物发展过程。通常所讲的历史，是指人类社会发展过程以及人类与自然界之间关系的发展过程。正是在这个意义上，马克思、恩格斯指出："我们仅仅知道一门唯一的科学，即历史科学。历史可以从两方面来考察，可以把它划分为自然史和人类史。但这两方面是密切相联的；只要有人存在，自然史和人类史就彼此相互制约。"[①]

无论自然史还是人类史，都是存在于宇宙空间的。宇宙中一切天体处于永不停息的运动变化中，在时间和空间上都是无限的。但是，具体到宇宙空间的任何一个天体，它们的历史是有限的，有时间和空间的限制。人类生活在地球上，自从有了人就有了人类史，人类史与自然史一样，都具有时间一维度，即时间一去不复返的特征，但人类史与自然史更复杂，自然史的现象可以在实验室重现，人类史却不可能如自然史那样将人类发展过程中的现象简单而确定地重现，它具有不可复制、不可再现的特征。

如果没有历史学，人类关于过去的回忆不可能成为有条有理的知识，"犹如幼童观察事物时那么零乱"[②]。历史是时间的科学，脱离特定

① 中共中央马克思恩格斯列宁斯大林著作编译局. 马克思恩格斯选集：第一卷[M]. 北京：人民出版社，1995：66.
② 马克·布洛赫. 历史学家的技艺[M]. 张和声，程郁，译. 上海：上海社会科学出版社，1992：21.

的时间，就难以理解任何历史现象，正如古老的阿拉伯谚语所言："与其说人如其父，不如说人酷似其时代。"①英国历史学家柯林伍德所谓"一切历史都是思想史"，考据起来这话有两层含义，一是历史本身是当时人思想行为的结晶，凝聚着当时人的各种想法，学习历史就是再理解当时人的思想。二是历史是现时人基于现实思考而获得的认识，"人们总是自觉或不自觉地借用日常生活经验，并加以必要的取舍，赋予新的色彩来再现历史"②。

历史是过去的现实，现实是未来的历史。历史的研究和传播，都必须以事实即史料为依据；史料的真实性是历史科学性的保证，也是它的生命力所在。但是史料不是历史，史料只是历史的片段。史料再多，也终究不过是人类历史发展过程中的沧海一粟，与丰富复杂的历史发展相比，不过是雪泥鸿爪、磷光片羽，先秦时期的孔子面对三代文献的缺失，已发出了"文献不足征"的感慨。更遑论由于人们的记忆力、感觉力和对事件的认识能力、认识角度、认识深度以及可能存在的偏见、外界影响等因素，而造成的记录的片面和失实。著名史学家周谷城先生曾说："从片段的史料中可以发见完整的历史；但完整的历史之自身，决非即等于片段的史料。"因此，不用科学的认识和研究方法，看到的历史就是一些碎片和失真的场景。李大钊指出："历史是有生命的，僵死陈腐的记录不能表现那活泼泼的生命，全靠我们后人有新的历史观念，去整理他，认识他。"③史学就是为解决认识历史而诞生的科学。史学的任务就是要从历史遗存或残迹和历史文献中去重认曾经发生的事件，并把它重现出来。客观的历史进程有各种各样、大大小小的主题，需要史家作出取舍；不同的主题构成历史发展的不同层级，反映着历史发展的各种深度，需要史家巧为安排；历史由事件构成，事件是由人物活动参与完成的，历史事件和历史人物有着是非曲直善恶之分，需要史家进行评判。所以我们看到，史学是一个矛盾体：就其内容看，史学是客观的，就其表述言，史学是主观的。这个矛盾的不断展开，推动着史学的发展。

① 马克·布洛赫. 历史学家的技艺[M]. 张和声，程郁，译. 上海：上海社会科学出版社，1992：30.
② 马克·布洛赫. 历史学家的技艺[M]. 张和声，程郁，译. 上海：上海社会科学出版社，1992：37.
③ 中国李大钊研究会. 李大钊全集：第四卷[M]. 北京：人民出版社，2006：361.

历史有什么用呢？诚然，以功利的实用性而言，历史不能解燃眉之急。这个疑惑马克·布洛赫也曾产生，他曾感到有些惶恐不安。"一位年迈的工匠扪心自问：花一生的精力来从事这个行当值得吗？"[①]"前事不忘后事之师"，说的是历史具有借鉴价值，时间的远近不能成为衡量历史价值的标准。历史与现实是双向的，对现实的曲解往往源于对历史的无知。历史包罗万象，无所不言，它使我们想起先辈们的丰功伟绩，只有立足于现在，才能眺望远古，历史具有由古知今、由今知古的神奇作用，很多时候给人一种"同时代性"的感觉。

认识历史，必须靠史料，史料能够帮我们思索"过去"，"过去"是不会改变的，但是对"过去"的认识却随着时间的推移渐渐深化和变化，正如李大钊指出的那样："历史不怕重作，且必要重作。实在的事实，实在的人物，虽如滔滔逝水，只在历史长途中一淌过去，而历史的事实，历史的人物，则犹永永生动于吾人的脑际。"[②]

二、历史观

历史的叙事、评判与信念，离不开研究者的主观判断。而历史研究者总是处于一定的社会背景之中、秉持一定的历史观来看待历史，其对于历史事实的陈述、对于历史过程的理解，都隐含了一定的政治预设和价值倾向。所以史观问题是历史教学最紧要和最关键的问题。

历史观是关于历史的根本观点和总的看法，是世界观的组成部分。历史观主要研究"社会"和"人"这两个核心要素，其基本问题是社会存在与社会意识的关系问题，对这个基本问题的回答，形成唯物史观和唯心史观两种根本对立的历史观。唯心史观认为社会意识决定社会存在，否定物质生产对社会发展的决定作用，把人的思想观念或"绝对精神""神"看作历史发展的动力；唯物史观认为，物质资料的生产活动是一切历史活动的基础，物质资料的生产方式制约着社会生活、政治生活的过程，是决定社会发展的主要力量，强调人在历史发展中的主体地位。李大钊是中国传播唯物史观的第一人，他在《唯物史观在现代史学

① 马克·布洛赫. 历史学家的技艺[M]. 张和声，程郁，译. 上海：上海社会科学出版社，1992：7.
② 中国李大钊研究会. 李大钊全集：第四卷[M]. 北京：人民出版社，2006：254.

上的价值》中指出："人类的历史，乃是人在社会上的历史，亦就是人类的社会生活史。""社会一语，包含着全体人民，并他们获得生活的利便，与他们的制度和理想。""我们要晓得一切过去的历史，都是靠我们本身具有的人力创造出来的。"①历史研究的是组织起来的人类群体，英雄产生于组织起来的群体中，又在群体中起着重要作用，所以把杰出人物放在广阔的社会背景中加以考察，才能更全面地对历史事件、历史人物、历史过程进行确当的评价。

历史教育，首先是要树立正确的史观。我国的历史教育，明确规定要以唯物史观为指导，"坚持用唯物史观阐释历史的发展与变化"，"将正确的价值判断融入对历史的叙述和评判中"②。在实践中，中学历史教学界在史观问题上存在一些模糊认识，唯物史观的指导地位有所削弱，导致对一些历史事件的评价认识出现偏差。

三、历史方法

历史研究和历史教学离不开方法。1922 年，梁启超先生在《科学精神与东西文化》的讲演中指出："有系统之真知识，叫做科学，可以教人求得有系统之真知识的方法，叫做科学精神。"③他认为，求知方法包括求真知识、求有系统的真知识、可以教人的知识三层。初中历史教学，虽然对象是未成年人，但是，求真知识、求有系统的真知识、可以教人的知识三层仍然十分重要，尤其是在知识碎片化、阅读碎片化的当代，真知识和有系统的真知识需要教师运用有效的方法去组织和教学，在"求真"的基础上方可谈到"教人"。

从目前中学历史教师的现状看，有两个方法论原则需要强化。一是一切从实际出发原则，在历史教学中的要求是"学会从当时的历史条件理解历史上的人和事"④，二是历史和逻辑相一致原则，在历史教学中的要求是用整体和联系的观点分析人和事，不能碎片化吸收信息和碎片

① 中国李大钊研究会. 李大钊全集：第三卷[M]. 北京：人民出版社，2006：217-221.
② 中华人民共和国教育部. 义务教育历史课程标准（2011 年版）[S]. 北京：北京师范大学出版社，2012：2.
③ 梁启超. 科学精神与东西文化[J]. 民主与科学，2003（2）.
④ 中华人民共和国教育部. 义务教育历史课程标准（2011 年版）[S]. 北京：北京师范大学出版社，2012：6.

化处理信息。列宁早就指出，"挑选任何例子是毫不费劲的，但这没有任何意义，或者有纯粹消极的意义"[①]，因为如果缺乏整体和联系的观点，很有可能产生"单个地看，在生活中都会发生。但是，把所有这些凑在一起，……就意味着是把骇人听闻的事加以渲染，既吓唬自己又吓唬读者，使自己和读者'神经错乱'"[②]，细节真实而全局失实的现象，需要我们认真加以对待。

第二节　历史学科核心素养

"历史学科核心素养"是历史学科育人价值的集中体现，是学生通过历史学习逐步形成的正确价值观、必备品格和关键能力。按照《普通高中历史课程标准（2017年版）》，历史学科核心素养包括唯物史观、时空观念、史料实证、历史解释、家国情怀五个方面。

一、学生发展核心素养与历史学科核心素养的关系

（一）学科核心素养是学生发展核心素养的下位概念

学生发展核心素养与学科核心素养是属种关系。学科核心素养是学生发展核心素养的下位概念。核心素养（key competence 或 key competency）是指高于一般能力或一般素养的最重要的关键能力、必备品格与价值观念。[③]核心素养是带有一种本原意义、可以由此生发其他元素的基础元素。2013年教育部成立以林崇德先生为首席专家的"核心素养研制组"，提出了学生发展"核心素养"的定义，指出核心素养是个体在面对复杂的、不确定的现实生活情境时，分析情境、发现问题、提出问题、解决问题、交流结果过程中表现出来的综合性品质；是个体解决真实的专业领域和现实生活问题时所需的关键能力或必备品格；是

---

① 中共中央马克思恩格斯列宁斯大林著作编译局. 列宁全集：第二十八卷[M]. 北京：人民出版社，1990：364.
② 中共中央马克思恩格斯列宁斯大林著作编译局. 列宁全集：第四十六卷[M]. 北京：人民出版社，1990：479.
③ 徐蓝. 关于历史学科核心素养的几个问题[J]. 课程·教材·教法，2017（10）.

个人生活必须的条件，也是现代社会公民必备的条件。

学生核心素养的形成和培育需要通过教育教学实践得以落实。教育部于2014年3月提出："将组织研究提出各学段学生发展核心素养体系，明确学生应具备的适应终身发展和社会发展需要的必备品格和关键能力。"① "每一个学科需要根据本学段学生核心素养的主要内容与表现形式，结合本学科的学科内容与特点，提出该学科实现本学段核心素养的具体目标，要体现本学科特色。"② 所谓学科核心素养是"基于学科本质凝练出的……学生学习该学科课程后应达成的正确价值观念、必备品格和关键能力"③。历史学科的核心素养，其定义是"学生在学习历史知识的过程中逐步形成的、在解决真实情境中的问题时所表现出来的关键能力、必备品格与价值观念，是历史学科育人价值的概括性、专业化表述和集中体现"④。

核心素养是综合性品格，在学校教育中，学生接受不同学科的教学，这些学科从不同途径和渠道对学生施加影响，不同的学科知识、学科思维、学科能力在学生身上潜移默化地发挥作用，内化为素养，使学生在面对复杂的、不确定的现实生活情境时，能够自觉地运用有关学科知识、持相关立场观点看待和分析问题，自然而然地、不假思索地、熟练地运用相关知识、技能解决问题。比如，学习历史后，能够以历史唯物主义观点观察历史和现实，在遇到现实问题时，能够想到寻找其发展演变的线索，并能在纷繁复杂的变化中准确定位事件的因果关系和时空位置。这种体现在人身上的学习结果或人表现出来的特质，被英国哲学家怀特海称为"风格"，"它是受教育的文化人最后学到的东西；它也是最有用的东西"⑤。所以，学科核心素养的本质是学生经过学科学习后，该学科特有的知识技能和思维方式成为学生"全面发展"的素养组成部分，它指向的是学生发展而非学科本身。

① 中华人民共和国教育部. 教育部关于全面深化课程改革落实立德树人根本任务的意见 [EB/OL]. (2014-04-08) [2019-06-05]. http://www.moe.gov.cn/srcsite/A26/jcj_kcjcgh/ 201404/ t20140408_167226. html.
② 林崇德. 中国学生核心素养研究[J]. 心理与行为研究, 2017 (2).
③ 中华人民共和国教育部. 普通高中课程方案（2017年版）[M]. 北京: 人民教育出版社, 2018: 前言 4.
④ 徐蓝. 关于历史学科核心素养的几个问题[J]. 课程·教材·教法, 2017 (10).
⑤ 怀特海. 教育的目的[M]. 徐汝舟, 译. 北京: 生活·读书·新知三联书店, 2002: 22.

（二）学科核心素养是学生学科素养的核心

在学生发展核心素养视角下，学科核心素养不是学科知识结构内的学科事实、学科概念和学科观念本身，而是指向学生发展的学科素养。核心素养之所以为核心素养，关键在于要内化于学生的品质之中，就是平时常说的学生走出校门后，他曾经学习的大部分学科知识可能都会被遗忘，剩下的一定是学科最核心的部分，包括学科最基本的知识、必备技能和学科思维以及带有学科特点的看待问题的立场、观点、方法。这些学科的核心内容融入个体的能力体系，成为人对事物的一种本能反应，这种本能反应在多数情况下处于潜藏状态，是一种平时不用、遇到情境时能自然触发的本领。这个道理就如一个人学会游泳，生活中绝大多数时候他在岸上，游泳的技能技巧一直无从发挥，但他一旦入水，划水、蹬腿的各种技能便自然而然地启动一样。

从学生发展核心素养视角出发，在历史教学中，学科事实和学科观念要转变为学生的学科素养，关键在于学科知识的个人化，融入学生的能力体系，成为学生的本能。布鲁纳指出："知识的个人化并非简单让知识与人的熟悉之物相联系。相反，它是一个人将熟悉之物变成更一般事物的一个例子，并因此发展对一般事物的意识。"①也就是说，历史学科核心素养是要通过教学帮助学生学会从学科视角理解和认识生活问题，使学生在日常生活学习中遇到相关问题时，能够受内部动机的驱使，以历史学科理念或学科思维为核心，以历史学科能力为支撑来认识问题和解决问题。

二、培养学生的历史学科核心素养

（一）历史学科本质决定历史学科核心素养的构成

培养学生的历史学科核心素养，问题的起点是历史学科的本质是什么？由此而凝练的历史学科核心素养具有什么样的特性？

所谓本质乃事物本身所固有的根本属性。历史有三重属性：

第一，历史是人类的记忆，是事实的存在。历史承载着追溯民族、

---

① 张华. 论学科核心素养——兼论信息时代的学科教育[J]. 华东师范大学学报（教育科学版），2019（1）.

个人从何处来的意义，对塑造我之所以为我的认同意识、我为什么有别于他的区隔意识具有重大意义，它是家国情怀赖以产生的深厚土壤，具有炽热的情感性，所以章太炎说"不读史书，则无从爱其国家"，龚自珍关于"灭人之国，必先去其史"的说法，就是告诫人们一旦历史记忆被截断，便会出现国亡而不觉其痛苦的麻木现象。突出历史的记忆性，就是强调历史的源流，弄清事实是历史的基本出发点。

第二，历史是思想的发展，是认识的结晶。朱光潜先生指出："思想产生了历史，或者说得更精确一点，思想的生展本身就是历史。"他举"拿破仑征服欧洲"为例："这个史实并没有两种存在，一存于自然，一存于历史家的思想中；它只能存于历史家的思想中，此外别无存在。"①他进一步强调："一个判断（即知识或思想）有由事推理和显理于事的两面……哲学侧重由事推理的方面，即普遍概念方面；历史侧重显理于事的方面，即个别事例方面。但是事与理既不可分开，历史与哲学到底还是一回事。"②言下之意是思想（历史认识）是存在（历史事实）的反映。

第三，历史是生命的新生于陈，是发展的产物。历史是一种新因于陈的发展，新的生命包含了前一刻的生命。克罗齐"一切历史都是'现时的'，没有所谓的'过去史'"的命题，强调的就是历史与现实生活的联贯。他指出："它是过去的生活进入我现时的生活，扩大我现在的生活。""现时史固然直接由生活中跃出，非现时史也还是如此，因为显然地只有现时生活中某一种兴趣才能发动一个历史家研讨过去的事实。"③这是从历史发展的联系性来解说历史，发展带有规律性，强调历史的发展联系具有方法论意义。

从历史的三重属性可知，历史学科要在弄清事实、怎样认识事实、怎样解释事实等方面开展工作。因此历史学科的本质是"在一定历史观指导下叙述和阐释人类历史进程及其规律的学科"④。由此出发，自然

---

① 《朱光潜全集》编辑委员会. 朱光潜全集：第四卷[M]. 合肥：安徽教育出版社，1988：364.
② 《朱光潜全集》编辑委员会. 朱光潜全集：第四卷[M]. 合肥：安徽教育出版社，1988：365.
③ 《朱光潜全集》编辑委员会. 朱光潜全集：第四卷[M]. 合肥：安徽教育出版社，1988：366.
④ 中华人民共和国教育部. 普通高中历史课程标准（2017年版）[S]. 北京：人民教育出版社，2018：1.

产生持什么历史观、怎样叙述和阐释、对现实有何意义的问题，由此凝练出的学科核心素养包括历史观、历史方法、现实意义三个层次。这些最核心的学科素养具有四个特性：共同性，它是对所有学生的共同要求；基础性，它是所有学生必备的基本要求；关键性，它是各种要求中最为必要的要求；生发性，它有利于生发其他优良品质和能力。

（二）历史学科核心素养以统一和谐的整体性结构发挥育人作用

历史学科核心素养被划分为唯物史观、时空观念、史料实证、历史解释、家国情怀五个维度或五个组成部分，这五个部分在学术上是可以独立存在并讨论和使用的。但是在实践中，这五个部分总是自然地联系在一起，形成一个整体结构。

1. 历史学科核心素养是整体结构

历史学科核心素养是个整体结构，首先是由"素养"体现人身上是一个整体所决定的。"素"是事物的基本成分，它是时间积淀的过程（平素，素来），也是时间积淀的结果（素质，品性）。"养"是后天培育、陶冶、教化。因此"素养"是经过长时间的修习、涵养、培育而形成基本的人格特征，这种人格特征内化则为品格，外显即为能力。"素养"只有高低之分，没有有无之别。

历史学科核心素养是一个统一的整体，还在于历史认识的主体作用于历史认识的客体时是以一个不可切割的统一体形式出现。历史认识的主体指的是客观世界里按照一定的价值取向和认识定势研究历史的人，历史认识的客体指的是与历史认识主体相对立，并受其作用的客观历史存在，也即一般意义上的历史事实。历史是不可逆的，所以历史认识客体不可能以原态呈现在历史认识主体面前，人们认识历史只能依靠以各种形式出现的史料。史料存在于过往历史时空，是对既往人类活动的记载和再现，因此它具有客观性。史料也存在于当代时空，是经过历史发展大浪淘沙之后经过后人选择而留存下来的部分，因此它具有主观性。每一个史料都是历史发展过程中各个点、线、面的有机组成部分，从不同角度反映着历史活动的整体性和系统性。人们通过一定的观点、方法研究史料，撰写历史著作，形成历史认识。历史教学的原理同样如此，学生在接受历史教育后，能够以唯物史观观察世界，运用相应的方法理解和解释世界，增强对生活世界的热爱，这是一个不可分割的统一体。

知识、技能、情感态度价值观等都是核心素养结构框架组成的要素，只有从整体角度对这些要素进行糅合构建的综合体才能称之为核心素养。在核心素养结构框架内，核心素养不仅具有静态的知识，更具有动态的技能和情感，它们不是相互分离和孤立的，而是相互联系依存并具有可迁移性，核心素养本身就是一个运动体，具有内在的育人运作机制。

2. 历史学科核心素养整体结构的内部构成

历史学科核心素养是一个整体，其内部五个维度并不是并列的，而是具有内在层次性，在人与外界进行交往时，历史学科核心素养总是以历史解释为外显标志表现出来。因此以历史解释为中心，可以绘出历史学科核心素养内部结构图，如图 2-1 所示。

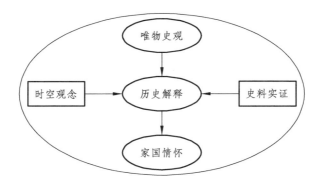

图 2-1　历史学科核心素养内部结构图

历史学科核心素养的内部层次结构解决了核心素养五个维度的统一性问题，对中学历史教师处理事实性历史知识、方法性历史知识和观念性历史知识具有指导意义。历史学科核心素养内部结构图表达的意思是：所有历史叙述都是基于对过去的理解而进行的解释，解释是以一定的立场观点为出发点和指导的（唯物史观），解释是针对一定时空范围内的事物而进行的（时空观念），解释是以一定的材料为依托而进行的（史料实证），解释过去的目的不是稽古怀旧而是面向未来（家国情怀）。史观和情怀是观念形态的东西，时空和史料是客观存在的事物，只有在进行解释的时候观念形态和客观存在才有机结合在一起。①因此历史解释既是历史学科核心素养的内在聚结，又是历史学科核心素养的能力外显。

历史解释是关于历史的建构性认知。卡尔·波普尔说："不可能有一部'真正如实表现过去'的历史，只能有各种历史的解释，而且没有一种解释是最后的解释，因此每一代人有权利去作自己的解释。"②历史当然是过去的，但历史的叙事却是现时的，不要说远离历史事件的理解者，甚至事件的直接经历者对经历的整理和理解也会随着时间的推移而发生变化。"直接经历者在以后的岁月中会不断地复述过去发生之事，会根据社会环境的变化不断地'改造'他们过去的亲身经历。"③所以，历史解释与时代俱进。

（三）历史学科核心素养以学科形态落实立德树人任务

英国数学家、哲学家怀特海指出"教育是教人们掌握如何运用知识的艺术"，"要使知识充满活力，不能使知识僵化，而这是一切教育的核心问题"④。"运用知识"和"使知识充满活力"表现在人的身上就是"应该培养所有精神活动特质中的最朴素简约的特质"，这种"最朴素简约的特质"，怀特海称之为"风格"。"风格"是"受教育的文化人最后学到的东西，它也是最有用的东西。……风格是智者的最高德性"⑤。由此可见，怀特海所谓的"风格"，具有基础性和综合性的特征，这与核心素养"关键能力、必备品格与价值观念"的综合性品质具有一致性。"风格"的形成受"力"的影响，是教育的结果。"在风格之上，在知识之上，还存在着某种东西，一种模糊的东西，就好像主宰希腊众神的命运一样。这个东西就是力。风格是力的塑造，是力的约束。"⑥怀特海"风格"的概念在核心素养的视角下可以转换为具有个人特质的、融合必备

---

① 贾雪枫. 历史教学引领历史教学[J]. 历史教学（上半月刊），2021（5）.

② 卡尔·波普尔. 开放社会及其敌人[M]. 田汝康，译. 上海：上海人民出版社，1982：155.

③ 柯文. 历史三调——作为事件、经历和神话的义和团[M]. 杜继东，译. 南京：江苏人民出版社，2000：5.

④ 怀特海. 教育的目的[M]. 徐汝舟，译. 北京：生活·读书·新知三联书店，2002：8-9.

⑤ 怀特海. 教育的目的[M]. 徐汝舟，译. 北京：生活·读书·新知三联书店，2002：22.

⑥ 怀特海. 教育的目的[M]. 徐汝舟，译. 北京：生活·读书·新知三联书店，2002：22.

品格与关键能力的品德。"风格"的塑造来自"力的约束",学科核心素养就是塑造风格、约束风格的"力",各个不同的学科从不同的方面,用不同的力塑造着学习者的风格。

历史学科核心素养是从历史角度塑造学习者观察和认识世界的风格,从总体上讲,它是作为一个整体在实践中发挥塑造力的作用,这些塑造力有不同的层次性。历史学科核心素养的内部结构可以划分为三个层次:第一层是学科理解力,它是学习历史、认识历史的出发点,是哲学意义上世界观和价值观层面的历史观。第二层是学科关键能力,包括历史知识和历史能力,包括时空观念、史料实证、历史解释。第三层是学科实践力,指向历史学习的目的,体现历史教育的价值意义,影响学习者的生活态度和情感文化认同。

1. 史观塑造学习者的学科理解力

学科理解力是对学科本质和学科思维特征的认识。它要求从总体上抓住学科特征,运用学科知识解决问题。史观体现历史学科本质,是导向性、决定性的力,统率整个核心素养体系,起着理解学科为什么存在、以什么形态存在、学习学科有什么意义等学科本原问题的作用。

当学科知识和学科观念为个体掌握并运用于解决自己生活中的问题时,外在于人的学科观念才能转化为个体的学科素养。人伴随着年龄、心理发展和社会经验的增长,对学科观念的理解持续深化。通过持续探究学科观念,其学科理解力不断成长。历史观居于历史学科观念最顶层,它是历史学科理解力最基础、最具指导意义、影响学习者历史认识"风格"的决定性因素。

历史观是历史学科理解力的集中体现,它关涉以什么样的立场观点看待历史。"对'过去'挑选什么和怎样述说,其背后起决定作用的是史家的思想倾向和价值追求。"[1]李大钊认为,所谓历史,乃与"社会"同质而异观,他指出:"历史观是史实的知识,是史实的解喻。"[2]"吾人所托以生存的社会,纵以观之,则为历史,横以观之,则为社会。横观则收之于现在,纵观则放之于往古……对于此种历史的解释或概念,

---

① 贾雪枫. 历史教学求真问题再探讨[J]. 历史教学(上半月刊),2016(10).
② 中国李大钊研究会. 李大钊全集:第四卷[M]. 北京:人民出版社,2013:254.

即此之所谓历史观，亦可云为一种的社会观。""故历史观者，实为人生的准据，欲得一正确的人生观，必先得一正确的历史观。"①核心素养的"史观"不是某种研究范式或理论模型，而是对社会历史发展根本性的认识问题，是对人类社会历史发展进程的一般看法，是观察社会历史的基本指导思想，是世界观的集中表现。

史观问题指向"学会做人"，中学历史教学要以唯物史观为指导。李大钊认为，唯物史观"是为得到全部的真实，其及于人类精神的影响，……是要寻出那个民族的人依以为生的方法，因为所有别的进步，都靠着那个民族生产衣食方法的进步与变动"②。关注民族生产衣食住行、社会生活是培养历史理解力的途径。只有学生具备了唯物史观的观念，学科核心素养才能成为学生的素养。

2."时空观念""史料实证""历史解释"培养学习者的学科关键能力

能力是能胜任某项工作的主观条件，学科关键能力指的是解决学科问题时必须具备的最基本、最紧要的能力。"时空观念""史料实证""历史解释"是历史学科的关键能力，培养这些关键能力指向"学会做事"。

史观只是对历史的看法。在哲学上，世界观原则在认识过程和实践过程中的运用表现为方法，关于这些方法的理论是方法论，方法论是运用世界观的理论。世界观解决"是什么"问题，方法论解决"怎么办"问题。从方法论意义上说，"时空观念""史料实证""历史解释"涉及用什么方式、方法来观察历史和认识历史问题，是运用历史观的能力，它们构成历史学科关键能力结构，是学科结构的中坚。"学科结构是灵活的'基础观念'而非固定学科事实，其本身具有可理解性；学科结构即可转化为学生的年龄特征，又可转化为学生的个性心理特征，学生可以随着年龄增长和个人境遇的变迁不断对学科结构发展个人理解，此过程持续终身，永无止境。"③学科关键能力不是零散的学科事实和仅适应外部考试的知识，而是能在生活中应用和解决问题的能力。

时空观念包括历史的时序观念和历史的空间观念。时间视域下的空

---

① 中国李大钊研究会. 李大钊全集：第四卷[M]. 北京：人民出版社，2013：252.
② 中国李大钊研究会. 李大钊全集：第三卷[M]. 北京：人民出版社，2006：219-220.
③ 张华. 论学科核心素养——兼论信息时代的学科教育[J]. 华东师范大学学报（教育科学版），2019（1）.

间要求对历史事件要有了解具体的地点、区域、范围的意识，通过具体的空间定位，进而观察历史发展过程中的政治、经济、社会、文化等各个方面、它们之间的相互关系及其总的特点。空间视域下的时间要求要有历史发展具有相续性的意识，要将历史事物放在历史发展的长河中进行考察，认识和观察历史发展的全过程，辨明它在每一个发展阶段上有什么新特点，寻找前一过程转变为后一过程的原因。

史料实证在思维类型上属于归纳思维，通过观察、研究个别事实并对它们进行总结，从方法角度看，是要说明"是什么"。史料实证能力的培养，应强调史料的真实性和适切性，真实性要求体现历史场景，杜绝杜撰；适切性要求直截了当，能说明问题。还要强调史料的整体性和典型性，整体性是把握事实的总和，不简单罗列现象；典型性是抓住作为历史事件发展聚焦点的典型事实，以此展开对于历史事实发展的具体分析。

历史解释就是对历史的评价。历史课程的性质和育人为本的教育理念要求历史教学要将"正确的价值判断融入对历史的叙述和评判中"[①]，价值判断建立在历史理解基础之上，理解是个体对事件的逻辑表示赞同，主要是承认事件的逻辑关系。要以历史发展为基础，以逻辑联系为依据描述历史。在教学中，应该立足于发现矛盾聚焦点，立足于史实，按符合逻辑发展来构建认识历史、解释历史的框架。

历史学科关键能力不是以"时空观念+史料实证+历史解释"的线性合成方式存在，三者既有前后相续的关系，更有时时相融的联系。

3. 家国情怀指向学科实践力，体现历史教育的现实意义

学科实践力是以学科知识能力为依托在实践中表现出来的品质和能力，包括内化的思维意识和外显的行为习惯。怀特海在《教育的目的》中曾提到历史课程，他先设问："不知名的国王和王后的一览表能达到什么目的？"然后回答："从诸多方面反映了那个独一无二的主题：即生活。"[②]家国情怀搭建过去史与现时史联系的桥梁，是历史教育的归宿，

---

① 中华人民共和国教育部. 义务教育历史课程标准（2011 年版）[S]. 北京：北京师范大学出版社，2012：2.
② 怀特海. 教育的目的[M]. 徐汝舟，译. 北京：生活·读书·新知三联书店，2002：16.

它回答学习历史究竟是为了什么的问题，是学科知识和能力的应用和创造，体现学科实践力。

每一个人都在一定的观念指导下行动，无时无刻不在改变自己和改变世界。观念指导下的行动具有个性特征，即"风格"，正如怀特海指出的："风格帮助你直接达到目标，使你避开无关的问题，而不会引出令人讨厌的东西。""风格是专门化学习的结果，是专门化研究对文化作出的特有的贡献。"①如果说，核心素养的方法论层次旨在培养学生探求过去怎样变成现在、现在与过去具有怎样的联系的观念和能力，"家国情怀"就是使学生在对过去的探索基础上，理解过去对现在和未来的意义。每个时代的人都是从他所生活的那个具体的时代和具体的历史环境中去观察历史、思考历史、认识历史。而观察、思考、认识的目的，不在于使自己所生活的那个时代重演历史，而是通过对历史的研究和理解，更清醒地观察、思考、认识今天和未来。因此，"家国情怀"体现的学科实践力有三层要求：一是认识"历史"的客观存在，从而理解我们今天的现实是怎样从昨天发展而来；二是在理解"历史发展"基础上，获得情感态度价值观的熏陶，形成认同感；三是在认同感的基础上，确立积极进取的人生态度，塑造健全的人格，树立正确的世界观、人生观和价值观。学科实践与学科学习是相辅相成的，学生通过历史学习，产生浓烈的家国情怀，投身到炽热的生活中，这是学科实践，反过来学科实践又促使学生产生求知欲而学习学科。

三、适应历史学科核心素养要求的教师专业发展

历史学科核心素养的培育，教师是关键。"为了促进学生核心素养的有效落实和推进，也必须重视将核心素养的相关内容融入教师培训及专业化发展指导过程中，最终将核心素养融入实际的教学过程，确保教师能够成为学生核心素养形成和发展的有力的引导者、辅导者、咨询者以及合作者。"②正如物件的某一部分增长或缩短，添加或减少会导致物件形体变化一样，核心素养的内部结构，也会因人而异存在短板或缺失，

---

① 怀特海. 教育的目的[M]. 徐汝舟，译. 北京：生活·读书·新知三联书店，2002：23.
② 林崇德. 中国学生核心素养研究[J]. 心理与行为研究，2017（2）.

从而影响人的全面发展。因而增长短板、补齐缺失是教学实践的当然之义。这种补缺首先应对教师进行，因而核心素养时代，教师的专业发展具有比过去更高的要求。

第一是唯物史观的系统学习。一段时间，唯物史观在中学历史教学中受到不同程度的干扰，许多年轻教师没有受到系统的唯物史观教育，需要一定程度的补课。要之，社会存在决定社会意识，社会发展是辩证的过程，生产方式是整个社会发展的决定力量，生产力和生产关系的矛盾、经济基础和上层建筑的矛盾存在于一切社会始终，推动着社会向前发展，社会革命是阶级斗争的最高表现，人民群众是历史的创造者等唯物史观的基本观点应当是教师岗位培训的重要内容。

第二是唯物史观方法论的系统学习和运用。"时空观念""史料实证""历史解释"涉及用什么方式、方法来观察历史和认识历史问题，中学历史教师虽不是专门的历史学研究者，但是对历史学特有的研究方法也应该有所了解和一定程度的掌握，以利于加深对唯物史观的理解和运用。

第三是加强教学方法的改进研究。历史教学不仅仅是知识的传授，更重要的智慧的启迪和价值的认同，因此灌输的方法不可取，要开展有效的对话教学。历史作为具有强烈意识形态色彩的学科，要使学生产生认同感，需要师生之间基于民主参与、平等交流的对话，在对话之中收取潜移默化之功效。

在教师的专业发展中，要强化信息技术与学科教学深度融合的锤炼。信息技术既是学科知识存在的载体，也是学科知识传播的媒介，当代数字化的特征，使历史学科的知识普及更便捷，但也使历史观和历史知识辨伪面临巨大挑战，历史教师肩负的责任比之过去更为艰巨。

第三节　学生"问道"历史观念的形成

历史是时间的科学，由于过去不可能重演，过去的事实不可能再现，历史不可能如自然科学那样可以假设和验证。历史要为人所知，必须依靠记录。但是，记录的历史是不是真实的？你怎么知道它是真实的？这些无不与记录者和学习者的思想密切相关。

下一代的历史观念是怎样形成的？先秦时期，人们往往以诗歌的形式传授有关先民的历史知识。如《诗经》中的《玄鸟》《长发》里讲"天命玄鸟，降而生商""古帝命武汤，正域彼四方"的先商部落的历史。《生民》"厥民初生，时维姜嫄"叙述周的来源，《公刘》等篇则叙述公刘迁豳发展周族的过程。通过这些诗歌，商周的历史被传承下来。孔子作编年体史书《春秋》，其中"微言大义"的笔法为后世效仿。"既往追来"的历史学习观念一直影响着人们的历史学习。所以，历史观念的形成深刻受到教育者和学习者思想意识形态的影响。

一、学生历史观念的形成

（一）学生历史知识的结构

认识是一个由作为主体的、具有思维能力的、从事认识活动的个人或群体，对外在于人的认识的对象（客体）进行思维活动并取得结果的过程。教学是一个特殊的认识过程，同样是认识主体对客体的思维过程。历史教学的对象是学生，从学生的认识活动出发，在历史教学这个特殊的认识过程中，学生是历史认识的主体，历史知识是认识的客体。主客体的相遇相交，形成学生的历史知识结构。它包括事实性历史知识、方法性历史知识和观念性历史知识，其分布是事实性历史知识居于表层，方法性历史知识处于中层，观念性历史知识是内核，其结构如图 2-2 所示。

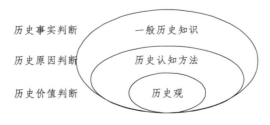

历史事实判断　　一般历史知识

历史原因判断　　历史认知方法

历史价值判断　　历史观

图 2-2　学生历史知识结构图

和所有学科一样，历史知识也是由一个一个的判断所构成。学生历史知识结构图表明，学生的历史知识结构包括事实性知识、方法性知识和观念性知识三个层次，相应地他们的历史判断也划分为历史事实判断、历史原因判断和历史价值判断三个层次，它们分别承担着回答是什么、为什么、怎么办的问题，三个层次的判断组合起来形成一个完整的历史认识。

历史事实判断是一个"是什么"层次上的认识，它的意义在于确定事实，这是历史知识结构中最基础的部分，其目的在于求历史之真相。要确定事实，首先要弄清楚什么是事实？要知道历史的真相，则要知道什么叫历史的真相？"一种真实是在时间中发生过的事实。这是属于过去完成时的事实……另一种真实是随着时间一直在发生着'当代性'作用的事实，即属于现在进行时的言说事实。"①无论是过去完成时的事实，还是现在进行时的言说事实，都必然要运用一定的方法（包括技术性方法和指导性方法），对为什么会发生，为什么是这个样子进行理解和解释，这些理解、解释必须借助于语言思维，深深植根于历史文化。恩格斯说，人的思维"仅仅作为无数亿过去、现在和未来的人的个人思维而存在"②。所以，对历史的理解和解释，受到人类历史积淀的深刻影响和相应的理论原则或导向性方法的指导。学习历史的目的是鉴往知来，因此，在理解和解释基础上，对历史事实和历史人物作出是非善恶、利弊得失的评价，以借鉴于现实的认识，是历史学习的必然归宿。引导是非善恶、利弊得失评价的是历史观、人生观、价值观。不同的社会历史观、人生观、价值观，对于同一个历史现象做出的事实判断可能是相同的，但对事实的成因和评价却有可能是截然相反的。

（二）学生历史知识的形成过程

作为事实的历史是最底层的知识，它的特征是碎片的和零散的，事实的历史是一个一个的微观事件，它过去以后，人们再对它进行复述，就不再是原本的事件，也不是记忆经验的事件，而是经过了建构的事件。所以，即使是经历了事件的人讲述的口述史，他所讲的种种真实经历，都不是原样的真实、原装的真实，是已经被建构过的真实。在历史事件

① 赵汀阳. 历史之道：意义链和问题链[J]. 哲学研究，2019（1）.
② 中共中央马克思恩格斯列宁斯大林著作编译局. 马克思恩格斯选集：第三卷[M]. 北京：人民出版社，1972：125.

中，经历者或行为者并没有把一系列的事件当作统一体来看待，一系列事件作为一个统一体，只能来自史学家的建构。因此，学习历史要通过文本叙述的历史来进行，经过文本叙述的事件，不是对事件的再现和复制，而是重构和重建，是一种以逻辑的形式、概念的表达呈现的历史。教师学习研究教材，进行转化，再将自己的思考传达给学生，学生通过教材学习和教师的教学，将文本叙述的历史转化为自己的历史知识。学生历史知识结构的形成过程如图 2-3 所示。

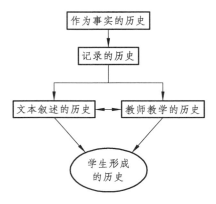

图 2-3　学生历史知识的形成过程

图 2-3 中，"作为事实的历史"是过去做过的事，客观存在的历史是完整的，但又是隐藏和不可复制的；"记录的历史"则是过去的事留下的痕迹，由于历史的不可复制性，所以"记录的历史"是一种选择性的记录，有零散和碎片化的特点。后世对这些痕迹记述进行理解并解释后用文字系统表达出来，形成文本叙述的历史，教材属于这一类型的历史。文本叙述的历史层层相因，经过若干次主观理解转换至学生，自然距离历史的"真相"会越来越远。分析图 2-3，可以发现，在学生形成历史知识的过程中，学生可以自学文本（教材），但这种自学代替不了教师的教学，历史的"真相"、如何认识历史的"真相"、从历史中能够获得什么等关涉价值观、方法论的问题，不仅要排除干扰，而且要帮助学生形成正确的观念，无一不指向"道"和"理"。学生历史知识的形成过程决定了历史教学必然"问道"。

二、历史教学"问道"的必然性

（一）当代历史教学环境的新变化

1. 教学硬环境的变化

教学硬环境的变化体现在现代信息技术深度融合于教学。当代的教学与传统的教学相比，发生了很大变化。其一是教学场景的变化，线上线下的教学同频共振。当代教学深受现代信息技术的影响，在现代信息技术的支持下，教学置身于一定物理空间、数字化学习环境、交互多媒体设备等构成的平台环境中，师生作为教学事件的主体，共同运用平台所提供的方法、手段开展指向对教学内容认知的活动。师生互动构成一个运动体，指向教材认知。在这个认知过程中，平台既是认知得以展开的空间，又以资源、设备、技术等形式支撑认知活动的进行。其二是信息渠道的变化，学生可以从互联网上获取绝大多数教材的有关信息。根据 2020 年第 46 次中国互联网络发展状况统计报告，截至 2020 年 6 月，我国网民规模达 9.40 亿，在网民的年龄结构中，10 ~ 19 岁的网民占14.8%，学历结构中，初中、高中（中专、技校）是网民的主体。[1]在现代信息技术条件下，媒体已经由传统媒体演变为新媒体和自媒体，传播路径由"自上而下"的"向大众传播"过渡到"自下而上"的"大众传播"。一项对大学生调查显示，"几乎全部同学都认为自己是'标题党'，对颠覆传统认知的信息或文章感到比较新奇、有趣，会点进去看具体内容"[2]。三是教学关系的变化，教师的职业要求更多地由授业转型为传道。在信息化的推进下，远程学习和线上教学的施行，使教师和学生的空间距离变大，教师的知识权威受到挑战，面对面的师生互动减少，教师对学生的心理状况、学习进展等情况难以把握，长期稳定的师生共同体面临冲击，学生对学习群体的归属感逐渐下降，基于教师角色身份的影响逐渐淡化，迫切需要教师尽快完成角色转换。

但是，飞速发展的现代信息技术并没有改变教学的根本目的。教学

---

[1] CNNIC. 第 46 次《中国互联网络发展状况统计报告》[R/OL].（2020-09-29)[2021-06-05]. http://www. gov. cn/xinwen/2020-09/29/content_5548176. htm.

[2] 李亚芳. 自媒体条件下大学生抵制历史虚无主义思潮的路径探讨[J]. 新闻研究导刊，2019，10（23）.

的根本目的是促进学生的全面发展，一定时代的教学必然是以一定时代的技术和工具为支撑进行的，因此教学与技术的关系表现为体用关系，无论时代怎样变化，历史教学的"体"，即培养学生"初步学会从历史的角度观察和思考社会与人生，从历史中汲取智慧，逐步树立正确的世界观、人生观和价值观"的目标不会变。而"用"，即实现历史教学目标的手段、途径和过程会随着技术的发展而与时俱进。现代信息技术的迅猛发展，拓宽了学生获取知识的渠道，但也增加了学生受到不良影响的隐秘性。信息技术与教学深度融合催生了混合学习、体验学习、游戏化学习、具身学习等新的学习方式，在增强学习趣味性的同时，也可能使学生的思维零散化，削弱思维的整体性、联系性。面对"我国经济社会深刻变革、对外开放日益扩大、互联网技术和新媒体快速发展，各种思想文化交流交融交锋更加频繁"的形势，中共中央办公厅 国务院办公厅《关于实施中华优秀传统文化传承发展工程的意见》指出："迫切需要深化对中华优秀传统文化重要性的认识，进一步增强文化自觉和文化自信；迫切需要深入挖掘中华优秀传统文化价值内涵，进一步激发中华优秀传统文化的生机与活力。"①面对同样的形势，历史教学同样迫切需要深化对历史教育价值的认识，进一步加强历史教学在弘扬民族精神、传承优秀传统方面的地位和作用。历史教学必须认真研究如何使现代信息技术所呈现的多元化、个性化、智能化等特征为智慧教育所用，师生共同"探寻历史真相，总结历史经验，认识历史规律，顺应历史发展趋势"，"形成正确的价值观念、必备品格和关键能力"，让学生不仅认识事实性知识，更要在知识价值、意义建构方面有收获，历史教学理所当然要"问道"。

2. 教学软环境的变化

教学软环境的变化主要表现在虚无主义的现实挑战。"历史虚无主义"是一种从本体论角度歪曲和模糊历史事实和从认识论角度消除历史规律性，否定历史的客观性和真实性的历史观点和思想倾向。在我国，这种思潮发端于 20 世纪二三十年代的"全盘西化"思潮，泛滥于改革

---

① 中共中央办公厅 国务院办公厅. 关于实施中华优秀传统文化传承发展工程的意见 [EB/OL]. (2017-01-25)[2021-06-05]. http: //www. gov. cn/gongbao/content/2017/ content_ 5171322. htm.

开放后。据学者研究，改革开放初期，历史虚无主义在社会大变革中跟随而出，先向文艺领域蔓延，继而在学术理论界渗透并向社会各界泛滥。[①]历史教育教学领域也未幸免历史虚无主义的危害。当代现代信息技术深度融合于生活，虚无主义的现象在网络世界比比皆是。而中学生是未成年人，人生观、世界观、价值观处于发展之中，历史虚无主义的危害，在历史教学领域甚于历史研究领域。

有学者认为，历史虚无主义有三大迷惑性面相：第一，历史虚无主义以科学的捍卫者面相登堂入室。第二，历史虚无主义以尊重史料、强调历史研究的真实性面相呈现。第三，历史虚无主义以人的自由选择性、创造性的倡导者面相大行其道。历史虚无主义的三大迷惑性面相，本质上是对价值中立、历史碎片化、纯粹偶然性方法论原则的附会和跨界运用。[②]文献检索表明，中学历史教学是防范历史虚无主义的薄弱环节。以"历史虚无主义"为主题词查阅中国知网（CNKI），共查到自 1986年至 2020 年的 2 648 条结果，可视化结果分析显示，2012 年后有关研究直线上升。这些研究对历史虚无主义思潮的基本内容、本质表现、传播特点和传播途径、形成原因及形成过程都有积极的成果。但是分析发现，这些研究极少涉及中学历史教学领域。对研究主要主题分布的可视化分析显示，有关历史虚无主义对学生的影响研究，主题词包括"当代大学生""大学生思想政治""高校思想政治教育"，以历史虚无主义对教学的影响为主题词搜索，得到的有关中学历史教学去虚无主义的文献极为稀少，实践领域的研究更为罕见。一项对普通高中学生的调查表明，中学生"对历史虚无主义有一定的了解，但是非常了解只占据其中的约1/7"，存在"历史人物和历史事件的评价是非不分、价值判断有误"等问题，"误读历史""改写历史"的认识性问题较严重。[③]"中国当下语境中的历史虚无主义，是指围绕历史人物评价、历史事件性质认定、历史现象分析等论题产生的一种消极、落后、错误的社会思潮和学术思潮。"[④]历史虚无主义在下面几方面对中学生产生潜在影响。

---

① 周江平. 改革开放初期的历史虚无主义探析[J]. 河池学院学报，2019，36（6）.
② 郝继松. 历史虚无主义的方法论表现及其唯物史观批判[J]. 观察与思考，2020（11）.
③ 迟爽. 中学历史教学应对历史虚无主义影响的策略研究[D]. 延安：延安大学，2020.
④ 韩炯. 因果解释的迷失：历史虚无主义的方法论基础批判[J]. 史学理论研究，2019（3）.

1）戏说化历史的挑战

戏说化历史指的是以戏谑的态度对待历史。这里的"戏说"之"戏"不是戏剧的"戏"，而是戏弄、戏玩之"戏"。"戏说"本来只是一种文艺形式，我国古代文学、戏曲都有戏说传统，问题不在能否戏说，而在怎样戏说。有论者把戏说历史概括为对于历史事实的"知识性颠覆"戏说、缺乏对历史的尊重和敬畏态度、"厚诬与粉饰古人"的"道德情感性颠覆"戏说和将历史真实转化为艺术真实造成的或由创作主体对历史本身的认识、判断或理解、感悟不同所导致的"精神性颠覆"戏说三类。①目前戏说历史的表现除了知识性颠覆的戏说外，更多的是道德情感性颠覆的戏说，它违背基本历史认知，随意增删、挪移和修改史料，破坏审美境界的历史感，以媚俗取悦于人。历史被故事化，故事被庸俗化，失去历史的精神意蕴，严重地影响受众的历史认知。随着数字化时代的到来，戏说历史具有了新的表现。

其一，"游戏戏说"，以游戏之笔"戏说历史"。主要是以青少年喜爱的游戏活动影响学生，游戏以某时期历史为背景，学生以某种角色参与历史，在虚拟的时空中穿越，对历史产生混淆认识。它或凭历史的一点因由而大加生发，或全无史实根据而编造笑料，臆造故事，甚至于哗众取宠，在重要情节上低俗描写，反映出消费主义价值取向。其二，"真相戏说"，以"揭开真相"为名戏说历史，用"神剧"、闹剧的手法表现历史。这类戏说常常以细节代替整体，故意制造历史谬误，随意改变历史人物命运，随意解构历史事件，通过违背历史真相的描述来博取眼球。其三，"惊悚戏说"，以惊悚之言戏说历史。这类戏说大多以标题党形式出现，其特点是以夸张的语言、混淆的概念吸引眼球，这类逻辑混乱的惊悚语言对历史发展过程不清楚的学生会产生什么不良影响，是可以想见的。

戏说化历史对历史教学的挑战在于它将严肃的历史消解成以娱乐为目的的消费品，使"究天人之际，通古今之变"的历史无形间被当作饭后茶余娱玩的工具。由于娱乐天然带有轻松的情感体验与感观体验，戏说历史的娱乐体验远远大于严肃历史的追寻体验，时间一长，大众对

① 刘起林. "戏说历史"的颠覆类型与叙述伦理[J]. 湖南社会科学，2010（4）.

历史的记忆和追寻意识将淡薄，对青少年学生来讲，批判性思维和观察思考社会的能力有可能被削弱，被消解的历史认知被逐渐强化，从而对历史观的形成产生负面效应。所以，在戏说历史的影响下将可能造成广大受众历史观的淡薄以及历史使命感的削弱。

2）虚无化历史的挑战

虚无化历史指的是受历史虚无主义影响而出现的否定人生和世界的意义、否定历史的整体过程、否定历史规律性的现象。虚无主义最早于 1799 年由德国宗教哲学家雅各比（Friedrich Heinnch Jacobi）提出，从 19 世纪开始流行起来。虚无主义就是无信仰、无权威和非历史的。按照海德格尔的说法："虚无主义意味着：最高价值的自行贬黜。"①历史虚无主义由虚无主义演化而生，是在历史观层面否定客观存在、历史、社会发展客观规律的一种社会思潮。在虚无化历史那里，历史的一切都变成轻飘飘的无根性存在。有学者指出，历史虚无主义可分为认知类型的历史虚无主义、价值类型的历史虚无主义、政治类型的虚无主义三种类型。②虚无主义习惯用拼凑碎屑事实遮蔽历史大势，用"意图—行为"的心理揣度法来任意解释历史，根据历史结果推测历史人物的动机，而这些推测与其说是历史人物的动机，毋宁说是虚无主义者的动机，通过假设来回溯历史原因，用"假如……就……"来倒推历史主体社会行为的选择性和自由度，否定历史因果必然性。

虚无化历史对历史教学的挑战在于它的历史观、价值观和学风、文风给学生带来不良影响。虚无化历史的谈论话题，表面上是在谈历史，实则关注现实，借题发挥，指桑骂槐者居多。其形式大多浅陋不堪，不是严谨的学术讨论，没有爬梳史料、考订史实的功夫，通常语出惊人，言语偏激，有一种不由分说的凌霸之气，学风粗疏且霸道。文风则多戏谑，多以段子的形式出现，这些谈不上学术性的段子，由于其短小、语出惊人，很能吸引眼球。虚无化历史最终走向是以扭曲、编造、杜撰的"史料""史实"为依据，无中生有地捏造出一些根本不存在的历史名目，以"假设"为前提，毫无根据地对历史展开推断、演绎及论证，解构英雄及事件。

---

① 海德格尔. 尼采：上卷[M]. 孙周兴，译. 北京：商务印书馆，2012：29.
② 张有奎. 三种类型的历史虚无主义及其批判[J]. 马克思主义与现实，2019（1）.

3）碎片化历史的挑战

碎片化历史指的是历史叙事中只有细节没有整体，以零散断裂、不连续的价值取向呈现历史事件的现象。借助历史细节，断章取义，以支流代替主流，以偏概全，通过诱惑性标题、夸张性表述、趣味性配图等手段包装碎片，随心所欲地、为我所需地解释历史。在自媒体发达的当下，碎片化迎合了自媒体的消息传播图景，它往往以"爆料""揭秘""质疑"的面目出现，随意剪裁历史叙事、历史构图与历史实在之间的关联。目前碎片化历史的表现主要是打破历史事件、历史人物的统一性和完整性，将事件、人物肢解为无数个细微的片段，仅凭有限材料，不管不顾这些碎片的历史大背景和相关联系，以其主观的看法解读材料。

碎片化历史对历史教学的挑战在于它破坏历史的整体性，长此以往会导致学生以一种狭隘短浅的眼光观察世界。它的产生与阅读碎片化有密切关系。当今世界是一个碎片化阅读时代，阅读的碎片化导致文本的碎片化，进而导致认知的碎片化。叙事文本的整体性在阅读碎片化特征下被弱化，甚至被拆解，直接导致历史知识的零碎化和解读的碎片化。这些碎片化的历史知识，既不能还原历史全貌，也不能给人以正确的历史观，这就给了一些别有用心之人以夹带私货和偷梁换柱的机会。

形形色色的历史虚无主义以对历史的戏谑、假设、歪曲为共同特征。在当代，它以网络传播为媒介，呈现传播方式多样化、传播内容碎片化、传播形式隐蔽化等特点，持久地影响中学生。中学历史教师对历史虚无主义的危害有所了解，但自觉抵御的意识和能力差强人意，并且历史虚无主义思潮对中学历史教师的价值观有一定的冲击和影响，由此带来史料甄别意识不强、历史解释错漏等问题。

历史虚无主义本质上是一种歪曲的历史解释。它"以合意的'历史细节'编织叙事情节，伪造历史真实""肆意揣度历史人物的行为动机，歪曲历史真相""用反事实推理的虚拟因果联系，替代现实中因果必然性联系"[①]。这种现象，列宁早就批评过："在社会现象领域，没有哪种方法比胡乱抽出一些个别事实和玩弄实例更普遍、更站不住脚的了。……如果不是从整体上、不是从联系中去掌握事实，如果事实是零

---

① 韩炯. 因果解释的迷失：历史虚无主义的方法论基础批判[J]. 史学理论研究，2019（3）.

碎的和随意挑出来的，那么它们就只能是一种儿戏，或者连儿戏也不如。"①在历史虚无主义的具体表现中，热衷于历史的碎片化和历史的偶然性对中学历史教学的影响较大。与碎片化和偶然性的倾向相适应，历史教学也出现堆砌材料却无视材料之间的有机联系、强调历史的事件性忽视历史的联系性等现象，教学缺乏整体性和贯通性，给人以支离破碎的感觉。

中学生处于历史观、人生观、价值观形成时期，天然对新奇事物感兴趣。历史虚无主义把"一切沉重的话题，一切庄严的历史，一切伟大的人物，统统变成资本逻辑主导下可以随意取用的搞笑题材"②。这是关系到历史解释话语权的现实挑战，历史教学必须"问道"。观念是行动的先声，历史观是历史认识的指导。"问道"历史教学在唯物史观指导下，加强价值观的引领。在"问道"中坚持唯物史观，以整体性破解碎片化，以发展性破解静止化，以联系性破解孤立化，强化历史学功能意识，从实际出发，通过增强文化自信，坚守当代中国文化立场，把"传道""授业""解惑"落到实处。

（二）"问道"历史教学的概念

"道"是中国哲学中一个极其重要的概念。它是事物发展变化的规律，所谓"道无不在"。道作为宇宙本原、普遍规律性的代名词，具有客观性，老子说"道法自然"。道是抽象的，但又是具体的，抽象的道以具体现象和物质为载体表现出来，从而为人感知和认识，故曰"道之为物，惟恍惟惚。惚兮恍兮，其中有象；恍兮惚兮，其中有物。窈兮冥兮，其中有精；其精甚真，其中有信"③，所以道是客观的，是万物的基础。道是普遍存在的，与自然同一，"道之在天下，犹川谷之于江海"④。道具备统一性，在时空上是统一的，空间联系着时间，时间联系着空间。

从哲学意义的"道"出发，道又与理合一，表现为同一性与特殊性

① 中共中央马克思恩格斯列宁斯大林著作编译局.列宁全集：第二十八卷[M].北京：人民出版社，1990：364.
② 张有奎.三种类型的历史虚无主义及其批判[J].马克思主义与现实，2019（1）.
③ 慕容真.道教三经合璧[M].杭州：浙江古籍出版社，1991：14.
④ 慕容真.道教三经合璧[M].杭州：浙江古籍出版社，1991：22.

的统一。《韩非子·解老》云："道者，万物之所然也，万理之所稽也。理者，成物之文也；道者，万物之所以成也。故曰：'道，理之者也。'""万物各异理，而道尽稽万物之理。"[①]"理"是万物赖以相互区别的特殊规律，故各异其理；"道"则是万物各种特殊规律的总和，表现为总规律，故"尽稽万物之理"。"道"宏大而无形，万物因具备"道"的因素而成形，不同的事物都与"道"相通，是故虽"道不同于万物"，但"道无双，故曰一"[②]。认识道的途径，前人强调格物致知，以理悟道、由道及理。

"道"是规律，认识这种规律是非常艰巨而漫长的过程，子曰："朝闻道，夕死可矣。"由于人类社会的复杂性，认识人类社会的发展规律，更是一个无比艰巨的任务。人类历史发展过程中出现过的人物、发生过的事件累千巨万，历史的记述和后人的读史能力却是有限的，因此历史的记述必然是有选择的，这就产生了历史记述的选择标准问题。司马迁"网罗天下放失旧闻，略考其行事，综其终始，稽其成败兴坏之纪"，其中的"网罗""考""综""稽"都关涉历史选择，通过这些活动欲以"究天人之际，通古今之变，成一家之言"。这"一家之言"既是历史叙述的选择标准，也是关于历史的认识。司马迁在《史记·太史公自序》中对"陶唐以来，至于麟止"的每一篇都说明了写作缘由："皆意有所郁结，不得通其道也，故述往事，思来者。"[③]

"述往事，思来者"意味着历史传承。历史是文明的存在方式和根基，一个文明的历史断裂了，这个文明也就消失了。"往事在时间中消失，又在历史中存在。""历史总是创造性地叙事，是文明基因的生长形式，给每一代人解释了'我们'从哪里来、是什么样的、有什么伟大事迹或有哪些愚蠢的失败，它塑造了可以共同分享的经验、一致默会的忠告、不言而喻的共同情感和作为共同话题的记忆。"[④]历史是叙事，但叙事中蕴含道理，故王阳明曰"以事言谓之史，以道言谓之经，事即道，道即事"[⑤]，这个思想后来被章学诚概括为"六经皆史"。

① 韩非. 韩非子[M]. 上海：上海古籍出版社，1989：52.
② 韩非. 韩非子[M]. 上海：上海古籍出版社，1989：18.
③ 司马迁. 史记[M]. 北京：中华书局，1959：3300.
④ 赵汀阳. 历史之道：意义链和问题链[J]. 哲学研究，2019（1）.
⑤ 鸿雁. 王阳明全书[M]. 昆明：云南人民出版社，2013：185.

历史课程是一门人文社会科学的基础课程。中学历史课程标准指出，学生通过历史课程的学习，"初步学会从历史的角度观察和思考社会与人生，从历史中汲取智慧，逐步树立正确的世界观、人生观和价值观"①，"能够从历史发展的角度理解并认同社会主义核心价值观和中华优秀传统文化，认识并弘扬以爱国主义为核心的民族精神和以改革创新为核心的时代精神，具有广阔的国际视野，树立正确的世界观、人生观、价值观和历史观"②。因此，历史教学所问之道，是知识能力与价值观的统一体，包含了思维、智慧、文化认同和世界观、人生观、价值观、历史观的培育等内容。从道与理的合一、事与道的合一来看，历史教学所问之"道"，是"道""理""事"的统一，既要问历史发展规律，又要问历史发展规律在具体历史事件上的表现，还要问持何种立场观点去观察历史和思考人生。与历史研究可以自主地选择研究对象不同，中学历史教学依凭的是国家颁布的课程标准和教材。对学习者而言，要达到闻道的程度，需要付出的努力也是巨大的，需要做到"博学之，审问之，慎思之，明辨之，笃行之"。由此，"问道"的历史教学，远远超出纯粹历史知识的讲授范畴，更远远脱离单纯的历史试题解题技巧训练，要引导学生对"我是谁""从哪里来""到哪里去"进行深入思考，将教学上升到生活意义和价值观念的高度，必然带来教学程序和教学关系的变化。

正如李大钊所指出："历史不怕重作，且必要重作。实在的事实，实在的人物，虽如滔滔逝水，只在历史长途中一淌过去，而历史的事实，历史的人物，则犹永永生动于吾人的脑际。"③历史研究即建构历史解释，历史教学的对象是学生，因此是在面向未来的意义上建构历史解释。法国学者雷蒙·阿隆说："说到底，我们只能通过阐释工作来认识或理解过去，认识或理解前后相继的种种精神世界。……全部历史就在于阐释。"他又说："死人留存下来的意义只能靠活人去阐释，去理解，于是死人也就又活过来了。"④历史解释作为历史学科核心素养非常重要，中

① 中华人民共和国教育部. 义务教育历史课程标准（2012 年版）[S]. 北京：北京师范大学出版社，2012：1.
② 中华人民共和国教育部. 普通高中历史课程标准（2017 年版 2020 年修订）[S]. 北京：人民教育出版社，2020：1.
③ 中国李大钊研究会. 李大钊全集：第四卷[M]. 北京：人民出版社，2006：254.
④ 雷蒙·阿隆. 论治史：法兰西课程[M]. 冯学俊，吴泓缈，译. 北京：生活·读书·新知三联书店，2003：6，185.

学历史教学界也在努力探索历史解释素养的培育。但是，纵观目前中学历史教学界，历史解释素养很多时候仅仅被当作一种解题训练，"以史料为依据"被简单地理解为史料教学，极端者则摒弃教材，大篇幅地选用一些非典型材料，却鲜有思考这些材料究竟对历史解释素养的培育产生什么作用。"对历史事物进行理性分析和客观评价的态度、能力与方法"被简化和异化为读关键词、抽取关键句，进行章句式解读。这是对历史解释严重的理解偏差，要纠正这些偏差，就必须回归历史解释的本意。历史理解的是过去，但面向的是未来，"历史只是根据我们的未来才对我们存在"①。面向未来自然就有意义、价值的追问，总会自觉不自觉地渗透着解释者的价值、立场、观点，需要有问道的精神。在历史教学中，历史解释的主体终归是学生，学生通过历史解释，建构自己对历史和现实的意义关联和问题关联，这样历史教学必然走向"问道"。

三、"问道"历史教学的课堂特征

"问道"历史教学，是在现代信息技术深度融合于教学的背景下进行的，针对现代信息技术深度融合于生活、教学后所产生的教学场景、知识获取、教学关系等方面的变化，历史教学传统的讲述法、讲解法等教学方法所营造的课堂氛围逐步发生变化，历史教学的课堂呈现具有时代印记的显著特征。

（一）目标的发展性特征

教学的根本目的是学生的发展，中国学生发展核心素养指向学生的必备品格和关键能力，中学历史教学的最终指向是培养社会主义事业接班人，它不仅关注历史知识的传播，更关注唯物史观的形成，在培养学生"从历史的角度观察和思考社会与人生，从历史中汲取智慧，逐步树立正确的世界观、人生观和价值观"的高度上设计和实施教学，具有明显的发展性特征。

发展是可预期的。维果茨基的最近发展区理论认为，学生的发展水平有两种，一是现实的发展水平，一是可能的发展水平，两者之间的差

---

① 伽达默尔. 哲学解释学[M]. 夏镇平，宋建平，译. 上海：译文出版社，2004：8.

异就是最近发展区。普通高中历史课程标准将历史学科素养水平进行了划分，实际上就是预设了学生的发展水平。教学的难处在于准确判断学生的现实发展水平，并以此为出发点预设可能的发展水平。思维是人脑对客观事物的反映，维果茨基指出，人的心理过程的变化与他的实践活动过程的变化是相同的，都是以工具为中介的，这个中介是特殊的"精神生产的工具"，"即在物质生产基础上产生的人与人相互关系的方式和社会文化发展的产物——各种符号系统"①。这些"符号"在作为人的活动中介的同时又从根本上改变了人的心理结构，比如人们为方便记忆而结绳记事，结绳这个符号系统的使用，使记事者的心理过程不断优化，逐渐形成新的心理机能。维果茨基的理论启示我们，"问道"历史在教学过程中，要制定合理的发展预期目标，在学生现实发展水平基础上，综合使用"各种符号系统"，使学生在符号系统的中介下，达成发展预期。

发展是阶段性的。"我是谁""从哪里来""到哪里去"的追问在不同阶段会有不同的思考和回答，学生的身心发展阶段性决定了同样的历史知识，在不同年龄阶段，学生对它的感知和认识是不同的。例如人类的起源问题，在低年级学生的学习中，他们感兴趣的可能是一些故事传说，而对劳动创造了人的理论缺乏理解能力，教学的特点是直观性强；到高年级的时候，由于知识的积累特别是抽象思维的发展，他们已经能够理解劳动创造了人本身的理论，教学在想象的直观性思维发展的同时，还会具有较强的推理判断等抽象性思维特点。可见，不同年龄阶段的发展水平决定了发展目标的不同，历史教学的"问道"不能脱离学生水平，既不能低于学生实际，也不能超越学生实际。由于发展具有阶段性，同样的教学内容在不同发展阶段就有不同的发展目标。

（二）过程的生成性特征

现代信息技术作为教学活动的技术要素全方位参与教学活动进程，课堂教学具有明显的生成性特征。"生成"强调课堂教学的动态创造性。现代信息技术改善了学习者的学习情境，通过各种交互性和合作性的、

---

① 维果茨基. 维果茨基教育论著选[M]. 余震球，选译. 北京：人民教育出版社，2005：2.

具身参与的学习环境的创设，增强学习者的具身体验。在各种新媒体和新技术的驱动下，课堂学习环境已经由过去相对封闭的空间转变为开放的甚至跨界的空间，从单纯的授受环境转变为以认知实践共同体为中心的环境。在共同体的视角下，师生均突破现有的课堂时空限制，与在场的教学内容、同伴进行实时交流，也可以与跨地域、跨领域的专家、教师和其他学生开展跨地跨界的交流。教师的教学方式和学生的学习方式必然发生变革，由此而产生的生成性教学特点比过去任何时候都突出。

生成是动态的。任何实践活动，意义的获取是衡量其价值的重要维度，任何事件或活动，都有隐藏在背后的价值与评价。问道历史教学的目的正在于追寻意义。在问道历史教学中，学习的目的不仅仅是高阶思维或者某几个核心素养、关键能力的训练，更多的是观念和精神的培育。学生在一定的学习场域中，以环境交互和认知重构发生文化与情境的交融，群体交互依存，推动着内在的意识范畴与外在客体形成经验阐释，从而使学习群体的思维品质和学习方式发生变化，使学习从"浅层"走向"深度"。

生成是可控的。生成的可控性源于教学的目标性，教学的目标性决定了生成必须围绕目标的达成而进行，因此，教学的生成性不是脱离目标的漫游，教师的教学始终要清晰地朝向目标靶向，与学生共同建构具体问题情境，引导学生关注问题的解决，从被动的接受性学习转向积极的探究性学习。比如新航路开辟原因的教学，按照传统的分析，一般都归结为资本主义萌芽的出现导致对贵重金属的需求日益增加、传统的东西方商路阻隔导致欧洲人被迫另辟蹊径、航海技术和造船技术的发展为远航创造了条件。如果换个思路，让教学围绕"资本主义萌芽在多大程度上影响着新航路的开辟？真的存在商路不畅造成的商业危机吗？欧洲人是否独立完成新航路的开辟？"等问题展开，教学在这些问题的引导下，充满生成性，但由于教学目标始终指向新航路开辟原因，因此教学的过程是可控可调的。

（三）行为的互动性特征

教学的生成性必然导致教学模式和教学策略的变革，中学历史教学课堂具有明显的互动性特征。传统历史教学的讲解、讲述，在新的时代变化面前，必然从教师的主讲发展为师生的对话。现代信息技术改变了学习模式，势必改变单向输导的教学路径。多渠道的知识获取、多价值取向的历史认识，都在时时刻刻影响学生，教学必然要在"理"和"势"上与学生对话。特别强调"愤""悱"状态下的"启""发"，强调师生对话中教师的引导、勉励、开启作用，以达到"道而弗牵则和，强而弗抑则易，开而弗达则思"的境界，使教学始终充盈着和谐、活跃、积极思考的气氛。

互动是有组织的。互动是人际交往的重要途径，但是在教学中，过于频繁的互动会带来互动疲劳，一定程度上影响学习质量。互动不是目的，而是为达成某种目的而进行的活动。在建构主义的教学中，无论支架式教学，还是抛锚式教学，都强调协作。协作学习是一种将知识视为一种社会建构途径的教学方法，协作随着教学的进程，在不同层次开展，因此，互动需要按照活动的要求进行组织。按照类型划分，互动有两种，即情境互动（不是事先设计条件来提供合作机会）和设计互动（事先设计条件来提供合作机会），研究结果表明，精心设计和实施的条件更能帮助学生在协作情境中获得更好的认知成果。因此，互动的组织需要教师有所设计，例如互动群体的划分，互动时间的确定，互动过程的记录，互动结果的表达，都需要教师的预设或临机处置，否则互动就会陷入形式多于内容、动嘴多于动脑、表象多于内核的危机，久之便会被学生嫌弃。

互动是多样性的。维果茨基指出，人的心理发展具有两条客观规律，一是人的心理机能产生于人们的协同活动和人与人之间的交往之中，二是人的新的心理机能最初必须在人的外部活动中形成，随后才可能转移至内部成为人的内部心理结构。他认为，所有高级心理机能都有两次登台，"第一次是作为集体活动、社会活动，即作为心理间的机能，第二次是作为个体活动，作为儿童的内部思维方式，作为内部心理机能"[①]。建构主义的知识观认为知识是内含在团队或共同体中的，强调"学习是知识的社会协商"，共同体内自然地具有不同的认知、交互特性和实践，这就决定了互动的多样性。从互动的人群分类，至少就有学习者与教师

① 维果茨基. 维果茨基教育论著选[M]. 余震球，选译. 北京：人民教育出版社，2005：389.

的互动、学习者与学习内容的互动、学习者与学习者的互动，线上与线上的互动、线上与线下的互动等多种形式。

（四）氛围的民主性特征

师生关系指的是以培养学生为核心而发生的老师和学生之间的相互影响，伴随着互动性的师生对话而来的是新型的互动性师生关系的确立。在互动性的师生关系中，中学历史课堂教学具有明显的"自由""平等"的民主性特征，强调以理服人和内心服膺。"自由"指对话主体具有自主意识和制度保证，表现在教学中是"道而弗牵"和"强而弗抑"。"平等"指的是平等的求知态度，即所谓"知之为知之，不知为不知"。民主性保证教学在如沐春风的氛围中进行。

民主是有规则的。经济学家哈耶克在《法律、立法与自由》一书中提出"民主是一种程序规则"。民主是自由的保证，自由必然与规则相伴，没有规则就没有自由。在互动的行为过程中，必然会产生不同意见，民主允许不同意见的存在，但教学时间是有限的，最怕的是纠缠于某个细节问题喋喋不休地争论，影响教学进入下一环节，这就需要建设保障互动对话进行的课堂秩序，对参与的个体和群体，既赋予发表意见的自由和机会，又产生限制和明确责任。

民主是尊重性的。尊重的前提是平等，也就是说，所有参与者都是平等的，这种平等不是知识多少意义上的平等，而是人格意义上的平等，是平等的求知态度和平等的意见表达。"平等"不仅是师生的平等，而且还是学生的平等。由于个性特征、学习经历、学业成绩的不同，班级学生之间自然会有区别，这就需要为不同的学生创造表达的机会。按照建构主义理论，知识是复杂的，复杂知识的主要特征是结构的开放性、不良性，知识的建构性、协商性和情境性，复杂知识的理念与问道的理念是相通的。在复杂知识面前，认知者对真理的质疑、对知识的渴求、对知识的建构与理解是平等的，"问道"意味着讨论，讨论就会有中心（主要发言人和讨论主持人），在讨论中将以学生为中心和教师为中心相结合是有益的，教师的意见当然值得尊重，学生的意见也要得到尊重，更应激励学生相互交流。因此，问道历史教学的课堂民主是尊重不同意见和不同认知的民主。

"道"作为人类社会发展的文化成果内在地蕴藏在历史中。从知识学习意义出发，"问道"历史教学突破了把知识视为可以积累、加工、储存，可以以语言和符号传递的简单知识观，而视知识为与求知者的求知过程相联系的孜孜不倦的追求、质疑、建构的复杂过程，这个过程不可能以现成的、孤立的方式掌握，需要以研究的精神，即以"问"闻道。从历史教育意义出发，"问道"历史教学把"一切历史都是当代史"和"一切历史都是思想史"的命题结合起来，注重历史与现实的联系，注重历史教育承载的思想和情怀，在"问"中体现家国情怀的深厚情感和理想信念的熏陶。

第三章
历史教学的教育目标和任务

　　教育目标和教学任务决定着教学内容，进而决定教学过程、教学组织形式和教学方法。中学历史教学的教育目标和任务是教学的宏观问题，起着指导教学的核心作用。

　　2018年9月10日，习近平总书记在全国教育大会上发表重要讲话，指出要"全面贯彻党的教育方针"，"培养德智体美劳全面发展的社会主义建设者和接班人"。中国学生发展核心素养提出后，教育的培养目标是"具有理想信念和社会责任感""具有科学文化素养和终身学习能力""具有自主发展能力和沟通合作能力"[①]，这是党的教育方针的具体化和细化。各学科核心素养又是学生发展核心素养在学科学习上的具体化。历史教学的课程目标是"学生通过历史课程的学习，形成历史学科核心素养，得到全面发展、个性发展和持续发展"[②]。历史教学的过程既是历史学科核心素养的培养过程，更是立德树人的教育过程，德智体美劳五育在历史教学中融为一体。

第一节　历史教学的德育

　　德育是有目的地培养学生品德的活动，体现了培养人才的方向，是教学的灵魂所在。"德"，指的是品德修养和政治素养。历史囊括人类生产、生活的经验总结和研究成果，具有极为丰富的教育因素，对一个人

---

① 中华人民共和国教育部. 普通高中课程方案（2017年版）[M]. 北京：人民教育出版社，2018：3.
② 中华人民共和国教育部. 普通高中历史课程标准（2017年版2020年修订）[S]. 北京：人民教育出版社，2020：6.

良好品德和政治素养的形成起着重要作用，因此，从古至今，都十分重视历史的德育功能。

历史教学的德育目标，在历史学科核心素养中主要体现为唯物史观和家国情怀。唯物史观是揭示人类社会历史客观规律基础及发展规律的科学的历史观和方法论。家国情怀是学习和探究历史应具有的人文追求，体现对国家富强、人民幸福的情感，以及对国家的高度认同感、归属感、责任感和使命感。由此，可以归纳历史教学的德育目标，主要包括：历史观教育，道德情操和价值观教育，理想信念和责任担当教育。

一、唯物史观和唯物史观方法论教育

历史观是人对社会历史总体的概括认识，是指导人们观察社会历史的基本指导思想，是世界观、人生观的集中体现。历史唯物主义从社会物质活动出发考察人类历史活动的根源，寻求社会存在的基础，把社会发展理解为社会内部矛盾与人的主体活动性的结果，从物质生产活动及其发展为主线展开对社会的探求和认识，科学地说明人与自然、人与社会、人与意识的矛盾运动规律。唯物史观是揭示历史发展规律的科学，它贯穿在全部历史课程的各章各节教材之中。《普通高中历史课程标准（2017 年版 2020 年修订）》对唯物史观水平的划分如表 3-1 所示。

表 3-1　唯物史观素养水平层次

水平	素养 1.唯物史观
水平 1	能够了解和掌握唯物史观的基本观点和方法,理解唯物史观是科学的历史观
水平 2	
水平 3	能够将唯物史观运用于历史学习、探究中,并将其作为认识和解决现实问题的指导思想
水平 4	

（一）唯物史观教育的主要内容

1. 历史发展的运动轨迹问题，即历史发展的规律问题

客观性、必然性和重复有效性是规律的基本特征，表现在历史上可以用三句话来概括：历史不会重演、历史潮流浩浩荡荡、历史常常有惊人的相似之处。历史运行规律指的是历史发展和历史现象所具有的内在必然性，

包括体现历史发展的必然趋势、体现历史发展的因果联系、体现历史发展的一般规则三个层次。历史发展的必然趋势体现为历史在时间上的必然联系，它使我们认识到历史发展的螺旋式上升，能够明确历史发展的方向，在困难时充满胜利的信心，正如毛泽东所言："我们的同志在困难的时候，要看到成绩，要看到光明，要提高我们的勇气。"①历史发展的因果联系体现为历史运动在空间中的必然联系，揭示历史运动的内在本质，比如生产力决定生产关系、经济基础决定上层建筑和生产关系、上层建筑反作用于经济基础等原理揭示的历史运动的基本因果联系，它使我们能够透过现象看本质，理解复杂的历史社会现象，进而为现实服务。历史发展的一般规则体现为人类在创造历史活动中的必然联系，有助于人们认识人类在历史发展中的地位、作用，它使我们能够认识到顺势而为、对立统一、民心向背等历史活动的规律，从而找到正确的行动路线。

2. 历史发展的决定因素问题，即历史发展的动力问题

人民群众创造历史是唯物史观的动力观。研究历史发展动力，是为了解决"历史为何发展"和"历史为何如此发展"两个问题。什么在驱动历史的发展，一直以来人们都在孜孜以求，神创论、英雄论、时势论，都在一定程度上和一定历史时期占据着历史的舞台。但是，无论神创还是人事，无论英雄还是时势，无论生产力、生产关系，还是经济基础、上层建筑、社会意识形态、阶级斗争，都与人类联系在一起，都是人的实践活动，历史运行的动力归根结底是人的创造力。马克思指出："人们自己创造自己的历史，但是他们并不是随心所欲地创造，并不是在他们自己选定的条件下创造，而是在直接碰到的、既定的、从过去承继下来的条件下创造。"②凡是承担历史活动的人都对历史发展有所贡献，"每个意志都对合力有所贡献"，所以，历史创造者包括历史活动的承受者和历史发展的推动者两层含义。但是，历史发展不是按照某一部分人的意愿运动的，体现历史发展方向的决定性因素是生产力，"历史过程中

---

① 中共中央毛泽东选集出版委员会. 毛泽东选集：第三卷[M]. 北京：人民出版社，1991：1005.
② 中共中央马克思恩格斯列宁斯大林著作编译局. 马克思恩格斯选集：第一卷[M]. 北京：人民出版社，1972：603.

的决定因素归根到底是现实生活的生产和再生产"①。"最终的结果总是从许多单个的意志的相互冲突中产生出来的，……以往的历史总是像一种自然过程一样地进行，而且实质上也是服从于同一运动规律的。"历史的创造是在十分确定的前提和条件下进行的，"其中经济的前提和条件归根到底是决定性的"②。虽然人人都在创造历史，但是创造物质生产力的人民群众才是历史创造者的决定因素。因此，历史教学要始终坚持人民是创造历史的动力的观点，讴歌全心全意为人民服务的根本宗旨。

3. 历史发展的运行模式问题，即历史发展的差异性问题

历史发展有自身的客观规律，但是，由于不同的地理环境、历史遭遇和文化积淀等因素，造成历史发展的不同类型，历史在统一性中又呈多样性。比如，游牧民族与农耕民族由于生产生活方式的不同，就可能发展出不同的文明文化；民族之间的相互交流，可能产生不同的结果，有的对外来文化包容性吸收，有的则可能形成新的文化类型。在社会形态演变上，有的可能循序渐进，有的则可能跨越式发展，有的独立发展，有的则经常受到侵扰。在发展过程中，政治、经济、文化和生活方式都会出现形形色色的特点。这些问题和现象的存在，要求我们必须打破"中心论"，在大同（规律）中存大异（特色），坚持从实际出发建设国家，树立文化自信，相信中国特色社会主义既是符合历史发展规律的大同之道，更是符合中国文化积淀和历史遭遇的独特模式。

（二）唯物史观方法论教育的主要内容

唯物史观是观察历史的根本观点，本身并不等于历史。研究和学习历史还需要方法论的指导，"马克思主义是方法论和世界观的统一，即马克思主义方法本身便是马克思主义世界观的体现，也是其基本原理的表达，它集中体现在理论和实际相结合上"。"一切从实际出发""具体问题具体分析""历史和逻辑相一致""理论与实践相结合"是马克

---

① 中共中央马克思恩格斯列宁斯大林著作编译局. 马克思恩格斯选集：第四卷[M]. 北京：人民出版社，1972：477.
② 中共中央马克思恩格斯列宁斯大林著作编译局. 马克思恩格斯选集：第四卷[M]. 北京：人民出版社，1972：478.

思主义方法论的四个基本命题①，也是历史教学唯物史观方法论教育的基本内容。

1. 一切从实际出发

一切从实际出发的根本要求是考察的客观性。"实际"就是"客观存在的事实"，从实际出发的问题实际上是如何把握"客观存在的事实"问题。"客观存在的事实"不能靠举例来说明，也不能靠罗列现象，而必须把握事实的总和。"在社会现象领域，没有哪种方法比胡乱抽出一些个别事实和玩弄实例更普遍、更站不住脚的了。挑选任何例子是毫不费劲的，但这没有任何意义，或者有纯粹消极的意义，因为问题完全在于，每一个别情况都有其具体的历史环境。如果从事实的整体上、从它们的联系中去掌握事实，那么，事实不仅是'顽强的东西'，而且是绝对确凿的证据。如果不是从整体上、不是从联系中去掌握事实，如果事实是零碎的和随意挑出来的，那么它们就只能是一种儿戏，或者连儿戏也不如。"②"从事实的整体上、从它们的联系中去掌握事实"就是抓作为矛盾聚焦点的事实。作为矛盾聚焦点的事实有三种类型：一是所谓最简单、最普通、最基本、最常见、最平凡的事实，这类事实反映某一社会的基本属性和根本矛盾。二是所谓最反常、最病态、最不近情理、最不可理喻的事实，这类事实反映了某一社会的矛盾尖锐化和对抗程度。三是所谓最新大量出现、且不断增长而具有普遍化趋势的事实，这类事实预示着社会矛盾的发展趋势，是旧社会中孕育着的新社会的萌芽。因此"一切从实际出发"的精神实质是善于抓住作为具体矛盾聚焦点的典型事实，以此展开对矛盾的具体分析。例如太平天国运动的教学，就应紧紧抓住反映矛盾聚焦点的三类事实展开。一是引发太平天国运动爆发的原因首先是中国封建社会长期存在的地主阶级和农民阶级的矛盾，太平天国运动期间颁布的《天朝田亩制度》、实施的"圣库制度"，反映着以土地为主的生产资料占有的极度不均的当时最普通、最基本、最常见的事实，这是我们判断太平天国运动依然是旧式农民运动的根本依据。二是太平天国运动与过去农民运动相比最大的不同点，它依靠拜上帝教

① 侯惠勤. 马克思主义方法论四大基本命题辨析[J]. 哲学研究，2010（10）.
② 中共中央马克思恩格斯列宁斯大林著作编译局. 列宁全集：第二十八卷[M]. 北京：人民出版社，1990：364.

发动群众，与中外反动势力对立而被联合绞杀，透过拜上帝教的现象（这类现象与黄巾起义无异）和清政府"夷人并无他意"的认识，结合洪仁玕说"我朝祸害之源，即洋人助妖之事"，可以说太平天国时期的各种现象，反映了中国近代社会矛盾的新冲突，民族矛盾成为贯穿整个中国近代史的主要矛盾。三是这一时期出现并在不同阵营不断增长的新现象，太平天国运动期间颁布《资政新篇》、采用洋枪炮以及清政府办洋务"剿发捻"，是旧社会中孕育的新萌芽，预示着中国社会走向近代化。由此可以得出的结论是太平天国运动反映的事实总和，与中国近代反封建反侵略、发展资本主义的救亡图存时代主题相一致。

2. 具体问题具体分析

这个命题所说的"具体"，不是感性具体，而是思维具体、概念具体，不能用抽象的整体否定具体的部分，用抽象的整体利益去和现实的具体利益加以比较并否定后者，更不能用抽象的人性代替具体的人性。比如"民主""平等"是人类共同的价值向往，但是我们应该很清楚地看到，在不同的话语中，"民主""平等"的概念内涵和外延是不同的。比如，美国《独立宣言》宣称人人生而平等，享有生命权、自由权和追求幸福的权利，法国《人权宣言》也宣称在权利方面，人们生来是而且始终是平等的。但是美国黑人只能算五分之三公民，印第安人不算公民，法国公民则有积极公民和消极公民的区别，换言之，黑人、印第安人和法国的消极公民并不享有或完全享有《独立宣言》《人权宣言》宣称的民主、平等等权利。"只要自由民和奴隶之间的对立还存在，就谈不上从一般人的平等得出的法律结论，我们不久以前还在北美联邦各蓄奴州里看到了这一点。"①抽象的概念是空泛的，具体的问题是实在的，因此，提出可以进行具体分析的"问题"是讨论的出发点，然后有可以进行具体分析的具体概念，才能做到"具体问题具体分析"。"具体分析"强调事物在思维中的准确再现，用具体概念还原现实。历史纷繁复杂，它有现象与本质之分，现象又有表象、假象和真相之分，历史认识更有长远与短时之别。在历史教学中，具体问题具体分析，就是强调把历史事件

① 中共中央马克思恩格斯列宁斯大林著作编译局. 马克思恩格斯选集：第三卷[M]. 北京：人民出版社，1972：143.

和人物放置于一定的历史背景下加以分析和辨别。比如，代议制是近代资本主义发展的产物，但是代议制在英、美、法、德各国有不同的形态，君主制是封建时代的产物，但今天的英、日等国依然保持君主制，还是君主制国家，对这些国家的认识自然不可能脱离其具体背景而作抽象空疏的议论。"抽象的个人"在现实中是不可能存在的，恩格斯早在《反杜林论》中就已批判了杜林关于"抽象的个人"的观点，历史教学尤其忌讳用诸如"人类大爱""人性的力量"等抽象思维、抽象话语来叙述历史事件，解释历史因果。

3. 历史和逻辑相一致

"历史和逻辑相一致"就是揭示历史的客观逻辑，以逻辑的方式再现历史发展的客观规律。历史和逻辑的一致是在总体趋势上的一致，恩格斯说："历史从哪里开始，思想进程也应当从哪里开始，而思想进程的进一步发展不过是历史过程在抽象的、理论上前后一贯的形式上的反映。"[①]思维的逻辑是对历史的总结和概括，它撇开历史发展的各种细节和偶然因素，以"纯粹"的理论形态把握历史发展规律，它是"经过修正的历史"。因为影响因素太多，细节难以把握，正如庄子所说"夫自细视大者不尽，自大视细者不明"，因此描述细节是困难的，譬如一棵大树，有无数枝叶，要把每一片叶子的特征都准确描画出来是极其困难的事，但是把大树作为一个整体来描画其特征相对容易。所以阐述最重要的事实、大趋势与细节相比反而相对简单。尽管历史是多样乃至多元的，但已经过去的、成为历史的事件却是单一的。历史和逻辑一致就是揭示历史的客观逻辑，是以逻辑的方式再现历史发展的客观规律。历史教学要教会学生从历史和逻辑一致的原则出发思考问题。历史资料无论多少，都只是反映历史的某个片段或某个侧面，即使资料全部都是原始的、真实的，将它们拼接起来都不是原貌再现。正如盲人摸象一样，将诸多盲人摸到的象的各部位组合起来并不是象。黑格尔将历史认识划分为原始式的历史记录（即试图通过具体叙事方式再现具体真实的历史）、反思式的历史（即从一定的思想观念出发，对历史事实进行鉴别、评价、

---

① 中共中央马克思恩格斯列宁斯大林著作编译局. 马克思恩格斯选集：第二卷[M]. 北京：人民出版社，1972：122.

取舍）、哲学的历史（即通过逻辑的方式再现历史，也就是历史和逻辑相一致）三类。黑格尔认为，原始的历史记录只是对历史表象的、局部的认识，最多做到故事真实。观念的历史，往往是观念先行，所以不能客观地再现历史。只有通过逻辑的方式再现历史才是整体把握历史真实的唯一方式。在现象面前，历史和逻辑是对立的，存在内在的冲突：历史是多线条的，逻辑是单线条的；历史是感性的、跳跃的和充满偶然性的，包含无数的细节，逻辑则是理性的、环环相扣的和由必然性支配的。随意截取现实的一个截面，都异常丰富多彩，学生上课、工人上工、农民耕田、商贩营销，似乎各不相干。但是仔细一瞧就会发现他们都受到共同的时代支配，具有共同的时代特征，比如，在当代，各个行业的工作，都与现代信息技术的运用息息相关。历史发展是在自我实现、自我运动的同时又进行自我否定、自我毁灭，例如推动资本主义发展的内在因素既是资本主义赖以生存和发展的基础，也是其丧失历史合理性的内在根据。任何一个历史事件，它的出现和发展，必然有其自身的内在联系和发展逻辑，还受到周围各种因素的影响，不可能凭空而降。例如太平天国运动，从拜上帝教的创立到天京陷落历时十八载，期间犯下的错误，存在的缺点，也许数不胜数。但是，全部的缺点、错误累积在一起，都不能说明太平天国运动产生发展的原因和过程，更不能表现其在历史发展中的位置。正确的做法应该是：把太平天国运动纳入整个历史的发展进程中考察，找出推动其产生和发展的历史条件，确定其必然被取代的历史根据，发现新社会的基本特征。历史与现实一样，已经发生的各种事实不仅丰富多彩、无穷无尽，而且相互冲突，不同的集团有不同的利益，纠结于具体的缺点和错误必然会一叶障目，抓不到矛盾聚焦点。所以教学要立足于发现矛盾聚焦点，按逻辑发展来构建历史认识、揭示历史的框架。

4. 理论与实践相结合

实践具有基础性地位，理论则对实践有指导作用，列宁就曾指出："没有革命的理论，就不会有革命的运动。"理论具有的前瞻性、预见性和全面性、普遍性，使其成为自觉的实践活动不可或缺的思想指导，成为对感性经验进行鉴别取舍、提炼加工的思想工具，自发的实践可以不依赖于理论，而自觉的实践则必然依赖于理论。理论和实践相结合是一个知易行难的过程，对历史学科来讲理论联系实际更难。一是因为历史研究的是过去的事实，历史上的实践都是立足于当时的现实，很多当时的措施、举动放在历史长河中来认识，其价值、效果完全不一样。例如对隋炀帝开凿大运河，历来议论纷纷。晚唐诗人皮日休诗云："尽道隋亡为此河，至今千里赖通波。若无水殿龙舟事，共禹论功不较多。""尽道隋亡为此河"说的是开凿运河超出国力，百姓难以承受；"至今千里赖通波"说的是开凿运河的历史影响，一代人的付出和一个王朝的倾覆换来南北通途和全国统一局面的巩固，所以抛开隋炀帝的个人骄奢，大运河确实"共禹论功不较多。"二是历史事件、历史人物经过千百年的时间后，人们对其的看法大多形成定论，若想改变十分不易。三是历史研究虽然针对的是过去的人和事，但事实上却是面向现实和未来，现实的实践活动制约和要求着历史研究。比如曾高歌猛进的全球化，在今天就面临很多现实问题，既有需要各国携手才能解决的问题，更有因利益不同而难以达成共识的挑战，还有大国兴衰而引发的逆全球化等。伴随着社会发展出现的前所未有的变化，理论研究范式也必然进行相应的调整和变革，这既是实践向理论提出的要求，也是理论自身发展的客观需要。

二、道德观与价值观教育

（一）道德观教育

道德是以意识形态为基础的人们在共同生活中的行为准则和规范，对这种行为准则和规范的认识和立场就是道德观。历史被认为是"永恒的建设性的道德遗产"，人类社会的道德规范可以从历史人物和历史事件中找到典范，道德观教育是历史教学的重要内容。

1. 道德观教育的主要内容

道德观在人的思想观念中居于核心地位，恩格斯指出："人们自觉或不自觉地，归根到底总是从他们阶级地位所依据的实际关系中——从他们进行生产和交换的经济关系中，吸取自己的道德观念。"[①]马克思主

① 中共中央马克思恩格斯列宁斯大林著作编译局. 马克思恩格斯选集：第三卷[M]. 北京：人民出版社，1972：133.

义认为，道德具有阶级性和历史性，"一切以往的道德论归根到底都是当时的社会经济状况的产物，……道德始终是阶级的道德"①。在阶级社会，社会经济关系具有阶级性质，道德就必然带有阶级性，社会中的每一个阶级都有各自的道德。道德是社会经济关系发展的产物，属于历史的范畴。恩格斯认为，同时并存着各自起着作用的"过去、现在和将来"三大类道德论，即"过去的封建主义的道德、现代的资本主义道德、无产阶级的未来的道德"，"这三种道德论代表同一历史发展的三个不同阶段，所以有共同的历史背景，正因为这样，就必然具有许多共同之处"②。根据社会道德行为准则评价别人或自己的言行，体现了客观事物与主体的道德需要之间的关系。

　　道德具有鲜明的阶级性和历史性特征。唯物史观告诉我们，人民是历史的创造者，道德的阶级性必然要求在社会主义道德建设中坚持"以人民为中心"的道德观，道德的历史性必然要求对历史上的道德本着取其精华去其糟粕的态度，把与社会主义道德观一致的"许多共同之处"和精华萃取出来发扬光大，成为社会主义道德有机组成部分。在新民主主义革命时期，毛泽东就指出"民族的科学的大众的文化……就是中华民族的新文化"③。

　　新时代中国社会的主要矛盾是人民日益增长的美好生活需要和发展不平衡不充分之间的矛盾，美好生活当然包括美好的道德生活。历史教学要弘扬优良的历史道德传统，使学生获得道德熏陶。周恩来总理在为雷锋同志的题词中提到憎爱分明、言行一致、公而忘私、奋不顾身等道德品质。习近平总书记在讲到中国传统文化博大精深时，指出："'先天下之忧而忧，后天下之乐而乐'的政治抱负，'位卑未敢忘忧国'、'苟利国家生死以，岂因祸福避趋之'的报国情怀，'富贵不能淫，贫贱不能移，威武不能屈'的浩然正气，'人生自古谁无死，留取丹心照汗青'、

---

① 中共中央马克思恩格斯列宁斯大林著作编译局. 马克思恩格斯选集：第三卷[M]. 北京：人民出版社，1972：134.
② 中共中央马克思恩格斯列宁斯大林著作编译局. 马克思恩格斯选集：第三卷[M]. 北京：人民出版社，1972：132-133.
③ 中共中央毛泽东选集出版委员会. 毛泽东选集：第二卷[M]. 北京：人民出版社，1991：708-709.

'鞠躬尽瘁，死而后已'的献身精神等，都体现了中华民族的优秀传统文化和民族精神，我们都应该继承和发扬。"①这些应该成为历史教学道德观教育的主要内容。

2. 道德观教育的要求

历史教学的道德观教育应注意避免两个倾向。第一，不能简单化，以贴标签似的态度对待道德。恩格斯指出："把人类分成截然不同的两类，分成人性的人和兽性的人，分成善人和恶人，绵羊和山羊，这样的分类，除现实哲学外，只有在基督教里才可以找到。"②这种简单的两分法并据此划阵营断然不能出现在历史教学中。第二，不能绝对化，以教条式的态度试图营造出一种永恒性的或超然性的道德。恩格斯对这种态度也做出了尖锐的批评："我们驳斥一切想把任何道德教条当作永恒的、终极的、从此不变的道德规律强加给我们的企图，这种企图的借口是，道德的世界也有凌驾于历史和民族差别之上的不变的原则。"③绝对化的道德观很容易产生一种唯我独尊的自我陶醉，不能容忍不同意见，这是历史教学需要极力避免的困境。

（二）价值观教育

价值观是人对是非判断的思维取向，是对事物存在"意义"的观点。有什么样的价值观就有什么样的道德观，价值观决定着人们道德观的形成和发展。历史以具体的事实揭示了人类社会发展的必然规律，所谓"历史使人明智"，历史是一面镜子，通过具体生动的材料可以使人了解过去，认识今天。从历史中获得怎样的认识取决于历史价值观。历史教学的价值观教育是在"将正确的价值判断融入对历史的叙述和评判中"④进

---

① 习近平. 习近平在中央党校建校 80 周年庆祝大会暨 2013 年春季学期开学典礼上的讲话 [EB/OL]. (2013-03-01) [2013-04-16]. http: //cpc. people. com. cn/n/2013/0303/c64094 -20656845. html.

② 中共中央马克思恩格斯列宁斯大林著作编译局. 马克思恩格斯选集：第三卷 [M]. 北京：人民出版社，1972：140.

③ 中共中央马克思恩格斯列宁斯大林著作编译局. 马克思恩格斯选集：第三卷 [M]. 北京：人民出版社，1972：133.

④ 中华人民共和国教育部. 义务教育历史课程标准（2011 年版）[S]. 北京：北京师范大学出版社，2012：2.

行的，价值判断的主要功能不在于"发生了什么"的事实判断，而在于"如何发生""为什么发生""有什么意义"等反映一定时空范围内的复杂过程、因果联系和价值影响。"当我们深思熟虑地考察自然界或人类历史或我们自己的精神活动的时候，首先呈现在我们眼前的，是一幅由种种联系和相互作用无穷无尽地交织起来的画面。"①对历史来讲，组成"交织起来的画面"的是史料，怎样选取史料和运用史料既是一种史料实证的能力，也是历史教学价值观教育的重要任务，反映着历史认识的深浅和正误。比如清朝雍正时期施行的"官绅一体当差，一体纳粮"，是废除官员、地主免税特权的改革，当时推行这项改革阻力极大，既得利益集团以圣人门生岂可与泥腿子为伍为由极力诋毁反对改革，如果今天有人仍然认为这种改革使读书人颜面扫地，那自然是价值观出了问题。再比如，秦始皇实行大一统措施，废分封、行郡县，车同轨、书同文，"百代都行秦王政"，如果教学不突出这种功绩，则面对"秦王扫六国，虎视何雄哉"这样一个奠定中国数千年统一格局的宏大历史，学生何来正确的价值判断呢？

三、家国情怀教育

历史教学要充满人文情怀并关注现实问题，以服务国家强盛、民族自强和人类社会进步为使命。"在当代世界，大众历史教育是民族和公民认同形成的基础，没有大众历史教育就不能保证主权国家的稳定发展。公民团结是任何一个当代社会统一和稳定的基础，而公民团结的基础则是人民对本国历史的接纳和维护。"②

在《普通高中历史课程标准（2017 年版 2020 年修订）》中，家国情怀素养被划分为 4 个层次，如表 3-2 所示。

家国情怀教育的主要内容包括爱国主义教育、革命传统教育、英雄主义教育、理想信念教育等。

---

① 中共中央马克思恩格斯列宁斯大林著作编译局. 马克思恩格斯选集：第三卷[M]. 北京：人民出版社，1972：60.
② 尤·亚·尼基福罗夫. 意识形态与历史[J]. 李晓华，译. 世界社会主义研究，2019（11）.

表 3-2　家国情怀素养水平层次

水平	素养5.家国情怀
水平1	能够具有对家乡、民族、国家的认同感，理解并认同社会主义核心价值观和中华优秀传统文化，具有对祖国和人民的深情大爱；能够理解和尊重世界各国优秀传统文化
水平2	
水平3	能够把握中华民族多元一体的发展趋势，以及世界历史发展的进步历程，形成正确的世界观、人生观、价值观和历史观；能够表现出对历史的反思，从历史中汲取经验教训，更全面、客观地认识历史和现实社会问题；能够将历史学习所得与家乡、民族和国家的发展繁荣结合起来，立志为新时代特色社会主义建设、中华民族伟大复兴作出自己的贡献
水平4	

（一）爱国主义教育

我国历来十分重视通过历史知识对民众进行爱国主义思想教育。中国共产党更是一贯重视在历史教学中进行爱国主义思想教育的作用，2019年11月，中共中央、国务院印发《新时代爱国主义教育实施纲要》，指出"爱国主义是中华民族的民族心、民族魂，是中华民族最重要的精神财富，是中国人民和中华民族维护民族独立和民族尊严的强大精神动力。"新时代爱国主义教育的总体要求是"坚持把实现中华民族伟大复兴的中国梦作为鲜明主题""坚持爱党爱国爱社会主义相统一""坚持以维护祖国统一和民族团结为着力点""坚持以立为本、重在建设""坚持立足中国又面向世界"[①]，要广泛开展中共党史、新中国史、改革开放史、社会主义发展史教育，坚决反对历史虚无主义。在历史教学中进行爱国主义教育，就是要用鲜活的历史知识引导学生深刻认识历史和人民选择中国共产党、选择马克思主义、选择社会主义道路、选择改革开放的历史必然性，深刻认识我们国家和民族从哪里来、到哪里去，引导他们树立和坚持正确的历史观、民族观、国家观、文化观，不断增强中华民族的归属感、认同感、尊严感、荣誉感。

---

① 中共中央 国务院. 新时代爱国主义教育实施纲要[EB/OL]. (2019-11-12) [2021-06-05]. http://www.gov.cn/zhengce/2019-11/12/content_5451352.htm.

（二）革命传统教育

革命传统是中国共产党在百年历史进程中为民族独立、人民解放和国家富强、人民幸福而不懈奋斗中形成的政治觉悟、革命斗争精神、高尚品质和优良作风，体现在新民主主义革命、社会主义革命和建设、改革开放和社会主义现代化建设三个时期。《革命传统进中小学课程教材指南》指出："对中小学生进行革命传统教育，植入红色基因，是贯彻党的教育方针、落实立德树人根本任务的需要，是增强学生对伟大祖国、中华民族、中华文化、中国共产党、中国特色社会主义认同的必然要求。"[①]革命传统教育主要包括中国共产党的领导地位、共产主义理想信念、以人民为中心的立场、实事求是思想路线、革命斗争精神、爱国主义情怀、艰苦奋斗传统七个方面的主题内容，夯实学生听党话、跟党走的思想根基。

历史教学是革命传统教育的主阵地，在党史、新中国史、改革开放史和社会主义发展史教育方面具有不可替代的作用。要充分运用重要历史事件、革命英雄人物事迹和遗物、文献史料、革命旧址、重要纪念日和纪念活动等载体，引导学生认识和感受在长期的革命过程中，形成了哪些光荣的传统，深刻体会这些传统对提高自己的品德和踏入社会后为社会进步贡献力量有什么帮助等，历史教师要在教学过程中认真教育学生在实际行动中继承和发扬革命传统。

（三）英雄主义教育

英雄主义是指为完成具有重大意义的历史任务而表现出来的英勇、坚强、首创和自我牺牲的精神和行为。需要特别指出的是，我们的历史教学强调的英雄主义是革命英雄主义而非个人英雄主义，讴歌的是民众中的英雄而非救世主似的臆造的英雄。英雄主义突出凛然大义、不屈斗志，敢于压倒一切敌人、战胜一切困难的大无畏革命精神和风貌。历史教学的英雄主义教育要使学生学习革命英雄不怕困难的坚强意志、不怕流血的牺牲精神、坚贞不屈的革命气节，培育英勇顽强的战斗作风、坚韧不拔的意志品质、战胜一切困难的英雄气概和乐观主义精神。

[①] 中华人民共和国教育部. 教育部关于印发《革命传统进中小学课程教材指南》《中华优秀传统文化进中小学课程教材指南》的通知[EB/OL]. （2021-01-19）[2021-06-05]. http://www.moe.gov.cn/jyb_xwfb/gzdt_gzdt/s5987/202102/t20210205_512630.html.

（四）理想信念教育

习近平总书记多次强调："崇高的理想，坚定的信念，是中国共产党人的政治灵魂。""这个军队具有一往无前的精神，它要压倒一切敌人，而决不被敌人所屈服"①的勇猛无畏，背后的坚强力量就是革命理想高于天。新形势下，各种价值观念影响着学生，各种思想文化交流交融交锋，意识形态领域斗争尖锐复杂，"欲知大道，必先知史"，历史教学要承担起史鉴的责任，加强理想信念教育，坚定中国特色社会主义道路自信、理论自信、制度自信、文化自信，使学生时时处处受到教育熏陶，在潜移默化中坚定理想信念。

第二节　历史教学的智育

智育是传授知识技能，使受教育者获得智力发展的教育。基础知识和基本技能是智育的基础内容，培育多方面兴趣爱好和广博的知识面、创造性思维和勇于探索精神是智育的重要任务。历史教学的智育目标，集中体现为学科核心素养的时空观念、史料实证、历史解释。

一、时空中的历史知识教育

知识是人们在社会实践中积累起来的经验，是客观世界及客观世界与主观世界的关系在人脑中的正确反映，是人们对自然界和社会观察、认识与实践而获得的感知的总结。知识是智力发展的基础和条件，两者互为表里。具有一定智力的人才可能理解和掌握知识，知识掌握得越多，对智力发展越有促进作用；智力发展水平越高，越容易理解掌握和运用知识甚至创新知识。什么是历史知识？历史知识就是一种文化积累。无论是民众口口相传的习俗，代代沿袭的传统，抑或使用的家什物件，还是历代史学家对史事的整理编纂、研究阐释，都是文化积累。没有这些文化积累，后人对前人的认识将有难以逾越的阻障，逝去的往事也就可

能永远埋没而无影无踪，所谓"历史使人明智""历史给人前进的力量"也就无从谈起。因此历史教学必须重视知识教育。

（一）历史知识的时空要素

恩格斯指出："一切存在的基本形式是空间和时间。"[①]时间是纵向的动态系统，空间是横向的动态系统，任何历史事件都处于时空的交叉点之中。历史知识一般被分为两类，一类是具体性的历史知识（史实知识），如事件的过程、人物的活动；一类是认识性的历史知识（史论知识），如历史概念、历史线索。构成历史知识的要素包括时间、地点、人物、事件，时间、地点构成时空，人物、事件构成内容，这些要素不是割裂的，彼此之间具有内在联系性，通过概念的互相联系，将史实、史论系统化，结合起来反映历史活动。历史教学进行的知识教育，不是孤立的、没有具体场景支撑的知识，而是具体的历史知识和认识的历史知识内在地结合在一起，存在于具体时空的知识，是存在于知识网络体系中的知识。历史教学的知识教育，实质上是在历史基础知识的传授过程中形成历史概念系列的过程。因此，历史教学的知识教育要把时空观念作为基础和出发点。时空观念素养水平可划分为 4 个层次，如表 3-3 所示。

表 3-3   时空观念素养水平层次

水平	素养 2.时空观念
水平 1	能够辨识历史叙述中不同的时间与空间表达方式；能够理解它们的意义；在叙述个别史事时能够运用恰当的时间和空间表达方式
水平 2	能够将某一史事定位在特定的时间和空间框架下；能够利用历史年表、历史地图等方式对相关史事加以描述；能够认识事物发生的来龙去脉，理解空间和环境因素对认识历史与现实的重要性
水平 3	能够把握相关史事的时间、空间联系，并用特定的时间和空间术语对较长时段的史事加以概括和说明
水平 4	在对历史和现实问题进行独立探究的过程中，能将其置于具体的时空框架下；能够选择恰当的时空尺度对其进行分析、综合、比较，在此基础上作出合理的论述

---

① 中共中央马克思恩格斯列宁斯大林著作编译局. 马克思恩格斯选集：第三卷[M]. 北京：人民出版社，1972：91.

（二）时空观念下的历史知识教育注意事项

1. 树立正确的时空观

正确的时空观是联系的、发展的时空观。时间是单向运动的，历史在时间的流动中留下轨迹，历史的因果、发展的线索、运动的规律都必须在时间的流动顺序中去寻找。

历史教学的时间观念要教会学生掌握纪年知识和时间术语，历史学习中经常碰到朝代纪年、干支纪年、公元纪年交织的现象，如甲寅日、辛丑年、万历二十年、19世纪80年代等，要让学生懂得这些时间术语的含义和这几种纪年法的换算，并且明确时间有单纯的时间观念和逻辑的时间观念之分，前者只是简单的年代，后者包括事件内容及影响。历史教学的时间观念需强调两个特点。首先，历史的时间不是简单的计量单位，不能任意分割。真正的时间是一个连续体，一直处于不断的变化之中。历史的时间观念，如果仅仅停留在什么时候发生了什么事，那就不是真正的历史，这种时间观被克罗齐讥为"编年史"，是被抽取了精神的历史，是历史的行尸走肉。其次，历史的时间不能脱离现实，要理解历史，必须得先理解现实。脱离具体的时间，特定的历史现象很难被理解。正如阿拉伯谚语所言："与其说人如其父，不如说人酷似其时代。"①克罗齐认为，一切历史都是当代史，强调的是历史与现实、历史与生活的联系。马克·布洛赫曾举法国农村的地貌形成可追溯到远古时代为例，指出为了了解古代的地貌，那就先得考察和分析现在的地貌状况。"只有通过现在，才能窥见广阔的远景，舍此别无他途。……史学家所要把握的正是它在每个阶段中的变化。但是在历史学家审阅的所有画面中，只有最后一幅才是清晰可辨的。"②

空间即环境，是古今中外历史的舞台。历史教学的空间也有两层意思。首先，历史的空间是地理环境和人文环境交织构成的空间。地理环境包括两个方面。一指自然环境，如陆地海洋，高山平原，寒暖温润；一指自然资源，如宜农宜牧，山珍海味，鱼盐林矿。不同的自然环境和

① 马克·布洛赫. 历史学家的技艺[M]. 张和声，程郁，译. 上海：上海社会科学出版社，1992：30.
② 马克·布洛赫. 历史学家的技艺[M]. 张和声，程郁，译. 上海：上海社会科学出版社，1992：38.

自然资源，决定了不同地区的生产方向和社会经济结构，也就决定了历史运动的人文环境，人就是在这种地理和人文环境中从事自己的活动，地理条件不但影响着人类社会的经济生活，而且也影响到作为上层建筑的政治制度。其次，历史的空间还是部分与整体关系的空间。一个历史事件构成一个整体，其内部有不同的构成成分，它们之间存在整体与部分的关系。"整体与事件的区别是一种非常相对的区别，可以说是一种俄罗斯套娃盒——微观被镶嵌、整合在宏观中，永远见不到最小的原子和最大的整体。""原子应该是发生在确定的时间和确定的空间中那一点上的事件"①，历史事件不是孤立的，它属于同一过程中的部分，认识历史必须看到历史事件本身，但绝不能只看这个事件，必须看到它在整体中的位置。比如一个战役自成一个整体，但它在战略上则是一个局部。战役指挥员有的设想可能符合局部战场的情况，但不一定符合战略的需要。

2. 正确分析历史事件的时空关系

所谓"事不孤起，必有其邻"，指的是任何事件和人物活动都处在一定的时空联系中。在具体的历史事件和人物的教学中，要把握事件和人物是在历史继承下来的、当时的时空中进行活动。历史教学要处理好时间的发展和空间的联系，在时空的发展联系中，把历史知识完整地呈现给学生。比如中国的红色政权为什么能存在，这与当时中国具体的时空条件存在着必然联系。再比如五四运动的教学，从时间发展上，需要分析：①为什么当时中国知识界（包括青年学生）普遍相信公理战胜强权？这就必然引导学生回顾经过新文化运动的启蒙，中国人接受了自由、民主、平等的观念，中国人普遍认为自己是战胜国，理所应当地应该收回权益。②为什么青年学生在获得巴黎和会外交失败的消息后会悲愤交加？这就要求教师分析西方列强奉行的所谓公理并不是普世的公理而是强权的公理，与得到民主科学启蒙的青年学生希望获得的普世的公理大相径庭。③为什么工人、市民参加斗争后，北洋政府会妥协并对外表现出强硬的一面？教师应分析工人罢工、商人罢市是影响北洋政府统治的大事件，北洋政府被迫释放被捕学生，同时，工人罢工、商人罢

① 雷蒙·阿隆，梅祖尔. 论治史——法兰西学院课程[M]. 冯学俊，吴泓缈，译. 北京：生活·读书·新知三联书店，2003：136.

市也变相地支持了北洋政府的外交，使他们拒绝在巴黎和约上签字时拥有了民意的强大支持。④为什么五四运动后宣传马克思主义成为新思潮的主流？教师就要分析巴黎和会使中国先进分子对资产阶级的民主、平等产生怀疑，促使中国先进分子获得新的思想解放，出现新的觉醒。对于事件空间的联系性，教师要引导学生分析地域的扩展和人群的扩展：①五四运动前期的中心之所以在北京，是因为新文化运动的中心在北京，青年学生最先接受民主、科学的思想启蒙，所以最先的抗争出现在青年学生中。②北京学生的罢课带动了全国各大城市学生的罢课，青年运动不断扩展，社会影响力不断扩大。③北洋政府镇压学生运动，社会各界关于学生被捕、学生运动被镇压的消息不断扩散，人们开始表现自己的态度立场，工人阶级、商人阶层为营救学生，开展罢工、罢市斗争。正是地域的全国性和斗争的广泛性，才迫使北洋政府妥协，拒绝在和约上签字。通过教学，学生才会真正明白新文化运动是一场用自由、民主、平等把国人的思想从封建束缚下解放出来的思想解放运动，正是有了这场思想解放运动，才使中国人面对不平等的时候敢于奋起反抗，才能真正理解新文化运动"为随后爆发的五四运动起了思想宣传和铺垫的作用"，理解为什么五四运动后先进的知识分子要走进工人群众。

二、培养史料实证的能力

在不同事物中起沟通联系作用的环节或事物称为中介，列宁指出："要真正地认识事物，就必须把握住、研究清楚它的一切方面、一切联系和'中介'。"①历史认识的"中介"就是史料。历史的记录需要文字和纪年才有价值，"除了前代留下的史料可供我们思索之外，没有其他办法能使时光倒转"②。历史是人类社会的"过去"，这个"过去"是历史认识的客体，任何力量、任何人都不能改变其本来面目，但是对过去的认识却在不断深化，并逐渐完善。由于历史是"过去"，具有空间上

① 中共中央马克思恩格斯列宁斯大林著作编译局. 列宁选集：第四卷[M]. 北京：人民出版社，2012：419.
② 马克·布洛赫. 历史学家的技艺[M]. 张和声，程郁，译. 上海：上海社会科学出版社，1992：46.

消亡和时间上流逝的特点，使它具有某种观念上的形态，所以历史不可能像自然科学一样在实验室里进行实验，也不可能像社会学、经济学等社会科学一样通过调查、统计等方法来比较、鉴别结论。历史认识只能通过史料来进行。史料实证素养的水平层次如表 3-4 所示。

表 3-4　史料实证素养水平层次

水平	素养 3.史料实证
水平 1	能够区分史料的不同类型；在解答某一历史问题时，能够尝试从多种渠道获取与该问题相关的史料；能够从所获得的材料中提取有关信息
水平 2	能够认识不同类型的史料所具有的不同价值；明了史料在历史叙述中的基础作用；在对史事与现实问题进行论述的过程中，能够尝试运用史料作为证据论证自己的观点
水平 3	在探究特定历史问题时，能够对史料进行整理和辨析；能够利用不同类型史料，对所探究的问题进行互证，形成对该问题更全面、丰富的解释
水平 4	能够比较、分析不同来源、不同观点的史料；能够在辨别史料作者意图的基础上利用史料；在对历史和现实问题进行独立探究的过程中，能够恰当地运用史料对所探究问题进行论述

（一）史料的特点

史料实证是重构历史认识的态度。"史料实证是指对获取的史料进行辨析，并运用可信的史料努力重现历史真实的态度和方法。"[①]史料具有以下特点：第一，史料是主客观的统一体。任何史料都是包含着客观内容，是历史现象的反映，但是任何史料，无论其真实到何种程度，都深刻地印记着时代、记录者的主观色彩。所以史料既是人类活动的记载和再现，也是人们在不同时代从不同侧面对历史发展的认识和再认识，是客观和主观的统一体。第二，史料不是历史本身。史料是人记载的，没有人的意识和选择，就没有史料，脱离客观历史的杜撰的史料，不能成为认识历史的真实信息。第三，史料不是历史的完整反映。任何史料

① 中华人民共和国教育部. 普通高中历史课程标准（2017 年版 2020 年修订）[S]. 北京：人民教育出版社，2020：5.

都只是历史片段的反映，许多历史资料在历史长河中佚毁、废缺，遗存的史料往往也存在相互矛盾的记载，因此，史料与历史活动不是完全合一的，更不能取代历史认识，史料只是反映历史活动中的片段。第四，史料是历史认识的桥梁。史料是零碎的，也是丰富的，单个地看，史料都是零散的、片面的，它反映的是历史运动中的点。整体来看，每个史料都从不同角度显示着历史活动的整体性和系统性，这些点具有延续性和连接性，显示出历史活动的规律。历史的概念、发展线索与史料是互为表里的关系，没有概念，史料是一堆"流水账"，没有史料，概念是镜花水月的虚幻物。没有概念的表述和史料的支撑，就无所谓线索的存在。

（二）史料实证能力的培养

史料实证是重构历史认识的能力。史料实证需要培养的能力很多，最重要的是阅读能力、思维能力、分析综合能力。

1. 阅读能力是史料实证能力的基础

阅读是运用语言文字获取信息、认识世界、发展思维、审美体验的活动，历史过程是不可逆的，认识历史只能通过史料，阅读史料是认识历史的第一步。《义务教育历史课程标准（2011 年版）》特别指出："了解多种历史呈现方式，包括文献、图片、图表、遗址、影像、口述以及历史文学作品等，提高历史的阅读能力和观察能力，形成符合当时历史条件的一定的历史情景想象。"[①]《普通高中历史课程标准（实验）》也把阅读能力作为历史教学应培养的基础能力，指出："在掌握基本历史知识的过程中，进一步提高阅读和通过多种途径获取历史信息的能力。"[②]现行《普通高中历史课程标准（2017 年版 2020 年修订）》虽然没有专门提出阅读能力培养，但是"史料的搜集、整理和辨析"必然要求学生具有较高的阅读能力。按照认知心理学的认知目标分类，在历史教学中，可以大致把学生的历史阅读能力划分为三个层次：感知——能读懂所阅读的材料，理解——能从阅读的材料中提取有效信息，运用——能对有

---

① 中华人民共和国教育部. 义务教育历史课程标准（2011 年版）[S]. 北京：北京师范大学出版社，2012：5.
② 中华人民共和国教育部. 普通高中历史课程标准（实验）[S]. 北京：人民教育出版社，2003：4.

效信息进行加工处理。这是阅读能力的纵向层次。在横向上，阅读能力还表现为：选择——能迅速在大脑中寻找到与阅读材料有关的知识，联结——能迅速把有关知识与阅读的材料建立关联，迁移——能在阅读中做到举一反三和触类旁通。所以阅读能力既是历史学习各种能力的基础，又与其他各种能力互相促进。

2. 思维能力是学习的核心能力

思维是认识的高级阶段，是反映事物的本质和规律性的认识活动。历史思维是一般思维规律在历史领域中的具体化，历史思维是形象思维、逻辑思维和创造性思维的高度统一，因此历史教学要注重培养学生的形象思维、逻辑思维和创造性思维。

历史具有过去性和具体性的特点，不能离开具体的生活形象，所以必须培养形象思维能力。在一定时空中进行的历史活动（人物、事件、现象），是独立于学习者和研究者意识之外的客观过程，这种客观过程要展现在学生面前，需要进行再造。再造离不开史料的选择和剪裁。历史的形象分为人物形象、场景现象（场面与景象），历史形象与艺术形象的区别在于艺术形象可以从各种典型中抽取部分进行拼合，历史形象则不允许东拼西凑，更不允许浮夸虚饰。历史的形象思维是形象的概括，教学不可能把历史人物或事件的所有方面都罗列出来，只能选择典型的事例进行概括，这种概括是形象的概括，形象概括要求选取的材料要典型，要反映构成历史现象的人、事、景、物的整体性，适当注意细节，这样运用一定史料再造的历史形象能够激发学生的学习兴趣，显示真实感，使历史记载鲜活、有血有肉。

逻辑思维是人借助概念、判断、推理等形式反映客观现实的理性认识过程。历史与任何学科一样，都是由概念体系构成的，各种概念通过一定联系构成历史概念网络，人们要运用概念、推理、判断等形式逻辑思维和辩证逻辑思维来建构历史认识。历史教学要培养学生在具体生动的事物形象中抽取科学规律，从偶然中发现和把握历史的必然。具体形象的史实被抽象为概括的概念，这个抽象的概念更能反映历史的本质，再用这个概念去还原具体史实，这个具体就更具科学性。比如秦始皇建立了中国历史上第一个统一的多民族的封建国家，创立了专制主义中央集权的国家体制，在教学中是先一一讲述秦始皇为巩固统一的多民族国家采取的各种措施（具体史实），然后再用大一统的中央集权制度对这些措施的本质进行概括，形成有关概念，以后在进行历朝历代的中央集权制度教学时，就会应用已有的概念去建构具体的史实。

创造性思维是以综合性、探索性和求新性为特征的高级心理活动。认识历史要通过史料，但是史料，不管是文字、图像还是实物形体，大多是零乱、破碎和局部的，要通过这些史料建构历史认识，不仅要求真实、客观，而且要求把点连成线，提取具有现实意义的内涵，成为指向未来的方向标，一般逻辑思维的推理和形象思维的再造是无法完成这个重任的，必须通过想象的创造性思维才行，因此培养创造性思维是历史教学极其重要的任务。创造性思维通过想象性活动，经过形象补充，把史料连成历史线索，再扩大为历史运动的网络结构，使史料成为可感知的形象，从而获得历史认识。

3. 分析综合能力是认识活动中认识问题实质、解决问题或揭示各种内在联系的能力

分析是将研究对象（事物、现象、概念）的整体分为各个部分，或从整体中区分出个别特性、个别方面，分别加以考察以反映这些部分、方面的本质属性。综合是把分析过的对象或现象的各个部分、各属性联合成一个统一的整体。在历史教学中，培养学生的分析能力是指教会学生能使用基本的或重要的历史概念、观点和方法，从某种角度将一定的历史认识对象分解成一定的要素、侧面、方面或者部分，进行分解式的认识，由此认识这些分解体之间的关系和在整体中的地位。培养学生的综合能力则是指教会学生能使用基本的或重要的史论概念、观点和方法，从某种角度将零散的历史材料按史实发展或某种史学逻辑组成一个有机的历史整体。分析综合能力的培养，能够使学生通过对史料的分析综合，达到认识问题的实质、解决问题的矛盾或揭示各种内在联系的目的。

三、历史解释是历史认识功能的集中体现

"历史解释是指以史料为依据，对历史事物进行理性分析和客观评

判的态度、能力与方法。"①历史解释涉及态度、能力、方法，态度由史观决定，属于德育范畴，能力、方法属于技能、智力范畴，因此历史解释既是历史学科核心素养的内在聚结，又是历史学科核心素养的能力外显。它的水平层次如表3-5所示。

表3-5　历史解释素养水平层次

水平	核心素养 4.历史解释
水平 1	能够辨别教科书和教学中的历史解释；能够发现这些历史解释与以往所知历史解释的异同；能够对所学内容中的历史结论加以分析
水平 2	能够选择、组织和运用相关材料并使用相关历史术语，对个别或系列史事提出自己的解释；能够在历史叙事中将史实描述与历史解释结合起来；能够尝试从历史的角度解释现实问题
水平 3	能够分辨不同的历史解释；尝试从来源、性质和目的等多方面，说明导致这些不同解释的原因并加以评析
水平 4	在独立探究历史问题时，能够在尽可能占有史料的基础上，尝试验证以往的说法或提出新的解释

历史解释集中体现了历史的认识功能。历史教学中，可以从辨别历史解释、提出自己的解释、评析历史解释三个角度培养学生历史解释能力。

辨别历史解释：历史解释，说到底是对历史事实的认识，而历史事实是通过人物以及活动表现出来的，这种历史事实，既是一个已经发生的客观事实，也是一个被记载和书写的主观事实。客观的历史事实与书写的历史事实之间的关系是客观的历史事实必须经过书写才能为人所知，被书写的历史事实是否包含历史事实的真实性，这就需要学习者和研究者具备辨别能力，看看历史的解释者对历史事实所做的解释是否符合历史真实。例如，对义和团运动的解释，"在 20 世纪前半期的西方，人们普遍认为义和团是'黄祸的化身'，'义和团的言行使人联想到危险、

_____

① 中华人民共和国教育部. 普通高中历史课程标准（2017 年版 2020 年修订）[S]. 北京：人民教育出版社，2020：5.

排外、非理性和野蛮等'。在 20 世纪 20 年代之前，中国的知识分子对义和团也抱有这种负面的看法，并增加了'迷信'和'落后'两条。但是，到了 20 年代中国的民族主义和排外主义的高潮阶段，虽然许多西方人试图以'义和团主义'的复活为说辞来诋毁中国的民族主义，但中国的革命者已开始正面评价甚至美化义和团，说义和团运动的实质是'爱国主义'和'反对帝国主义'。"①这些历史解释涉及西方人、中国知识分子、中国革命者等不同人群，他们以史料为凭，依据特定的价值立场，在一定的理论视角指导下，对同一个历史事实作出截然不同的解释，历史研究者和历史学习者势必要从自己的历史观出发对这些解释进行辨别。

提出自己的解释：柯林伍德认为，历史解释不同于自然科学的解释。自然科学的解释倾向于分类和一般规律的使用，而历史解释是一种重演解释，倾向于深入事件的内部而理解历史事件。所谓历史重演解释是指历史学家洞察历史行动者的思想并想象自己参与其中而理解这个行动，然后以一种叙述方式表达出来，就完成了对这一行动的解释。重演解释被雷蒙·阿隆称之为"重构或重组"，他指出，我们要解释的这些事件既不是原本的事件，也不是记忆经验中的事件，而是史学家建构的事件。"历史叙事中永远不会有纯粹的事件、纯粹的真实现象"，"我们所要解释的已不是原样的事件、原装的现象，而是史学家建构的事件。"②任何关于历史的叙述、记载都是重演解释，换句话说，发生过的客观事实在被叙述、记载时，就不再是行为者亲身经历的事实，而是被用概念表述建构起来的真实所取代。历史学家建构自己的解释，历史学习者同样也在建构自己的解释。因而面对同样的史事，因史观、价值观、理论视角和语言逻辑的差异，必然形成差异化的历史解释。所以，历史教学在培养学生历史解释素养时，要教导学生基于唯物史观立场来组织史料，建构并表达自己的历史解释。

评析历史解释：历史解释因时因人而异，孔子死后，"儒分为八"，

---

① 柯文. 历史三调——作为事件、经历和神话的义和团[M]. 杜继东，译. 南京：江苏人民出版社，2000：序 2.
② 雷蒙·阿隆，梅祖尔. 论治史——法兰西学院课程[M]. 冯学俊，吴泓缈，译. 北京：生活·读书·新知三联书店，2003：133.

弟子们对儒家思想内容有着各自不同的解释。如何客观地看待这些不同的解释，需要通过重新描述历史人物的行为、重新审视历史事件的发生发展过程才能获得新的认识。比如，法国大革命时期，雅各宾派把土地分为小块出售，雅各宾派的政策遭到某些学者的猛烈抨击。然而，马克·布洛赫嘲笑这些批评者"在远离断头台的地方抨击当年的政策，这只能令人发笑"。"当时的人希望小农能获得土地，首先考虑的是救济贫民，以确保他们对新政权的效忠。"马克·布洛赫提醒道："不要沉迷于自己的观点便忘了当时的可能性。"①所以，教会学生分辨事实与解释是很重要的能力，比如土地兼并和如何应对土地兼并是事实，怎样认识土地兼并和历代抑制土地兼并的政策则是解释。在历史教学中，引导学生认识土地兼并和抑制土地兼并政策的现象，辨识并评析针对土地兼并及其相关政策的认识（前人的历史解释），从而认识中国封建社会的历史周期律，进而认识中国共产党领导的土地革命是历史进步的必然要求，是一项重要的历史任务。土地兼并是中国封建社会的顽疾，梳理历代兴衰，可以发现这样一条周期律：土地兼并、豪强割据——小农破产、流民起义——财政羸弱、朝廷覆灭——新朝兴起、小农复苏——土地兼并、豪强割据，这与资本主义经济危机的周期性何其相似。当土地越来越多地集中在特权阶层手中时，失地流民越来越多，社会矛盾越来越尖锐，国家能得到的赋税越来越少，镇压、安抚农民起义又需要大量的财政收入。土地越集中，国家的利益损失就越大，因而"锄豪强，抑兼并"是中国封建社会的一个重要的经济思想和经济政策，它与中国封建王朝兴衰周期律相伴相生。但是，与资本主义无法跳出经济危机周期律一样，从汉哀帝绥和二年（公元前7年）颁布限田令以来，所有"抑兼并"的努力都在既得利益的缙绅、官僚、豪强的反对下，成为一纸空文，不能有效实施。对历史解释如何做出自己的评价，是历史解释素养培育的重要任务，历史教学要教导学生不能盲从或盲目反对某种历史解释，要对历史解释进行自己的再解释。

---

① 马克·布洛赫. 历史学家的技艺[M]. 张和声，程郁，译. 上海：上海社会科学出版社，1992：103.

第三节　历史教学的美育

美育又称审美教育，是以美的事物为内容，以审美活动为方法，指向情操心灵，丰富想象力、培养创新意识的教育活动，是全面发展教育不可缺少的组成部分。

一、历史教学的美育目标

人作为社会生活的主体，既有物质生活的需要，又有精神生活的需要，审美就是精神生活需要的组成部分。美育是学校教育的重要内容，它的功能在于"引导受教育者的审美活动，满足他们的审美需要，促进他们的心灵美、语言美、行为美、形体美，增进他们的审美意识、审美能力，使他们为维护和创造美好的事物而做出不懈的努力"[1]。在课程的实施中进行美育是学校美育的重要途径，学校实施美育的课程包括专门的美育课程和在学科教学中实施美育的课程。课程美育与美育课程不是相同的概念。学者指出"课程是用知识内容铺设的实现人的发展目标的'跑道'"，美育课程是"用美和审美知识铺就的实现美育目标的'跑道'"。[2]借用此定义，则课程美育与美育课程的区别就很明显。美育课程是实施美育的"跑道"，这是直接以"美"为对象的教育，学校美育课程以艺术课程为主体。课程美育是在"跑道"中实施美育，即在过程中以"美"为视点进行审美教育。美除艺术美外，还有自然美、社会美、科学美，因此各学科课程天然自带"美"的因素，发现这些美，提炼学科审美内容，创建学科审美方法，培养学科审美素养，是各学科课程美育的题中之意。

历史教学的美育目标，是通过历史过程中美的因素的发掘和欣赏，帮助学生树立正确的审美观，提高审美能力，培养审美情趣，发展表现美和创造美的能力。历史教学的美育目标贯穿学科核心素养的每个方面。历史的美有其独特性，这种独特性在于它不是虚构而是从美的角度看真实的历史，从而得出美的震撼与感受，它要求从形的把握中突出神，

---

① 王道俊，王汉澜. 教育学[M]. 北京：人民教育出版社，1989：415.
② 赵伶俐. 创建新时代大美育课程体系[N]. 中国教育报，2019-05-23（08）.

以历史的神韵带动真实的史料。法国历史学家马克·布洛赫说："历史自有其独特的美感。历史学以人类的活动为特定的对象，它思接千载，视通万里，千姿百态，令人销魂，因此它比其他学科更能激发人的想象力。"①作为人类思想行为最大的背景参照系，历史给人的影响和启迪难以比拟，蕴含于历史汪洋之中的美，需要主体的敏锐感受和深刻洞察才能把握，历史的审美是一种更深层次的审美活动和审美创造。

历史教学审美，关键问题在于把握什么是美，或者美的本质什么。美具有社会历史性，不是一成不变的，美又具有功利性，与现实生活密切相关。"美"既是一种事物的呈现状态，又是一种感觉判断。在日常生活中，"美"的运用有三层含义，一是功利实用范畴的美，这种"美"满足主体的生理需要，获得生理愉快，如美味、美食；二是伦理判断范畴的美，这种"美"是对思想行为和高尚情操的赞赏，如美德、美行；三是审美判断范畴的美，是对审美对象的肯定性评价，是一种审美经验的表达，如美妙、美丽。这些含义无不与人多样化作用于客观事物相关。历史上充满了真、善、美与假、恶、丑的斗争，学习历史，会使人从中体会到强烈的美或丑，因此，培养学生的审美情感，是历史教育的又一项内容。

二、历史教学的美育内容

美从形态看，包括自然美、社会美、艺术美、科学美等，从范畴讲，有崇高与滑稽、壮美与优美、悲剧与喜剧等。历史本身具有美感，囊括了美学的各种形态和各种范畴，所以历史教学审美范围广阔。美感是感受或体会，审美则是欣赏和辨别，审美比美感层次更高，它是在一定理论指导和自我思考下进行的。

（一）壮丽：历史教学的社会美

历史是人的历史，人的历史是生活的历史，是实践的历史，是劳动的历史。社会美"是人类历史发展的积淀成果，是人类集体审美意识的物化"②，是符合人的实践意愿、审美理想的社会事物的美，"一切美好

---

① 马克·布洛赫. 历史学家的技艺[M]. 张和声，程郁，译. 上海：上海社会科学出版社，1992：10.
② 王杰. 美学[M]. 北京：高等教育出版社，2008：121.

的有社会价值的东西，都是由人的力量、人的意志创造出来的"①。社会美是人类社会实践的直接产物，是社会发展的历史成果，充分显现人的本质力量，具有肯定性、理想性、内容性、时代性、民族性等基本特征。因此，社会美是历史教学审美教育的首要对象。

历史教学中社会美比比皆是。社会大变革时代的波澜壮阔，英雄豪杰改天换地的理想奋斗，人民生活的和谐安宁与悲欢离合，都是历史教学的审美对象。从总体来看，能够进入历史教学视野的都是经历过千选万挑，对历史发展产生了深远影响的事件、人物，承载着历史发展的悲欢离合和风云变幻。因此历史教学的社会美，其基本色调应是壮丽，应让学生对历史社会美产生壮阔、宏伟和深沉的审察。

社会美具有明确的肯定性，凡是符合人类生活目的的事件都具有美的性质。历史社会美可以通过学习社会大变革的历史事件和人物来传达。社会大变革时期勇立潮头引领潮流，是顺应发展的敏锐和迎接挑战的胆识，是一种肯定性质的美。学习历史应该学习为什么成功，思考为什么失败。春秋战国时期，社会经济发展带来政治变动，各国纷纷展开变化运动。商鞅在秦变法，废井田，开阡陌，奖励耕战，以军功授爵，破除了奴隶制和世卿世禄制，"行之十年，秦民大悦，道不拾遗，山无盗贼，家给人足。民勇于公战，怯于私斗，乡邑大治"②。推动了秦社会的进步，促进了经济的发展，壮大国力，实现了富国强兵，为秦的统一奠定坚实基础。商鞅推行变法阻力重重，甚至太子也站出来反对，"商君相秦十年，宗室贵戚多怨望者"③。商鞅最终付出生命的代价。历史教学除应让学生对商鞅的人生遭逢产生审美心理，如对遇明主的庆幸、立信用的佩服、破阻碍的欣赏、遭车裂的怜悯等，更应引导学生站在历史发展进步的高度，对商鞅为之奋斗的事业和产生的影响作出业绩辉煌、泽被后世的审美评价。

社会美具有宏伟的理想性，是人类有意识、有目的的行动结果，历史社会美的理想美可以通过学习优秀人物为理想信仰而勇于献身的英

① 高尔基. 论文学[M]. 孟昌，等译. 北京：人民文学出版社，1978：165. 转引自季水河. 美学原理纲要[M]. 长沙：湖南人民出版社，2011：175
② 司马迁. 史记[M]. 北京：中华书局，1959：2231.
③ 司马迁. 史记[M]. 北京：中华书局，1959：2233.

雄主义美感来传达。理想美是一种为达到目的而锲而不舍追求的美，历史教学应当突出这方面的审美教育。英雄主义可以表现在杰出人物个体身上，如霍去病"匈奴未灭，何以家为"的豪迈，谭嗣同临刑前"有心杀贼，无力回天！死得其所，快哉快哉！"的无畏，瞿秋白高唱《国际歌》慷慨就义的从容；英雄主义更多地表现在群体之中，如中国共产党弘扬伟大建党精神，在长期奋斗中构建起的中国共产党人精神谱系，集中彰显了中华民族和中国人民的伟大创造精神、伟大奋斗精神、伟大团结精神、伟大梦想精神，彰显中国共产党人"为有牺牲多壮志，敢教日月换新天"的奋斗精神。历史教学创设对这些英雄人物、伟大精神的审美性，必然会唤起学生崇高的审美评价，进而激发学生向善向上的思想情感。

（二）绚丽：历史教学的艺术美

艺术是人类生活实践中具有审美属性的符号化活动。历史具有强烈的艺术性，这种艺术性首先是来源于历史的时空美感，即司马迁所谓"究天人之际，通古今之变"。从时间上说，历史鉴古以知今，上至远古，下及近世，乃至面向未来。从空间上看，历史涵括五洲四海，天上地下，无所不包。历史发展如同奔流的大河，形形色色的事件、人物如同河流里不同的水层、生物，交互产生影响，远观是长河奔涌，近视则各具风采，历史的每个细节和每一瞬间都独具艺术美感。其次是由于历史过程中产生的各种文化遗产，无论是物质的还是非物质的，都如浩瀚星空中的繁星一样，闪烁着璀璨的星光，给人以无尽的遐想，当然也就带来艺术美感。正由于历史的这种多样性与丰富性，所以，历史教学的艺术美绚丽多姿。

艺术具有独特的个性，历史教学的艺术美要求以现实世界的情感观照历史世界形成的美。历史世界形成的美包括两个方面：一是历史长河中的一个截面或现象和场景成为一个艺术形象，如春秋五霸、昭君出塞、三国鼎立、贞观之治、康乾盛世。二是历史过程中前人创造（遗留）的作品、物件、遗产、遗址成为艺术形象，如四羊方尊、洛神赋图、《三国演义》、半坡遗址、河姆渡遗址。无论哪类艺术形象，都具有鲜明的个性，需要审美者进行审美理解，这种理解是理性的而非冲动的，历史

121

教学中的艺术审美，都要在理性基础上强调形象美、情感性。

形象美是历史教学艺术美的根本要求。历史是真实的故事，本来就是有血有肉的人物的活动，历史教学要给学生再现历史的生动，离开美的形象是无法想象的。历史教学的艺术美要让学生作为认知主体，通过对历史人物、历史事件的认识，在历史时空中再现历史生活，再认识历史人物，在广阔的历史场景中领略历史意义，从而产生感官审美。司马迁的《史记》为我们提供了极好的范例，如他写屈原被顷襄王流放"至于江滨，被发行吟泽畔，颜色憔悴，形容枯槁"①，一个忠而被谤的形象跃然纸上，读者悲苦凄凉的感官审美油然产生。

情感性是历史教学艺术美的必然要求。人类在创造历史的过程中展开自己的心理世界，情感参与是审美认识不同于知性认识之处。历史教学的艺术美要让学生作为主体在对历史的审美中融入自己的情感，激发审美主体的情感跌宕，促使人的自省与完善。在文学创作领域，作家写的是别人的故事，洋溢的是自己的感情，也就是说，作家不仅表现对象感情，而且还要表现主体感情，正如李渔所云："言者，心之声也。欲代此一人立言，宜先代此一人立心。"②艺术欣赏则是双重的情感体验，既要体验艺术作品的情感，又要体验艺术家的情感。史家在历史认识过程中也会融入自己的情感，表现自己的好恶，如司马迁写项羽，"身长八尺余，力能扛鼎，才气过人"，带有强烈的感情倾向性。历史教学的艺术审美何尝不是如此！历史教学艺术美应体现审美个体的情感追求，教师要深入研究教学内容的内涵，体察历史事件的时空和历史人物的内心世界，领悟历史著作的精神，引导学生触发感情，伴随着历史事件的演进和历史人物的命运，获得不同的情感体验。

历史教学的艺术美应包括历史的自然美。自然美是人化的结果，是人把自然作为对象物，将自己的情感投射到自然的产物。"自然美是自然物的自然属性与人类的社会属性的统一，是自然的感性形式与社会的生活——思想内容的统一。"③历史教学中常常会遇到历史人物笔下的自

---

① 司马迁. 史记[M]. 北京：中华书局，1959：2486.
② 郭绍虞. 中国历代文论选：第 3 册[M]. 上海：上海古籍出版社，1980：278.
③ 蒋孔阳. 浅论自然美——学习马克思《1844 年经济学哲学手稿》的体会[J]. 文艺研究，1983（3）.

然美，如"大漠孤烟直，长河落日圆"所描绘的广阔无垠的塞外风光，《富春山居图》描绘的江南绮丽风光，我们在读这些诗句或欣赏这些图画时，并不是欣赏真正的大漠风光或江南美景，而是欣赏诗人或画家为我们展示的他们心中、眼中的美景，然后再将这些美景与自己心目中美景相联系，建构起自己的美景形象。

（三）瑰丽：历史教学的科学美

早在古希腊时就有了美是尺度与比例，是数的和谐等与科学美相关的话题。马克思在《1844年经济学哲学手稿》中指出"通过实践创造对象世界"，"动物的生产是片面的，而人的生产是全面的，动物只生产自身，而人再生产整个自然界"。"动物只是按照它所属的那个种的尺度和需要来建造，而人懂得按照任何一个种的尺度来进行生产，并且懂得处处都把内在的尺度运用于对象；因此，人也按照美的规律来构造。"[①]"种的尺度"可以理解为自然规律，"内在的尺度"可以理解为认识规律，人靠自然界生活，人是自然界的一部分，在改造自然"种的尺度"的社会实践中，人的"内在尺度"产生和发展起来，所以"劳动创造了美"。"美的规律"实际上就是利用自然规律，了解自身本性，把握自身需要，在实践中把物的尺度和人的尺度统一起来，使人的活动符合自然规律，使自然规律为人的需要服务。按照美的规律"构造"，就是按照美的规律生产。科学是生产力，每一次科学的进步都对人类社会发展产生极其重大的影响，劳动者为满足自身随文明进步而发展着的各种需求，必然会使自己的劳动越来越具有技术含量和文化含量，科学的进步带来的社会发展是无比迅速的，比如工业时代的铁路与石油，造就了今天人们便捷的生活。历史教学的科学美闪烁着灿烂夺目的瑰丽色彩。

历史教学的科学美有两个内容。一是历史本身的科学美，体现着历史发展的规律，反映历史发展的曲折。二是历史发展过程中科学发现和创造成果的科学美，如科学成果的简介，科学进步造福人类，科学家坚持真理百折不挠的探索等。

历史本身的科学美要体现历史发展的逻辑美。历史的现象是纷繁复

① 中共中央马克思恩格斯列宁斯大林著作编译局. 马克思恩格斯选集：第一卷[M]. 北京：人民出版社，1995：46-47.

杂的、碎片化的，历史的科学美要摒弃碎片化，"难道我们能不加选择和整理就按原来混乱的形式照单全收吗？这样做，历史将毫无清晰度可言，也无法揭示由自然亲和力与内在联系构成的真正的历史脉络，取而代之的只能是浮浅的大杂烩"①。历史作为科学，它的美可以从"天下大势，浩浩汤汤，顺之者昌，逆之者亡"的宏大场景中表现，也可以从小人物在历史洪流之中踉跄跌宕的命运沉浮中感受。历史是时间的科学，是"resgestae（活动的事迹）的科学，即试图回答人类在过去的所作所为"②。历史教学的科学美要站在思想的高度，以时空的经纬形成结构，体现历史发展的规律。

历史教学具体的科学美，有两方面内容。一是历史进程中的科学创造体现出来的美。这种科学美可以有多种表现形态，如科学结论的简约美、科学表达的秩序美、科学猜想的矛盾美等，这些美是理性创造力与自然界完美结构的和谐统一，体现出真和美的双重价值。二是科学研究过程中，科学家追求真理的毅力和胆略表现出来的美，比如惊人的毅力、持之以恒的坚持、坚持真理的牺牲等，无不给人以壮丽的感受，激励着人们去追求真理，追求美。科学美在学生日常生活中的事例很多，值得教师深挖细掘。

历史教学的体育、劳动教育内容同样非常丰富，他们自然地潜藏于历史发展过程之中，与德育、智育、美育一样，贯穿于核心素养的每一个方面。比如蹴鞠、马球，它们既是体育运动，又体现了时代风貌。再比如《齐民要术》《天工开物》，既是关于农业、手工业的学术著作，其字里行间又何尝没有反映古代人民的劳作呢！

---

① 马克·布洛赫. 历史学家的技艺[M]. 张和声，程郁，译. 上海：上海社会科学出版社，1992：106.
② 柯林伍德. 历史的观念[M]. 尹锐，方红，任晓晋，译. 北京：光明日报出版社，2007：11.

第四章
历史教学的备课

第一节　学习课程标准和教科书

　　由国家教育行政部门颁布的关于教育培养目标、课程设置、教学内容、课程实施等规定的指导性文件，通常采用课程标准、教学计划和教学大纲等形式。1912 年，自南京临时政府颁布《普通教育临时课程标准》以后，我国曾长期采用课程标准的形式。中华人民共和国成立初期,颁布了小学各科和中学个别学科临时课程标准(草案),自 1952年将各级学校课程标准改称为各级学校教学计划、各科课程标准改称各科教学大纲起，至 2001 年新课程改革，均以《教学计划》和《教学大纲》作为教育的指导性文件。其中，历史学科教学大纲有：1956 年颁布的中学各年级《历史教学大纲（草案）》，1963 年颁布的《全日制中学历史教学大纲（草案）》，1978 年颁布的《新编全日制十年制学校中学历史教学大纲（试行草案）》，1986 年颁布的《全日制中学历史教学大纲》，2000 年颁布的《九年义务教育全日制初级中学历史教学大纲（试用修订版）》,2002 年颁布的《全日制普通高中历史教学大纲》。2001年实行新课程改革，教学大纲被课程标准取代，通用的课程标准是《义务教育历史课程标准（2011 年版）》《普通高中历史课程标准 （2017年版 2020 年修订）》。2022 年,《义务教育历史课程标准（2022 年版）》颁布，标志着我国中学历史教学全面进入学科核心素养时代。

　　课程标准与教学大纲框架结构的区别如表 4-1 所示。

　　由表 4-1 可见，课程标准与教学大纲相比，其不同点在于，教学大纲比较刚性和细致，课程标准比较柔性和宏观。随着中国学生发展核心素养的提出，各学科基于学科本质凝练了本学科的核心素养，明确了学生学习该学科课程后应达成的正确价值观念、必备品格和关键能力，对知识与技能、过程与方法、情感态度价值观三维目标进行了整合。更新了教学内容，重视以学科大概念为核心，使课程内容结构化，以主题为引领，使课程内容情境化，促进学科核心素养的落实。研制了学业质量标准，明确了学生完成本学科学习任务后，学科核心素养应该达到的水平。[①]历史课程标准是历史教育、教学的指导性文件，是教师实施教学的依据。正确地学习和使用课程标准，是进行历史教学最基础、最关键的环节。

表 4-1　课程标准与教学大纲的框架结构

教学大纲	框架结构	课程标准	框架结构
《九年义务教育全日制初级中学历史教学大纲（试用修订版）》	一、教学目的 二、教学时间安排 三、教学中应注意的问题 四、教学内容 五、教学评估	《义务教育历史课程标准（2022年版）》	一、课程性质 二、课程理念 三、课程目标 四、课程内容 五、学业质量 六、课程实施
《全日制普通高中历史教学大纲》	一、教学目的 二、课程、课时安排 三、教学内容 四、教学中应注意的几个问题 五、考试与评估	《普通高中历史课程标准（2017年版2020年修订）》	一、课程性质与基本理念 二、学科核心素养与课程目标 三、课程结构 四、课程内容 五、学业质量 六、实施建议

一、课程标准对教学的指导意义

（一）规定课程的性质和指导思想

历史是具有强烈意识形态色彩的学科，它对培养什么样的人起着规定性作用。突出地表现在它所体现的历史观和教育观上。"义务教育阶段的历史课程，是在唯物史观的指导下，弘扬以爱国主义为核心的民族精

---

① 中华人民共和国教育部. 普通高中课程方案（2017年版）[M]. 北京：人民教育出版社，2018：前言 4.

神和以改革创新为核心的时代精神，传承人类文明的优秀传统，使学生了解和认识人类社会的发展历程，更好地认识当代中国和当今世界。"①历史课程具有"思想性、人文性、综合性、基础性特点，具有鉴古知今、认识历史规律、培养家国情怀、拓宽国际视野的重要作用"②。"普通高中历史课程，是在义务教育历史课程基础上，进一步运用历史唯物主义观点，以社会形态从低级到高级发展为主线，展现历史演进的基本过程以及人类在历史上创造的文明成果，揭示人类历史发展的基本规律和大趋势，促进学生全面发展的一门基础课程。"③这个要求贯穿于课程标准的各个部分，规定着历史教科书的编写内容，成为其核心和灵魂，教学必须以它为指导。

（二）规定课程的目标和培养理念

新课程改革以后实施的历史课程标准，把社会发展要求与人的心理发展结合在一起，将知识与能力、过程与方法、情感·态度·价值观作为课程目标。中国学生发展核心素养提出以后，整合知识与能力、过程与方法、情感·态度·价值观三维目标，凝练了唯物史观、时空观念、史料实证、历史解释、家国情怀学科核心素养，培育和提高学生的学科核心素养是历史课程的目标。明确课程目标是教学实施的基本前提。实现课程目标需要课程理念指导，历史课程标准的教育理念，在方向上是立德树人、育人为本，在内容上是普及历史知识、掌握基本技能、树立正确的价值评判，在方法上是改进教学方法，鼓励自主、合作、探究式学习。这些理念指导历史教学的具体实践。

（三）规定教材的内容和编写体例

现行课程标准中，普通高中历史课程由必修、选择性必修、选修三类课程构成，采用通史与专题史相结合的方式。必修课程采取通史方式，

① 中华人民共和国教育部. 义务教育历史课程标准（2011 年版）[S]. 北京：北京师范大学出版社，2012：1.
② 中华人民共和国教育部. 义务教育历史课程标准（2022 年版）[S]. 北京：北京师范大学出版社，2022：1.
③ 中华人民共和国教育部. 普通高中历史课程标准（2017 年版 2020 年修订）[S]. 北京：人民教育出版社，2020：1.

旨在让学生掌握中外历史发展大势；选择性必修课程和选修课程采取专题史方式，旨在让学生从多角度进一步了解人类历史的发展。①必修课程是所有高中学生必须修习的课程，为《中外历史纲要》模块，课程内容分为中国古代史、中国近现代史和世界史三个部分，每个部分均在历史时序的框架下，由若干学习专题构成，这是一种"通史框架+专题史内容"比较独特的体例。这种体例与过去的课程标准和教学大纲相比，变化很大。2002年《全日制普通高级中学历史教学大纲》也将课程划分为必修和选修，但其内容编排完全是通史形式。2003年《普通高中历史课程标准（实验）》同样将课程划分为必修和选修，而其内容完全按专题史形式编排。现行普通高中历史课程标准指导下的教学，要求教师既要有通史的宏观眼光，又要有专题史的钻研能力，备课时宽阔的思路和精研的能力都是需要强调的。

现行义务教育历史课程标准依照历史发展的时序，在中国古代史、中国近代史、中国现代史、世界古代史、世界近代史、世界现代史六个板块的内容设计上，采用"点—线"结合的呈现方式。"点"是具体、生动的历史事实；"线"是历史发展的基本线索。通过"点"与"点"之间的联系来理解"线"，使学生在掌握历史事实的基础上理解历史发展的过程。在学习内容编制上，从学生的认知水平出发，精选最基本的史实，展现人类社会在政治、经济和文化等方面发展的基本进程。②与之前的教学大纲和《全日制义务教育历史课程标准（实验稿）》一样，基本上按通史体例编排教材，但由于它强调"点"与"点"之间的联系，因此对教师历史的宏观把握能力和对"点"的生动性描述基础上建立点线的联系能力要求很高，需要教师加强通史和专门史的学习。

（四）规定学业的质量水平和评价

现行普通高中历史课程标准和义务教育历史课程标准对学业质量进行了描述。学业质量是学生在完成本学科课程学习后的学业成就表

① 中华人民共和国教育部. 普通高中历史课程标准（2017年版2020年修订）[S]. 北京：人民教育出版社，2020：9.
② 中华人民共和国教育部. 义务教育历史课程标准（2011年版）[S]. 北京：北京师范大学出版社，2012：3.

现，课程标准提出了学业评价建议。根据评价功能的不同，评价任务包括诊断性评价、形成性评价和终结性评价三种类型。诊断性评价是指在教学活动开始前，对学生的学习准备程度做出鉴定，以便采取相应措施使教学计划顺利、有效实施而进行的测定性评价，主要目的是了解学生的知识基础和准备状况，一般在课前、学期、学年开始的时候进行。形成性评价是在教学过程中为了解学生的学习情况，及时发现教和学中的问题而进行的评价，常采用非正式考试或单元测验的形式来进行。终结性评价是对课堂教学的达成结果进行恰当的评价，指的是在教学活动结束后为判断其效果而进行的评价，是检测学生综合运用语言能力发展程度的重要途径，是反映教学效果的重要指标之一。

组织实施评价时，要以课程标准为依据确定评价目标，注重评价目标与教学目标的一致性，使教学与评价围绕学生学习展开，使教、学、评相互促进。评价宜采取多维度结合的方式进行，注重形成性评价与终结性评价相结合，既关注学生过程性的表现，又关注学生在阶段学习任务完成后学科素养的达成水平。注重量化评价与质性评价相结合，既充分发挥量化评价易操作、客观性强的优势，又发挥质性评价对学生学习积极性、学习态度、学习习惯、道德情操、历史观、人生观等关于价值意义的评价优势，以便对学生的价值观形成进行判断。

（五）规定课程资源开发与利用

课程资源是课程实施的支撑，也是教学得以进行的基础条件。高中历史课程标准指出，"历史课程资源是指有利于历史课程目标实现，能够服务于历史课程的一切可利用的物质和非物质资源的总和"[1]。因此，历史课程资源异常丰富，一草一木、一山一水、一砖一瓦都可能成为历史教学的课程资源。

从历史课程资源的区域范围来看，历史课程资源可以简单地划分为校内、校外两类。校内课程资源，如学校如图书馆（室），里面的藏书可以成为学生课程学习的辅助读物，教师应对学校图书馆藏书有一个大致的了解，在教学过程中指导学生到图书馆查阅资料。现代信息技术的

---

① 中华人民共和国教育部. 普通高中历史课程标准（2017 年版 2020 年修订）[S]. 北京：人民教育出版社，2020：68.

发展，使网络资源成为丰富的信息来源，很多图书以数字形式存在，有条件的学校图书馆不仅自身具有数字化的图书，而且还可以访问国家图书馆等大型图书馆，教学过程中可以针对性地为学生指定研究性学习内容，指导学生查找参考书籍。学校的校史馆（校史陈列室）也是校内重要的课程资源，学生通过了解校史，可以树立自豪感，产生勤奋学习的自觉性。校外课程资源更加丰富，图书馆、博物馆、展览馆、历史文化遗址、非物质文化遗产保护地、非物质文化遗产传承人等，是常见的历史课程资源来源。乡土资源和社区资源也应该充分利用，以增强学生爱家乡、爱人民的意识。

《义务教育历史课程标准（2011 年版）》专门提到了历史课程资源的开发和利用原则，包括 4 项。目的性原则：根据并围绕教学目标的需要，选择相应的课程资源，以使教师和学生运用这些资源更好地达成教学目标。思想性原则：课程资源的选择要注重其所呈现的思想导向和价值取向，要选择那些有助于学生全面、客观、辩证地分析历史的资源，并利用这些资源对历史进行正确的认识。精选性原则：历史课程资源有多种多样，要对各种资源进行筛选，选取反映历史真实状况、具有典型性、代表性的资源，使资源的利用有助于学生对学习重点的理解。可行性原则：课程资源的选择和运用要考虑到学生的实际，考虑到是否具有可操作性。课程资源必须易于在教学实际中应用，并且省时、有效。[①]

二、教材对历史教学的指导意义

历史教材包括教科书、教学图册、教师教学用书等。其中历史教科书是最重要、最基本的教材。根据课程标准编写的教科书，以唯物史观为指导，在整体结构、内容体系等方面体现和落实课程标准的基本理念和课程目标。教科书是教师教学的凭借，也是学生学习的依据。

戊戌变法以后，我国出现了近代意义上的中小学历史教科书。1905年上海商务印书馆出版的由史学家夏曾佑编写的《中学历史教科书》是现在所能见到的最早的由我国学者自编的历史教科书。五四运动后，涌

---

① 中华人民共和国教育部. 义务教育历史课程标准（2011 年版）[S]. 北京：北京师范大学出版社，2012：47.

现出第一批用白话文撰写的中学历史课本，影响最大的是 1921 年商务印书馆出版的由史学家吕思勉编写的《自修适用白话本国史》，以后又陆续有吕思勉《新学制高中本国史》、陈衡哲《新学制高级中学教科书西洋史》问世。中华人民共和国成立后，中学历史教科书的编写经历了教学大纲时代后，随着新课改的实施，历史教科书进入课程标准时代。课程标准时代又经历了一标多本时期，目前全国使用部编教材。

教师在使用教科书时，要了解教科书的特点。历史教科书不同于历史专著，也不同于历史通俗读物。无论是编写的原则，还是组织与结构，历史教科书都具有自己的特点，教师在备课过程中应注意领会教科书编写体现的以下特点：

一是领会教科书对有关史事、人物评价的表述。历史是一门政治性很强的学科，中学历史教材不同于大学教材，它不是反映学者个人学术成果的简单的学术著作，它反映的是国家对历史的认识，塑造国民的历史意识，体现着国家意志。国家意志反映在课程标准之中，形成相应原则，规定着历史教材的编写内容。在评价一切重大历史事件、历史人物的基本观点上，必须以唯物史观为指导，用马克思主义的观点、方法进行分析。在涉及国家重要的政策性问题时，一定要和国家的政策相吻合，决不允许出现相悖的情况。有两个问题需要注意。第一个问题是关于历史事件、历史人物的评价以及国内外重大的现实问题所涉及的历史问题，必须按教科书的表述进行教学。前者如五四运动的历史意义，部编版教科书在"彻底反帝反封建的伟大爱国革命运动""新民主主义革命的开端"的基础上，与时俱进地增加了新的内容，教学中需要结合五四运动过程中的事件，对这些新的意义进行阐释。后者如我国民族关系问题，一定要体现多元一体，强调不论是汉族或其他民族，都是祖国民族大家庭中的一员。涉及国家外交政策和国际一些重大问题的历史内容，教科书所持的观点和国家的政策是一致的，教师教学不可妄加改变。第二个问题是新材料、新知识、新成果的引入问题，备课时要根据学术界的研究进度随时补充介绍，增强教学的时代性。比如，夏商周断代工程、中华文明探源工程、三星堆考古、汉文帝霸陵、良渚遗址等，都应及时补充到教学之中。可以适当介绍学术界的争论，但最终要以教科书的阐释为主。

二是领会教科书为什么要这样选材和编写。历史事件、历史人物处于历史过程之中，历史在时间上，贯穿古往今来各个时期；空间上，跨越世界各个地区；内容上，涉及人类社会生活的各个领域。面对纷繁复杂的历史，历史教育教学只可能选取最基础、最有价值的内容来作为学生学习的对象，并根据社会和时代的需要加以编排。历史分期是人为的划分，很多历史事件的发展和历史人物的活动跨越了不同的历史阶段，如何编排才能反映历史发展的逻辑，是教科书编写者思考的问题。教师备课和研究教学内容的安排时，有两个问题需要思考。第一个问题是有的内容为什么要放在特定位置，它体现了怎样的历史发展逻辑，由此出发理顺教学的逻辑。比如，洋务运动和左宗棠收复新疆都是近代中国历史上的大事件，在过去的教科书中，洋务运动单独作为一课，左宗棠收复新疆列入《中国边疆的新危机》课中。2017年部编版义务教育八年级上册《中国历史》则将左宗棠收复新疆编入《洋务运动》一课中，许多教师在备课中，没有理解教科书这样编的理由，因而在教学中处理这部分内容时显得不自然，历史发展线索没有得到逻辑地体现。事实上，只要理解了教科书中左宗棠"率领装备了新式武器和进行了新式训练的清军"的叙述，就明白了教科书为什么把收复新疆编入洋务运动过程的理由。第二个问题是教学内容的详略。教材中各课的比重和分量，都是经过统一安排的，有的根据课程标准的规定，有的是对整册教科书的通盘考虑。教师在处理这些内容时，要清楚地理解课程标准的要求和教科书的统一规划，树立全局意识，不能任意增删。

三是领会教科书为乡土历史教学留下的空间。我国是一个多民族的国家，乡土历史资源异常丰富，爱国必先爱家乡。《义务教育历史课程标准（2011年版）》指出："本标准设计的课程内容留有余地，以增强历史课程的开放性和弹性，一方面为教材编写留下一定的空间，另一方面也为各地区进行乡土历史的教学提供便利，各地区可根据实际情况开发课程资源。"①乡土历史导入教学，可以补充部编历史教材内容，起到辅助部编教材的重要作用，更好地增强教学的直观性，对学生的教育更亲切，更自然。比如教师在讲汉代文化时，有汉代画像石的地方可以根据

---

① 中华人民共和国教育部. 义务教育历史课程标准（2011年版）[S]. 北京：北京师范大学出版社，2012：4.

画像石讲述汉代文化的特征，学生就会感到好奇，产生探究的意愿。乡土历史导入教学有两个途径，一是编写专门的乡土教材或校本读本，二是在国家课程实施过程中，有机地嵌入乡土历史。前者较为费时费力，很多学校教师也缺乏系统研究，单独的乡土历史教学收效也不一定好。后者机动性强，而且是在较为宏大的历史背景中嵌入乡土历史，给学生的震撼力较大，收到的教育效果更佳。但对教师平时收集资料的要求较高，对教师对史料判断辨析的能力要求也较高。

教师在研究教科书时，要跳出"教"教材理念的束缚，由以"教"教材理念为主导转向以"学"的理念为主导，基于学生的发展，更多地从学生心理角度来思考历史教科书的教学问题。[①]

第二节 集体备课

集体备课是教师教研活动的重要内容，是对教学中共同关心的问题进行研究讨论的业务活动。通常它是以备课组为单位组织，以课程标准研读、教材分析、教学计划制定、备课任务分解、教学评价试题命制等为基本活动内容的教学研究活动。

一、常规的集体备课

（一）集体备课的目的和意义

集体备课的目的是将个人智慧转化为集体优势，保证教学进度的统一，保障教学质量的整体提升。集体备课的意义在于实现教师之间的学问切磋，资源共享；在切磋与共享之间体现团队合作精神，弥补教师的发展缺陷，共同提高教学水平。

集体备课可以提高教学效益。集体备课为教师提供了合作、探讨、实践的途径，通过参与者的思想交流，集体智慧的分享，促使教师加深对教材的理解认识，拓展教学的方法与思路，改进自己的教学设计，更

---

① 张天明. 我国历史教科书研究（1979—2014 年）[M]. 长春：东北师范大学出版社，2016：92.

好地体现自己的教学个性，优化自己的教学行为。

集体备课可以促进教师专业发展。集体备课是一个业务钻研、合作研讨、教法改进、自我反思的过程，能使教师的教学认知、行为不断趋于科学合理，对自己的教学工作进行不断的反思和优化，提升教师的素质，这个过程就是教师专业发展的过程。

集体备课可以丰富课程资源。课程资源是有利于历史课程目标实现，能够服务于历史课程的一切可利用的物质和非物质资源的总和。集体备课的思想交流会产生教学智慧，在集体备课开始前，所有参加者围绕话题收集资料，使有关教学资源在种类和数量方面都逐渐丰富，尤其是典型课例、教学设计、课件、教辅资料等实用性强的资料，成为教师们共享的教学资源。

集体备课可以加强团队协作精神。团队与合作是集体备课的组织特征，因此集体备课的效果取决于集体备课成员之间的合作关系和协作精神。在集体备课中，教师通过参与、分享和汲取，不断完善自我，进一步凝聚起团队的协作精神。

集体备课可以浓厚学校教研氛围。集体备课既是一种"行动研究"，又是一种学理探讨，它致力于解决教学中遇到的实际和直接问题，探讨有效的解决方法，交流意见，形成共识。集体备课把理论和教学实践有机地结合起来，不断丰富和积累教学的实践经验。在集体参与的行动研究中，浓厚了学校教育科学研究氛围。

（二）集体备课的形式和常见程序

集体备课的形式依据时间的不同，可以划分为：

开学初的集体备课。主要内容是制定教学计划、统一教学进度、确定教学检测等关于整个学期的教学安排的各种事项。

单元开始前的集体备课。主要内容是在新的章节或单元教学前，统一该部分的教学目的要求，明确各章节或单元的重点、难点，安排单元检测的命题、批阅等任务。

教学专题的集体备课，主要内容是针对教学中某一难点、某一具体内容进行讨论，交流信息和经验，及时预防或弥补教学偏差。

随机讨论的集体备课。主要是针对教学中出现的各种随机现象，研讨对策，解决教学疑难。

集体备课的基本程序包括活动准备、活动实施和分头落实三部分。活动前的准备包括确定主题，布置任务，使所有参与者能够有备而来，在参与中有话可说，主要准备工作应包括认真研读课程标准、教材，收集有关资料，拟定发言提纲等。活动的组织实施包括：确定主持人，一般为教研组长或备课组长，主持人要讲清楚本次集体备课的主题、安排发言讨论、总结讨论情况、形成集体备课最后成果；确定主讲人，主讲人围绕事先布置的任务，提出自己的主张和看法，展示自己准备的各种资料，阐释自己对主题的认识；参与者讨论，围绕主题，参考主讲人的资料阐释自己的认识，提供自己收集的有关资料；主持人最后总结本次集体备课达成的共识，安排后续工作。集体备课后，每个成员按照自己的理解，将集体备课的要求落实到自己的教学之中。

集体备课要产生积极作用，精心组织是首要条件。每一个教师在自己的教学实践中，或多或少都会产生感悟与体会、形成经验和教训，集体备课就是一种交流、反思的渠道。集体备课的时间、地点要有保障，内容要充实，要为教师搭建一个学习、交流和共同发展的平台。

集体备课要产生积极作用，认真准备是必要保障。作好集体备课前的准备，包括制定出备课的计划、内容和范围，拟出备课要讨论的重点提纲。参与备课的教师要根据要求对本单元的教学内容进行初备，整理自己的困惑与反思。充分准备才能保障集体备课有内容，有效、顺利地进行。

集体备课要产生积极作用，民主参与是关键环节。集体备课的良好氛围需要民主参与，无论主持人还是发言人，都是集体备课团体中的一员，要集思广益，要创设民主、平等、和谐的交流氛围，要组织和引导大家畅所欲言，使集体备课的过程成为奉献教育智慧、群策群力完善和优化课堂教学的过程。

集体备课要产生积极作用，问题意识是质量保证。集体备课必须主题明确，提出问题和解决问题的意识要明确，问题可以预先提出，比如如何创设情境、如何设计某个教学环节、怎样优化课堂练习等，针对这些问题进行讨论，利用教师分享的备课资源，对自己的教学设计进行再创造、再提升。

二、专题研究的集体备课

常规的集体备课，如果是针对一节课或者一个练习的讨论，大多遵循是"主备先行，草拟初稿—集体讨论，完善初稿—各取所需，各自教学"流程，强调实用性，学术味比较淡。随着新课程改革渐入深水区和学科核心素养的提出，教师专业发展的要求越来越高，集体备课的学术要求也相应提高。因此专题研究性的集体备课越来越受到重视。

专题研究性的集体备课，内容很多，组织形式也不拘一格。下面以历史教学中非常重要的教学立意为例对怎样组织专题研究性集体备课进行讨论。

（一）讨论前的准备

1. 理解什么是历史教学的立意

教学是为了学生的发展。教学过程中的主要矛盾是学生的认知水平与教学目标达成之间的矛盾，教师的"教"是帮助学生解决矛盾。教师的教必须有好的目标指引，这个目标指引，在今天的教学语言中，就是教学需要立意。

"教学立意"是从文学和艺术创作的"立意"衍生而来的概念。"立意"是文艺创作的一般规律，是文艺家反复观察客观事物而获得创作主题和通过何种形式表现出这一主题的构想。"意"是中国传统美学思想的重要范畴，其本意是心愿、愿望。在艺术创作中，有"意境""意趣"等说法，来表现作品的境界和情调。又有"笔意"——用一定的技法来表现不同形象，"立意"——主观情思对客观形象的再创造之分。所以，在文艺创作领域，"立意"是挖掘创作主题思想与表现形式之间联系的思维活动。在绘画等艺术中，立意与构图互为表里，借助具体的物态形象立意，依托构图布局形式来传达创作者的思想情感、审美观念和形式特色。

教学是科学性与艺术性高度统一的实践。教师的教学艺术对学生具有很强的影响力和感染力，教学过程本身与文章写作、戏剧演出等文学艺术创作具有结构、手法等方面的相通之处，写作"立意"、艺术"立意"很自然地引起教师的注意，很多学科的教学研究都引入了"立意"的概念，强调教学立意对教学的意义。从主体对客体的观察和主体对客体的表现来看，文艺立意与教学立意具有相同之处，不同的是，文艺的"立意"面对的客体是客观事物和客观现象，所思考的主题和表现形式更多的是创作者面对客体产生的主观情思。教学中的"立意"的主题来自教师对教学内容的理解和对学生的了解，表现形式是教学得以展开的逻辑以及相应的方式方法。因此教学立意就是教师对教学内容的理解和行诸教学的构想。

历史教学具有高度的思想性要求，历史教学的"立意"更强调科学性与艺术性的结合问题。研究历史教学的立意，应从历史的课程性质和课程理念、课程目标入手。《义务教育历史课程标准（2011 年版）》《普通高中历史课程标准（2017 年版）》都强调历史教学要将"正确的价值观融入历史的叙述和判断中"，"坚持正确的思想导向和价值判断"，因此，历史教学的立意要考虑教学的思想性，思考怎样把思想性用适当的教学方式表现出来。

2. 收集相关的资料以备参与讨论

材料收集包括教学立意的有关论述、教学内容的有关材料等。

（二）讨论过程

以秦末农民战争为例，某备课组展开了专题研究性集体备课。

主持人：农民和地主的矛盾是中国封建社会的根本矛盾，每一次矛盾的激化都会爆发剧烈的社会动荡，导致王朝倾覆。秦末农民战争作为中国封建社会第一次大规模农民起义，有很多规律性的知识需要总结，特别是如何让学生正确认识农民战争，对教学立意要求很高，所以今天我们组织一次专题研究秦末农民战争的集体备课活动，对此问题进行讨论。大家都做了充分的准备，希望都能畅所欲言。

关于历史教学的立意，我觉得需要先做一些理论准备。朱光潜先生曾指出"思想生展的过程是历史"，思想是事理的交融，历史侧重事的方面，而哲学侧重理的方面。[①]历史教学要在事的叙述中体现思想性，努力体现"善"和"美"。"美"侧重外在形式，"善"侧重于内在品质。

---

① 《朱光潜全集》编辑委员会. 朱光潜全集：第四卷[M]. 合肥：安徽教育出版社，1988：364.

清代诗人姚鼐曾提出创作"美者命意必善"的观点，他说："诗文皆技也，技之精者必近道，故诗文美者命意必善。"① "美者命意必善"引申到历史教学中，就是历史教学的立意需达到"善"和"美"的高度。"善"是要传达历史教学内容承载的价值，"美"是用什么教学形式来表现这种价值。所以，历史教学的立意就是寻找体现本课教学内容教育价值、反映史事本质或内部规律，能揭示事物所包含的深刻的思想意义的历史认识并思考如何将这种历史认识传达给学生。

教师甲：我觉得"美者命意必善"体现在历史教学中就是教学立意要"高"。历史教学的"立意要高"，指的是一堂课的教学立意要能体现这堂课的"善"，也就是教学的思想价值，这是一节课的根本。这个根本是通过分析教学内容涉及的历史事件、历史人物、历史过程所反映的历史本质、历史发展趋势，通过思考学生通过该内容的学习应该获得什么和能够获得什么而确定的。所谓"高"，指的是思考教学达到的高度。这个高度的含义，一是对历史事件如何发生发展和由此产生的历史影响的认识高度；二是根据学生身心发展和认知水平确定这次教学能够给学生什么的高度。

教师乙：我赞同甲老师的意见。我觉得应从历史事实思考教学立意。历史唯物主义认为，社会存在决定社会意识。社会意识是一种认识，教学的立意本质上是向学生传达历史认识。历史认识就是历史观点，历史教师在确定教学立意时应自觉地把历史唯物主义作为指导思想考察秦的社会矛盾。

秦统一后，社会内部最突出的矛盾是巩固统一与裂土封疆的残余势力和残存习惯的矛盾。这个矛盾得到有效解决，社会便会较为和缓地向前发展，反之则会出现动荡和反复。因此我们在确定教学立意的时候要考察秦的暴政表现在哪些方面？为什么要施行暴政？

教师丙：乙老师提出的问题很重要。刑罚和赋役都是社会发展到一定阶段的产物，与一定的经济基础相适应。我们在确定教学立意时应看看教材背后的因素，从刑罚和赋敛两方面入手考察秦的暴政具体表现在哪些方面。我在前期准备过程中查看了一些资料，现在跟大家交流一下。

---

① 姚鼐. 惜抱轩文集[M]. 上海：上海古籍出版社，1992：84.

秦的法治思想来自早期法家，李悝的《法经》是秦法的源头之一。李悝"以为王者之政，莫急于盗贼，故其律始于盗贼"[13]。卫鞅携《法经》入秦变法，遂为秦律。秦代刑法的残酷，不仅表现为动辄用刑、刑罚种类繁多，而且表现在对死刑外的徒刑无期限，一经判定则终身为刑徒，这就是秦末社会上刑徒何以那么多的原因。

秦代的赋税，主要是田租、口赋和杂赋。田租即按田地征收的租税，田租率约为"什一之税"，按"五口之家占田百亩"，粮食产量"百亩之收不过百石"计，什一之税的田租为十石。口赋即按人口征收的人头税，"计口出钱"，按汉代口赋一百二十钱计，五口之家口赋须纳六百钱。杂赋是各种临时征调。秦代的兵役制度规定，男子二十三岁以后服役，每人一生服役两次，一次叫"正卒"，守卫首都一年，一次叫"戍卒"，戍守边疆一年。另须在本县郡服役一个月，叫"更卒"。征战戍守、转输力役，加上刑徒，这些都是脱离农业生产的劳力，需要农民养活，这就出现"男子力耕不足粮饷，女子纺绩不足衣服，竭天下之资财以奉其政"的严峻局面。

秦的暴政主要表现在其刑罚。与后代相比，秦律具有法网严密、条目繁杂，轻罪重刑、严刑酷罚的特点。其原因一方面是由于秦统一后各方面均处于草创时期，而秦面临的挑战来自诸多方面，如何处理这些挑战，秦统治者缺乏经验教训；一方面则是受先秦法家以刑去刑立法思想的影响。《商君书·说民》："故行刑，重其轻者；轻者不生，则重者无从至矣。此谓'治之于其治'也。行刑，重其重者，轻其轻者；轻者不止，则重者无从止矣。此谓'治之于其乱'也。"秦代严刑酷罚在中国封建社会中最为突出、最为野蛮，表现了封建刑法初期的特点。

教师丁：除了从历史事实出发外，我们思考教学立意还应该看看前人有些什么认识，从前人的认识思考教学立意。教学立意不能碎片化和浅表化，不能以信息的事实（史料信息）代替概念化的事实（历史研究中的历史事实）。历史教学中，学生是现实世界的历史认识主体，教科书的认识只是前人和编写者的认识，教师对历史的认识只代表教师自己的认识，它们都只有转化为学生的认识才能产生意义。所以，在学生认知角度看，过往的历史研究者，包括教科书和教师都不是科学意义上的认识主体，它们都已经转化为现实主体（学生）需要认识的一部分。明确此意，教师才能增强教学立意要将正确的价值判断融入对历史的叙述和评判中的自觉性。

主持人：刚才各位老师都做了很好的发言。历史是"存在"，秦末农民战争作为史实是"存在"，时人和后人关于秦末农民战争的认识也是"存在"。在秦末农民战争的教学中，关注"存在"，就是关注作为史实的秦末农民战争是什么，时人及后人对这个史实的认识有哪些。秦末农民战争在《义务教育历史课程标准（2011年版）》《普通高中历史课程标准（2017年版）》《义务教育历史课程标准（2022年版）》中，均是课程内容。[①]关于秦末农民战争的原因和秦朝灭亡的认识，自西汉初年起人们就展开讨论了。我这里给大家看看古人的意见：

齐桓公尚德以霸，秦二世尚刑而亡……秦始皇设刑罚，……事逾烦天下逾乱，法逾滋而天下逾炽，兵马益设而敌人逾多。秦人非不欲治也，然失之者，乃举措太众、刑法太极故也。

——陆贾《新语》

一夫作难而七庙隳，身死人手，为天下笑者，何也？仁义不施而攻守之势异也。

——贾谊《过秦论》

其后历代关于秦亡的认识，基本没有超越陆贾和贾谊的认识。杜牧在《阿房宫赋》也云："使秦复爱六国之人，则递三世可至万世而为君，谁得而族灭也？"

教师丁：近现代的史学家对秦亡原因的认识，大抵也不出"急政暴虐"。如吕思勉《中国通史》："秦始皇的政策虽好，行之似过于急进。"[②]翦伯赞《中国史纲要》："秦始皇的事业，是在残酷剥削压迫人民的条件下，在短短的十几年中完成的，这使得秦的统治具有急政暴

---

① 关于秦末农民战争的课程内容，《九年义务教育历史课程标准（2011年版）》第12页："知道秦的暴政和陈胜、吴广起义。"《普通高中历史课程标准（2017年版）》第13页："通过了解秦汉时期的社会矛盾和农民起义，认识秦朝崩溃和两汉衰亡的原因。"《义务教育历史课程标准（2022年版）》第13页："了解秦朝统一、陈胜和吴广等领导的秦末农民起义。"
② 吕思勉. 中国通史[M]. 武汉：长江文艺出版社，2012：219.

虐的特色。"①林剑鸣《秦汉史》："秦王朝迅速灭亡的最根本原因，在于秦王朝政权掌握在以秦始皇为首的军功地主手中，其施行的统治特别残酷。"②与前人相比，近现代史家对秦的暴政多了些理性认识，如肯定秦始皇的政策，指出其急政暴虐的原因（时间短、基础薄弱）等。

主持人：教学立意反映着一种历史认识，有着明确的价值取向。与学生对历史直观、自发的认识不同，历史教学的立意所反映的历史认识必须有理论性和自觉反思性，选择相应的角度进行呈现。不同的教师在思考秦末农民战争的教学立意时，有的可能会从施政角度思考，从政之得失、民之所向、风险意识、底线意识等历史借鉴功能来立意；有的可能会从挽狂澜于既倒的角度思考，从历史风云之际的杰出人物敢于迎接挑战、抓住机遇、成就非凡业绩的历史启迪功能来立意；还有的可能会从载舟覆舟的角度思考，从秦的统一符合历史发展和人民意愿③到"一夫作难而七庙隳"的历史规律揭示功能来立意。不同视角的立意需要通过不同的教学设计来铺陈。我们现在不妨讨论一下。

教师甲：我觉得，不管什么视角，历史教学立意落地都要强调"实"。历史教学立意"落地要实"，是教学设计和教学实施要将立意通过谋篇布局、选材组材表达出来。"美者命意必善"，同时"善者形式必美"，美与善是形式和内容的统一。"善"在教学中的表现是有统率教学的历史认识，有逻辑主线索贯穿教学过程，不同的知识点在主线上都有相应的点位。"美"则表现在过程一气呵成，学思结合，给学生留下动脑动手的空间；结尾留有伏笔，给下阶段的学习留下意犹未尽的伏笔。

教师乙：所谓"实"，一是落实，落实重在行动，就是教学要根据立意所预设的历史认识选用相应的史实，采取一定的教学形式呈现给学生；二是严实，严实重在逻辑，就是教学要遵照历史发展的逻辑线索和学生的认知逻辑，使每一个教学步骤环环相扣，体现严密的逻辑性。

秦的灭亡是历史事实，探讨秦为什么灭亡是历史认识，如何从秦的灭亡中吸取教训是对历史认识的认识，这是学生认知由浅表走向深化的过程。"秦末农民战争"与秦的灭亡息息相关，在教学中，可以从历史

---

① 翦伯赞. 中国史纲要：上册[M]. 北京：人民出版社，1983：106.
② 林剑鸣. 秦汉史[M]. 上海：上海人民出版社，2003：205-207.
③ 据记载，秦在战争中推行过一些得民心的措施，如"赦罪人""迁豪强"等。

借鉴角度，以"秦人不暇自哀而后人哀之"立意，引领学生回顾秦统一后面临的复杂局势、以秦始皇为代表的统治阶层面对复杂局势采取的措施、局势是如何失控至不可收拾的历史过程，引导学生思考后人从中可以获取哪些历史教训。

主持人：丙老师在前期做了很充分的准备，你给大家讲一讲吧。

丙老师：主持人老师很早就给我布置了任务，让我准备一下。我就谈一谈自己的认识，抛砖引玉吧！我是这样设想的：第一个环节要使学生明白秦统一后面临着怎样的严峻局面。我想通过两个设问来引导学生。设问一：秦统一后采取了哪些巩固统一的措施？这个问题可以起到复习旧课、归纳已学知识的作用，同时启发学生逆向思维，培养学生的辩证思维能力，让学生认识到措施都是为了解决问题，因此可以从秦采取的措施反推它面临的问题。

设问二：根据秦采取的措施，我们可以判断出当时秦面临哪些问题？

教师甲：这个问题学生能回答，但肯定比较零散，需要教师引导归纳。比如确立中央集权制度，在部编版教材中有"原来各自为政的政治形态已不能适应新的社会发展"一语，这话对初中学生来讲不太好理解。我们可以梳理史实：在战国时代，诸侯国各有疆域，各有其最高统治者、统治机构和统治制度，"海内为一"后除了疆域一统外，必然只能有一个最高统治者、一个出令施政的政府和与之相配的统治制度，这就是所谓"海内为郡县，法令由一统"。接着告诉学生，自古治理国家不外乎对内对外两方面，吕思勉先生曾云秦统一后所需要做的两件事："（一）对内建立一个久安长治的规模。（二）对外把力所能及的地方，都收入中国版图之内，其未能的，则确立起一条防线来。"①由此引导学生归纳出秦统一后面临着如何防止割据局面、如何解除外敌威胁的两大问题。在此基础上，要求学生阅读"秦统一中国""秦末农民战争"有关内容，引导学生思考秦始皇为了解决这些问题，采取了哪些措施。学生回答后，教师简要地归纳调整政区分天下为 36 郡，销天下兵，通驰道夷险阻，统一制度消除地区差异（文字、货币、度量衡和法律制度），逐匈奴修长城，建置南海三郡等。并启发学生思考：这些都是具有重要历史意义

---

① 吕思勉. 中国通史[M]. 武汉：长江文艺出版社，2012：218.

的必要措施，而历史的复杂性在于，巩固统一的措施往往带有封建早期色彩，并与统治者的骄奢交织在一起，再加上时间短、任务重，"这使得秦的统治具有急政暴虐的特色"。

教师丙：对，甲老师说得很好。秦始皇十分敏锐地感受到秦面临的威胁。为此他在短短的十二年时间里五次出巡以威慑蠢蠢欲动的各种势力，并在"一法度"的前提下以严刑苛法维系统治。但秦人不懂一张一弛之道，一味苛责，社会忍耐力的弦终于绷断，酿成秦末农民战争的后果。教学转入第二环节"疾风暴雨摧毁帝国"。我设想，这个环节包括以下步骤：一是风险警示被忽视。所谓"风起于青萍之末"被人们用于形容事物不知不觉发生，初起时不为人注意，但积少成多，会形成一个事物发展的趋势。秦朝事实上已有很多风险警示，我选了下面几则材料：

良尝学礼淮阳。东见仓海君。得力士，为铁椎重百二十斤。秦皇帝东游，良与客狙击秦始皇博浪沙中，误中副车。秦皇帝大怒，大索天下，求贼甚急。

——《史记·留侯世家》

三十一年十二月，……始皇为微行咸阳，与武士四人俱，夜出逢盗兰池，见窘，武士击杀盗，关中大索二十日。

——《史记·秦始皇本纪》

设问：这两则材料反映出什么问题？

教师丁：这个问题主要是引导学生分析社会矛盾的尖锐化。张良椎击秦始皇的事发生在秦始皇二十九年（前 218 年），如果说这次事件尚属六国遗少的复仇之举，始皇三十一年（前 216 年）的遇盗事件则可谓惊天动地，其地点在咸阳兰池。"见窘"，反映出当时老百姓的反抗已十分激烈，再加上不断出现的预言，显示出社会矛盾的尖锐化程度。但这些断断续续出现的事件都被秦始皇以及其臣工们忽视，用贾山的话来讲："秦皇帝身在之时，天下已坏矣，而弗自知也。"[1]因其不自知，故采取的措施是"大索天下""大索关中""尽取石旁居人诛之"的镇压和"燔销其石"的掩耳之举，进一步加重了矛盾。我猜想，丙老师既然有风起于青萍之末的设想，肯定会将偶然性与必然性联系起来。

---

[1] 班固. 汉书[M]. 北京：中华书局，2007：515.

143

教师丙：丁老师真是太了解我了，我正是这样想的。教学的第二步就是引导学生在突发事件与"洪水溃堤"之间寻找联系。我设想教学中先引入"黑天鹅事件"概念，指出难以预测并会引起连锁反应甚至颠覆性后果的不寻常事件被称为"黑天鹅事件"。"黑天鹅事件"的特点在于其突然性和意外性，在秦末农民战争中，突发的大泽乡起义具有黑天鹅事件的性质。我出示大泽乡起义的材料。

二世元年七月，发闾左適戍渔阳，九百人屯大泽乡。陈胜、吴广皆次当行，为屯长。会天大雨，道不通，度已失期。失期，法皆斩。陈胜、吴广乃谋曰："今亡亦死，举大计亦死；等死，死国可乎？"

召令徒属曰："公等遇雨，皆已失期，失期当斩。藉第令毋斩，而戍死者固十六七。且壮士不死即已，死即举大名耳，王侯将相宁有种乎！"

——《史记·陈涉世家》

设问：大泽乡起义是个意外事件吗？为什么？它的发生有没有必然性？

教师乙：学生从大泽乡起义的发生是由于"会天大雨，道不通""失期，法皆斩"，知道它是个突发的事件。但是，教师要启发学生认识它是或早或迟必然出现的事件。在教学中，教师应引导学生注意两个事实：一是秦法的严苛，不近人情。教师在教材有关叙述基础上，可结合晁错的话"秦之戍卒不能其水土，戍者死于边，输者偾于道。秦民见行，如往弃市，因以谪发之，名曰'谪戍'"[1]来说明秦代"戍死者固十六七"的实情。二是秦大规模征调民力已到枯竭程度，陈涉"尝为人佣耕"，一同被征发的九百人，其身份是所谓"闾左"，"闾左"也就是所谓"氓隶之人"，不入官府户籍。按秦的法律规定，政府一般不发闾左服役[2]，"发闾左適戍"反映出秦王朝的兵徭役源已近枯竭。从这两个事实中，学生认识到秦的社会矛盾已极度尖锐，一个意外就可以将其引爆，从而得到必然性与偶然性之间联系的相关思维训练。

---

① 班固. 汉书[M]. 北京：中华书局，2007：502.

②《史记·陈涉世家》司马贞索隐："闾左谓居闾里之左也。秦时复除者居闾左，今力役凡在闾左者尽发之也。又云，凡居以富强为由，贫弱为左。秦役戍多，富者役尽，兼取贫弱者也。"司马迁. 史记[M]. 北京：中华书局，1959：1950.

144

教师甲：有了以上的铺垫，丙老师应该会引入"灰犀牛事件"概念。

丙老师：对。我们组的老师们都心有灵犀了。大家都知道，习以为常而不被注意的风险被称为"灰犀牛事件"。"灰犀牛"是与"黑天鹅"互补的概念。灰犀牛体型笨重、反应迟缓，一旦它狂奔而来，定会让人猝不及防，直接被扑倒在地。我补充史实，指出其实在陈胜吴广起义前，就已有不少日后的风云人物"为盗"，如鲸布"亡之江中为群盗"、彭越"常渔巨野泽中，为群盗"，甚至刘邦"以亭长为县送徒郦山，徒多道亡。……夜乃解纵所送徒"①，在芒砀召集流亡，显示反抗秦的统治是普遍性事件，然后出示以下材料，说明一旦矛盾被点爆，就如洪水溃堤一般，整个局面便不可收拾。

攻大泽乡，收而攻蕲。……比至陈，车六七百乘，骑千馀，卒数万人。攻陈，……当此时，诸郡县苦秦吏者，皆刑其长吏，杀之以应陈涉。

——《史记·陈涉世家》

陈王奋臂为天下倡始，王楚之地，方二千里，莫不响应，家自为怒，人自为斗，各报其怨而攻其雠，县杀其令丞，郡杀其守尉。

——《史记·张耳陈余列传》

设问：大泽乡起义对当时的局势产生什么重大影响？

教师甲：学生通过读材料，很自然地得出两个结论：一是引爆了积蓄已久的矛盾，二是局势发展到地方官吏不可控制的程度。教师边指导学生读《秦末农民战争形势图》，使学生明确响应起义的地区主要都是六国旧地；边简要讲述响应的主要势力，使学生获得"天下云集而响应，赢粮而景从"的认识。

教师丙："风起于青萍之末"，后一句是"止于草莽之间"。所以我接下来讲天下大乱的局面。

教师丁：风暴来临，潜伏于草泽之间的群雄并起，"陈王初立时，陵人秦嘉、铚人董缫、符离人硃鸡石、取虑人郑布、徐人丁疾等皆特起"②，教师可补充叙述项羽"彼可取而代之"、刘邦"大丈夫当如此"等小故事，说明值此风云之际，他们也举兵响应。一时之间，陈胜吴广

① 司马迁. 史记[M]. 北京：中华书局，1963：347.
② 司马迁. 史记[M]. 北京：中华书局，1963：1957.

的队伍"从之如流水",迅速壮大,原赵名士张耳、陈余在陈参加陈胜起义军,孔子八世孙孔鲋也"持孔氏礼器往归陈王"。然后教师据《秦末农民战争形势图》简要叙述起义军兵分三路,秦将筑骊山陵的刑徒和奴产子武装起来反击,陈胜、吴广相继被部下杀害,项羽巨鹿之战破釜沉舟,刘邦直击咸阳,前207年,子婴投降,秦王朝覆灭。经过四年的楚汉战争,动荡的社会终于归于平静。

主持人:丙老师刚才讲了他的教学设想。这个过程中。各位老师都进行了补充,大家的准备都很充分,思路也很开阔。我在想,教学是不是就这样结束了?我们还应该启发学生思考什么呢?

讨论陷入沉默。过了一会,教师甲发言:我们是否把杜牧说的话作为教学中启发学生思考的切入点?

主持人:对,我是这样想的。杜牧曾说过"秦人不暇自哀而后人哀之",秦王朝已经覆灭,后人在总结其覆灭的教训时都提及它的暴政,教材也说"它的统治具有急于求成和暴虐的特点",这是"秦人不暇自哀"的表现,汉人贾山就曾说:"秦皇帝身在之时,天下已坏矣,而弗自知也。……秦皇帝居灭绝之中而不自知者何也?天下莫敢告也。"[1]问题在于秦统一后采取了很多巩固统一的措施,这些措施大都泽被后世,但是秦的统治为什么给后人留下的却是急政暴虐的教训?后人对这些教训如何鉴之?

教师乙:我想到一个路径,早先我看了一幅关于时间管理四象限法的图,如图4-1所示。我们可以借鉴一下。

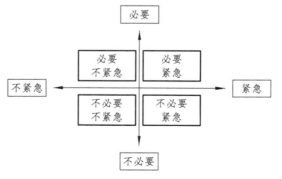

图4-1 时间管理四象限法

---

① 班固. 汉书[M]. 北京:中华书局,2007:515.

146

教师甲：这个图好。学生阅读此图，自然会明白判断一个政策和一项施政措施的得失，可以从必要性和紧急性角度进行分析，大致有必要且紧急的、必要不紧急的、不必要紧急的、不必要不紧急的几种类型。然后引导学生从教材列举的秦的暴政的几个表现入手，分析哪些施政是必要的，哪些是不必要的。启发学生思考秦的政策措施中，哪些是当务之急，哪些可从长计议，哪些需克制，哪些应抛弃，从中体验"后人哀之"的历史悲叹，获得后人如何"鉴之"的历史启示，从而把秦的历史贡献和残暴统治进行区分，不至于陷入简单的否定。

主持人：一节课的教学可以终止于教学任务的完成，但作为教育者，应该具有更深刻的眼光和认识，这种眼光和认识可以为下一阶段的教学奠定基础。观察历史，我们可以发现，秦王朝在太短的时间内完成的事业太多，大多需要在全国范围内调动人力物力，秦王朝应对的法宝是"一法"。但六国夷灭，积累的问题太多，需要时间消化，荀子早就说过"兼并易能也，唯坚凝之难焉"，并提出了"凝士以礼，凝民以政"①的主张。而且如前所述，秦统治者巩固统一的措施往往还与统治者的骄奢淫逸交织在一起，在推行过程中往往施以残暴的刑罚，这些都给后人留下了极其深刻的教训，因此乃有汉人"居马上得之，宁可以马上治之乎"的反思和休养生息、无为之治的治国策略。但历史的辩证法在于，合理的事物永远都不会因为曾经的过失而失去存在的价值，它总是在纠错过程中顽强地表现自己并存在于历史之中。"昔周之法，……一曰，刑新邦用轻典；二曰，刑平邦用中典；三曰，刑乱邦用重典。"②秦不知轻典、中典、重典之间复杂的取舍之道，一味蛮干，终至覆亡。刘邦入关中后约法三章，"其后四夷未附，兵革未息，三章之法不足以御奸，于是相国萧何攈摭秦法，取其宜于时者，作律九章"③。汉承秦制，将李悝的《法经》逐步修改、补充，成为汉律。

专题研究的集体备课学术性强，教师事前准备比常规性的集体备课要求要高，但对教师的专业发展水平和思想认识水平的提高却帮助极大，有条件的学校可以尝试组织。

---

① 荀况. 荀子[M]. 上海：上海古籍出版社，1989：90.
② 班固. 汉书[M]. 北京：中华书局，2007：151.
③ 班固. 汉书[M]. 北京：中华书局，2007：152.

第三节　个体备课

集体备课形成的共识需要教师的个性表现。因此教师的个体备课是教师备课最重要的环节。教师除了积极参与集体备课，提出自己关于教学的见解，吸纳别人的长处外，更重要的是发挥自己的优势，突出自己的个性，形成自己的教学风格。形成自己的教学风格，个体备课是必不可少的环节。

个体备课涉及的内容，在集体备课中都会涉及，比如教学立意的讨论，教学重点、难点的确定，教学重难点的突出与突破等，都应该在集体备课过程中提出自己的意见，然后在个体备课中吸纳大家的长处，重点谋划教学目标和达成教学目标的方法手段，形成自己的教学方案和教学设计。

一、预设教学目标

（一）教学目标的层次要求

本节所指的教学目标是具体一堂课的教学目标。与第三章宏观的教育目标既有联系又有区别，第三章所述的教育目标是总目标，是为实现教育目的而提出的概括性要求，对具体的教学起着指导性作用，本节所述的教学目标主要指的是课时目标，是宏观的教育目标在微观上的体现。按照控制论和系统论的观点，过程可以分解为彼此独立而又相互联系的若干环节或阶段，教学过程的流程图解如图 4-2 所示。

教学流程图表明，提出明确的教学目标是教学活动的首要环节，它是教学的出发点和归宿点。宏观的教育目标可称为方向性目标，不宜随意变更；微观的教学目标可称为到达性目标，是一种策略，可以由教师根据需要加以调整和变更，具有较强的灵活性。到达性教学目标也称行为目标。它要求用学生教学后表现出来的可见行为来描述教学目标，目标的可见性和可测量性是课堂教学目标描述的特点。而课堂教学目标的确定又是教师对教学内容和学生发展现状、潜能的认识水平的体现，它是理解的产物。教师个人关于教学内容和学生发展的理解需要以语言表达出来。"理解的实现方式乃是事物本身得以语言表达，因此对事物的理解必然通过语言的形式而产生的，或者说，语言就是理解得以完成的形式。"①一个好的教学目标，既是教学努力的方向，也是教学效果的标尺，在教学过程中，教学目标可以作为考查学生学习成绩的依据（编制测试题的依据）、学习行为的必要条件（识记、理解、运用）和学习是否合格的标准。

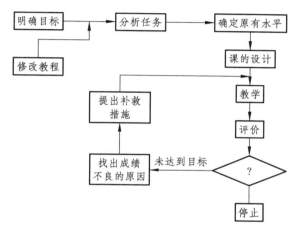

图 4-2　教学流程图②

　　课时教学目标虽然是一个课时的目标，但在制定课时目标时，必须考虑整体要求，也就是说，课时目标要服从于总的教育目的，服从于学科目标和课程单元目标。在整体性要求基础上，课时目标必须符合科学性要求，循序渐进，这个"序"首先是在认知领域须服从于学科逻辑，教学要使知识成为有结构的知识，不仅便于储存和检索，而且便于学生发现新知识；其次是学生身心发展逻辑，要用学生能懂的语言和表现形式去讲解，有梯度要求，针对学生不同层次确定不同的要求。

（二）教学目标的表述

　　教学目标包含知识学习、技能训练、思想教育三项任务，三项任务

①　汉斯·格奥尔格·加达默尔. 真理与方法[M]. 洪汉鼎，译. 上海：译文出版社，1999：译者序言 10.
②　吴立岗. 教学的原理、模式和活动[M]. 南宁：广西教育出版社，1998：384.

实质上是一个互相联系、互相依赖的有机整体，这个整体由各个部分、各个要素组成。因此，对总的教学目标可以也应当采取分解的方法，在发展的横向和纵向上分门别类地加以确定。对教学目标的描述应当具体到能用行为化的语言来表示，使有关人员在理解这个描述时，能取得基本一致的意见。分解出的"各个部分""各个要素"和"发展层次"是教学过程的任务体系，它使抽象的、理性的教学任务成为一个具体的、可处理的整体。

教学目标是行为目标，因此教学目标的表述应该使用外显的、具体明确的行为方式。按照学者郭生玉的意见，教学目标的表述原则上应包括行为主体（对象）、行为本身、行为情境、行为结果和行为标准 5 个基本要素。[①]"行为主体"指的是由谁完成教学所预期的行为，通常是学生，由于学生作为课堂学习主体极为明确，所以在表述时，"学生"二字常被省略。比如"（学生）了解朝鲜战争与越南战争，认识局部战争与冷战格局的关系"。"行为本身"指达到目标的具体学习行为，一般以行为动词叙写。比如"知道""理解""认识"等。"行为情境"指表现行为的有关情境或条件，如"能应用时间轴列出事件发展经过"，"应用时间轴"就是情境或条件。"行为结果"指行为产生的结果，如"把握当今世界国际形势发展的总趋势"，"当今世界国际形势发展的总趋势"就是行为结果。"行为标准"指用来评价学习结果的标准，例如"简述《共产党宣言》的主要内容"，"《共产党宣言》的主要内容"就是行为标准。

这个行为目标五要素比较烦琐，而且有好几项似乎重复，因此有学者认为，一个学习目标，只需要三个要素即可。即：说明具体的行为，以便教师能观察学生；了解教学目标是否已经达到；说明产生上述行为的条件，指出评定上述行为的标准。

尽管行为目标为很多教育学者所认同，但也不乏批评之声。教育活动是人类最复杂的活动之一，既具有综合性（比如跨学科）又具有非综合性（比如单科教学），既具有系统性（比如贯穿学段的系统课程）又具有非系统性（比如生成的教育契机），既具有协同性（比如学校家庭

---

① 吴立岗. 教学的原理、模式和活动[M]. 南宁：广西教育出版社，1998：404.

社会的协同）又具有非协同性（学校或家庭自行组织的独立的教育行为）的特点。学科能培养的仅仅是一个人终身发展的必备品格和关键能力中的很小一部分，教育不仅仅是学科学习。因而，对行为目标的批评，主要意见集中为行为目标视角下的教学只重视可测量的行为目标，忽视不易测量的目标；不重视人性化的目标，忽视创造性、想象性目标；教学只重视机械性和琐碎性目标的完成；教学只重视事先所预期的目标，忽略非预期的意外目标的完成。

中国学生发展核心素养提出后，各学科相继提出学科核心素养，为教学目标的制定提出了新的思路。所谓的学科核心素养是核心的学科素养，指的是学完一门课程以后，应该在学习者身上留下的体现学科核心的育人价值的东西。对于历史教师来讲，制定课时教学目标应该既注重可测可量的行为目标，重视预期目标的达成，更应该重视不易量化的目标，特别是价值观、人生观目标的教育。对教学过程中生成性的问题，要能够随机应变，既不因事出意料之外而惊慌，又不打乱教学节奏，把预成与生成有机结合起来，更好地实现教学目标。

二、确定教学策略方法

教师个体备课的重要环节是确定教学策略方法。教学策略是在教学过程中为达到一定的教学目标而采取的一系列教学方式和行为。教学方法是为了达到教学目的师生进行有序的相互联系的活动的种种方式。教学方法的最终结果是学生掌握知识和技能，树立科学的世界观，培养学生的各种能力，提高他们的思想文化素质，发展他们的个性。教学方法的选择，取决于学生学习活动和教师教学活动的认识、逻辑程序等方面。

（一）教学方法的分类

教学方法有多种分类方法。从信息来源和感知信息的特点出发，教学方法可以分为直观的方法（图示、演示、参观）、语言的方法（讲解、谈话、阅读）、实践的方法（实验、作业、练习）。根据掌握教学内容时学生思维形式的特点，教学方法可分为归纳法和演绎法。根据教学方法同学习方法相结合的特点，教学方法可分为信息概括—执行指示法、讲解—复现法、指导实习—生产实习法、讲解激励—部分探索法、激励—探索法。根据某教学阶段所要实现的基本教学任务，教学方法可分为获取知识的方法、形成技能技巧的方法、运用知识的方法、创造性活动的方法、巩固知识和检查知识的方法。

　　教学是一个过程，与人类的其他活动过程具有一致性。马克思指出："劳动首先是人与自然之间的过程，是人以自身的活动来引起、调整和控制人和自然之间的物质变换的过程。"[①]因此，人的劳动过程可以划分为引起、调整、控制三个阶段。教学过程作为一种活动，也可以划分为三阶段。苏联教学论专家巴班斯基就根据上述思路，把教学方法划分为组织和进行学习认识活动的方法，激发和形成学习认识活动动机的方法、检查和自我检查学习认识活动效果的方法三类，每一类可以划分为几个小类。其分类可以如表4-2所示。

表4-2　巴班斯基的教学方法分类

组织和进行学习认识活动的方法			
口述法、直观法和实践法（传递和感知知识信息的方法）	归纳法和演绎法（逻辑方面）	复现法和问题探究法（思维方面）	对学习法和教师指导下的学习方法（学习管理方面）
激发和形成学习动机达方法			
激发和形成学习兴趣的方法		激发和形成学习义务感和责任感的方法	
教学中检查和自我检查的方法			
口头检查和自我检查法	书面检查和自我检查法		实验实践检查和自我检查法

　　建构主义是现代教学模式的理论基础。随着情境认知、真实生活中的非正式学习、学习共同体、实践共同体和认知学徒制等研究的深入，建构主义观点对学习和教学产生的影响越来越明显。在建构主义的影响下，教学方法有了新的分类：基于知识组织与表征的教学、基于问题解决的教学、基于情境认知与意义建构的教学、基于活动发展性的教学。[②]

　　基于知识组织与表征的教学吸纳了有关知识的分类、知识的组织、

① 中共中央马克思恩格斯列宁斯大林著作编译局. 马克思恩格斯全集：第二十三卷[M].
　　北京：人民出版社，1972：201-202.
② 高文. 教学模式论[M]. 上海：上海教育出版社，2002.

知识的表征和概念的改变等研究成果，重点对概念获得、概念形成以及概念网络的教学进行探讨。概念获得教学由概念的确认、例证的确认、假设的提出与验证、概念的命名、概念的应用与概念获得反思几阶段构成。概念形成教学的基本阶段包括资料的形成、资料的分组、赋予各组以标志、范畴的扩大、概念形成的反思。概念网络教学主要是一种基于概念地图编制的教学，一般按照关键概念的识别、概念的排序、构建概念的层级结构、以命题方式陈述概念与概念之间的关系、确定不同概念之间的相互关系等步骤进行。如果教师给予学生自己动手画出相关课题概念地图的机会，学生掌握这一技术，将真正从事有意义的学习。

　　基于问题解决的教学建立在问题与问题解决的研究基础上。目前西方心理学界比较流行的"问题"的定义是"问题是这样一种情境，个体想做某件事，但不能即刻知道做这件事所需采取的一系列行动"。美国心理学家西蒙（Simon）曾通俗地指出，当一个人接受一项任务，但又不知道如何去完成它时，他所面临的就是一个问题。①解决问题的主体就是问题解决者，任务环境、问题空间、问题的理解与问题表征是问题解决的主要理论。根据问题的清晰度，问题被划分为定义完善的问题与定义不完善的问题，数学、物理、化学等学科的许多问题都是定义完善的问题，在社会科学领域，许多问题都是定义不完善的问题，其既定状态和目标状态都不清晰，解决这类问题，需要激发学生相关已知知识，打开学生思路，重组已知条件，鼓励学生合作探究。

　　基于情境认知与意义建构的教学理论不同于信息加工理论，它强调研究自然情境中的认知，而不是实验室里满足实验范围的认知。情境认知强调将知识视作工具，认为工具和知识具有共同的若干特征：它们都只能通过运用才能被完全理解，它们的运用既必须改变使用者对世界的看法，又必须适用于所处文化的信仰体系。概念既是情境性的，又是通过活动和运用不断发展的。学习与行动之间的界限是模糊的，学习是发生于某一情景中的一种持续的、终身的活动过程。真实活动对于学习者十分重要，只有产生于行动的知觉才既是学习又是活动的中心特征。有关研究表明，在学校出现以前，学徒制曾是人们学习的最普遍的方式。

---

① 高文. 教学模式论[M]. 上海：上海教育出版社，2002：221-222.

随着现代信息技术深度融合于教学，一些学者试图将学徒制方法中的核心技术（建模、训练、搭建脚手架等）置于功能强大的计算机之中，允许学生获取、开发和利用真实领域中的活动工具，来支持学生在某一领域的学习，从而建立起认知学徒制教学模式。认知学徒制教学设计包括建模（完成一个任务，让学生观察并构建完成任务所必需的相关过程的概念模式）、训练（为学生提供线索，搭建脚手架，提供反馈，进行必要提醒，提出新任务）、搭建脚手架（为学生完成任务提供支持）、清晰化（使学生有关某一领域的知识、推理和问题解决过程清晰化）、反思（使学生将自己的问题解决过程与某一专家、其他同学的问题解决过程进行比较）、探究（推动学生依靠自己解决问题）。

基于活动发展性的教学的理论基础是维果茨基的学说。维果茨基有个重要的理论假设，即"人的心理过程的变化与他的实践活动过程的变化是同样的"。他明确区分"意识"与"心理"是两个不同的概念，指出"心理"是人与动物共有的反映形式，"意识"则是人所特有的最高级的反映形式，强调意识从来都是某种整体，是一个完整的系统结构，意识与活动相统一。"教学必须走在发展前面"成为现代教学理论与实验研究的基本原理。他的"最近发展区"概念被运用于教学，使教学成为动态性发展评估过程。在发展性教学中，教师应完成的第一项任务是评估学生的现有发展水平，第二项任务是学习活动的选择，目的在于使学习任务能适应学生的发展水平，而不至于过难或过易。同时教师还应决定如何呈现任务，通过教师与学生对任务的共同理解而产生理解共享。教师可以将任务镶嵌在有意义的情境之中，以取代用抽象方式提出大量问题，或通过任务帮助学生分析它们面对的问题以达到理解共享。第三项任务是提供教学的支持。"最近发展区"概念的实质是学生在其发展的现阶段还不能独立解决的问题，却能借助成年人或具有相关知识的同龄人的指导与合作来完成。"发展来自合作""发展来自教学"，因此，发展性教学更多强调合作学习。

传统的历史教学，常用方法有讲述（授）法、讨论法、问答法、演（图）示法和发现法等，随着现代信息技术深度融合于教学，产生了许多混合式的教学方法。

（二）教学方法的选择

教学方法是提高教学效率的重要条件。没有一种教学方法是万能的，每一种教学方法都有自己的适用时机与适用范围，没有所谓最优的教学方法。巴班斯基曾就自己列举的各类教学方法在形成学生的理论性、事实性知识和实际操作、劳动技能，发展学生的知、情、意等品质，以及教学时的速度效果等方面，进行过认真的比较，结果如表 4-3 所示。[①]

表 4-3　教学方法与教学效率的比较表

教学方法	形成			发展									教学速度
	理论性知识	事实性知识	实际操作技能和劳动技能	语言逻辑思维	直观形象思维	思维的独立性	识记	言语	认识兴趣	学习劳动技能	意志	情绪	
1	2	3	4	5	6	7	8	9	10	11	12	13	14
1. 口述法	+!	+!	–	+!	–	–	+	+!	+	+	+	+	快
2. 直观法	–	+	+	–	+!	+	+!	–	+!	+	+	+!	中
3. 实际操作法	–	+	+!		+	+!			+!		+!	+!	中
1. 再现法	+	+!	+!		+!		+!	+		+			快
2. 问题探索法	+!	+	–		+!		+!	+	+!	+	+!	+!	慢
1. 归纳法	+	+!	+!				+!	+		+	+!		慢
2. 演绎法	+!	+	–	+!	+	+	+	+	+	–	+!	+	快
1. 教师指导下的学习活动法	+!	+	+			+	+	+	+	+	+	+	快
2. 独立工作法	+	+!	+!	+	+	+!	+!	+	+!	+	+!	+!	中
1. 认识性游戏	+	+	+	+	+	+	+	+	+	+	+	+	慢
2. 教学讨论	+!	+	–	+!	+	+	+!	+	+!	+	+!	+!	慢
1. 口头检查	+!	+!		+!		+	+	+!	+	+	+	+	中
2. 书面检查	+	+		+		+	+	+	+	+	+	+	中
3. 实验室检查	–	–	+!	–	–	+	–	+	+	+!	+	+!	慢

注：符号"+!"表示解决该项任务，比本组其他方法更为有效；

　　"+"表示基本上能解决该项任务；

　　"–"表示解决该项任务，比本组其他方法成效差。

① 吴立岗. 教学的原理、模式和活动[M]. 南宁：广西教育出版社，1998：443-444.

合理选择教学方法，不能仅仅从完成教学任务考虑，还应该从教材内容、学生特点、教师特点等方面思考。综合考虑教学内容、学生、教师等因素，教学方法的选择原则可概括为六条：符合教学规律和教学原则，符合教学目的任务，适合课题内容，符合学生实际的学习积极性，适合教学的现有条件和所规定的时间，符合教师本身的可能性。

教学方法的运用比选择更具有挑战性，它是一种更复杂、更繁重、更具有创造性的劳动。在教学方法运用时，主要考虑两点。一是科学性，也就是教学方法的运用应该符合教学目的、任务、原则和内容，符合学生的实际和发展需要。二是艺术性，即教学方法的运用应该根据教学中的人际交往，表现出语言表达的形象性、信息交流的情感性以及随机应变的灵活性与创造性。

历史教学方法选择同样根据教材内容特点，取决于教学目的和任务，考虑教学过程的整体结构和学生年龄特征、个性条件，注意多种多样教学方法的相互配合，力求展示教师的风格、个性特征。

三、确定教学方案，撰写教学设计

教学设计是教学开始前，教师关于一定教学内容的教学目标、为实现教学目标准备采取何种教学形式和方法而进行筹谋的规划和安排。简言之，就是教什么和怎样教的设计方案。

教学设计有两种思路。一是以教师为中心，对教学内容按照我怎样教来安排。二是以学生为中心，对教学内容按照学生怎样学来安排。但在实际操作中，两者并不是泾渭分明而是有机地融合在一起。当代教学设计更多地强调以学生为出发点。

教学设计的基本要素包括教学对象、教学目标、教学重难点划分、教学策略、教学评价。

教学对象：是对学生学习水平和学习能力的判断，是提出教学重难点和确定教学策略的出发点。

教学目标：是对一节课具体目标的描述，是对学习者学习本课后可见行为的表述。必须根据本课内容而制定，不能泛泛而谈。

教学重难点：是对本课教学的重心和学生理解困难的教学内容的

预判。

教学策略：是对完成本课教学、达成教学目标而规划的实施程序，包括组织形式、实施步骤、手段、方法、师生活动、练习等。

教学评价：是对本课教学效果的评价，主要是教学目标达成与否的评价，包括学生的学习效果和教师的教学效果两方面。学生学习效果主要通过课堂练习和巩固练习来实现，教师教学效果主要通过教师教学反思和听课教师的评议反馈来分析。

第五章
历史课堂教学（上）

教学是完成任务的过程。"不解决方法问题，任务也只是瞎说一顿。"[①] 因此教学方法对完成教学任务、提高教学质量具有重大意义。教学方法包括教师教的方法和学生学的方法。教学方法具有内部性和外部性两个因素。教学方法的内部因素，指学生认识活动的特点，教学的认识认识活动是由学生完成的，正是由于学生的认识活动，才使教学得以推进。教学方法的外部因素，指的是教学活动的外部形式。由于教学方法包括教的方法和学的方法，必须加以区别。没有师生的相互作用也就没有教学，教学必须有教师教的活动，也必须有按照教师的目的组织的学生学的活动。在这个过程中，教师教的活动指导着学生学的活动，因而，在历史课堂教学中，教师对教学方法的选择和运用，对学生掌握历史知识，培养智力、能力，并受到历史观、人生观教育有很重要的作用。

教学方法不是一成不变的，任何一个教学过程，在不同的阶段，都可以有不同的教学方法，因此教学实际上是各种教学方法的综合运用。

第一节　讲述式教学

讲述式教学是教师运用语言讲述历史知识的方法。由于历史的时间顺序特点，历史教学讲述法在课堂教学中占有独特的重要地位。

[①] 中共中央毛泽东选集出版委员会. 毛泽东选集：第一卷[M]. 北京：人民出版社，1991：139.

一、讲述式教学概述

历史知识具有过去性、具体性及综合性等特点，它不可能通过实验室去验证历史曾经发生过的事件，教学中，只能通过教师的讲述，学生才能系统地了解完整的历史过程，形成历史的表象，进而向概念的认识发展，理解历史发展的规律。按照教学内容的差别，讲述法在运用时又可分为叙述法、讲解法、阐释法三种。

学生的历史知识从性质上划分，包括事实性历史知识、方法性历史知识和观念性历史知识三类，其分布是事实性历史知识居于表层，方法性历史知识处于中层，观念性历史知识是内核，教学中运用讲述法对三类历史知识进行讲述，应该综合叙述、讲解、阐释三类方法。

（一）叙述法

叙述法在历史教学中又可细分为叙述、描述、概述三种小类，主要运用于事实性历史知识的讲述。

1. 历史叙述

叙述是记人叙事、陈述其来龙去脉的表述方法，一般包括时间、地点、人物、事件、原因、结果等要素。在历史教学中，叙述主要运用于陈述历史事件的发展和历史人物的具体活动等内容，它通过再现重要历史事件的过程情景和前后进展的形式来吸引学生，具有动态性和完整性的特点。其主要作用在于说明历史事件的发生、发展直至结束的全过程，提供充分的感性知识，帮助学生掌握基本的历史事实和发展线索，形成清晰的历史表象，为形成正确的历史概念奠定良好基础。

叙述要按照年代顺序，进行有头有尾的具体讲授，故事性是叙述生动的生命。第一，叙述要有情节。每一历史事件都有自身的特点、每个历史人物都有鲜明的个性，这些特点个性来自具体的情节。历史与哲学、文学具有密不可分的关系，在思辨性和形象性方面都有相似的地方，但是历史与哲学、文学又有鲜明的区别。历史不同于哲学，它注重于事实的叙述，历史不同于文学，它所叙述的是真实的事实。所以历史教学的叙述要关注情节，不能干巴巴地说理。情节是历史的血肉，历史教学要对情节的发展变化进行生动、具体、形象的介绍和较为全面的交待，但是这种交代必须建立在历史真实基础上，不能虚构和胡编。第二，叙述要有高潮。情节发展的高潮，是历史事件的关键所在，比如淝水之战，"草木皆兵""风声鹤唳"等情节是叙述的高潮，教学中可以花费较大篇幅突出这些情节，让学生随着历史情节的起伏，引发兴趣和共鸣，在激动和渴望中，了解历史事件的全过程和最后的结局。第三，叙述要有结局。历史事件总有终结，历史人物总有归宿，因此，历史教学的叙述要有结局，使学生体味历史悲喜剧，在悲喜中感悟人生。

2．历史描述

历史描述是对于叙述中的典型现象、人物的行为特征进行描绘的叙述方法。它与历史叙述的区别是历史叙述是对过程的叙述，历史描述是对点或面的叙述，是一种细节的叙述。描述的最大特点，在于它通过局部现象进行有声有色、富有时代色彩的描绘，生动地再现过程中的某一细节，使学生深映于脑海，具有形象性和时代感。

描述具有较强的感染作用，可以使学生在短暂的时间内受到强烈的刺激，产生情感感染。比如，讲述戊戌变法失败，谭嗣同临危不惧，从容赴难，说："各国变法，无不流血而成。今中国未闻有因变法而流血者，此国之所以不昌也。有之，请自嗣同始！"他决心为变法流血，不惜用自己的生命来唤起后来者的觉醒。就义前，他写下绝命诗："我自横刀向天笑，去留肝胆两昆仑。"这些细节的描绘，增强了教学的感染力。

3．历史概述

历史概述是对历史过程中一些关节点的简略叙述。历史发展是复杂而层次清晰的，历史教学在实施过程中不可能面面俱到，一些历史事实，虽然在整个过程中处于次要从属地位，但却关系到历史全貌和发展线索，是学生应该一般了解的历史史实。这类历史知识即可采用概述法。概述的史实，大多处于历史链条中的连接部，不了解它，历史的链条就会中断，因此，教学中需要对这些史实进行概述。比如，魏晋南北朝时期北方地区的民族交融，必然涉及十六国，十六国在历史教学中不是重点，但却是关节点，这类知识就需要概述。概述的特点是简明扼要地、具体连贯地、有条理地说明历史现象或事件的来龙去脉和内在关联。

历史叙述的三种类型紧密结合在教学之中，相互依存。运用叙述法的注意要点：一是史实要确凿、典型，能够突出地反映整个事情的发展过程中具有代表性和决定性的问题。二是具体鲜明、形象生动，基本史实力求具体清楚，语言富有情感，有感染力，将是非观念融于自己的叙述当中。三是突出重点，分清主次。历史事件过程的许多情节有主次之分，两者不是简单的直线式发展，在叙述时，要主次分明，突出重大情节。

（二）讲解法

讲解法是对理论问题按逻辑顺序进行解释和剖析的方法。在历史教学中，讲解法主要运用于历史概念、历史命题的解释，常常用于讲述历史上的政治、经济制度，会议、条约的内容。是在历史叙述基础上，引导学生进行抽象思维，使学生形成历史概念的过程。

概念是通过抽象而概括出来的对事物本质联系的反映，因此新课程改革以来，概念教学的重要性越来越突出，"重视以学科大概念为核心，使课程内容结构化"[①]。雷蒙·阿隆指出，当历史事件成为过去的时候，"行为者亲身经历的种种经验就已经被建构的真实取代，而这个真实只能是表述或概念所建构的真实"。所以"重构或重组必须有概念介入"。[②]历史教材具有结构化的特征，是一个由历史概念组织起来的系统。历史概念是历史事实的高度抽象，包括史实概念和史论概念。史实概念是对具体历史事件的概括和评价，可分为历史人物概念、历史事件概念、历史现象概念、历史制度概念等，比如轩辕黄帝、鸦片战争、文艺复兴、科举制度；史论概念是对历史事件的共同特征进行的理论概括，反映的是一类事物的概念，外延包括诸多对象。史论概念大多是研究性概念，具有复杂性、多元性和发展性特征，比如"君主立宪制"概念，英国的君主立宪与德国、日本的君主立宪大相径庭，"民主"是个政治学概念，如何理解民主、民主在不同国家有什么体现又大不相同，"人民"这个

① 中华人民共和国教育部. 普通高中历史课程标准（2017 年版 2020 年修订）[S]. 北京：人民教育出版社，2020：前言 4.
② 雷蒙·阿隆，梅祖尔. 论治史——法兰西学院课程[M]. 冯学俊，吴泓缈，译. 北京：生活·读书·新知三联书店，2003：134.

概念在不同国家和各个国家的不同历史时期，有着不同的内容。由于历史概念具有抽象性，讲解法在教学中就显得必要且必须。

历史概念需要将讲和解结合起来。史实概念的讲解，可以在生动形象的历史叙述之后帮助学生再造想象获得，也可以帮助学生通过阅读分析材料进行抽象思维获得。史论概念则需要经过"讲—解—讲—解"的过程，即教师在史实概念讲的基础上着重对这个概念进行"解"，即释义说明，然后再结合实例使这个概念具体化，揭示论证该概念的本质属性。"讲"与"解"之间存在分析与综合、比较与对比等各种思维方式的运用。比如"封建制度"具有不同的含义，"封邦建国，以藩屏周"是政治法律制度意义上即分封制下的封建制度，西欧以层层分封土地为主要特征的封建等级制度，还有社会经济形态意义上即地主阶级占有大部分生产资料（土地），剥削和不完全占有农民（农奴）为基础的社会生产方式的封建制度等不同含义。类似的历史概念不通过讲解学生很容易含混不清。

（三）阐释法

阐释法紧随概念讲解而来，它是对历史研究的命题进行讲解的教学。命题就是判断，是一系列概念结合在一起组成的逻辑判断。一个历史命题在教学中往往跨度很大，对它的理解，需要建立在史实叙述、概念讲解基础上，比如"抗日战争的胜利是中国人民在近代第一次取得完全胜利的反侵略战争"这个命题涉及的概念和判断就是建立在近代反侵略战争的历史叙述和概念讲解基础上的阐释。比较的方法可以帮助学生更好地理解命题的科学性。比较是按照一定的标准，把彼此有联系的事物加以对照，来认识它们之间的异同及其关系，从而认识事物的本质特征和共同特征的方法。通过比较，历史事件和历史现象的本质得以彰显，历史命题的科学性得以为学生所认同。

讲述法在传播信息、提高学习效率、激发学习兴趣等方面具有独到的优势。不能对讲述法抱有偏见，主观地认为讲述就是灌输。事实上，讲述法同样注重问题的启发性和生动性，区别在于讲述法的问题大多是设问性问题，教师提出问题后，旨在唤起学生的疑惑和注意，启示深层思考，从而将学生的注意力和思维力吸引到自己的讲述中。

二、教学案例与评析

宋明理学

教学开始前，教师出示 PPT：学习本课，要解决三个问题：儒学发展遇到什么困境？北宋五子怎样破解这种困境？为什么说朱熹是理学的集大成者？朱熹的理论体系存在什么问题？陆九渊与朱熹的分歧主要是什么？王阳明怎样把心学发展到新阶段？

出示三组材料：

第一组：

唐末五代，藩镇割据，篡位不止，犯上作乱之事屡生，趋势逢迎之徒频出，程颐说："三纲不正，无父子、君臣、夫妇，……君不君，臣不臣，故藩镇不宾，权臣跋扈，陵夷有五代之乱。"

临患不忘国，忠。(《左传·昭公元年》)

第二组：

"南朝四百八十寺，多少楼台烟雨中。"寺院经济占据大量土地和物质财富，并享有免役免税等特权，佛教只讲个人修养，不讲治国平天下，减少生殖繁衍。韩愈指责道："子焉而不父其父，臣焉而不君其君，民焉而不事其事。"

善事父母者，孝。(《说文解字》)

第三组：

魏晋之际，社会上恣情放荡的风气发展，"散发裸袒，闭室酣饮"，公子王孙贵人，没有一个不染上放诞的风气，过着消散、不问世事的生活，恣情纵欲的享乐思想，悲观颓废的厌世思想十分流行。

士大夫莫不敬节死制。(《荀子·王霸》)

比较材料，要求学生思考三组材料分别反映了怎样的问题？要求：可独自沉思，也可集体讨论。

学生：第一组材料反映犯上作乱——不忠，第二组材料反映出家避世——不孝，第三组材料反映放浪形骸——不义。

教师：大家发现问题没有？

学生思考。

教师：问题是不能犯上作乱，必须敬事父母，必须尽节尽忠。传统儒学回答了必须做什么，但没有回答为什么必须？这就是儒学面临的困境。

修身，齐家，治国，平天下是儒家人身理想。《大学》："自天子以至于庶人，壹是皆以修身为本。"儒学的困境，就在于没有从本质上回答为什么要以"修身为本"。北宋五子首先就要从本原上回答这个问题。

教师：北宋五子怎样破解儒学困境？出示五子画像并附生卒年，如图 5-1 所示。

周敦颐（1017—1073）

邵雍（1011—1077）

张载（1020—1077）

程颢（1032—1085）

程颐（1033—1107）

图 5-1　北宋五子

从生卒年可知，周敦颐、邵雍是同时代人，二程是周邵的晚辈，张载介于周邵、二程之间。五子的思想发展呈三个阶梯，梳理一下这三个相续的发展阶段。

教师：出示太极图，如图 5-2 所示。我们来分析理解五子思想的三个问题。

问题 1：周邵怎样从太极《周易》入手找到了解释人类命运的学说？

问题 2：怎样理解张载对理学的贡献？

图 5-2　太极图

问题 3：二程是如何继承和发展先辈的思想？

学生结合教材思考并回答问题。

教师小结：北宋五子怎样破解传统儒学困境？北宋五子巧妙地把天地演进与人性结合在一起。

周邵：太极生阴阳，阴阳生五行，五行衍生万物的生长规律。人有男女，男女结合就是阴阳化育。所以人道即天道，人的本性（仁义礼智信）来源于五行。

张载：气凝聚成为人和物，人和物消散就复归于气。人的本性是气所固有的性质。

二程：提出了天理的学说。发现事物的有序性，"一物须有一理"，任何事物都有发生发展的规律，"万物皆有理"，"理"成为千差万别的具体事物的共同性质。天理是抽象的不依赖物质而独立存在的精神本体。由于一切事物都有理，所以社会伦理道德规范的是天理在人间的具体体现形式，人保持天理，遵守仁义礼智信规范，不是从外面强加的羁绊，而是出于自然本性。

简要归纳：

周邵：将宇宙自然规律和与人类的命运结合起来。

张载：揭示了推动宇宙运行的力量。

二程：提出天理学说，把"仁"作为天理在人间的具体体现。

提问：你怎样理解孔颜之乐？

学生回答自己的理解后，教师讲解，在宋儒看来，所谓孔颜之乐就是人与天地浑然一体，就是达到"从心所欲不逾矩"的与"理"合一的境界。当然，如何达到与天地浑然一体，不同的思想家之间又存在不同的观点和争论。出示朱熹、陆九渊、王守仁画像，如图 5-3 所示。

朱熹（1130—1200）　　陆九渊（1139—1193）　　王守仁（1472—1529）

图 5-3　朱熹、陆九渊、王守仁画像

教师：朱熹怎样集理学大成？

阅读材料：

胜日寻芳泗水滨，无边光景一时新。等闲识得东风面，万紫千红总是春。

教师：朱熹强调穷理离不得格物，格物才能穷其理。朱熹认为，"道心"出于天理或性命之正，本来便禀受仁义礼智之心，发而为恻隐、羞恶、是非、辞让，则为善。"人心"出于形气之私，是指饥食渴饮之类。如是，虽圣人亦不能无人心。

讲述：朱熹的理论贡献。

阐明理气关系。为什么说理在气先？（学生回答）

阐释修身途径和境界。修身为什么要循序渐进？（学生回答）

阐释社会道德和儒者责任。为什么要正君心？（学生回答）

教师：朱熹的学说存在什么问题？

阅读材料：

今日格一件，明日格一件，积习既多，然后脱然自有贯通处。一事不穷，则阙了一事道理；一物不格，则阙了一物道理。

思考：材料反映了朱熹的格物致知思想存在什么问题？

学生思考讨论，教师小结：朱熹认为理体现在具体的事物中，要明白天理，就必须把每一件事物的理想清楚，这就是"格物穷理"，实际上就是把理的特殊性与理的同一性混为一谈，甚至把理的特殊性作为同一性来认识，这就使得在朱熹那里，达到孔颜之乐的境界过于繁琐，太过深奥，不易理解。由此产生陆九渊与朱熹的分歧。

出示材料：

陆九渊《自杂谈》："四方上下曰宇，古往今来曰宙，宇宙便是吾心，吾心便是宇宙。"

问题：陆九渊对理的认识是怎样的？

教师：陆九渊的治学方法与朱熹的主要区别在于一个要"格物穷理"，一个是"发明本心"，格物穷理我们已经知道它的意思了，"发明本心"的意思是人的本性（陆九渊称之为"本心"）与天理是一致的，所以天理、人理、物理都表现在"吾心之中"。陆九渊的思想到了明代被王守仁发扬光大，从而催生出理学思想史上的心学。

阅读材料：

万事万物之理不外于吾心。物理不外于吾心，外吾心而求物理，无物理矣。

先生游南镇，一友人指岩中花树，问曰："天下无心外之物，如此花树在深山中自开自落，于我心亦何关？"先生回答说："你未看此花时，此花与汝心同归于寂；你来看此花时，则此花颜色一时明白起来，便知此花不在你的心外。"

教师与学生讨论材料。归纳王守仁以花开花落为例，来证明知与行是合一的。来看花是行，看花知道花开是知。没来看花前，花开花落与人的认识没有建立联系，人一来看花（行），花开就成为人的认识（知）。人的这种认识能力，被王守仁称为"良知"。（学生似懂非懂）

问题：心学在王守仁时代有何新发展？

学生思考讨论。

教师：王守仁把天理和心理统一起来，"心"不仅是万事万物的最高主宰，也是最普遍的伦理道德原则。他提出格物致知的新途径"致良知"。程朱的格物指向具体事物，陆王的格物是格心，由此提出知行合一的认识论，程朱主张知先行后，强调知的作用；王守仁提出知行合一，否定了知与行的界限。

评析：思想是人类文化遗产中最深邃、最核心的内容，是人类价值观的内核，具有时代性和普适性的特点，产生于不同时代的思想除具有鲜明的时代特征外，还穿透时空，渗入人类的精神深处，深深地影响人类活动。由于思想是人类最深层次思维活动的成果，高度抽象，研究者深入不易，向学生通俗讲解更难，因此思想史向来是教学的难点。

目前中学历史教学中，思想史的教学存在下面几个问题：第一是对思想产生的时代背景缺乏到位分析，使思想的历史厚重感不够。第二是对思想的核心概念缺乏在深入的理解之后的浅显解释，概念生硬，远离实际，使思想缺乏穿透时空的深邃感。第三是对思想演进的逻辑缺乏清晰的演绎，使思想的发展脉络模糊，更谈不上怎样解释为什么有这种发展。第四是对思想的评价缺乏时代性，有用后世的观念苛求古人之嫌。这些问题表现在课堂教学中，就是教的人讲不清楚，学的人听不明白。要解决这一问题，需要做到既深入又浅出，即备课要深入，教学要浅出。

毛泽东指出："一定的文化（当作观念形态的文化）是一定社会的政治和经济的反映。"[①]理学是儒学经过秦汉、魏晋南北朝和隋唐的发展后产生的新儒学，其思想核心是"理"，它的兴起是时代发展的必然，是当时社会政治经济的反映。理学是儒学发展的自然产物。儒家的理想是治国平天下，追求的境界是"内圣外王"，儒者讨论的中心问题就是"内圣外王"之道。《礼记》说："古之欲明明德于天下者，先治其国；欲治其国者，先齐其家；欲齐其家者，先修其身；欲修其身者，先正其心；欲正其心者，先诚其意；欲诚其意者，先致其知，致知在格物。物格而后知至，知至而后意诚，意诚而后心正，心正而后身修，身修而后家齐，家齐而后国治，国治而后天下平。"[②]内圣就是修身养德，外王就是齐家、治国、平天下，内圣是外王的基础。《大学》把修身作为一切的根本，治国的前提，"自天子以至于庶人，壹是皆以修身为本"，并且认为只有抓住这个根本才能把其他几个方面做好。格物致知、正心诚意是修身的方式和途径。汉代儒学在发展中，产生了两个严重问题，一是侧重于礼仪制度的外在层面，带来造假作伪的弊端，产生许多伪君子，当时便有"举孝廉，父别居"的民谚。二是学理研究日益走向注释繁琐和谶纬符命之途，导致支离破碎，于理不通，自相矛盾，甚而荒诞不经，丧失教化功能。如何修身教化便被提上议事日程。"自天子以至于庶人，壹是皆以修身为本。""壹"意为一切、所有，因此"修身"关乎全人类。

---

① 中共中央毛泽东选集出版委员会. 毛泽东选集：第二卷[M]. 人民出版社，1991：663.
② 朱熹. 四书章句集注[M]. 上海：上海书店，1987：1-2.

北宋的理学围绕"修身"问题展开理论探讨。

要说明为什么必须以修身为本，就必须对人性问题作出解释。研究人性，就会涉及人性的由来和人性的性质等问题，对此儒家很早就有讨论。《论语·阳货》："子曰：性相近也，习相远也。""性"是人与生俱来的本性或天性，"习"是后天养成的习惯。为说明人性的由来，北宋儒者广泛探讨天地生成或天地演化问题。周敦颐认为世界从无到有，从混一分化为阴阳、五行，由阴阳五行化生万物，人的本性就来自阴阳五行之气。人性之有仁义，如天道之有阴阳，地道之有刚柔。邵雍对事物演化规律的推演，推进了理的概念的形成。张载认为整个世界都是同一的气（物质）的聚散过程。气凝聚成为人和物，人和物消散就复归于气。人的本性是气所固有的性质。当气还没有凝聚成人、物的时候，气中所固有的本性——"天地之性"是绝对良善的。当气聚成人，有了体质（躯壳），原本良善的本性就被束缚于体质之中，因而不再是绝对的善，这种性称为"气质之性"。气质之性说既说明了人性本善，又指明了恶的本源，成为宋代理学人性论的基础。程颢、程颐从观察具体物质的变化中发现了事物的有序性，"一物须有一理"，任何事物都有发生发展的规律，"万物皆有理"，把万物的"理"抽象出来，"理"成为千差万别的具体事物的共同性质。二程把这种有序性称为"理"或者"天理"，他们进而思考世界上各种事物为什么具有有序性，推其本源，认为这种有序性就存在于聚合成它们的气（具体的物质）中。

在理和气的关系上，朱熹认为"天下未有无理之气，亦未有无气之理"。逻辑上，理在气先，在具体事物存在之前，这些事物的理便已存在。比如在人未发明舟车之前，舟车之"理"便已存在。人发明舟车，无非是发现了舟车之"理"，于是按照它去制造舟车而已。

如何修身（修身的内容和途径），是理学需要回答的另一个理论问题。在二程看来，天理具有宇宙观和人生观两方面的意义。首先，天理是宇宙的本原——世界的来源和存在的根据。再者，天理是社会伦理道德规范的总和，社会伦理道德是天理在人间的具体体现形式。由于一切事物都有理，所以世界上的一切秩序都自然而然，没有人的安排，即所谓"理便是天道"。修身以正心诚意为主，"正"的标准是天理，要做到正，就要认识什么是天理，因此格物致知是正心诚意的前提。格物致知是修身的途径，儒者向无异议。对"格物致知"的不同理解，产生了程朱理学和陆王心学的区别。程朱理学和陆王心学的分歧，一是理在何处，朱熹认为"理"是"天理"，存在于天上，即自然的客观世界之中；陆九渊则认为"理"是"心理"，存在于每个人心中，即人的主观意念之中。王守仁认为既然天地间只有理和气，气聚成为人的形体，那么心也好，性也好，就应该都是天理，理存在于每个人心中，他把这种存在于每个人心中的理叫作"良知"，主张人人致良知。二是如何寻找和掌握理，朱熹认为理是抽象的，物是具体的，主张格物穷理，即通过学习研究具体事物来掌握理，人性与天理本来一致，但被后天的欲望所蒙蔽，所以强调"存天理，灭人欲"。陆九渊认为现实只包含心的世界，心即是理，主张通过内心的反省就能找到和掌握理的奥义。朱陆的分歧在南宋导致理学两大学派的形成和对立，朱熹、陆九渊两人专门在江西铅山鹅湖寺聚会辩论。但陆九渊关于心学的论述还只是勾勒了其轮廓，心学真正成为完整的体系归功于王守仁。

《宋明理学》一课其难在于一是概念多，这些概念与现实中流行的概念和生活有较大距离；二是教材的编排上，没有理清楚思想发展的主线索，缺乏为什么会有这种发展的清晰逻辑；三是教材的材料取舍和语言叙述上，没有注意学生的学习水平和知识储备，缺乏通俗易懂的语言，学生理解困难；四是本课的学习内容需要哲学的相关知识帮助理解。

《宋明理学》一课涉及概念和命题众多，概念如理、气、性、心、灵明、良知，命题如天理的核心是仁、慎思明辨、格物致知、正君心、心即理、致良知、知行合一等，这些概念、命题，要在教学中都让学生理解消化显然是不现实的。因此必须抓住核心概念和命题，进行浅显易懂的解释，芟繁就简，突出主干。理学的核心概念是理和气，形而上者为理，形而下者为气，用现代哲学语言来比附，理相当于精神、规律，是抽象的，具有必然性、客观性、普遍性、永恒性，气相当于物质、现象，是具体的，是客观规律赖以存在和得以观察的载体。在教学中可以通过学生熟悉的带"理"和"气"的成语来帮助学生理解"理""气"的概念。

第二节　对话式教学

对话式教学，也叫谈话式教学，是教师根据学生已有的知识和经验，提出问题，师生之间、生生之间以谈话或问答的形式进行教学的一种方法。随着新课程改革的深入，对话式教学、加强对话和对话情境创设的实践研究已经越来越普遍。

一、对话式教学概述

对话是我们互相理解、互相交流的基本手段，在我们的生活中无处不在。阅读是对话，是读者（我们）与作者（前人和时人）的对话，写作是对话，是作者（我们）与读者（时人和后人）的对话。

在语言学上，对话是在多个人（两个或两个以上）之间交互进行的、在形式上轮流交替的、在内容上对立统一的、与独白相对应的言语活动。在哲学意义上，对话是平等的主体（我）与主体（你）之间的相遇关系，彼此间不是认识、利用、改造的对象，关注的是主体的发展。在言语活动性质上，对话是讨论，是以求真为目的的思想交流，与以求胜为目的的言语博弈的辩论具有不同的属性。

对话是一种手段，又是一种情境。情境认知理论认为，知识具有情境性，是活动、背景和文化产品的一部分，在活动中、在丰富的情境中不断被运用和发展，学习的知识、思考和情境相互作用、紧密联系。"情境"包括"情"与"境"两部分，"境"是活动场景，它既体现为教学得以进行的物理环境，包括教室的布置、环境的烘托、教学资源的整合等，又体现为教学中因师生之间、生生之间多边关系而产生的活动过程；"情"是活动体验，包括知识的掌握、技能的形成或能力的提高和情感的升华。情境的创设需要语言传递，学习和思考需要语言交流，语言的传递和交流过程就是对话的过程。对话既创设互动的氛围、交流的话题，又生成双边、多边的活动过程，提升教学双方的情感体验，它是人与人之间的沟通理解，更是思想和灵魂的交流。

对话式教学，从本质上讲，是教师与学生、教师与文本、学生与学生、学生与文本的对话。从教师角度看，备课是与教学内容对话，授课是与学生对话；从学生角度看，自学是与学习内容对话，听课是与教师对话；从课堂人际交往角度看，师生互动、生生互动是多边人际的交互对话；从教学对话发展状态看，对话可分为推理式对话、讨论式对话等。

（一）对话的类型

从历史教学的角度研究，"对话"可以划分为与客观的历史对话、与观念的历史对话、与历史学习者对话三类。

1. 与客观的历史对话

与客观的历史对话，就是与历史事实对话，就是对历史现象求真，追问历史事件的发生发展，即对历史事件发生的时间、地点、原因、进程进行考察。对话可以从联系、比较的角度进行。

历史的真实存在于联系之中。所谓联系，是事物之间以及事物内部各要素之间的相互影响、相互制约和相互作用。著名史学家蒙文通先生说："事不孤起，必有其邻。"每一个历史事件或历史人物都有其活动的时间和空间，因此在进行历史联系的考察时必须考虑时间和空间的因素。

从时间看，任何事件的构成要素均包括影响该事件发生的诸多因素、演进过程和事件产生的影响等。只有从较长时段观察，才能发现历史发展的大势所趋，才能在历史发展的"大势"之中找到某一具体事件或人物的位置，才能对事件的发展脉络或人物的命运有真实的认识。例如考察个人命运，作家赵瑜在报告文学《寻找黛莉》中，以巴金 1936年至 1937 年致山西赵姓女士黛莉的信件为线索，考察了一个不满于旧家族，渴望个性解放，向往革命，向往斗争的知识女性，在历史大潮的裹挟下，颠沛流离，命运跌宕的一生，时代更迭的大历史在民间百姓跟跟跄跄的小历史映衬下，更显得波澜壮阔。[①]再如考察事件的发展，从反洋教斗争到义和团"灭洋"口号的提出，历经半个世纪，其间民教冲突不断，教案迭起，但由于长期以来"民教相仇，多由洋人把持恫喝，

---

① 赵瑜. 寻找黛莉[J]. 新华文摘，2010（6）.

百计要求，渐积遏怒，不得伸泄"①，终于由个案累积成大规模的运动。不对半个世纪的反洋教斗争进行考察，对义和团"灭洋"口号的评价则难免偏颇。

从空间看，任何事件和人物都是整体中的局部，任何历史事件都由若干细节和若干部分构成，但是，整体不是一切局部的总和，也不是某一局部的放大或延长。比如义和团运动期间的"挑铁道"，是从属于义和团运动的局部，但是义和团的毁路行动显然不能代表整个义和团运动，而且毁路行为并不是伴随义和团运动始终的，它与八国联军的军事行动紧密联系，义和团运动初起时，"挑铁道把线砍"还只限于口号，当八国联军开始军事侵略的时候，义和团的毁路行为才逐步开展，并且主要发生在八国联军集中的京津、直隶等地，并不是义和团所在之地均出现"挑铁道"之事。如果只关注细节和局部，由于历史的时间一维度特征，历史事件不可复制，不可还原，在这种情况下，所谓"历史"就可能是"任人打扮的小姑娘"，乃至可以戏说的对象。

历史的真实还存在于比较之中。通过比较，可以从具有同一性事物间寻找其差异性，也可以从具有差异性的事物间寻找其同一性，从而认识客观事物的特性和本质。例如抗日战争，基本特征是敌强我弱，教学时可做这样的比较：全国抗战开始时，中国年产钢不过 4 万吨（国统区数字，不含东北地区），日本年产钢 580 万吨，战争期间日本飞机年产量最高时超过 2 万架，舰船年产量超过 8000 万吨，而中国则连一架飞机、一艘军舰和一辆汽车都不能生产，外购装备因财力和遭受封锁也极其困难；1936 年中国工业产值只相当于 16 亿美元，日本为 60 亿美元②，抗战开始仅一年，日本即侵占中国最富庶的东南半壁河山，财力因对华侵略得到增强，中国国力之弱，抗战之艰难从看似枯燥的数字中得到证实。再如从国民党掌握国家政权、拥有与共产党创办的兵工厂比较而言较为先进的兵工厂和国内最大的财源、得到国际上大量援助，共产党的解放区多处于偏僻的山区农村，基本没有外援，根本不具备正规作战的基本条件入手，对正面战场和敌后战场担负的作战任务进行比较，两个

① 中国社会科学院近代史研究所近代史资料编辑部. 义和团史料（上）[M]. 北京：中国社会科学出版社，1982：231.
② 徐焰. 研究军事历史要注重定量分析和数字严谨[J]. 军事历史，2010（2）.

战场分别担负的任务即一目了然。作战效果，可以比较国民党军队对日作战期间共消耗子弹 17 亿发，总计毙伤日军 85 万人，平均 2000 发子弹杀伤一名敌人，共产党领导的人民武装在抗日战争中消耗子弹不足 4000 万发，毙伤日军 52 万人、伪军约 50 万人，平均 40 发子弹杀伤一名敌人[①]，则共产党领导的敌后战场更加艰苦卓绝，作战效果更好的结论就非常令人信服。

2. 与观念的历史对话

与观念的历史对话，就是与历史的记述者、研究者对话，由于记述者、研究者的立场、观点、研究方法不同，观念的历史也就必然产生不同。

历史与现实一样，充满了复杂性，有着不同的利益集团。正如费正清指出："历史的撰写者并不是旁观者。他们本身就是这种活动的一部分，因此需要看看他们自己是如何活动的。"[②]

看历史的撰写者是如何活动的，首先要有证伪意识，谨防被伪命题蒙蔽。命题是判断的语言表达，判断事物的情况，符合客观实际的是真判断，不符合客观实际的是假判断。相应地，命题有真命题和伪命题之分。伪命题是不真实的命题。所谓不真实，指的是不符合客观事实，或者是不符合一般事理逻辑和科学道理。比如胡鞍钢从企业数量、就业人数、企业产值、企业利润、税收及公共财政资源的贡献等方面对所谓"国进民退"的说法进行了证伪，以说明该命题是个典型的伪命题。[③]

国际上讲 GDP 都是以美元来结算。1949 年 4 月到布雷顿森林体系崩溃前，日本实行固定汇率制，日元兑美元的官方汇率是 360，1971 年布雷顿森林体系崩溃后，日元实行浮动汇率制。广场协议后，美元兑日元的汇率大幅贬值，从广场会议前一天的 1 美元兑 238 日元下滑到 1986 年 7 月的 1 美元兑 154 日元。[④]人民币兑美元的汇率方面，1955 年新的人民币开始发行，人民币兑美元的汇率自此 16 年间都保持了一条平整的直线，长期稳定在 2.4618：1。从 1972 年至 1980 年，人民币兑美元

① 徐焰. 研究军事历史要注重定量分析和数字严谨[J]. 军事历史，2010（2）.
② 贡德·弗兰克. 白银资本[M]. 刘北城，译. 北京：中央编译出版社，2011：前言 1.
③ 胡鞍钢. "国进民退"现象的证伪[J]. 新华文摘，2012（10）.
④ 程志强，周梅. 关于两次日元升值不同结果的比较分析[J]. 宏观经济研究，2007（2）.

汇率逐步上调为 1.53∶1。1985 年起我国恢复实行单一汇率制度，将人民币汇率定于 1 美元合 2.8 元人民币的水平，后来逐步滑至 3.2 元人民币并固定下来。[①]

以对美元的汇率来观察 GDP，无疑有一个很大的陷阱，假如人民币升值为 1972—1980 年代的 1.50∶1，则中国的经济总量将至少增长 4 倍。所以我们必须对学者的研究方法和命题来一番对话考察才能获得真实的认识。

对话观念的历史，重要的是记述者、研究者所持的史观。历史唯物主义以联系的、发展的观点观察历史。任何事物都有其前身或者前因，现今都是前身或前因的变化或后果，整体是在一定时空范围的整体，一定范围的整体，在更大范围内则只是局部，而一定范围的局部，在更小范围内则是一个整体。所以吕思勉先生说：“说明社会上的各种现象，是一件事；合各种现象，以说明社会的总相，又是一件事；两者是不可偏废的。”[②]

3. 与学习者对话

历史的学习者，既包括学生又包括教师自己。与学习者对话反映在教学中就是对话式教学。

（二）对话式教学的类型

在教学实践中，存在六种类型的对话。从课堂人际交往划分，有师生对话、生生对话，从人与物的关系划分，有师本对话、生本对话，从个人反省角度划分，有教师自我对话、学生自我对话。

师生对话是课堂最常见，也是最古老的对话形式。组织师生对话，首先要注意对话的启发性。孔子特别强调在“愤”“悱”状态下的“启”“发”，主张“不愤不启，不悱不发，举一隅不以三隅反，则不复也”[③]。《学记》更明确指出“君子之教，喻也。道而弗牵，强而弗抑，开而弗达”[④]，特别强调师生对话中教师的引导、勉励、开启作用，以达到“道

① 张瑜亮. 人民币汇率的历史演变与现实选择[J]. 河北金融，2010（8）.
② 罗志田. 相异相关的往昔：史学的个性与通性[J]. 新华文摘，2012（10）.
③ 朱熹. 四书章句集注[M]. 上海：上海书店，1987：46.
④ 陈澔注. 礼记集说[M]. 上海：上海古籍出版社，1987：201.

而弗牵则和，强而弗抑则易，开而弗达则思"的境界，使教学始终充盈着和谐、活跃、积极思考的气氛。其次教师要注意适时亮出自己的观点。教师具有一定的专业技术技能、经验和知识，历史人文性、思想性的学科特点决定教学必须要有价值观的引领，因此教师在谈话中避而不谈自己的观点，对话的效果就会打折扣，产生消极作用。

生生对话是指学生之间围绕某一共同主题展开的讨论与交流，在学习过程中表现为一种合作探究的关系。[①]组织生生对话，第一要创设对话情境，激发兴趣。教师创设的历史情境要严肃，不可脱离历史人物活动、历史事件发生的时代背景，更不可夸张、虚构。第二是要对学生储备的知识技能有深刻了解。学生在能够批判地进行思考和行动之前，需要较长时间来同化一个学科领域或技能体系，并以此为基础进行思考，只有当学生对所探究的学习领域做到尽可能充分理解后，他们才能够对自己需要了解什么、如何去了解以及如何知道自己已经了解作出决策，合作谈论才能进行下去。第三教师要垂范，树立民主倾听的榜样。如果教师一开始没有把自己塑造为民主对话的典范，学生就会怀疑小组讨论，只有教师树立了可信度并使学生感到满意，学生才会成为教学的合作者和学习同伴的合作者。第四，教师要巧妙掌握和安排讨论的干预时间，了解不同学习小组的意见，适时干预和阐明观点，及时总结评价。

师本对话和生本对话是对教学（学习）内容进行理解的过程。对任何事物的理解都预先包含某一种假设，即所谓"前设"，而后作出解释。师本对话实际上就是备课的过程，在备课时，教师已有的专业知识与技能以及教育理念构成理解的"前设"，这种"前设"的存在使教师与教学内容的对话成为可能。随着对教学内容研究的深入，教师会在与客观存在的历史、主观印象的历史的对话中生成新的意义，从而整合教学内容、设计适当的教学方式，创造性地发展文本。生本对话是学生与学习内容之间的对话，"生本对话的过程实际上是让学生独立地体验和感受，并利用自己已有的经验、知识和情感把握文本意义，在和文本的相互作

---

① 靳玉乐. 对话教学[M]. 成都：四川教育出版社，2006：119.

用中建构文本意义世界的过程"①。学习内容本身在对话中是无声的、平等的一方，因此生本对话既要破除学生对教材的迷信，也要防止学生出现对教材任意怀疑的极端。

自我对话实际上是一种反思，是现在的"我"与过去的"我"的对话。对许多人来说，思考自己所做的事情，比让自己接受别人的审查容易，因此反思应该成为一种自觉的思维习惯。教师的自我对话，可以从教学内容的理解、教学态度的审视、教学行为的调整、教学效果的评估等角度进行。学生的自我对话在学习过程中表现为带着问题学习、边学边思，在问题解决和归纳总结中不断获得新的认识。学生自我对话的意识需要教师培养和强化，教师要善于创设对话情境，使学生始终处于"愤""悱"状态。

（三）对话式教学的基本要求

历史对话式教学应该满足自由、平等、理性的要求。

第一，对话主体是自由的。"自由"表现为对话主体具有自主意识，也就是意识不受他人支配，思想是自由的。思想自由不是表明其认识或者表达一定正确，而是强调自由赋予对话主体自身可错、试错、纠错的权利，在教学中的要求是"道而弗牵"。"自由"还表现为对话主体表达意见具有制度的保证，这种制度保证表现为要建立一种课堂秩序，以保证课堂上师生双方的不同意见均有机会阐述并得到尊重，也就是所谓"强而弗抑"。对教师而言，强调教学"自由"意义尤其重大，这种意义一方面在于备课过程中敢于质疑，以自己的思考直面前人，一方面在于当学生出现错误时，不以纠错的理由来剥夺学生犯错的权利，只有这样才能达到"开而弗达则思"的境界。

第二，对话关系是平等的。"平等"首先是知识意义上的平等，知识意义上的平等不是说对话主体之间具有对等的知识量，而是平等的求知态度，也就是孔子强调的"知之为知之，不知为不知"的态度。"平等"还是社会意义上的平等，也就是说教师、学生、文本之间的关系，不因实际拥有的专业知识量和掌握的教学技能的差异，也不因社会地位

---

① 靳玉乐. 对话教学[M]. 成都：四川教育出版社，2006：128-129.

的差别而影响他们知识论意义上的平等。平等在对话中十分重要，不平等就可能会产生话语强权和话语霸权。"平等"不仅是师生的平等，而且还是学生的平等。

第三，对话过程是理性的。"理性"是按照事物发展的规律和自然进化原则来考虑问题的态度，它通过论点与具有说服力的论据发现真理，通过符合逻辑的推理而非依靠表象而获得结论。"理性"要求对话要有严密的逻辑和客观的立场，不武断、不臆断是对话主体均应持的态度。"理性"要求对话要有民主的氛围，对话是主体之间的交流，在交流中情感不断生成，因此对话应该在相互宽容和尊重中进行。对话主体既是听话者，又是表达者，所以学会倾听，学会尊重和信任，学会交流和沟通是对话所有参与者都应该具有的品质。

二、教学案例与评析

钢铁长城

部编版《中国历史》八年级下册《钢铁长城》的内容是讲述中华人民共和国成立后国防建设取得的成就，内容复杂，线索繁多，很多教师反映在教学实践中不好把握。由此，笔者在四川省贾雪枫名师工作室的集体研修活动中，以对话的教学理念执教了本课，现将教学过程实录整理如下，希望对青年教师有所帮助。

一、新课导入

PPT 出示影视作品中董存瑞、黄继光战斗的图片，要求学生识读图片。

问：同学们认识他们吗？有谁知道这些英雄人物的事迹？

学生们纷纷说出董存瑞、黄继光的名字，但不能够清楚地讲述他们的事迹。教师通过 PPT 告诉学生，1948 年 5 月，解放战争时期在河北省承德市隆化县的隆化战斗中董存瑞舍身炸碉堡；1952 年 10 月，在上甘岭战役中，志愿军进攻部队受到敌机枪巢火力压制，黄继光用身体挡住了敌人的地堡枪眼。然后设问：你从这些英雄战士身上看到了什么？

学生回答：不怕牺牲，英勇顽强，等等。

在学生回答基础上，教师讲述：毛泽东主席曾说："成千成万的先烈，为着人民的利益，在我们的前头英勇地牺牲了，让我们高举起他们的旗帜，踏着他们的血迹前进吧！"①先烈们用鲜血和生命铺就通往胜利之路，现在，再让我们听一听国歌，在激昂的歌声中思考一下胜利是怎样取得的。

播放《中华人民共和国国歌》片段，同步显示歌词："起来，不愿做奴隶的人们，把我们的血肉筑成我们新的长城。"教师板书：血肉长城。讲述并设问：我们以血肉之躯筑成了新的长城，取得了胜利，建立了中华人民共和国。但是，要保卫我们的胜利果实，壮大我们的胜利成果，仅靠血肉之躯行吗？学生齐答：不行。教师强调：对，我们必须建设强大的国防，实现从血肉长城到钢铁长城的发展，出示课题：钢铁长城。

二、新课教学

播放时长 57 秒的两个开国大典阅兵视频片段，要求学生认真看，仔细听，从视频中捕捉关键信息。

视频播后，问：你从刚才观看的视频中捕捉到哪些重要信息？

学生回答后，教师以 PPT 呈现的形式对信息进行整理：参加阅兵的部队有炮兵师、战车师、步兵师、工兵团，海军两个排，刚组建的空军 17 架飞机，装备缴获自日本帝国主义、美帝国主义。进一步设问：这些信息反映了中华人民共和国成立之初人民军队建设的哪些特点？然后在学生回答基础上归纳得出以下特点：人民解放军从单一的步兵发展为海陆空三军齐备的军队，但仍以陆军为主，海空军力量薄弱，装备以缴获为主。强调这就是中华人民共和国建立之初的国防现实。

教师出示长城图片，要求学生观察，长城是如何构成体系的？提示砖石是建筑长城的基础，城墙、关隘、城台、烽火台等构成防御体系，调度指挥各处防御的是指挥体系。然后指出把军队比作长城，那么装备就是筑成长城的砖石等基本材料，有好的装备，长城才能稳固。

（一）人民军队装备体系的现代化

1. 陆军：从战士最基本的装备——枪说起

教师介绍陆军是人民军队历史最悠久的部队，在历史发展过程中，

---

① 中共中央毛泽东选集出版委员会. 毛泽东选集：第三卷[M]. 北京：人民出版社，1991：1098.

陆军以步兵为主要兵种。出示不同时期人民军队部队列装的枪械。

问：认识这些枪械吗，它们在什么时候列装部队？

学生回答后教师予以补充，依次指出日本三八式步枪，美国 M1928 汤姆逊冲锋枪，中国 56 式半自动步枪、81 式自动步枪，然后联系开国大典视频有关信息，启发学生思考这些枪械的来历。

问：与枪的发展同步，人民军队陆军现代化步伐加快，都有哪些表现？

启发学生得出陆军已发展成编有步兵、炮兵、装甲兵、防化兵、防空兵、工程兵、通信兵、电子对抗兵、陆航兵、陆军海战队的多兵种现代化部队，并向学生补充介绍甲类集团军（重装集团军）、乙类集团军（轻装集团军）有关知识。然后转入海军有关知识的学习。

2. 年轻的海军，它的装备是如何发展的

播放《我爱蓝色的海洋》音频片段。教师以沉稳的音调复述歌词"我爱这蓝色的海洋，祖国的海疆壮丽宽广"。

问：近代以来我国遭受的外来侵略，大多来自海上，1953 年 2 月，毛泽东主席视察海军潜艇部队，题词："为了反对帝国主义的侵略，我们一定要建立强大的海军"。这个目标实现没有？要求学生观看图片思考。

出示人民海军诞生地图片，教师简要讲述 1949 年 4 月 23 日，在江苏泰州白马庙成立人民海军第一支部队，这一天成为海军诞生日。然后出示不同时期的海军武器装备。

要求学生根据图片，阅读教材有关内容，结合积累的军事知识，讨论海军武器装备的发展，使学生获得海军武器装备由缴获、接收到研制，已形成水面舰艇部队、潜艇部队、海军航空兵、海军陆战队、海军岸防部队等五大兵种，从近水海军发展到远洋海军的知识。然后设问：陆军有与敌人血战到底的英勇气概，我们的海军有没有这样的战例？在学生回答基础上，教师介绍人民海军的第一次海战——万山群岛战役，使学生建立起海军与陆军一样具有以弱胜强英勇气概的概念。

3. 人民空军的茁壮成长

播放《我爱祖国的蓝天》音频片段，教师以自豪的情绪、轻缓的语速复述歌词："我爱祖国的蓝天，晴空万里阳光灿烂。"出示不同时期的空军武器装备。

问：祖国的蓝天晴空万里，阳光灿烂，如何保护这一片蓝天？

教师引导学生回顾并讲述：开国大典阅兵的 17 架飞机，有 P-51 型野马式战斗机、蚊式轰炸机、C-46 型运输机、PT-19 型教练机和 L-5 型联络机，使学生理解当时空军装备机型杂、来源为接收缴获的特点。要求学生观看图片，结合教材叙述，讨论人民空军武器装备的发展。在学生讨论基础上，教师告诉学生，人民空军起家共 17 架飞机，到目前为止至少拥有 33 个空军师，已发展为拥有运输航空兵、侦察航空兵、歼击航空兵、轰炸航空兵、歼击轰炸航空兵等多兵种的强大国防力量。然后要求学生讲一讲人民空军英勇打击侵略者的事迹。

学生讲述后，教师对本环节学习进行小结，要求学生回顾开国大典阅兵式上人民军队装备的特点，在此基础上，师生共同归纳人民军队的装备经历了缴获——仿制——研制的发展历程，从小米加步枪发展为拥有世界先进水平的陆海空各种先进武器。转入下一环节学习。

（二）人民军队编制体系的现代化

教师：前面我们学习了人民军队装备的发展历史，但是，正如单一的砖石并不能构成长城一样，各种装备还应该编组在一起才能发挥作用。

要求学生思考人民军队编制体系的现代化发展情况。

1. 从单一兵种发展为诸军兵种合成

出示图片，要求学生识读五大军种臂章，说一说五大军种名称。

使学生进一步认识人民军队从单一的步兵发展为陆军、海军、空军、战略火箭军、战略支援部队五大军种，每一军种内又是诸兵种合成的现代化军队。

2. 从常规力量发展为战略威慑力量

出示图片，要求学生观看图片，阅读教材，归纳人民军队战略威慑力量的发展状况。

使学生掌握我国战略威慑力量从第二炮兵到战略火箭军的名称变化，了解其职责和力量构成。然后设问：我们已经了解了人民军队的武器装备发展、军种构成、战略威慑力量的发展等，它们在怎样的指挥体系下发挥作用呢？转入下一环节学习。

（三）人民军队指挥体系的现代化

1. 七大军区改为五大战区，构建军队联合作战体系

教师引导学生观察军区、战区示意图，讲述：中华人民共和国成立后，在很长一段时间里，实行的是军区制，2016 年前将国土划分为七大军区，军区负责所属部队的军事、政治、行政、后勤，以及民兵、兵役、动员、战场建设等工作，不能完全聚焦于战争。2016 年为适应现代战争的需要，将七大军区调整为五大战区，要求学生观察战区各战略方向。再引导学生观察军区、战区臂章。从臂章的区别了解战区与军区的区别，知道军区以陆军为主，而战区则集合战略区内各种武装力量，战区是本战略方向的唯一最高联合作战指挥机构，统一指挥本战略方向的陆海空和火箭军。

设问：前面学习了军种建设，刚才又学习了战区划分，那么，战区和军种是什么关系呢？它们是怎样协作的呢？

2. 形成军委管总、战区主战、军种主建的新格局

出示动态示意图，如图 5-4 所示。

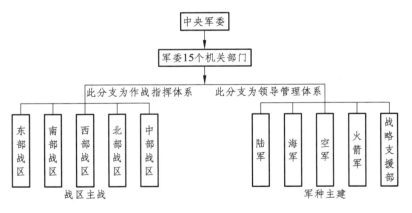

图 5-4　军委管总、战区主战、军种主建的新格局

教师根据示意图告诉学生，所谓军委管总就是最高领导权和指挥权属于军委，强化军委的集中统一领导和战略指挥、战略管理功能。所谓战区主战是战区由多军种联合，在战区层面建立统一的联合作战指挥机构。所谓军种主建指的是军中的主要任务是为战区提供合格的

部队、合格的武器装备、合格的人员，提供各种资源来保障战区作战任务的实施。军委管总、战区主战、军种主建新格局的形成，军队组织架构和力量体系实现革命性重塑，标志着我国国防和军队现代化建设取得巨大成就。

三、课堂小结

播放时长 22 秒朱日和阅兵视频片段，要求学生观后与开国大典阅兵视频比较，找找两个阅兵视频的不同，思考人民军队的变与不变。

教师：把我们的血肉筑成我们新的长城，何等的悲壮，经过几十年的建设，我们的国防已经是攻不破的钢铁长城，何等的豪迈。70年的风雨兼程，变的是人民军队装备现代化、编制现代化、指挥体系现代化，不变的是人民军队的军魂。

问：为什么我们是攻不破的钢铁长城呢？这里面起决定性的因素是什么？

学生回答后，教师指出，政治建军是人民军队区别于其他一切军队根本标志。2014年，全军政治工作会议在古田召开，会议清除了不良风气对军队的影响，保证了我军始终是党的绝对领导下的革命军队。几十年的风雨兼程，人民军队从小米加步枪发展到现代化武装，不变的是听党指挥，能打胜仗，作风优良。

播放《中国人民解放军军歌》，同时出示一段反映人民军队历史发展的文字，要求学生伴随歌声齐声朗读："从南昌街头、从秋收起义的战场到井冈山，到历次反围剿，到遵义会议，到长征途中的雪山草地，到红色首都延安，到抗日战场，到解放战争，到中华人民共和国，到抗美援朝战场，到中苏边境冲突，到对印度自卫反击，这支军队战无不胜，所向披靡，令敌人闻风丧胆。"

问：为什么这支军队令敌人闻风丧胆呢？

出示毛泽东的话，要求学生以激昂的情绪朗读："这支军队具有一往无前的精神，它具有压倒一切敌人而决不被敌人所屈服的英勇气概。"

教师：正是这样一支军队，构成了保卫祖国捍卫和平的钢铁长城。

评析：教学结束后，立即开展了对听课学生和教师的问卷调查，61名学生、42名教师提交问卷。在学生问卷中，学生普遍认为教师的教学方法对展拓思路、形成灵活的学习习惯帮助很大，教学过程中教师总是关注全体学生的学习，很注意启发学生思考，一直坚持让学生参与，同学们兴趣浓厚，有良好的讨论习惯，学习气氛热烈，学习过程中思路清晰，有参与讨论与发表意见的欲望。学生对本节课最喜欢的地方，集中在教师的教学思路清晰、能很好地带动学生思维、课外知识的引入、课堂气氛热烈和同学们活跃、注意力集中等方面，音频、视频资料的运用对学生的兴趣调动作用很明显。学生感到不适应的地方主要是课外知识的积累要求高，相当多的问题需要课外知识作支撑才能回答，同时由于教学时间限制，学生认为讨论和思考时间不足。

听课教师认为，本课教学资源丰富，每一环节处理逻辑线索清晰，材料选取与教学内容一致性强，家国情怀目标落实较好；注重培养学生观察、分析能力，特别是视频资料运用上，每一段视频都要求学生从中提取信息；学生认真，朗读时声音洪亮，有积极向上的氛围。执教者把课堂交给学生，但是由于学生的知识面达不到教师的预设，反映在课堂上是教师不断启发，但回答问题集中于几个学生，大多数学生参与度不够，交流合作不够充分。

第三节　图解式教学

中国历史研究和历史教学的传统历来强调"左图右史"，图解式教学在中国有悠久的历史。图解式教学，顾名思义，就是以图（表）解义，是运用各种符号、数字、图形、词组等形式传递历史知识信息的媒体组成简明图示，化繁为简、化难为易、变抽象为具体，借以表达历史概念、认识复杂历史问题，使学生通过图解掌握和理解所学习的事物和现象的一种方法。

现代信息技术的发展，使图示图解法更加普遍地运用于教学。从广义上讲，视频也属于图解教学的组成部分，它通过动态的图画形式来传递教学信息。根据图的类型和教学中发挥的功能，图解教学形式可以划分为时间轴和知识树、概念地图和思维导图、地图及其他图。

一、图解式教学概述

（一）时间轴和知识树

历史是时间的科学，时间的观念是学生最基本的历史素养。长期的教学实践表明，在历史学习中，如何记住时间，如何判断历史事件在时间中的位置，是很多学生颇为头痛的事。时间轴是把大事年表和历史事件结合在一起，以一定的比例尺度来表示时间，在时间点上标注事件（文字或图片），从而形象化呈现时间观念的一种年表。用时间轴绘出历史事件及其发展脉络可以帮助学生建立事件的联系，把抽象的时间转化为形象的图形。在现代信息技术的帮助下，时间轴可以以动画形式按照教师的设计呈现具体内容，为大多数教师所熟悉。

知识树是将知识的结构、形成规律和发展过程与树的结构、生长规律和过程相联系，将知识及其分支、知识点按照树根、树枝及树叶的内在逻辑关系分门别类地表示出来，从而形成知识结构系统，摆脱知识碎片化的困扰。知识树特别适合表现概念的种属关系，比如，西周的政治经济制度就可以用知识树的形式绘制出来，如图 5-5 所示。主干是制度，宗法制、分封制、井田制等制度用树冠表示，可以指导学生将每种制度的具体内容置于相应冠状形内。主干、枝干、树叶的逻辑关系很鲜明，便于学生掌握起来。

图 5-5 "西周的政治经济制度"知识树

知识树对一节课的内容可以起到概括和建立联系作用，教学过程中教师可以借助现代信息技术手段绘出知识树，也可以采用粉笔手绘知识树，或者鼓励学生利用知识树形式反思概念形成过程，将所学知识进行自己独创性的表征，从而培养学生的信息组织能力。

（二）概念地图和思维导图

概念地图指学习者对特定主题建构起知识结构的一种视觉化表征，也叫"心智/思维地图"（mind map）、"心智/思维工具"（mind tool），它以视觉化的形式阐明在知识领域里学习者如何使概念之间产生关联，并揭示知识结构的细节变化。

概念地图是基于有意义学习理论而提出的教学技术，以层级形式列出概念和命题，以呈现相关的新知识结构，所以它是一种知识结构的表现方式。概念地图是一种流程图，表达由起点到终点的事物发展过程和推理过程，在训练学生的寻找逻辑关系和培养推理能力方面能发挥很好的作用。概念地图的使用可以使学生由机械学习转向有意义的学习。在教学中，可以指导学生就教材某课的某一目，找出该目的关键概念，然后环绕这些概念列出"关键概念一览表"，将这些概念排列成序，师生共同讨论，达成最佳排序共识后，将各种概念安排成塔形层级结构，即将最一般的概念置于概念地图顶端，最具体的概念按顺序分别置于较低的层级，接着在成对的概念之间划线，选定符号表示概念之间的关系。在确定了合理的概念层级、所有成对的概念之间确定了连接线和连接词之后，找出概念地图中不同部分概念之间的相互关系，标出各种交叉的连接线，形成概念网络。在学生熟悉小范围概念地图的编制后，教师可以指导学生编制较为复杂的概念地图，这对学生发展归纳的逻辑思维帮助很大，特别是在复习教学中概念地图的运用能起到巩固知识、梳理和表征复杂概念的作用。比如，七年级"明朝的科技、建筑与文学"一课，知识点很多，知识点之间内在逻辑性也不强，概念地图就有利于将这些知识点构成网络，如图5-6所示。

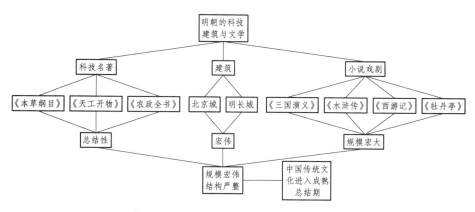

图 5-6　"明朝的科技、建筑与文学"概念地图

　　"明朝的科技、建筑与文学"概念地图的概念层级很清晰，它的第一层表明时代与知识构成，第二层划分为三个独立大类概念，第三层是每一大类的具体事例，第四层是每一大类的概念特征，最后一层表明三个大类所具有的共同特征。

　　思维导图与概念地图都是思维可视化研究的产物。与概念地图是一种组织和表征知识的认知工具不同，思维导图是基于联想的逻辑发散，从以时间为坐标轴的线性思维中跳出，转向基于中心图像思考，通过带顺序标号的树状结构呈现一个思维过程，是一种发散性思维的表达，注重表达与核心主题有关联的内容，展示其层次关系以及彼此之间的关系。在图形结构上，概念地图可有多个主要概念，是网络状。思维导图往往只有一个主要概念，一个中心节点，主题的主干作为分支从中央向四方放射，每一分支由一个关键的图形或写在联结线条上的关键词构成，所以思维导图是发散状。思维导图是一种放射状的辐射性的思维表达方式，表达的是观念之间通过与中心核心主题的远近来体现内容的重要程度，强调思维的多向性、综合性和跳跃性。使用思维导图，可以使学生思维集中到关键知识点上，增强立体思维能力和总体规划能力，成倍提高学习效率。比如洋务运动是一个主概念，从洋务运动这个概念出发，教学过程中，可以引导学生找出下位概念，根据概念之间的关系绘制思维导图，如图 5-7 所示。

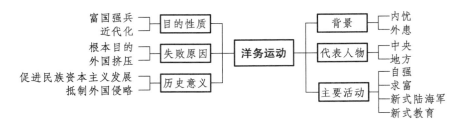

图 5-7 "洋务运动"思维导图

教学中，可以指导学生在此基础上添加子主题和关键词，学生通过绘制思维导图，洋务运动的有关知识及其逻辑联系发展就会非常清晰地掌握。

（三）地图和其他形式的图

一切历史事件都在一定范围的地区或地点进行，了解历史事件发生发展的空间和进程，必须使用地图。地图是历史教学最常见的图解教学工具，它在培养学生空间观念上具有其他各种图表没有的优势。教学中，教师充分运用历史地图的概括性、形象性和系列性，能调动学生感官的合力作用，加强学生的记忆，激发学生的学习兴趣，发展学生的形象思维和抽象思维，提高他们的概括能力和记忆能力。

在历史教学中，常见的还有历史遗址图、历史文物图、历史文献图、历史人物图，以及再现再造的想象图、示意图等，都可以发挥真实性、有效性、直观性作用。随着现代信息技术的发展，视频作为动态的图片在教学中发挥着越来越突出的作用。

地图和其他图片的使用，一要强调准确性，特别是地图，必须使用经过国家审批的地图，其他图片要真实可靠，能说明问题，增强历史真实感。二要有代表性，能说明历史现象，在多幅反映同一历史现象的图片中，要选择最有说服力的图幅。三要强调适量性，不能喧宾夺主，特别是视频图片，更要控制时间，要考虑图片对教学有什么作用，不能冲淡教学主题和学生注意力。

二、教学案例与评析

甲午中日战争与瓜分中国狂潮[①]

上课之前，教师先自我介绍，同时告知学生自己喜欢提问，而且问题都需要认真思考才能回答，引起学生重视和集中注意力。

教学开始后，教师先板书课题，然后提出问题，要求学生思考：你通过学习本课，希望了解什么知识？告知学生将抽 2～3 名同学回答问题。学生大约思考 1 分钟后，教师随机抽选学生回答。

教师：先请谁回答问题呢？谁是课代表，请他来讲一讲通过学习后希望了解的知识吧。

课代表站起来说：通过本课的学习，希望知道为什么会爆发甲午中日战争。

教师重复课代表的话后问全体学生：课代表是不是希望了解战争背景、原因？

学生齐声回答"是"，教师板书"背景、原因"。

教师：再请一位同学讲一讲自己的想法。学生纷纷举手，教师随机抽点，学生起立回答：想知道不平等条约的内容。

教师肯定学生的回答后指出，甲午中日战争后签订的不平等条约是我们必须了解的内容，它的危害也是我们应该知道的，板书"内容、危害"。

教师：还有哪位同学告诉大家你的想法。学生再次纷纷举手，教师仍然随机抽点。学生起立回答：想了解哪些国家参与了瓜分中国的狂潮。

教师板书"瓜分狂潮"，然后指着板书说：三位同学提出了自己希望了解的知识，下面我们就围绕他们的问题开展学习。现在请同学们打开书，先自己浏览一下教材并回顾前一节课（洋务运动）的知识。同学们看书的时候，老师也做一下自己的事，等老师的事做完了，我们再来一起解决三位同学提出的问题。

学生阅读教材，教师徒手绘出《甲午中日战争形式示意图》。然后告诉学生我们开始解决第一个问题：甲午中日战争爆发的原因是什么？

---

① 2019 年 9 月 17 日作者在内江七中四川省贾雪枫名师工作室内江集体研修活动中教学实录。

将前面"原因"板书完善为"一、战争爆发原因"。

教师：甲午中日战争爆发的时候，正是世界资本主义过渡到帝国主义的时代。帝国主义时代的到来，使瓜分世界的争夺更为激烈，中国这个地大物博的国家成为帝国主义觊觎的对象，日本成为帝国主义瓜分的急先锋。关于这个问题，现在同学们的知识积累不多，老师先告诉你们，等初三学习世界近代史的时候，大家就会更加明白。

板书"1. 帝国主义阶段"。

教师：为什么日本会成为侵略中国的急先锋呢？要求学生从教材叙述中找出答案。

学生：日本觊觎朝鲜已久，征服朝鲜是日本企图侵略中国，称霸世界的重要步骤。

教师：日本从明治维新以来，国力大增，迅速完成资本的原始积累，也开始向帝国主义过渡。关于日本明治维新的知识，初三的时候会详细学习，大家现在记住日本制定了向大陆扩张的政策，1887 年，日本政府出台《征讨清国策》，决心在"五年内完成对中国战争准备"，朝鲜首当其冲。

板书"2. 日本推行大陆政策"。

教师：要侵略别的国家，总需要有个借口或理由，日本找到了什么机会？

学生举手回答：镇压东学党起义。

教师：1894 年 2 月，朝鲜爆发东学党起义。朝鲜政府请求清政府出兵帮助镇压。为什么朝鲜政府会请求清政府出兵呢？因为当时朝鲜是中国的藩属国，清政府有责任和义务帮助朝鲜稳定局势。日本为什么有理由出兵朝鲜呢？学生摇头表示不知道。

教师：日本在 1876 年强迫朝鲜签订《江华条约》，1882 年又强迫朝鲜签订条约，获得在朝鲜驻军的特权。所以当朝鲜政府请求清政府出兵朝鲜时，日本也乘机出兵朝鲜。东学党起义被镇压后，日本继续增兵朝鲜，蓄意挑起战争。

板书"3. 镇压东学党起义"。

教师：课代表想了解的战争背景、原因等问题解决了吗？

学生：解决了。

教师：现在我们来看看战争是怎样进行的，大致可以分为几个阶段，有哪些战役，出现了哪些人物。

板书"二、战争经过"。

教师要求学生看黑板上绘好的战争形势草图，告诉学生，老师用红色粉笔划线代表清军，黄色粉笔划线代表日军。

教师：大家看看书和战争形势图，哪位同学给大家讲讲战争是怎么开始的？学生阅读后举手要求发言，教师随机抽点。

学生：1894 年 7 月日军进攻驻守牙山的清军，袭击丰岛海面的清军运兵船。

教师：战争的开始说明，甲午战争存在陆海两个战场，大家看看在老师绘的草图上，牙山、丰岛应该在什么位置？学生对照教材地图纷纷指点，教师一一标出，问学生是否在这个位置，学生给出肯定回答。

教师：老师用红色、黄色粉笔分别标清军、日军进军路线，两者在牙山、丰岛海面相遇，发生战斗。战斗用什么符号标出？学生齐声回答"用×标注"，教师于是在牙山、丰岛处标出"×"，讲述日军突然袭击牙山清军驻地，挑起战争。同时在牙山口外丰岛海面袭击清军运兵船，清政府被迫向日本宣战。

板书"1. 牙山　丰岛"。

教师指出由于 1894 年是农历甲午年，这场战争被称为甲午中日战争。

教师：战争在继续发展，牙山清军在遇袭后北撤，日军追击（边讲边在草图上画出清军撤退、日军追击路线）然后在哪里发生了战斗？

学生：平壤。教师在草图上标出平壤位置，同时标注战役符号"×"，要求学生阅读教材，了解相关人物及其表现。

板书"2. 平壤"。

简要介绍平壤战役经过，对左宝贵浴血奋战和叶志超狂奔 500 里退回国境进行讲述，并适当渲染。

教师：在陆上发生战斗的同时，海上也发生了战斗，这就是黄海大战。大家看图，战场应该在哪里？学生仔细看图后齐声回答"大东沟"，教师在草图上标出大东沟位置，标注清军、日军进军路线和战役符号"×"，然后在前面板书"平壤"后填写"大东沟"，讲述：黄海海战是海军发展到铁甲舰时代后的一次大规模海上舰队决战，对世界海战理论有重要影响。9月17日，北洋舰队护送运兵船抵达鸭绿江口大东沟，中午时分发现日本联合舰队呈单纵阵接近北洋舰队，北洋舰队在行进中由双纵阵改为横阵，旗舰定远位于中央，其余各舰在其左右依次展开，舰队呈楔形梯队。教师简要介绍中日两国舰只的优劣后，继续讲述并发问：接敌后，北洋舰队很多官兵奋勇争先，致远舰是其中的代表。谁能够给大家讲一讲邓世昌的故事？

学生无人响应。教师：看来同学们都不熟悉甲午战争和邓世昌的故事，那老师就给大家讲一讲致远舰和邓世昌在黄海海战中英勇争先的故事吧。教师以沉稳、激扬的情绪和语气讲述致远舰冲向吉野舰不幸被鱼雷击中，全舰将士壮烈殉国的故事。然后小结海战结果：北洋舰队损失战舰5艘，官兵900余名，日本舰队5艘军舰受重伤，死伤官兵600余名。战后李鸿章命令舰队避战保船，躲进威海卫军港，拱手让出制海权。

教师：平壤战役、黄海战役后，日军分两路入侵中国。在草图上标出鸭绿江、九连城、旅顺、大连。

板书"3. 两路入侵　旅顺大屠杀"。

讲述：1895年春，日本海陆军进攻威海卫，北洋舰队陷入绝境，在草图上标出日军进攻路线，并在威海卫位置标注战役符号。

板书"4. 威海卫"。

讲述：北洋水师提督丁汝昌自杀殉国，北洋舰队全军覆没。

教师：甲午中日战争清朝打了败仗，同学们认为清朝失败的原因是什么呢？学生异口同声回答：落后。教师反问：落后吗？要求学生翻看《洋务运动》一课，找到洋务运动军事工业和海军建设成就、左宗棠收复新疆等内容，指导学生认识清军在军事装备和技术上并不落后，落后的是思想和政治。

教师：旅顺失守后，清政府慈禧太后就已打定主意求和，清政府委派李鸿章为议和全权大臣前往日本马关议和。

板书"三、《马关条约》的签订"。

教师：在谈判中，日本全权办理大臣伊藤博文对李鸿章说："中堂见我此次节略，但有允、不允两句话而已。"4月17日，李鸿章代表清政府签订《马关条约》。要求学生阅读教材，了解《马关条约》内容。

学生阅读期间，教师在黑板上绘出中国版图草图，标出长城、黄河、长江等，然后教师随机抽点一名学生朗读《马关条约》内容。

板书"1. 内容"。

带领学生在草图上标出台湾岛、辽东半岛、澎湖列岛等，标明沙市、重庆、苏州、杭州的大体位置，接着师生一起将《马关条约》内容归纳为割地、赔款、开放口岸、允许开设工厂4项。

教师：这4项内容与《南京条约》等不平等条约相比，有什么不同？教师带领学生进行比较，得出割地、赔款、开放口岸是相同的，不同之处在于割地地域广阔、赔款数额巨大、通商口岸深入内地、允许在通商口岸开设工厂。教师特别指出，开设工厂的规定反映了资本主义发展到帝国主义阶段后，商品输出发展到资本输出的新特点。这些内容对中国产生极大危害。

板书"2. 危害"。

问：这些危害归纳起来就是——？

学生集体回答：外国侵略势力进一步深入中国内地，大大加深了中国半殖民地化。

教师：第二个同学提出的问题解决没有？

学生齐答：解决了。

教师：现在还有第三个同学提出的问题还没解决，第三个同学提出的问题是什么呢？

学生齐答：哪些国家参与了瓜分中国的狂潮？

板书"三、瓜分中国狂潮"。

教师：《马关条约》签订后，沙俄、德国、法国认为条约内容影响了自己的侵略权益，同时列强又觉得这是向远东扩张势力的难得机会。在这种背景下，俄法德联合起来迫使日本放弃辽东半岛，这就是"三国干涉还辽"。

板书"1. 三国干涉还辽"。

教师：由于时间有限，三国干涉还辽的史实请同学们课后自行查找学习。三国干涉还辽后，1896年，沙俄以迫日还辽有功，同清政府签署中俄密约。后来密约泄露，列强争相迫使清政府划出势力范围、租界和租借地，掀起瓜分中国狂潮。

板书"2. 瓜分中国狂潮"。

要求学生阅读"各国在华强租海湾和划分'势力范围'情况表"，与学生一道用不同颜色及线条在中国版图草图上标出各国势力范围和租界、租借地，实现图表转换。

此时下课铃声响起，教师问学生：我们坚持一会，把课上完行吗？学生点头表示同意后，教师指着黑板上的草图问学生，这些势力范围、租界、租借地有哪个重要国家没参与划分？

学生：美国。

教师：这个时候美国在干什么呢？

学生：美国在和西班牙争夺殖民地，无暇参与瓜分中国。

教师：等美国赢得与西班牙的战争后，中国战略要地、重要经济发达地区基本上被瓜分完毕，没有美国的份了。在这种情况下，美国会甘心吗，美国提出了什么对策？

学生：美国不甘心，提出了"门户开放"政策。

教师：对，门户开放政策。门户开放政策使中国回到帝国主义共同控制的局面。同学们，下课铃已响了，关于门户开放政策的具体内容和影响，我们在以后的学习中再进行具体分析。然后教师手指五颜六色、线条各异的中国版图草图，要求学生对照看教材提供的《时局图》，做教学小结：看着这幅五颜六色的版图和张牙舞爪的《时局图》，老师不禁回想起小时候看过的音乐舞蹈史诗《东方红》，里面有句朗诵词："黑暗的旧中国，地是黑沉沉的地，天是黑沉沉的天。"这句朗诵词代表着此时老师的心。国家面临亡国灭种的危机，怎么挽狂澜于既倒，是摆在每个中国人面前的挑战。我们在今后的学习中将会看到先辈通过怎样的奋斗和努力，使中国摆脱了亡国的危险，走向复兴。今天的学习到此为止，下课。

第六章
历史课堂教学（中）

《义务教育历史课程标准（2011 年版）》和《普通高中历史课程标准（2017 年版 2020 年修订）》都将促进学生自主学习、合作学习和探究学习，提高实践能力，培养创新精神作为课程基本理念，研究性的教学、合作式的教学和发现式的教学在历史教学中的运用越来越广泛。

第一节　研究性教学

2001 年，教育部发布《基础教育课程改革纲要（试行）》，提出了"研究性学习"的概念，要求教师在教学过程中应与学生积极互动、共同发展，要处理好传授知识与培养能力的关系，注重培养学生的独立性和自主性，引导学生质疑、调查、探究，在实践中学习，促进学生在教师指导下主动地、富有个性地学习。

一、研究性教学概述

随着对"研究性学习"的研究的深入，研究性的教学理念成为教育界关注的焦点，人们把研究性学习方式引入课堂教学，形成研究性教学。研究性是现代教育的重要性质，教学过程中，学生的现阶段水平和预期目标存在矛盾，这个矛盾的运动和发展，使教学本身就具有探求的特征，因此苏联"合作教育派"代表人物阿莫纳什维利把现代教育看作是教师指导下，学生积极参与的"亚研究"过程。

（一）研究性教学的定义

所谓"研究性教学"，是指向一定的教学内容，师生互动求知，置疑质疑，解疑答疑，运用各种方法组织和解决问题，使教学过程成为学生能动的学习探求过程。课堂是一个学习共同体，教材提供的知识、教师个人拥有的知识和师生互动产生的新知识都是课堂交流的内容。这个过程的特征是"能动地探求"，教学活动呈"营造场景，多向互动，整体参与"的关系。这种关系构成的模型如图 6-1 所示。

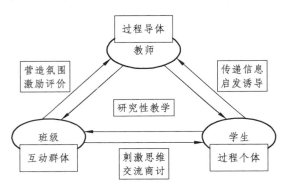

图 6-1　研究性教学的模型

在研究性教学中，教师是整个教学过程的指导者，他规划着教学的进程，学生是学习过程的实施者，班级是研究个体有机组合的互动合作集体，三者两两之间呈双向交流状况。其运作传递路径，从教师出发，通过传递信息，启发诱导学生积极思考，营造研究气氛，使学生获得积极评价；从学生出发，在班级活跃的研究气氛中讨论交流，教师适时地组织评价，再将评价结果反馈给学生；从班级出发，活跃研究气氛感染学生个体，使学生积极参与研究，将研究信息传达给教师。由于研究的教学呈未知向求知的探究状态，所以研究性教学也就是探究式教学。

（二）研究性教学的教师角色

1. 教师是组织者和指导者

教师是研究性教学的组织者、指导者。教师如何营造研究气氛，是教学成败的关键，一般地说，学生掌握知识有两种途径，一是依靠教师的讲解，二是依靠自己的钻研。研究性教学强调学生就教学内容开展研究，对教师的要求就是为学生提供必要的素材、情境，培养学生的问题意识，使教学中心由"解惑"转为"生惑"，指导学生进行创造性的研究学习活动，使学生既能对一切未知现象问为什么，又敢于对一切看似确定的结论问为什么。通过教师的指导营造出班级浓厚的研究学习氛围，促使哪怕是最腼腆害羞的学生也能大胆发表自己的意见和看法。

2. 教师是研究者和研究活动的参与者

教师本身就是研究者。第一，现代教育课程的生成性使教师现有知识水平未必能适应教学的要求，教师面对学生可能的质疑，需要作相应的准备，必须不断地充实自己。第二，教师自己对教学内容的充分掌握并不能表明学生也能够充分掌握，他必须研究怎样对教学内容进行加工、处理，根据实际情况调动学生理解、体会教学内容。在整个教学过程中，教师始终处于研究状态，也就是说，师生都是教学的研究者，班级是一个学习者群体，在教学中，师生互相促进，共同提高，达到《学记》中"学然后知不足，教然后知困。知不足，然后能自反也，知困，然后能自强也"的境界。

（三）研究性教学的特点

从研究性教学"能动地探求"的本质特征出发，研究性教学有以下四个基本特点：

教学内容的预定性。历史课程的教学，有其一定的教学时间内完成一定的教学任务的特点，也就是说，教师在实施教学前，就已经明确了教学内容，有了明确而具体的教学目标，学生对即将学习的内容也有一定程度的了解，并且设定了自己的学习目标，同时这些学习内容与学生原有的认知结构有着逻辑的联系，凭着这种逻辑联系，学生能够将新旧知识组合，将新知识纳入自己的认知结构。

教学活动的实践性。研究性教学是以学生的主体实践活动为线索展开的，将知识的构建自主权交给学生，认为学生是具有不同个性和探究本能的生命个体，它重个体的体验（体味），包括动手的体验和动脑的体验，这种体验让学生在教师的帮助下，通过感知材料，内化为思维品质，外化为能力，上升为理性认识，形成自己的知识结构。

教学过程的开放性。研究性教学的过程与结果都是开放的。其一是教与学的过程本身是开放的，教师、学生伴随着问题的提出和解决，经历着时而紧张、时而愉悦的情感体验，在体验中享受"山重水复疑无路，柳暗花明又一村"的豁然开朗和"踏破铁鞋无觅处，得来全不费功夫"的如释重负，学生知识的构建在不知不觉中进行。教师要善于找出或启导学生找出能引起研究兴趣的初始问题和能将研究讨论一步步引向深入的后续问题，使课堂自始至终都沉浸在研究、解决问题的状态。其二是教与学的思维发展过程是开放的，教师随时根据课堂的变化调整自己的教学策略，不能抱残守缺地固守自己原先的设定。

教学氛围的民主性。在学习中，班级成员和教师构成一个学习者群体，由于知识水平和认识水平的差异，教师和学生、学生和学生对问题的看法也必然会存在差异，这就要求师生之间、生生之间能够相互包容和宽容，以民主的精神对待不同意见，互相理解，寻求共识，学习者群体的思维与智慧为整个群体所共享，即整个学习群体共同完成对所学知识的意义建构，而不是其中的某一位或某几位学生。

从学生的实际情况出发，研究性教学可以先从半独立、局部参与研究开始，逐步过渡到独立的全过程的研究，它要求学生把接受学习和发现学习结合起来，养成探究的习惯，在研究和解决问题过程中得到锻炼和提高，逐步掌握研究问题的方法和形成创造性地分析问题、解决问题的能力，最终达到依靠自己的力量，通过独立发现的步骤学习知识和寻求解决问题的方法的高度。

二、教学案例与评析

南京大屠杀专题探究教学

教学缘起：甲午战争以来，日军在中国大地上制造了无数针对平民的屠杀事件，其中尤以南京大屠杀最为骇人听闻。前事不忘，后事之师。日军为什么如此残暴？同胞为什么引颈就戮？军人为什么不能保护国民？历史悲剧还会重演吗？这些问题与现实紧密联系，必须引起我们的深入思考，从思考中体会从历史走向未来的含义。

课前资料准备：

南京大屠杀是中国人无法遗忘的历史伤痕。

南京这座历史古都，早在1919年人口就超过50万，1937年1月南京市人口统计为1 015 697人。1937年6月为1 015 450人。南京沦陷前，经过疏散，人口有减少，但总人口最少为55万人。大致的分布情况是：城内约36万人，城外19万人；城内36万人中，安全区约20万人，其他区域约16万人。

1937年七七事变后，日本展开全面侵略中国的大规模战争。同年8月13日至11月12日在上海及周边地区展开淞沪会战。11月12日上海失守，淞沪会战结束。日军趁势分三路急向南京进犯。12月1日，日军攻占江阴要塞，同日，日军下达进攻南京的作战命令，中国方面就此开始准备在上海以西仅300余公里的首都南京的保卫作战，1937年12月10日日军发起总攻，12月13日日军攻入南京，开始了长达数星期的南京大屠杀。

据1946年2月中国南京军事法庭查证：日军在南京大屠杀中，大规模集体屠杀有28案，屠杀19万多人；零星屠杀有858案，屠杀约15万多人。"被害总数达30万以上。"[1]

日军在进攻南京和攻陷南京后针对平民的主要暴行有：

无差别轰炸，不分军事目标还是民用目标，通通轰炸。1925年日内瓦国际空战协定规定交战方严禁轰炸非军事目标。1937年9月19日，日军第三舰队司令官长谷川清下令对南京等实行"无差别级"轰炸，1937年11月，日本陆军航空本部通过了《航空部队使用法》，其中第103条规定："战略攻击的实施，属于破坏要地内包括政治、经济、产业等中枢机关，并且重要的是直接空袭市民，给国民造成极大恐怖，挫败其意志。"这是人类战争史上第一次明文规定可以在战争中直接以平民和居民街道为目标实施空袭。

集体大屠杀，对中国人，特别是解除了武装的军警人员进行若干次集体屠杀，手段包括机枪射杀、集体活埋等。

二次大战后，远东国际军事法庭在《判决书》中，特设"南京的暴行"专章，确认了日本侵略者所犯下的南京大屠杀罪行，并以此将相关

---

[1] 经盛鸿. 抵赖与狡辩推翻不了南京大屠杀的血铸史实[J]. 百年潮，2013（4）.

战争罪犯处刑。《判决书》确认："在日军占领后的最初六个星期内，南京城内和附近地区被屠杀的平民和俘虏的总数超过 20 万。这一估计并不夸大其词，而是可以通过埋尸团体和其他组织提供的证据加以证实的。这些组织掩埋的人数多达 155000 人。他们还报告说，大多数死难者都是双手被反捆着的。而且，这一统计的数字还不包括那些被焚烧的、被扔进长江的以及被日军以其他方式处理的尸体。"①

1937 年 11 月 29 日，《东京日日新闻》（现名《每日新闻》）首次以《百人斩竞赛，两少尉已杀敌八十人》为题报道了向井明敏少尉与野田毅少尉这两个青年军官开展"刀劈百人竞赛"的消息。12 月 4 日，《东京日日新闻》从丹阳发回电讯，又以《全速跃进，百人斩竞赛的经过》为题，称赞这两个刽子手"勇壮绝伦"，"挥舞宝刀，砍个不停中"。12 月 6 日，《东京日日新闻》从句容发回电讯，第三次报道"百人斩竞赛"的消息，标题是：《八十九——七十八，"百人斩竞赛"难分胜负，勇壮！向井、野田两少尉》。12 月 10 日，向井、野田随第 16 师团攻击至南京近郊紫金山麓，这时向井杀了 106 人，野田杀了 105 人，虽然向井比野田多杀 1 人，但因为分不清谁先杀满 100 人，难决胜负，于是又开始以杀满 150 人为目标的竞赛。《东京日日新闻》于 12 月 12 日第四次报道此两人"百人斩竞赛"的消息。12 月 13 日该报早刊刊登了此报道，标题是：《百人斩超纪录——向井 106 对野田 105，两少尉要延长赛程》。在这些血淋淋的报道文字旁边，还配发了一张这两个"杀人英雄"用双手支撑杀人战刀的合影照片。②

除屠杀之外，日军侵占南京期间，还大肆强奸妇女，掠夺中国文化珍品。估计当时发生的强暴案超过 20 000 宗，从 1938 年 3 月起，日军花费一个月的时间，每天搬走图书文献十几卡车，共抢去图书文献 88 万册，超过当时日本最大的图书馆东京上野帝国图书馆 85 万册的藏书量。

教学过程：

教师：关于南京大屠杀，围绕战争认识问题，日本与东亚各国形成

---

① 杨夏鸣. 南京大屠杀史料集 7 东京审判[M]. 南京：凤凰出版社，江苏人民出版社，2006：607-608.
② 经盛鸿：是日本"勇士"，还是杀人恶魔？——对南京大屠杀期间日本报刊报道日军"杀人比赛"的剖析[J]. 安徽史学，2012（3）.

巨大的认识对立，日本认为，南京大屠杀被杀人数（平民和战俘）最多6万人而不是中国所主张的30万人。有些学者认为，日本社会的主流集团或许已经患上严重的记忆缺失症。东亚各国人士的结论是：日本对战争并非没有记忆，而是按自己的意志去说一些让人们尽量减轻对其追责的话语。日本这个集体的记忆的选择性特征是避实就虚、避重就轻。

我们先研究日本人为什么丧失人性，热衷于大屠杀。

出示材料：

恻隐之心，人皆有之；羞恶之心，人皆有之；恭敬之心，人皆有之。

自甲午战争开始至抗日战争的结束，日军在中国制造了数不尽的屠杀，屠戮数量之大和屠戮手段之残忍，举世骇然，南京大屠杀只是这些屠杀中规模最大的一例。

问题导入：凶恶残暴和日本人彬彬有礼的形象形成巨大反差，日本人为什么会变成万恶的屠夫？人性是怎样丧失的？

讨论1：日本士兵以滥杀为荣的行为准则是怎样形成的？

出示材料：

日军训练新兵，是促使新兵尽快彻底摆脱人性，日军新兵首先要学习如何不把人当人看待。日本人森村诚一在回忆731部队训练新兵时说："在特别班班员中，多数都是来自农村的青年，有的人很淳朴，胆子很小。因而就对他们进行'培养胆量的特殊训练'。特殊训练是什么呢？就是用六棱棒将'木头'（即被用作实验材料的活人）殴打致死。"

——金辉《恸问苍冥》

"当士兵在受过军队教育后从部队出来时，常常被人说是彻头彻尾换了一个人，变成一个'真正极端的国家主义者'。"

——【美】本尼迪特克《菊与刀》

讨论2：日军的战斗力是怎样形成的？

出示材料：

江户前期成书的《叶隐》对武士道做了系统的总结，其第一卷中说："所谓武士道，就是对死的觉悟。每朝每夕，念念悟死，则成常住死身，于武道乃得自由。"按照日本人新渡户稻造的说法，武士道"最初是作为精英阶层的荣誉而建立的，此后，随着时间的推移，逐渐成为整个国家的抱负和滋养。"

武士道是日本武士阶层关于死和荣誉的道德规范或行为准则。"需要死的时候就毫不犹豫地死，该攻击的时候就猛烈地攻击。"

"日本军队的长处，不但在其武器，还在其官兵的教养——其组织性，其因过去没有打过败仗而形成的自信心，其对天皇和鬼神的迷信，其傲慢自尊，其对中国人的轻视等等特点；这是因为日本军阀多年来的武断教育和日本民族的习惯造成的。"

——毛泽东《论持久战》

【评析：明治维新后，日本逐渐在政治、军事、经济、思想文化各领域确立起军国主义体制，在这种体制下，武士道效忠君主、崇尚武艺和绝对服从的人格和神道教不分是非的信念畸形结合，使武士道发展成为日本军人的信条，同时也成为对外侵略的精神武器。武士道的畸形发展为军国主义提供土壤，在忠君爱国的旗号下，日军鼓励滥杀无辜的非人性精神，视残暴为美德。日军士兵受到各种屈辱训练后，变得兽性十足，变成虐待狂。】

教师：请看日本国民对南京大屠杀的反映：日军攻占南京进行大屠杀，日本人为日军胜利攻占南京而举国狂欢，全国各地都在举行提灯游行。在东京，成千上万的人拥向皇宫的各个门口，"万岁"之声响彻云霄。这种战争狂热，初期除了国民一般朴素的国家观念外，支撑他们支持战争的力量是什么？

讨论3：战争狂热怎样成为日本国民的信条？

出示材料：

日本学者福泽谕吉鼓吹"文明论"，宣称"战争是伸张独立国家的权利和手段"。日本侵略朝鲜和台湾是为了推进"文明"，不服从日本就是不服从"文明"，日本发动的战争是"文明"的战争，"文明"的战争是绝对正确和必要的。

1890年颁布《教育敕语》规定教育之根本目的在于使国民"效忠天皇"：

"我等乃陛下之学生，立于追求忠道之学业，誓翼赞圣业。

我等乃陛下之学生，振奋刚健不挠之气魄，誓宣扬皇道。

我等乃陛下之学生，切除苦行勤于文武，誓作兴亚之柱石。"

侵华战争期间的日本教科书写道：

"日本乃神国，至高无上之国，它象征着亚洲大陆和太平洋之间的中流砥柱，只有日本才最适合于领导亚洲。

支那历来由于广大而无法实现统一，从古至今支那人一直处于战乱兵燹的水深火热之中。日本今天的所作所为正是拯救他们脱离苦海。"

讨论 4：日本塑造了什么价值观来影响日本人？

出示材料：

美国人类学家本尼迪克特在其名著《菊与刀》中说："在这场日本发动的全面战争中，……我们必须知道他们的政府能从人民那儿得到什么样的依靠。"

明治维新以来，日本强化了日本是"神国"的教育宣传。政府发布文告宣称"天皇是最高的神，从开天辟地起就是日本的主人"。明治 22 年（1899 年）颁布的《大日本帝国宪法》开篇便说："大日本帝国，由万世一系之天皇统治之"，"天皇神圣不可侵犯"。

以靖国神社为标志的神道被确定为国家宗教，其教义包含"爱国和忠诚"。对天皇的忠是最高的美德，只要是为天皇而死，便与他生前行为的善恶是非完全无关，统统成为"护国神"。

讨论 5：南京大屠杀是个别军人的偶然行为吗？

出示材料：

日本政府通过国家神道，向日本人灌输神国人民都是神皇的子孙，培植国民对天皇的绝对忠诚，使国民相信日本民族是神统帅的最优秀的民族，因而就有统治外国甚至全世界的权力，使之成为推行军国主义的国家精神支柱。

满铁总裁大川周明："既然某些历史学家认为日本是我们这个星球上建立的第一个国家，所以它的神圣使命就是统治所有的民族。"（1924 年）

日本首相平昭骐一郎："我们希望日本的意向将会得到中国人的理解，以致他们能够与我们合作。至于那些不愿意理解我们的人，除了消灭他们，我们别无他法。"（1939 年 1 月 21 日）

1940 年，日本华北派遣军指挥机关向在山西扫荡的日军部队下命令："凡是敌人区域内的人不问男女老幼，应全部杀死，所有房屋，应一律烧毁，所有粮秫，其不能搬运的，亦一律烧毁，锅碗要一律打碎，并要一律埋死或投下毒药。"对战俘"应视情况予以一个一个地消灭，或用炸弹、毒气弹、毒药、水淹、砍头以及其他方法集体消灭。务必全部消灭，一个人也不留，并不得留下一点痕迹。"

【评析：日本意识形态最重要的组成部分是儒教，它来源于中国的儒学，但与中国儒学完全不同。中国儒家把"仁"列为道德的本质和核心，如果统治者没有仁，即"无道"，人民反抗他是正义的。而"在日本'仁'变为被排斥在外的道德，完全丧失了它在中国伦理体系中的地位。"① 日本儒教的核心是"忠"，但与中国人把"忠"同仁义连在一起完全不同，日本的"忠"系于天皇，是无条件的效忠和尽忠。摒弃一切永恒的道德规范和普遍的价值观念，把忠孝作为最高道德规范的神道被确定为日本国家宗教，日本神道的教义包含"爱国和忠诚"，其"国"始终指向大日本帝国，"忠"始终指向天皇。日本政府通过国家神道，向日本人灌输神国人民都是神皇的子孙，培植国民对天皇的绝对忠诚，使国民相信日本民族是神统帅的最优秀的民族，因而就有统治外国甚至全世界的权力，使之成为推行军国主义的国家精神支柱。】

教师：关于南京大屠杀的思考，远远不止这些。希望同学们在今后的学习和生活中认真思考下面的问题：我们为什么能取得抗战的最后胜利？我们如何避免惨遭屠杀的悲剧重演？

教师观课感受：

在问题导向中实施深度教学②

吴跃　江国清　杨秀玲

教学是教师与学生相长的过程，在这个过程中，问题导向的对话能够加深师生的情感交流，并帮助学生进行深度学习。2020 年 10 月，

---

① 本尼迪克特. 菊与刀[M]. 晏榕，译. 北京：中国华侨出版社，2011：46.
② 本文发表于《教育导报》2021 年第 35 期（总第 3563 期）三版。作者吴跃，自贡市沿滩区教师进修学校历史教研员；江国清，自贡市沿滩区仙市中学教师；杨秀玲，自贡市富顺县永年中学教师。

四川省贾雪枫名师鼎兴工作室组织了一次集中研修活动，工作室领衔人贾雪枫老师执教了探究课《勿忘国耻——南京大屠杀的反思》，在教学中，贾老师问题导向的教学，把学生的思维引向深入，给了听课教师极大启示。

一、问题要切中要害

在《勿忘国耻——南京大屠杀的反思》探究课中，贾老师以凄厉的防空警报音频引入，仿佛把学生带回 1937 年南京大屠杀那段惨痛的历史。这堂课的材料是师生前所未见的，提问的方式也让我们看到了什么叫"一针见血"。这堂课主要探究的问题是日本人为什么杀人？在教学中，贾老师并未直接按部就班讲授南京大屠杀的史实，而是先从研究日本人为什么丧失人性，热衷于大屠杀入手，提问"他们为什么杀人？"并提供多段材料，环环相扣，让学生分组讨论，层层分析原因，得出答案。第一环节的教学结束后，贾老师再次给出多段史料，让学生继续分组讨论"我们为什么能取得抗战的最后胜利？我们如何避免惨遭屠杀的悲剧重演？"这些问题使听课教师陷入沉思。

二、问题要深入本质

《勿忘国耻——南京大屠杀的反思》的教学，令我们触动颇深，使我们不得不再次思考历史教学的根本价值所在。

通过听课，我们不禁产生追问并索求答案的渴望：南京大屠杀是偶然事件吗？毫无人性、残忍杀人是日本军人的天性？贾老师的课让我们明白了，伴随日军侵略战争的军国主义是国家意志发展的结果，南京大屠杀是日本军国主义的必然结局。日军人性的泯灭是日本武士道和军国主义思想文化和疯狂扭曲训练的结果。引发深入思考的问题才是真正的问题，这种问题才是真正触及历史本质的问题，才能真正使学生思考历史对人生、对未来的意义。

三、问题要发人深省

教学观摩结束了，但我们的思考没有结束。后来我把贾老师的课件要了过来，再次拜读他所引用的材料，学习了他的设计思路。材料以确凿的证据有力地证明了日本军国主义的治国思想、社会状态、文化教育。在教学设计上以问题的形式把教学内容串起来，通过环环相扣的问题让学生思维动起来。正是这种材料与问题的紧密结合，使教学呈现以问题为导向、师生共同探究的特征。至今回想起这堂课，都忘不了那种如鲠在喉、热泪盈眶的感觉。

思想是行为的先声，什么样的思想支配什么的人。这次学习，让我豁然开朗、云开雾散，从"历史现象"到"历史本质"的探究，挖掘历史的厚度。怎么让课堂鲜活而不肤浅？只有不停留于历史现象，在问题导向中实施深度教学，探求现象背后的本质，教学才是有思想的教学。

第二节　合作式教学

学生的学习目标可以按促进合作努力、竞争努力或个体努力进行结构组织。任何一节课的教学活动都是为实现一定的学习目标，并在目标结构指引下进行的。学习目标是在所学领域表现出能力或掌握所学知识的一种未来理想状态，目标结构决定了学生之间的互动关系和教师为实现目标的教学方式。课堂中学生需要掌握如何独自学习，如何与他人合作、通过竞争来体验胜利的喜悦三种状态的学习。教师是课堂目标结构的制定者和实施者，在诸多目标结构中，合作学习是最困难、最重要的目标结构。

一、合作式教学概述

（一）合作式教学的定义

运用合作学习的理念开展的教学概称为合作式教学。合作学习是当今世界上许多国家都普遍采用的教学理论和策略体系。但迄今为止，学术界尚没有一个关于合作学习概念的统一认识。就目前的文献分析，合作学习是一个泛称，是一个复合性、多层面的概念，就已有的理论和实践来看，合作学习大致可以归纳为四种类型：一是以师生互动为特征的合作学习，强调师生合作是学校人际关系中最基本的方面，关注教育教学过程中的师生合作问题。二是以生生互动为特征的合作学习，从教学过程的集体性出发，着眼于学生之间互动的普遍性，构建以学生互动为基本特色的课堂教学结构，通过以学生小组合作性活动来达成课堂教学目标，促进学生的个性和群性的协调发展。三是以师师互动为特征的合作学习，这是针对教师之间缺乏交流，彼此各自为战的状况而提出的观点，提倡两名教师或多名教师同时在课堂上进行协作，共同授课。四是以全员互动为特征的合作学习。

从实践的角度看，合作学习的四种类型，其基本特征都是"互动"，没有互动就没有合作。虽然各个类型的侧重点不一样，但在教学中却没有截然分开的界限，交替出现在教学中。在课堂教学中，合作学习是一种以学生学习小组为单位、多方位进行的师生互动、生生互动的教学活动，多向交流、分组学习、异质团体是合作学习的课堂结构。

合作就是大家一起工作实现共同的目标。竞争是大家都朝着某一目标努力，仅有少数学生或只有一个学生可以达到目标，是一种让学生努力比其他同学做得更好更快的学习方式。个体努力是个人独自实现与他人目标无关的个人目标的过程，无论个人是否达到自己的目标，对他人是否实现自己的目标没有任何影响。合作、竞争和个体努力三种方式各有其存在的价值，并不存在相互竞争的关系，当三种方式在目标结构的整合下进行时，效果远远超出单独使用某一目标结构。合作学习可以分为正式的合作学习、非正式的合作学习和基于合作的小组。

（二）合作学习的要素

合作式教学的基础是合作学习。合作学习是基于小组建设的学习。合作学习小组有三种类型：正式的合作学习小组，是预先划分好的小组，持续时间可能是一节课，也可能是几个星期，小组成员按照教师的要求领取学习任务，积极参与材料收集、组织、总结，并将其纳入已有的认知结构。非正式的合作学习小组，是教师在课堂教学中临时划分的小组，教师将学生临时划分为不同小组，帮助学生建立起对学习内容的期待，对学习材料进行认知加工。基于合作的小组，是长期的、异质的小组，这种小组具有稳定性，小组有共同的目标，小组成员之间彼此支持、帮助、鼓励，为学生提供长期的、忠诚的人际关系。

不是所有的小组都是合作学习小组，并不是说把一群人放在一起组成为一个小组他们就是合作小组。虚假的学习小组就是把成员分配到一个小组学习，小组成员间要么没有互动，要么互动对个体没有表现出任何好处。传统的课堂学习小组接受了他们是一个团体的事实，但是相互之间的依赖很小，成员除了对自己负责，无须对其他人的学习负责，学生的责任是作为独立的个体而不是小组成员。合作学习小组中，其成员通过对共同的目标负责，同时强调小组责任和个人责任，小组成员不仅仅分享信息和观点，还应通过成员的共同努力和贡献，产生一些特定的产品。

美国明尼苏达大学合作学习中心约翰逊兄弟提出了合作学习的五个基本要素：小组成员感觉到明显的积极互赖；互相维持彼此的个人责任来完成分配给成员个人的工作；促进彼此的学习和成功；能恰当地使用成功的合作努力所需的人际交往和小组技能；反思小组成员共同工作的效果。[①]将这些要素整合在小组学习情境中，有助于合作学习的有序实施。

1. 积极互赖

在合作学习的情境中，积极互赖指的是学生们要认识到他们不仅要为自己的学习负责，还要为其所在的小组的其他同伴的学习负责。建构积极的互赖关系包括三个步骤。"第一步是给小组分配一个明确的、可以测量的任务。第二步是组织积极的目标互赖。第三步，给积极的目标互赖补充其他类型的积极互赖。"[②]积极互赖的类型有积极的目标互赖、积极的庆祝/奖励互赖、积极的资源互赖、积极的角色互赖、积极的身份互赖、环境互赖、积极的想象互赖、积极的任务互赖、积极的外部对手互赖。合作努力的核心是积极互赖，没有积极互赖，合作也就不复存在。目标互赖、奖励互赖、角色互赖、身份互赖、对手互赖、环境互赖使成员认识到要努力争取共同利益，共同分享一个身份。积极的资源互赖、角色互赖、任务互赖的结果是个体意识到小组成员的表现是互相促进的，任何一名成员都不是独立的。

2. 个体义务/个体责任

合作学习的目的是使每个成员本身在他自己的能力范围内得到更

① 约翰逊（Johnson, D. M.），约翰逊（Johnson, R. T.）. 合作学习[M]. 伍新春，郑秋，张洁，译. 北京：北京师范大学出版社，2004：99.
② 约翰逊（Johnson, D. M.），约翰逊（Johnson, R. T.）. 合作学习[M]. 伍新春，郑秋，张洁，译. 北京：北京师范大学出版社，2004：86.

好的发展，个人责任是保证所有小组成员通过合作学习取得实质进步的关键。学生在小组中学习知识、技能、策略和方法，独立地应用知识、表现技能、策略或方法，来证明他们个人对材料的掌握，学生共同学习，然后单独表现。学习小组的规模要小，规模越小，个人责任越大。在合作学习小组中，积极互赖建立得越好，越有利于个人责任大发挥，使每个成员都感觉到个人有责任贡献他们的个人努力来达成小组目标。

3. 面对面的促进性互动

合作小组应保证所有成员面对面地共同学习，建立起学习系统和支持系统，积极互赖主要是通过促进个体间面对面的互动，培养相互间的关爱和彼此负责的关系。促进性互动的特点在于个体间互相提供既高效又有效的帮助和支持，互相交换诸如信息和材料等所需的资源，并更高效又有效地加工信息。

4. 人际和小组技能

在合作学习小组中，学生需要学习有关学科主题的内容，也需要学习有助于小组功能发挥的人际和小组技巧。合作学习比竞争或个体化学习更复杂，学生为了协调各种努力以达到共同目标，因此，必须相互间认可和信任，进行清晰而准确的交流、彼此接纳和相互支持，并建设性解决冲突。

5. 团体历程/小组反思

合作学习小组训练的最后阶段是组织团队历程。反思过程是随着时间的推移而发生的连续事件，团队历程被定义为通过对小组过程的反思，来描述小组成员的哪些行为是有益的或无益的，决定哪些行为要继续或者要改变。团队历程的目的在于明确和提高小组成员为达成小组目标而付出协作努力的有效性。团队历程给小组成员提供了一个相互维持责任、成为一个负责和技能熟练的成员的结构。研究表明，有团队历程的合作情境比没有团队历程的合作情境效果要好。

合作学习小组和学生的学习密不可分。教师理解合作努力的内涵，系统接受和使用合作学习方法，合作学习就可能成为教学过程中最有创造性的教学工具。并不是所有的小组都是合作小组。小组可能是虚假的学习小组，很多教师在教学中都认为自己在使用合作学习，但实际上他们只是简单地把学生放在一起让他们学习。合作学习不是让学生挨在一起互相交流然后各自完成自己的任务；合作学习不是在教师指导下学生单独完成一个学习任务，然后让学习进度快的学生帮助进度慢的学生；合作学习不是教师布置一个任务，然后一名学生主要完成，其他学生只需要旁听；合作学习不是物理位置接近的学生之间讨论、交流材料，同学之间分享材料，尽管这是重要的学习形式，但它不是合作学习。

（三）合作式教学的策略

1. 合作学习小组建设

合作学习采取班级授课与小组活动结合的教学组织形式，教学实践中，如何有效地组织合作学习是每一个合作学习实践者都必须回答的问题。合作学习的基本特征是建设学生合作学习小组。合作学习小组要围绕以下方面进行：

（1）建立积极互赖的小组目标：学生以异质小组为基本单位，教师将学业目标和社交技能目标具体化。保证学生用"我们"来思考，使学生产生学习上同伴的鼓励和支持，督促一些学习不太好的学生更加积极地投入到学习活动之中。

（2）个人责任：通过任务分工使每一个学生就小组任务中的一个部分承担责任，每个人都必须完成分配给他的那份工作。

（3）成功的均等机会：确保所有学生有均等的机会对小组做出贡献。

（4）小组竞争和组间合作：根据教学任务的不同，可以采取组内合作、组间竞争的方式，使小组间的学习产生竞争关系，促使每个小组成员将自己的学习成绩与组的荣誉相联系，从而激发荣誉感和责任心。也可以在小组合作基础上，建立小组间的合作，当一个小组完成自己的任务后，可以鼓励其他成员帮助没有完成任务的其他小组，扩大合作学习的积极效果。

（5）任务专门化：把独立的子任务分给每个小组成员。比如运用拼图法，将学生分成合作小组，每个小组分配同样的主题，将材料分成智力拼图那样的若干部分，每个学生都要完成任务所需的一部分，并将自己的那部分内容教给小组其他成员。

小组建设涉及小组规模。小组规模没有一个固定的最优模式。一般来说，小组维持的时间越短，小组规模应越小。小组规模越小，学生就越难以逃避责任。小组规模越小，越容易察觉学生一起学习时遇到的困难。小组规模越大，越要求小组成员具有合作的技巧。小组规模越大，小组成员之间的互动机会越少。在小组合作学习过程中，要让学生实现材料互赖和资源互赖。每个小组一份学习材料，为了完成任务，学生们得在一起学习，或者使每个学生拥有完成任务的一部分材料（只拥有为完成任务所需的一部分信息），学生必须将自己的资源与别人的资源共享才能完成任务。

2. 合作式教学的流程

在历史教学中，合作式教学是一种融师生互动、生生互动为一体的教学方式。在合作式教学中，教师作为学生学习活动的组织者，他所处的是引导者角色。在教学开始的时候，他要事先划分学习小组、向学生解释教学的目标和合作学习的性质、分配小组承担的任务，在过程中，要监控和适时干预，合作学习结束后要组织评价。合作式教学的流程如图 6-2 所示。

图 6-2　合作式教学流程

合作式教学，关键在于任务要有合作的价值，每个成员在合作过程中能够承担不同的角色和不同的任务，如果任务缺乏合作的价值，那么合作式教学就不可能获得成功。

二、教学案例与评析

百家争鸣

课前准备：预先分组，将学生分为 4 个小组，准备材料，分发给各个小组；将教室课桌往后移，空出演出场地。

布置学习任务：阅读 PPT 展示的材料，再分组结合教材有关内容讨论如何用小演出形式表现材料给出的场景和内容，撰写台词和分配角色。

材料内容：

1. 子路问孔子："先生，如果我听到一种正确的主张，可以立刻去做吗？"孔子说："总要问一下父亲和兄长吧，怎么能听到就去做呢？"冉有也问孔子："先生，我要是听到正确的主张应该立刻去做吗？"孔子马上回答："对，应该立刻实行。"冉有走后，公西华奇怪地问："先生，一样的问题你的回答怎么相反呢？"孔子说："冉有办事犹豫不决，所以我鼓励他要果断。子路逞强好胜，所以我劝他要多听取别人意见。"

2. 楚国准备攻打宋国，请工匠鲁班制造攻城的云梯等器械。墨子听到消息后非常着急；一面安排大弟子禽滑厘带领三百名弟子帮助宋国守城；一面赶往郢都见楚王。墨子和鲁班在楚王面前，用腰带模拟城墙，以木片表示各种器械，演习各种攻守战阵。鲁班组织了多次进攻，结果多次被墨子击破。鲁班攻城器械用尽，墨子守城器械还有剩余。楚王见此，只好放弃攻宋的计划。

3. 邯郸学步（出自《庄子·秋水》）

赵国都城邯郸的人擅长行走，不仅步子轻快，而且姿态也非常优美。燕国寿陵有个少年，千里迢迢来到邯郸，打算学习邯郸人走路的姿势。结果，他不但没有学到赵国人走路的样子，而且把自己原来走路的步子也忘记了，最后只好爬着回去。

4. 郑人买履（出自《韩非子·外储说》）

从前有一个郑国人，想去买一双新鞋子，于是事先量了自己的脚的尺码，然后把量好的尺码放在自己的座位上。到了集市，却忘了带上尺码。挑好了鞋子，才发现："我忘了带尺码。"就返回家中拿尺码。等到他返回集市的时候，集市已经散了，他最终没有买到鞋子。有人问："你为什么不用自己的脚去试试鞋子？"他回答说："我宁可相信量好的尺码，也不相信自己的脚。"

要求：小组合作学习讨论。在 5 分钟时间内，小组共同完成演出剧情设计、剧本写作和角色分配。每组演出需表现本组对材料的理解，演出时间不超过 3 分钟，表演结束后，每组推选一人说明剧情反映的是哪个学派，并说明本组对材料所反映的历史事实的理解。

学生在得到材料后，立即按小组划分，开展小组合作学习。按要求设计剧情，草拟剧本，分配角色。5 分钟时间一到，教师要求学生各回原位，按材料顺序分组表演。

第一组：该组学生将场景设置为讲堂。一名学生扮孔子端坐正中，3 名学生分别扮演子路、冉有、公西华，公西华站在孔子旁边，其余学生围站在一旁，扮演孔子的其他学生。子路、冉有先后走到中间向孔子发问，得到回答后离场，围站在一旁的学生表现出不解的神情。然后公西华在旁边提问。该组学生将材料中的情境、语言直接作为小组表演的剧本、语言。表演结束后，小组一名学生解释，这是在诠释儒家学派孔子因材施教的教育思想。

第二组：该组学生将表演场景分为宋、楚两部分。一名学生扮演鲁班，部分学生扮演工匠，在楚地营造云梯等攻城器械。一名学生扮演墨子，部分学生扮演墨子弟子，在宋地忙碌修筑防守工事。一名学生扮演楚王，扮演鲁班的学生和扮演墨子的学生在楚王面前演示攻防器械，并伴相应语言。最后，楚王放弃攻宋计划。表演结束后，一名学生解释，这是在诠释墨家学派墨子的非攻思想。

第三组：该组学生将剧情情境设置在城门前。一名学生作讲解，他先说"赵国都城邯郸的人擅长行走，不仅步子轻快，而且姿态也非常优美"，其他学生便踩着步伐绕场一周后到中间，围成拱形城门。讲解学生又说"燕国寿陵有个少年，千里迢迢来到邯郸，打算学习邯郸人走路的姿势"，一名学生扮燕国少年，先步伐正常地从城门走入中间，一名学生步履轻松地从他面前走过，燕国少年露出美慕表情，然后模仿，一会同手同脚，一会一瘸一拐，讲解学生旁白"他不但没有学到赵国人走路的样子，而且把自己原来走路的步子也忘记了"，燕国少年匍匐在地上爬行，讲解学生说"他最后只好爬着回去"，然后扮燕国少年的学生爬着从城门出去（这时，学生们全都哈哈大笑起来）。表演结束后，一名学生解释，这是在诠释道家学派庄子要顺应自然、不能一味模仿的思想。

第四组：该组学生将主要场景设置为市场。一名学生扮演卖鞋子的小贩，一名学生扮郑人，一名学生扮路人，其余学生扮市场的客商和顾客。扮郑人的学生先在家中用尺子量自己脚的尺码并写在竹简上，然后到市场，走到鞋摊，左挑右选，与鞋贩讨价还价谈妥价格，刚准备付钱，却发现没带尺码，只好回家去取。郑人离开，摊贩收拾摊位，郑人返回，摊贩离开。路人问："你为什么不用自己的脚去试试鞋子？"郑人回答说："我宁可相信量好的尺码，也不相信自己的脚。"表演结束后，一名学生解释，这是在诠释法家学派韩非子不能因循守旧墨守成规的思想。

教师：四个小组的同学全员参与，都在自己小组里的学习中扮演了不同的角色。大家评议一下，哪个小组的表演最优秀。

学生齐声：三小组最优秀。

教师：刚才各组都以自己的表演诠释百家争鸣时期主要思想流派的主张，现在我们一起来整理一下，出示空白表格，如表6-1所示。

表6-1　百家争鸣

学术流派	代表人物	生活时代	主要事迹和主张
儒家			
道家			
墨家			
法家			

然后以小组为单位，抽取学生一一填空。填写完成后，提问：为什么春秋战国时期学术思想这么活跃？春秋战国时期的百家争鸣对我国历史发展产生什么影响？

【评析：小组合作学习是所有教学方法中最不好组织的，因为合作必须要有合作的价值，合作过程中，小组成员不能有旁观者，每个成员都要承担一定任务。小组合作学习必须围绕教学重点进行，当学生的理解有偏差或者其他原因不能深入下去时，教师应适时介入。】

第三节　发现式教学

瑞士儿童心理学家皮亚杰的认知发展理论认为认知结构产生于"同化于己""顺应外物"的主客体相互作用的活动中，苏联心理学家维果茨基针对有关教学与发展互不相干、将教学与发展混为一谈等观点，提出了教学与发展之间存在着复杂的关系，教学可以促进儿童的发展。布鲁纳的学习理论主张教学应重视能使学生自愿学习，教学必须是结构化的，教学设计必须有利于学生对知识的外推。认为"提出一个学科的基本结构时，可以保留一些令人兴奋的部分，引导学生去发现它"。由此，发现式教学成为建构主义倡导的教学方式。

一、发现式教学概述

（一）发现式教学的定义

从布鲁纳提出发现学习思想以来，对学习就有了接受性学习和发现性学习之分。布鲁纳"发现学习"理论认为，自觉学习是发现学习的前奏，它强调教学过程只向学生提出有关问题，引导学生学习，搜集有关资料，通过独立思考，自己体会，"发现"概念和原理的形成步骤。建构主义的学习中，目标指引不同于由外部目标驱动的传统学习与教学。学习目标的形成与学习过程中产生的真实任务有关。所谓真实任务，指与真实世界相关的、具有实用性和适度复杂性的整合性任务。在解决真实任务过程中，学习者始终面对结构不良的或定义不完善的问题领域，因此真实的学习目标产生于学习过程的内部，产生于学习者与教师、教学内容、学习环境的相互作用之中。

布鲁纳指出："不论我们教什么学科，务必使学生理解学科的基本结构。"[1]学科的基本结构指学科的基本概念、基本原理和它们之间的关联性，是知识的整体和事物的普遍联系。掌握学科基本结构的基本态度或方法便是"发现"（discovery）。他认为，学生的认识过程与人类的认识过程有共同之处，教学过程就是在教师引导下学生发现的过程。"学

---

① 布鲁纳. 布鲁纳教育论著选[M]. 北京：人民教育出版社，1989：27.

习就是依靠发现。"①教学中学生利用教师或教材提供的材料，主动地进行学习，像数学家那样思考数学，像历史学家那样思考历史，亲自去发现问题的结论和规律，成为一个"发现者"。所以，发现式教学就是在教学过程中，教师引导学生以主动思考的态度去发现问题和解决问题。

发现式教学强调问题定向学习，注重思维的过程甚于思维的结果。它的教学程序是：第一，提出问题。教师选定一个或几个一般的原理，给学生一些感性材料，使学生带着问题学习，学生提出弄不懂的问题或疑难。第二，创设问题情境。情境的问题既适合学生已有的水平、能力，又需要经过一番努力才能解决，从而使学生形成对未知事物进行探究的心向。第三，提出假设。第四，评价验证，得出结论。在发现式教学中，师生的角色如表6-2所示。②

表6-2 发现式教学中的师生角色

发现教学的程序	教师角色	学生角色
提出问题	资料提供者	分析者、探究者
创设问题情境	激励者、兴趣刺激者	探究者
提出假设	支持者	分析者、假设提出者
验证	顾问	分析者、探究者

上表可见，在发现式教学中，教师的地位十分显要。布鲁纳认为，教师在教学过程中永远是主导者，他不仅是知识的传授者，也是学生心智成长的楷模，任何先进的教学辅助手段都替代不了教师应起的作用。

（二）发现式教学促进学生深度学习

发现式教学立足于掌握学科基本结构的思路，与深度学习理论提倡的发展性课堂理念深度契合。发现学习是学生相对独立的、发现式的学习活动，可以培养学生对科学的兴趣和热爱，容易使学生形成自我奖励、自主学习的倾向性和内部动机。从核心素养激发学生运用所学内容知识解决复杂情境问题的能力，融合内容之知与能力之知为一体，深度教学

---

① 布鲁纳. 教学论原理[J]. 钟启泉，译. 外国教育资料，1987：7.
② 吴立岗. 教学的原理、模式和活动[M]. 南宁：广西教育出版社，1998：314.

"反对'知识点'意识，主张从'知识点'教学走向'知识结构'，教学学科思想不是通过零散的知识点来表达的，而是蕴含在结构化、关联性的知识体系之中"①的理解出发，发现式教学与深度教学的契合在于以发现的方式促进学生的深度学习。

1. 深度学习与深度教学

深度是相对于表层而言的，深度学习是计算机科学提出的概念，源于计算机科学、人工神经网络和人工智能的研究。2006年，加拿大多伦多大学计算机系辛顿教授首先提出了深度学习的概念和计算机深度学习模型，在计算机和人工智能领域，深度学习是通过模拟人脑的深层次抽象认知过程，实现计算机对数据的复杂运算和优化。

计算机科学关于深度学习的研究给教育学者带来很大启发：计算机、人工智能尚且能够模拟人脑的深层结构和抽象思维，通过神经网络的建立开展深度学习，那么人对知识的学习过程究竟应该是怎样的一个脑活动过程和学习过程？学生的学习有表层和深层等层次之分吗？②这个问题的提出使教育学领域特别是教育技术学领域的深度学习研究日益活跃。在研究过程中，计算机和人工智能研究领域、教育学研究领域的深度学习明显产生了本质的区别。前者是基于人脑结构的一种计算机思维和问题解决模型，是对人脑和认知结构的模拟；后者则指向知识和学习，是关于知识学习的目的、过程的理念，是一种高度沉浸的、持续深化的、逐渐延展的学习方式。因此，在教育学视野下，"深度学习不是表层学习、浅层学习，不是机械学习，不是死记硬背，不是'知其然而不知其所以然'"，它是在教师引领下，"学生围绕着具有挑战性的学习主题，全身心积极参与、体验成功、获得发展的有意义的学习过程"③。

在发现式教学中，学生的深度学习状态可以从以下几点判断：一是学生学习过程中知识与经验是否出现相互转化，即当下的学习内容是否与已有的经验建立起结构性的关联，通过调动已有知识来参与当下的学习；二是学生的学习机制是否呈现活动与体验并存状态，这里的活动是认识活动

---

① 郭元祥. 知识之后是什么——谈课程改革的深化[J]. 新教师，2016（6）.
② 郭元祥. 论深度教学：源起、基础与理念[J]. 教育研究与实验，2017（3）.
③ 郭华. 深度学习及其意义[J]. 课程·教材·教法，2016（11）.

而非肢体活动，体验指在活动参与时全身心投入获得的感悟认识；三是学生的学习是否呈现内化外显特征，学习不是简单地掌握孤立的事实性知识点，而是抓住学习内容本质属性，全面把握知识的内在联系（内化），并且能够迁移应用（外显）；四是学生是否能够给出自己对知识的态度和价值判断，能够有根据地评判在学习活动中遇到的人和事，养成自觉理性的学习习惯和正确的价值观，形成自主发展的核心素养。

深度学习并不能自然发生，需要在教师引导下进行，没有教师的深度教学就没有学生的深度学习。发现式教学的意义就在于它关注学生对知识的深度理解、关注学生自我认识、促进学生自我反思、关注学生的学习过程体验等特征。这恰恰是历史教学所必须重视和具备的。

2. 发现式教学的深度学习是历史教育的应然

所谓应然，即应该的状态。史学是为认识历史而诞生的科学。就其内容看，史学是客观的，就其表述言，史学是主观的。历史研究的是过去，面向的却是现实和未来，历史思维本身就是深邃的，自然地带着从何处来、向何处去、应如何去的追问。

历史是人类的记忆。历史的传承性决定了历史对民族、个人具有解决"从何处来"的意义，龚自珍所谓"灭人之国，必先去其史"正是其意。历史又是我区别于他的基本标识，这种标识的存在是家国情怀赖以产生的土壤，这就是章太炎"不读史书，则无从爱其国家"所表达的意义。历史因其发展的连续性和继承性，更对解决向何处去的难题具有启发和动员意义，历史教学承载着将人类积累的知识经验传递下去，在传递过程中树立我之所以为我的意识的重任，因此历史教学要培养学生树立对国家前途命运的责任感和使命感。

历史是思想的历史，思想（历史认识）是存在（历史事实）的反映，因此思想（历史认识）与客观历史的发展是一致的、统一的，但这种统一是总的趋势上的统一而非细节的统一。历史发展包含了无数细节和偶然因素，作为反映客观历史的思想要揭示历史发展规律，必须抛弃细节和偶然因素。历史教学一要传递思想，把前人对历史发展规律的认识、历史发展过程的大势所趋告诉学生；二要启迪思想，让学生自己思考评判在历史发展大势面前各种人和事的所作所为，进而从中获得启迪。

历史是现实的历史。习近平指出："历史研究是一切社会科学的基础，承担着'究天人之际，通古今之变'的使命。世界的今天是从世界的昨天发展而来的。今天世界遇到的很多事情可以在历史上找到影子，历史上发生的很多事情也可以作为今天的镜鉴。重视历史、研究历史、借鉴历史，可以给人类带来很多了解昨天、把握今天、开创明天的智慧。所以说，历史是人类最好的老师。"①探寻历史真相，总结历史经验，认识历史规律，顺应历史发展趋势，是历史学的重要社会功能。②这些要求，体现在历史教学中，必然就是探索研究、深度思考的状态。

新课程改革以来，围绕转变学生学习方式这一命题，各地进行了大量艰苦的探索，在取得不小成绩的同时，课堂教学的浅表化、碎片化、形式化现象在一些学校和教师中流行，流于形式的小组讨论、合作学习、成果展示，给人以表层学习、表面学习、表演学习的感觉。学习方式的转变被简单地认为是教学形式翻转和教学时间结构调整，在先学后教、把课堂还给学生的旗号下，人为地加大学生的课前预习时间，课堂教学被粗暴地划分为教师只能讲多长时间，学生必须自主学习多长时间，各地都出现了喧嚣、华而不实的课堂现象。表现在历史教学上，是堆砌音频、视频材料，满足于学生讲述一些事实性的知识，这显然与历史教育的目的格格不入。

历史教育的核心是历史素养教育。历史素养，是"通过日常教化和自我积累而获得的历史知识、能力、意识以及情感价值观的有机构成与综合反映；其所表现出来的，是能够从历史和历史学的角度发现问题、思考问题及解决问题的富有个性的心理品质"③。历史认识、历史素养都不是从内部自发产生的，它是一个由外部心理向内部心理转化的过程，这个过程就是历史学习的过程，它包括两个同时进行并相互影响的过程。一是认识历史，即认识客观地存在于学习者的意识之外的各种已经发生的事件的发展变化过程；二是解释历史，即在认识客观历史的基础上，如何看待历史，这个过程需要建立在对前一过程清晰理解的基础

---

① 习近平. 习近平致第二十二届国际历史科学大会的贺信[EB/OL]. （2015-08-23）[2021-06-05]. http://www.xinhuanet.com//politics/2015-08/23/c_1116344061.htm.
② 中华人民共和国教育部. 普通高中历史课程标准（2017 年版）[S]. 北京：人民教育出版社，2018：1.
③ 吴伟. 历史学科能力与历史素养[J]. 历史教学（上半月刊），2012（11）.

上，只有理解，才能解释。

建构主义认为，知识具有符号表征、逻辑形式与意义三个组成部分。符号表征是"关于世界的知识"，是知识的外在表现形式；逻辑形式是认识世界的方式，是对"是什么""为什么""怎么样"的探究。意义是知识与人的发展之间的一种价值关系，是内隐于符号的规律系统和价值系统。知识的获得是学习者在一定的情境即社会文化背景下，借助他人（包括教师和学习伙伴）的帮助，利用必要的学习资料，通过意义建构的方式而获得。要让学生进行意义建构，教师必须先转变知识观。认识论的知识观是一种结果取向的知识观，认为"知识是人类认识的成果"，它不关注知识的产生和发展过程，没有从学生发展的角度去思考知识生成的过程和学生发展之间的关系。教育学视野下的知识，是一种主体性的知识，是知识的再生产过程，强调知识的个性化。发现式教学是从教育学视野下的知识观出发，从人的发展需求、过程与结果来思考知识问题，把结果性知识转变为认识性、意义性知识。通过学习，学生不仅要获得结果，更要明确过程。

（三）发现式教学的实施策略

在历史教学中，教师要对事实性知识（教材所述的历史事实、教材得出的历史认识）进行转化性处理，将这些知识事实、逻辑关系、思想意义进行整合，帮助学生获得更好的理解。发现式教学的实施策略是做到深入、深刻、深远。

1. 深入——注重生活经验的联结，调动学生的已有经验参与学习

深入是透过外部达到事物的内部，包括知识由外在的公共形态转变为内化的个人形态和对知识的认识由事实性发展为逻辑性两个方面。根据苏联心理学家维果茨基的研究，"在儿童的发展中，所有的高级心理机能都有两次登台：第一次是作为集体活动、社会活动，……第二次是作为个体活动，作为儿童的内部思维方式，作为内部心理机能"[①]。这是一个由公共知识转化为个人知识的过程。教学实施前，教师应判断学

---

① 维果茨基. 维果茨基教育论著选[M]. 余震球，选译. 北京：人民教育出版社，2005：388.

生已有的知识经验有哪些？这些知识经验有哪些不足，教学中怎样调动这些知识经验与将要学习的知识产生联系并将其纳入新的学习结构之中，要把学生的已有知识经验调动起来参与新知识的建构。

2. 深刻——注重知识解读的转化，在体验中使学生获得学科思维和能力方法训练

深刻，一是指对事物（问题）的分析见解达到事物（问题）的本质；二是指接受者受到的触动和感受程度很强烈。"深刻"在教学中，就是给学生留下难以忘怀的印记，这种印记来自教师的精辟见解，也来自学生的学习体验。从学生的社会阅历和认知水平出发，教学的深刻更多地体现在"体验"上。在认知心理学看来，知识与人类特定时期的认知方式和社会背景相适应，与学习者个体的生活经验和体验相关联。历史知识是丰富的，历史知识的学习也是丰富的。学习的丰富性体现在知识学习所经历的还原与下沉、经验与探究、反思与上浮的过程中。所谓还原与下沉，即学生理解知识现象，建立起书本知识与个体经验的关联性过程，前面所述的"深入"属于该环节。而知识学习的关键阶段是经验与探究，经验与探究是学生对知识进行"自我加工"的过程，它决定着学习的深刻性。

3. 深远——注重思想文化的浸润，传达正确的历史价值观

深远，指的是教学产生的影响意义深刻而长远。在教育意义上，知识的本质是赋予学生成长意义的"精神种子"。学生学习知识的过程是知识作为"精神种子"发育为个体的思想、智慧和美德的过程。教学真正需要关心的不是学生学习知识后知道了什么，而是学习知识后学生在价值观、思维方式等方面发生了什么变化。这种变化就是"反思与上浮"，是"自我加工"后知识的个人意义的升华和表达。教学促进学生发展，其内涵在于通过教学，引起学生的认知、情感等方面的变化，特别是必备品格和关键能力得到提升。如果历史教学的课堂剔除历史知识的文化内涵和价值意义，仅仅满足于一些事实性知识，这种知识再多也只是符号堆砌，没有任何价值。因此历史教学一要传递思想，把历史发展的过程、前人在历史发展中积累的智慧告诉学生；二要启迪思想，让学生自己思考评判在历史发展大势面前各种人的所作所为，进而从中获得启迪。

二、教学案例与评析

三国鼎立

发现式教学强调学生的深度学习，学生的深度学习有赖于教师深度教学的引导，以部编版七年级上《中国历史·三国鼎立》的教学为例，可以研究针对初中一年级的学生该课深度教学"深"在哪里？怎么引导学生做到深度学习？

教师：同学们通过阅读、观看《三国演义》的小说、电视剧、连环画等，对三国历史，大多都达到熟悉故事情节、了解人物活动的程度，但是这些故事与历史上真正发生的事件是不是相吻合？故事里的人物是不是真的那么做的？每个故事之间是不是真的那样发展的？同学们有没有这样的疑问，想不想一起来探究一下？（学生表现出跃跃欲试的样子）

【评析：发现式深度教学要把学生的已有知识经验调动起来参与新知识的建构。教学实施前，教师应判断学习本课前，学生已有的知识经验有哪些？这些知识经验有哪些不足？教学中怎样调动这些知识经验与将要学习的知识产生联系并将其纳入新的学习结构之中？学生已有的知识经验是战斗片段和有关人物活动，新的知识结构则是战争的发展态势和战争的影响。】

出示东汉疆域图、东汉末年军阀割据图。引导学生对比，提问：两图比较有什么变化？能否指出变化的原因？这种局面给人民带来了怎样的痛苦？

学生通过读图后回答国家分裂、军阀混战，导致"白骨露于野，千里无鸡鸣"，人民希望安定、统一。教师引导学生认识：满足人民的希望就是顺应历史发展潮流者，就会在竞争中胜出，潜移默化地使学生获得历史运行动力的认识。

【评析："三国鼎立"一课教学要向学生传达的价值观应是中国的历史就是一部统一的历史，历史观是祖国必须统一，也必然统一。三国是英雄辈出的时代，有教师从"滚滚长江东逝水，浪花淘尽英雄"入手，引导学生思考树立什么样的英雄观；三国时期也是一个奇谋巧计迭出的时代，有教师以智慧为教学立意，引导学生领略人类智慧的力量。但是，真正能够贯穿整个教学过程、统帅教学的是统一。东汉疆域图、东汉末年军阀割据图、三国鼎立形势图是教学过程中需要反复使用的三幅图。】

教师：要求学生观察东汉末年军阀割据图，问长江以北的军阀中，势力最大的是哪些？

学生：袁绍在黄河以北，兵多粮广，实力强大。曹操在河南一带，挟天子以令诸侯。

教师：199年，袁绍据有整个河北，企图南下进攻许都，官渡之战拉开序幕。200年官渡之战爆发。出示《官渡之战战役示意图》，官渡之战是毛泽东在《中国革命战争的战略问题》一文中列举的中国历史上"双方强弱不同，弱者先让一步，后发制人，因而战胜"的著名战役。（激起学生的探求好奇心）对照战役示意图，哪位同学能够给大家讲一讲战役的有关故事？

在图上白马、延津等地名下标注符号，问：知不知道《三国演义》中关羽斩颜良、文丑的故事发生在什么地方？引导学生回忆《三国演义》的有关故事，并将这些故事与史实不一致的地方进行纠正，对应落实在地图上。

在图上官渡、乌巢地名上标志符号。讲述：八月，袁绍主力接近官渡，两军对峙三个月，曹操压力很大。十月，袁绍派车运粮，囤积在乌巢。然后绘声绘色地讲曹军夜袭乌巢，袁绍大败。

出示材料：

初，绍之南也。田丰说绍曰："曹公善用兵，变化无方，众虽少，未可轻也，不如以久持之。将军据山河之固，拥四州之众，外结英雄，内修农战，然后简其精锐，分为奇兵，乘虚迭出，以扰河南，救右则击其左，救左则击其右，使敌疲于奔命，民不得安业；我未劳而彼已困，不及二年，可坐克也。今释庙胜之策，而决成败于一战，若不如志，悔无及也。"绍不从。丰恳谏，绍怒甚，以为沮众，械系之。绍军既败，或谓丰曰："君必见重。"丰曰："若军有利，吾必全，今军败，吾其死矣。"绍还，谓左右曰："吾不用田丰言，果为所笑。"遂杀之。绍外宽雅，有局度，忧喜不形于色，而内多忌害，皆此类也。

——《三国志·魏书·袁绍传》

提问：能否读懂材料，说说田丰给袁绍出了什么计策？根据材料分析官渡之战袁绍失败的原因。

学生注意力集中，思索的神情一目了然，纷纷申请发言。教师在学生回答后，追问："从材料中可以看出官渡之战袁绍失败的原因是什么？"学生回答不重视人才，教师再次追问："袁绍是仅仅不重视人才吗？"引导学生找到袁绍外宽内忌的文字，学生从许攸夜奔曹营、田丰遭忌杀等事例，得出在历史发展的大势面前，统帅的气度和人才的因素起着关键作用的结论。

提出问题：官渡之战对历史发展有何影响？

学生结合教材回答："官渡之战是当时中国北部由分裂走向统一的一次关键性战役，为以后北方统一奠定了基础。"

教师：官渡之战是袁曹双方力量转变，使当时中国北部由分裂走向统一的一次关键性战役，为以后北方统一奠定了基础。此后，曹操平定乌桓，消灭了袁绍残余势力。207年末或208年初，曹操写作《龟虽寿》："老骥伏枥，志在千里。烈士暮年，壮心不已"。要求学生齐声朗读，提问：从曹操的诗中，你能体会到他发动赤壁之战的原因吗？曹操"壮心不已"的"壮心"是什么呢？

学生：统一全国。

教师出示赤壁之战形势图，指导学生先看图例，强调要熟悉曹操、刘备、孙权各方军队的进军路线，要求：看图，结合所学知识和教材叙述，讲述赤壁之战的过程。

在学生读图过程中，教师在赤壁之战形势图上标出新野，告诉学生刘备207年冬至208年春驻此。再标出长坂坡，问：这里有什么故事？学生想起《三国演义》里的张飞喝断长坂坡等，然后教师用光笔沿着刘军败退路线，一路退到夏口、樊口，告诉学生这就是苏轼《赤壁赋》里提到的"东望夏口，西望武昌"的夏口，同时又点曹军进军路线，直到赤壁。标注后问：这里又有什么故事发生？

【评析："三国鼎立"一课中官渡之战、赤壁之战是两个关键战役。前者奠定曹操统一北方基础，后者奠定三国鼎立基础，许多教师都没有使用官渡之战图、赤壁之战图，通常采用时段长短不一的视频来渲染战争场面，比较曹操何以胜利又何以失败。视频是碎片化的特写镜头（如兵士格斗、战船被焚烧），比较是出示表格，然后教师一个一个地填写。教学结束，关于战争是如何进行发展的，学生基本上仍停留在视频的碎片化状态。】

学生：赤壁之战。

教师肯定学生的回答，讲述：赤壁之战的情况大家都很清楚，这里我们就不再重复。总之是曹军大败。然后又以光笔点示曹军败退路线，标出华容，请学生说一说《三国演义》中对发生在这里的故事的描写。经过这些铺垫，学生记忆中孤立的人物、故事、地点得到有机联结。经过这种知识联结，学生对赤壁之战的完整过程有了总体了解，教师告诉学生赤壁之战是中国历史上第一次在长江流域进行的大规模江河作战。

教师出示材料：

时刘备为曹公所破，欲引南渡江，与鲁肃遇于当阳，遂共图计，因进住夏口，遣诸葛亮诣权。权遂遣瑜及程普等与备并力逆曹公，遇于赤壁。时曹公军众已有疾病，初一交战，公军败退，引次江北。瑜等在南岸。瑜部将黄盖曰："今寇众我寡，难与持久。然观操军船舰首尾相接，可烧而走也。"乃取蒙冲斗舰数十艘，实以薪草，膏油灌其中，裹以帷幕，上建牙旗，先书报曹公，欺以欲降。又豫备走舸，各系大船后，因引次俱前。曹公军吏士皆延颈观望，指言盖降。盖放诸船，同时发火。时风盛猛，悉延烧岸上营落。顷之，烟炎张天，人马烧溺死者甚众，军遂败退，还保南郡。备与瑜等复共追。曹公留曹仁等守江陵城，径自北归。

——《三国志·吴书·周瑜传》

要求学生在文中找出赤壁之战的几个关键地点，然后要求根据材料分析曹操失败的原因。同阅读官渡之战的有关材料一样，学生依然十分专注，学生举手发言，按照教材的叙述讲曹军失败原因，教师插话提醒学生引用文献中的关键叙述，在学生叙述基础上，教师引导学生找出"曹公军众已有疾病""操军船舰首尾相接""欺以欲降""同时发火。时风盛猛，悉延烧岸上营落"等关键信息，得出导致赤壁之战曹军失败的战略因素。

【评析：史料实证是历史学科核心素养，深刻体现着历史学科的思维特征和能力要求。它要求学生能对获取的史料进行辨析，并运用可信的史料理解历史。史料实证能力的培养，应注意两个问题。一是史料的真实性和适切性，真实性要求体现历史场景，杜绝杜撰；适切性要求直截了当，能说明问题。二是史料的整体性和典型性，整体性是把握事实的总和，不简单罗列现象；典型性是抓住作为历史事件发展聚焦点的典型事实，以此展开对于历史事实发展的具体分析。"三国鼎立"的教学对象是初一学生，考虑到学生的阅读理解能力和对《三国演义》故事的熟悉程度，教师在官渡之战、赤壁之战的过程教学结束后，分别组织了两次史料实证能力方法的深度学习训练。材料阅读理解只要求学生能大体读懂，并能基本从材料中找出相应信息回答问题。】

教师：官渡之战与赤壁之战有没有相同之处？官渡之战与赤壁之战有什么不同？

【评析：异同比较，引导学生进行深入思考，给出自己对知识的态度和价值判断，完成新知识结构构建。两个文献材料的使用，加深了学生学习的难度（包括阅读、理解、提取信息等），训练了学生依据史料重构历史真实的方法，其间有学生发言游离于材料之外，经过教师纠正后，能够很好地做到对获取的材料进行辨析，学生对看似熟悉的三国史实有了全新的认识。】

教师出示《三国鼎立图》，讲赤壁之战后形成三国鼎立局面。要求学生记住三国的统治区域，提问：三个政权如何在自己的辖区内巩固统治的？

学生根据教材的知识作答。

教师再次出示《东汉末军阀割据图》《三国鼎立图》。

问：比较两幅图有什么变化？你从中得出什么结论？

学生直观地看到国家由碎片化到实现局部统一，再结合三国在各自统治区内发展生产、民生安定等史实，得出统一是中国历史发展的主流的结论。强调祖国必须统一，也必然统一。

【评析：深度学习需要学生深度参与体验，学习不是简单地掌握一些孤立的事实性知识，要能够抓住学习内容的本质属性。从教学现场观察，教学做到了学生的全程参与和全员参与，学生的参与态度是积极有效的，在每一个环节，学生都竭力搜索自己的已有经验，力图与教师提出的问题联结，思维处于积极活动状态。教学中出示的两段文言材料，学生能够大体读懂，并且能够从材料中找出关键的信息说明问题。学生问题回答质量很高，如在回答教师提出的官渡之战与赤壁之战有什么不同的问题时，学生回答官渡之战为曹操统一北方奠定了基础，赤壁之战为三国鼎立局面的形成奠定了基础。这些现象表明，学生的学习达到了抓住学习内容本质的程度，教师的深度教学达到了促进学生深度学习的目的。】

第七章
历史课堂教学（下）

随着现代教育信息技术的发展，教学实践产生许多新的样态。教育部《教育信息化 2.0 行动计划》提出："持续推动信息技术与教育深度融合，……促进教育信息化从融合向创新发展的高阶演进，信息技术和智能技术深度融入教育全过程，推动改进教学，优化管理，提升绩效。"在融合创新发展中，项目化教学、抛锚式教学、协作式教学是比较常见的教学形态。

第一节　项目化教学

一、项目化教学概述

（一）项目化教学的定义

项目化教学，也称课题化教学，这是一种从"基于项目的学习"（Project-based learning，PBL，又译为项目化学习或项目式学习）发展而来的概念。"项目"，《现代汉语词典》解释为"事物分成的门类"。"项目"概念引申到教学中，就是把学生将要学习的知识内容划分为若干需要讨论解决的任务，学生带着任务去自主建构问题解决的策略、路径，寻求问题的答案。从国内外研究的情况看，"基于项目的学习"有教学模式、教学策略、教学方法等几个界定。[①]共同点都是强调在真实世界

---

① 刘景福. 基于项目的学习模式（PBL）研究[D]. 南昌：江西师范大学，2002.

中进行合促进学生学习。事实上，教学模式、教学策略、教学方法具有包含关系，也就是说，模式是由一系列策略构成，策略则由方法体系组合而成，它们之间不存在截然对立的关系。因此，"基于项目的学习"被有关学者定义为"是以学科的概念和原理为中心，以制作作品并将作品推销给客户为目的，在真实世界中借助多种资源开展探究活动，并在一定时间内解决一系列相互关联着的问题的一种新型的探究性学习模式"[①]。PBL 更多注重的是学生的课外学习，时间通常延续较长，但是它把学习视作完成一个项目，或者完成一个课题的思路，启发着教师们，把 PBL 的观念运用于课堂教学，产生了项目化教学。

项目化教学是将学生要完成的学习任务转化为工作任务，促使学生基于生活真实情境，采用一定的技术工具和研究方法，通过合作探究和自主构建等途径解决问题的教学行动。项目化教学特别强调情境、行动（做中学）。

（二）项目化教学的理论来源

美国教育家杜威是项目化教学的倡导者。杜威以及其后继者提倡项目学习而不是孤立的问题学习。他们认为，只有在项目的学习中，学生才能面对一项学习任务——形成自己的问题。在学习过程中，学生一方面受他们自己确定的一般目标的指引，另一方面则受到他们通过与环境的互动而发现的"有趣的"现象和困难的引导。

基于情境认知与意义建构的学习理论认为，知识和工具一样，都只能通过运用才能被完全理解，概念既是情境性的，又是通过活动和运用不断发展的，人们在现实生活中，总是积极地使用工具，而不仅仅是获取工具。将知识视作工具，学生通过真实实践的活动和社会性互动会促进其文化适应。因此，学习与行动之间的界限是模糊的，学习是发生于某一情境中持续的活动过程。这种情境犹如某种从业者共同体及其文化，学生能像学徒一样，进入这种从业者的共同体及其文化，并像从业者那样使用工具，学习才是真正有效的。

常见的课堂教学活动缺乏情境的真实性。课堂上学生的学习，不是

---

① 刘景福. 基于项目的学习（PBL）模式研究[J]. 外国教育研究，2002（11）.

依靠情境而是依靠符号，会做题但不会解决实际问题的现象说明学生的学习不具备真实的情境。不仅学习具有情境性，知识也具有情境性，专家和实践者在生活中对技能和知识的运用完全不同于学生的技能和知识的学习。情境认知强调情境在建立意义与学习者经验的耦合上，情境既包括一般氛围和物理环境，也包括共存的"后台事件"。只有当学习发生在有意义的情境中时，学习才是有效的。

真正的任务以问题为基础，情境为学习提供组织框架，内容则决定学习的真实性。在一般的教育情境中，学生常常以孤立的、脱离情境的形式获得知识，这种知识是惰性的。当知识与技能孤立于使用它们的场景时，迁移就会受到阻碍。

项目化教学基于建构，强调在实践中培养学生的能力，当学生处于以问题为基础的情境中时，他们既可获得知识，同时也可感受到何时和怎样运用知识。

（三）项目化教学的特征和程序

项目化教学具有如下特征：

（1）任务的明确性。任务就是学习目标。在项目化教学中，目标可以分为教师设计目标与学生学习目标，设计目标是设计者希望学习者通过环境建构的知识；学习者目标是学习者在真正接触环境时希望学习的知识。在明确的任务下，学生有更多的可能去估计他们正在学些什么，怎样运用所学的知识。

（2）路径的规划性。项目化教学把一个教学过程视为一个项目的完成，因此，何时开始，何时结束，预期什么成果，采用什么方法，规划什么路线，达成什么目标，都有明确的规划，在教学实施过程中，教与学双方根据规划和实际进程，展开相应的教学活动。

（3）情境的真实性。项目的主题与真实世界密切联系，学生的学习具有针对性和实用性，情境指支持学生学习的环境，情境既可以是物质实体的学习环境，也可以是借助信息技术条件所形成的虚拟环境。情境与镶嵌在其中的内容不可分割地联系在一起，学生通过真实情境将知识和技能迁移到真实的生活场景中，诱导日常认知。

（4）学习的开放性。活动给学生提供一种学习的经历，学生能够围绕主题开展自主、自由地学习，根据自己的兴趣选择内容和展示形式，建构自身的知识，通过知识的自身构建来提升知识的丰富度。

项目化教学的程序包括确定主题、布置任务、课堂活动、成果交流和活动评价等基本步骤。

（1）确定主题。与基于项目的学习更强调学生课外学习自主选择项目不同，项目化教学是借鉴项目学习的思路来开展课堂教学，因此需要按项目研究的要求将教学内容转化为可供规划和实施的项目，预设目标任务。

（2）布置任务。由于项目化教学需要学生在课堂上开展自主学习和探究活动，这就需要学生预先理解任务和进行完成任务的准备，如资料收集、调查等。

（3）课堂活动。按照任务分工，组织小组合作、个体自主等各种形式的探究活动，学生运用不同的研究方法开展学习活动，完成学习任务。

（4）成果交流。根据进度安排，在项目活动进行到一定程度，学生小组或个体产生了学习成果时，组织成果交流。

（5）活动评价。评价由老师、同学以及学习者自己共同完成。评价包括对结果的评价，也包括对学习过程的评价。

在项目化教学过程中，情境始终随着学习的进程转换，要着力营造真实情境，使学生处于生成性环境下开展学习活动。随着核心素养时代的到来，历史教学由注重传统的知识点转向到"学科大概念为核心，使课程内容结构化，以主题为引领，使课程内容情境化"[①]，将"识记""了解""理解"等认知心理学主张的能力层次，融入关键能力、必备品格和价值观念之中，学习者在特定的情境中应用所学的知识、方法与观念解决现实问题、完成具体任务的能力成为教学研究的重点，项目化历史教学有助于学科核心知识在具体情境中的再建构与再创造，有助于学生从被动的接受性学习、浅表化学习到积极主动的深度学习转型。

① 中华人民共和国教育部. 普通高中历史课程标准（2017 年版 2020 年修订）[S]. 北京：人民教育出版社，2020：前言 4.

二、教学案例与评析

工业化国家的社会变化

本教学内容是部编版九年级下《世界历史》第 6 课，主要讲述工业革命后主要国家发生的社会变化，在此基础上思考人类社会的未来发展和怎样趋利避害。教师在本课教学时，联系现实，对教学内容进行了延伸，采用项目化教学，组织学生自主学习和合作探究，效果较好。

课前布置任务：教师将教学内容划分为"工业革命推动社会进步""世界面临的新挑战""人类如何走向未来"三个相对独立又在逻辑上存在联系的项目，学生被组织为三个项目组，要求各项目组收集资料，围绕原因、表现、影响、展望，开展项目学习研究，在课堂教学时，每个项目组以 10 分钟时间介绍本组项目研究和完成情况，并回答其他组的质询。项目组如何运行，怎样收集资料、资料怎样整理、课堂上如何呈现本项目组研究成果，由各项目组自行决定。

课堂教学：

教师：同学们已经根据自己项目组承担的任务开展了各自的研究任务，今天这节课的任务有两项，第一项是每个项目组汇报展示自己的研究成果并回答质询；第二项任务是把各个项目组的学习成果串联起来，完成本节课的学习。下面我们先进行第一项，由各项目组汇报研究任务完成情况及其形成的成果。在汇报前，老师要交代注意事项。第一，各组要汇报清楚你们的研究学习过程、人员如何分工；第二，你们的成果以什么形式呈现，最终形成了哪些观点；第三，严格控制时间，包括回答质询的时间在内，每个组只有 10 分钟，时间到就由下一个组接上。现在由"工业革命推动社会进步"组汇报。

【评析：教师先强调学习任务的划分，指出汇报内容组成，为学生的思维逻辑性提供指导，交代注意事项，强化学生规则意识。】

"工业革命推动社会进步"项目组汇报

学生 1：我们组利用课余时间讨论了任务，认为工业革命推动社会进步应该从三方面进行论证。一是工业革命有哪些重大发明创造，二是工业革命后生产力飞速发展推动社会经济的繁荣，三是工业革命推动了社会各项事业发展。我们将本组的同学分为三个小组，分别承担三个部分的资料收集和论证任务，然后三个组集中起来将各自的资料汇总形成本组共同的认识。下面我们将先进行三个小组的分别汇报。

学生 2：插上 U 盘然后打开，边出示工业革命重大发明、第二次工业革命重大发明图片，边讲解，耗时约 2 分钟。然后以"这些重大的发明创造，极大地提升了生产力，促进了社会经济的飞速发展"结束讲解。

学生 3：打开 U 盘的另一文件，播放街道车水马龙视频，讲解社会经济发展的情况，新的行业出现了，资本主义国家经济繁荣，世界联为一体。耗时 2 分钟。

学生 4：生产力的发展促进了社会经济的发展，社会经济的发展促使社会发生急剧变化。工业化国家的社会变革表现在以下几方面：一是卫生条件改善，人口迅速增长。（演示 PPT 并讲解）二是为适应工业化生产需要，教育迅速普及。（演示 PPT）三是工业化促进城市化，人们的生活方式告别农耕时代。耗时 3 分钟。

教师："工业革命推动社会进步"项目组已经把他们的学习成果汇报了。现在请其他组的同学提问，注意提的问题尽量简明扼要。

学生 5：我想问一下，刚才你们讲欧美国家普及义务教育，能不能稍微具体点？

学生 4：这个问题，我们也查了资料，大多数国家是在 9 年以上。

【评析：学生在资料收集过程中，能够把第一次工业革命和第二次工业革命结合起来思考，并且自发地将问题划分为具有逻辑联系的三个小问题，值得肯定。】

教师：第二组的同学请汇报自己的学习成果。

学生 6：打开 U 盘文件，播放美国洛杉矶光化学烟雾事件视频。播放结束后，学生讲解美国洛杉矶光化学烟雾事件是 1940 年至 1960 年间发生在美国洛杉矶的有毒烟雾污染大气的事件，是世界有名的公害事件之一。光化学烟雾是大量聚集的汽车尾气中的碳氢化合物在阳光作用下，与空气中其他成分发生化学作用而产生的含剧毒的气体。光化学烟雾事件致远离城市 100 公里以外的海拔 2 000 米高山上的大片松林也因此枯死。仅 1950—1951 年，美国因大气污染造成的损失就达 15 亿美元。1955 年，美国因呼吸系统衰竭死亡的 65 岁以上的老人达 400 多人。用时 3 分钟。

学生7：出示1984年印度博帕尔事件图片，讲解美国联合碳化公司在印度博帕尔市设立的博帕尔农药厂主要生产西维因、滴灭威等农药。制造农药的原料是一种叫甲基异氰酸酯的剧毒物质。这种剧毒物质极易挥发，浓度稍微加大，就会让人窒息而死。第二次世界大战的时候德国法西斯就曾经用它杀死大量犹太人。1984年12月3日，博帕尔农药厂地下储罐内的甲基异氰酸酯爆炸外泄。毒气形成一股浓密的烟雾，以每小时5 000米的速度袭击了博帕尔市区，造成死亡近2万人，受害20多万人，5万人失明，受害面积40平方千米，数千头牲畜被毒死。用时3分钟。

学生8：出示全球财富分布对比图表，讲解全球贫富差别扩大，无论是国与国之间还是在一个国家内都是如此。最富的国家与最穷的国家之间人均财富的差距达330倍，根据最新数据显示，美国顶层10%人群的年均收入是其余90%人群年均收入的9倍以上；在其中最富有的顶层1%人群则是这90%人群的39倍以上；在其中最富有的尖端0.1%人群则是这90%人群的196倍以上！摆在人类发展面前最大的挑战是如何消除经济全球化带来的极端不平等。用时2分钟。

学生9：快速讲解，我们组也分为3个小组，分别承担环境污染、发达国家转嫁环境代价和全球贫富分化等任务。用时1分钟。

【评析："世界面临的新挑战"项目组采用先分后总的叙述方式，有新意，但由于担心时间不够，所以后面的总结比较潦草，需要教师的补充。】

教师："世界面临的新挑战"项目组时间把握还是比较好的。但是已经没有答疑的时间了。下面请"人类如何走向未来"项目组的同学上台。

学生10：我们组承担的任务在教材中没有相应的内容，所以我们进行了讨论，查阅资料，资料上讲，目前世界面临人口问题、环境问题、资源问题、气候问题、金融问题、恐怖主义问题等。我们还是先呈现问题吧。请××同学来讲解你的资料。

学生11：出示世界环境问题图片，用光笔指着相应图例讲解受污染的海域、酸雨严重地区、荒漠化地区的范围，指出，随着全球化的发展，环境问题已经是全球性质的问题，一些环境污染跨国、跨地区流动，由高新技术引发的环境问题越来越多。用时2分钟。

学生 12：出示森林破坏、物种灭绝、河流干涸图片，讲解过度砍伐和开垦，使森林锐减，生物多样性面临毁灭性的威胁，目前，全球陆地上约 60%的区域属于缺水地区，有 30 多个国家严重缺水。过度放牧、滥伐森林和气候变化引起的干旱加剧沙漠化。用时 3 分钟。

学生 13：播放反恐视频。讲解，极端主义、恐怖主义、分裂主义危害社会安定，逐渐成为全球主要的非传统安全威胁。用时 3 分钟。

学生 10：在世界普遍的挑战面前，我们组认为，习近平总书记倡导的绿色发展理念、共同构建人类命运共同体、携手打击三股势力是人类走向未来的希望和必然途径。

学生 14：刚才同学 10 提到了世界金融问题，但是没有同学进行必要的介绍，据我所知，目前美国的债务问题很严重，请问你们如何看待这个问题？

冷场。学生 10：很抱歉，不好意思，我们在准备时没有对这个问题进行思考，下来后我们一定补上这个内容。

【评析："人类如何走向未来"项目组思考也较深入，并且对当今世界面临的危机和挑战进行了梳理，也有案例，表现了当代青年学生的担当。】

教师：简单点评各组的表现后总结：马克思在《共产党宣言》中就指出，"资产阶级在它的不到一百年的阶级统治中所创造的生产力，比过去一切世代创造的全部生产力还要多，还要大"。资本主义确实使社会生产力实现了革命性的飞跃，伴随着这种飞跃，资本主义的因素从经济领域逐步渗透到政治、文化、社会领域，推动了整个社会的进步和变迁。但是我们也要看到，工业革命是在资本主义国家主导下进行的，大量的亚非拉国家是被动地卷入进去，工业革命的技术进步给人类带来便利的同时，也给人类社会及其生存的环境带来前所未有的矛盾。许多西方学者曾指出，"如果我们把资本主义与工业革命结合在一起，那么就能够注意到，早期资本主义的破坏力如此深远，四个世纪以前就改变了地球的气候"。所以，刚才同学们提到的气候问题、环境问题等诸多问题，不是现在突然冒出来的，它早就出现了，过度的消耗正将全球迅速拖入气候剧变的深渊。我最感到欣慰的是同学们认识问题，已经具备了世界眼光。很多问题，局限于一国一个地区，是不能得到解决的。比如同学们所关心的恐怖主义、极端主义、分裂主义问题，就与贫困、不公以及世界力量的长期失衡有关。解决生态问题，也不仅仅是自然生态的问题，还与自然发展规律、贫困问题的解决与经济的可持续发展、资源的合理开发与循环利用、人类人文和生活条件的改善与社会和谐等问题息息相关，这是一个复杂的系统工程，要解决好，需要考虑各方面的因素。今天的课很好，三个组的同学都做了很充分的准备，下课后，请同学们将本课的知识列出逻辑关系，深化认识。下课。

【评析：教师在整个课堂基本上处于主持人位置，学生发言和答辩时间占据课堂四分之三以上时间，学生课下的资料收集和发言准备都很充分，认识也很到位。从知识的逻辑看，每个项目组的组内任务划分都比较合理，学生的学习态度和求知精神值得肯定和赞扬。】

红军长征[①]

项目学习目标：中国工农红军万里长征是人类历史上举世无双的壮举，它洋溢的英雄主义、理想主义精神至今鼓励着中国人。用问题的价值导向实施项目化教学，有效地引导学生感悟长征精神。

项目教学流程：教学分为三个项目任务，分别回答红军战士为什么要跟党走、正确的理论和道路领导红军战胜各种艰难险阻、我们从红军长征中获得怎样的精神力量三个认识问题。

任务一：红军战士为什么要跟党走？

以问置疑：红军何以长征？

教学以开国将军萧锋的《长征日记》为线索，依托《长征日记》创设情境，教师设问：红军为什么要走上远征之路？然后请学生有感情地朗读《长征日记》的节选内容：

1934 年 11 月 4 日 雨 这次军事行动，缺少充分准备，是仓促转移的……

1934 年 11 月 28 日 晴 ……行军路上，担架队战士梅若坚问我：……走到哪是个头？说实在话，我也不知走到哪是个头，我只好回答：我们这两条腿是属于革命的，上级让往哪走，我们就往哪用劲！

---

① 本课执教者张茂莉，四川省宜宾市江安县中学教师；指导者张伟，四川省宜宾市江安县川师大实验外国语学校教师。

教师提出第一个问题：日记反映了红军怎样的处境？为什么会出现这种情况？引导学生分析这时红军战士处于迷茫彷徨之中，原因是因为红军第五次反"围剿"失败，被迫仓促转移，不知路在何方。

教师提出第二个问题：红军战士既然有"走到哪里是个头"的疑惑，为什么会跟着队伍继续前进？学生找到日记中"两条腿属于革命的""上级让往哪里走我们就往哪里用劲"作为回答。教师引导学生思考这里的"上级"是党的代称，红军战士在党的革命理想召唤下，一往无前，勇敢面对各种挫折和艰难险阻。学生通过学习红军革命理想高于天的革命乐观主义精神，获得了理想信念教育。

【评析：教学的第一个任务是要让学生明白红军长征的原因。教学以开国将军萧锋的《长征日记》为线索，依托《长征日记》创设情境，使学生感受那一段艰苦卓绝的岁月。在艰难困苦中，红军战士处于迷茫彷徨之中，即使在迷茫彷徨时，红军战士也没有丧失理想信念。】

任务二：正确的理论和道路领导红军战胜各种艰难险阻。

以问析疑：红军长征战胜了哪些艰难险阻？

教师先吟咏"红军不怕远征难，万水千山只等闲"，然后设问：红军长征战胜了哪些困难？通过设疑析疑，使学生知道"万水千山"只是形象的说法，红军长征既要战胜自然界的艰难险阻，又要战胜国民党的围追堵截，还要战胜党内各种错误思想的干扰。教师继续请学生朗读日记：

1935 年 1 月 18 日　阴　……党中央召开了政治局扩大会，总结了五次反"围剿"苦战一年多至今转战到遵义的经验教训……

1935 年 5 月 24 日　晴　……共产党和毛主席领导的红军没有过不去的天险。我们红一团一千七百个英雄指挥员，有信心打到大渡河东，会合红四方面军。

教师提出问题：与 1934 年的日记相比，1935 年的日记反映了红军的精神面貌发生了什么变化？为什么会有这样的变化？

学生回答：遵义会议的成功召开，中国共产党迎来党的历史上生死攸关的转折点，红军信心倍增。然后教师出示遵义会议旧址图片和遵义会议的有关史料，教师对遵义会议的历史意义进行总结，告诉学生遵义会议是中国共产党第一次独立自主地运用马列主义基本原理解决自己的路线、方针和政策的会议。

教师引导学生继续学习遵义会议后红军长征的战斗，并比较湘江战役和四渡赤水战役，学生通过比较，明白了两次战役中，红军都身处险境绝境，但由于路线、方针发生了转变，四渡赤水战役胜利实施，红军跳出了敌人围追堵截的包围圈，取得了战略主动权。接着教师以遵义会议为坐标，把中国共产党领导的革命划分为前后两个14年，组织小组讨论，让学生讨论"为什么说遵义会议是中国共产党历史上生死攸关的转折点"问题。通过小组讨论，学生真正理解了遵义会议是中国共产党从幼年走向成熟的标志，是党史上一个生死攸关的转折点。懂得了从此中国革命在正确的理论指引下，沿着正确的道路从胜利走向胜利的道理，加深了对中国共产党是领导我们事业的核心力量的认识。

【评析：很多教师在教学时，对引导学生如何理解遵义会议是党史上一个生死攸关的转折点不知道怎样处理才有说服力。本次教学，将遵义会议前后的两次战役进行对比，从对比中学生清楚地看到，同样是身处绝境，但因为领导者变了，党的路线、方阵变了，红军也就从绝境中跳出迎来一片新天地。从军事角度理解了转折点的含义，更理解了"生死攸关"的内涵。】

继续请学生朗读日记：

1936年10月11日　晴　晨，二方面军部朝兴隆方向开来了，我立即带领全团指战员及地方干部来到镇西北，站队夹道欢迎……每个胜利我们无不欢欣鼓舞……在兴隆镇会师。

教师提问：这时的红军战士有着怎样的心情？这种心情产生的原因是什么？学生告诉大家1936年10月，红二、红四、红一方面军在甘肃会宁会师，红军战士们"欢欣鼓舞"。教师在学生回答基础上，三大主力红军会师，标志着红军战胜了"万水千山"，长征胜利结束。

任务三：我们从红军长征中获得怎样的精神力量？

以问释疑：红军何以取得长征的胜利？

播放《血色长征》视频，要求学生记住：红军长征中发生大小战斗600余次，跨越100多条河流，翻越60余座高山，平均每300米就有一位红军将士牺牲。启发学生思考红军一无所有，却能创造人间奇迹，凭的是什么？学生畅谈后，教师带领学生总结长征胜利的原因：有以毛泽东为核心的党中央的正确领导，红军战士具有坚定的革命信念，不怕牺牲的革命英雄主义精神和永不言败的革命乐观主义精神。引导学生从历史角度认识到没有共产党就没有新中国，联系今天的现实，感悟中国发展路同长征路一样的艰辛，它需要我们每一个人都从长征中吸纳理想主义和革命英雄主义精神努力奋进，作为一名中学生更应该沿着先辈的脚步砥砺前行。

【评析：历史教学不是让学生简单地掌握历史史实，更是要让学生从历史中观察和思考社会与人生，逐步树立正确的世界观、人生观和价值观。所以历史教学的问题价值导向十分重要，需要每一位历史教师严肃思考。历史课堂是学校进行党史教育的主阵地，教师如何在课堂教学中守正创新，是对教师历史观和教学智慧的考验。守正就是坚守唯物史观，反对历史虚无主义。创新就是要用学生喜闻乐见的形式，在润物无声中把正确的价值观传递给学生。本课教学的对象是八年级学生，他们正处于逻辑思维逐渐成熟，批判性思维逐渐发展阶段，教师采取问题价值导向的教学，把教学划分为"红军战士为什么要跟党走、正确的理论和道路领导红军战胜各种艰难险阻、我们从红军长征中获得怎样的精神力量"三个环节，以项目探讨的形式，使学生获得学史明理、学史增信、学史崇德、学史力行的教育，是一次成功的教学。】

第二节　抛锚式教学

一、抛锚式教学概述

（一）抛锚式教学定义

人在一生中经常会遇到问题。问题的类型一般有三种分类：按照问题的清晰度分类，可分为高度结构化（定义完善）的问题和结构不良（定义不完善）的问题。按照问题的常规性分类，可分为常规性问题和非常规性问题。按照问题的思维特征分类，可分为辐合性思维问题和发散性思维问题。

定义完善的问题，由于解决问题所需的信息包含在对任务的描述中，具有清晰的状态和清晰的目标，所以解决过程相对比较简单。定义不完善的问题，其既定状态和目标状态不清晰，需要依赖大量相关背景知识的搜索才能找到解决的办法。解决这类问题，除了需要激活学生相关的已知知识外，最重要的就是打开学生的思路，重组已知条件，鼓励学生大胆假设和合作探索。生活中，学生遇到的大量问题都是定义不完善的问题，需要非常规的、直觉的、推测性的启发性策略。

常规性问题是与问题解决者已经解决的问题同类的或相似的问题，对这类问题只需要再现性思维，再现以前已经产生的反应。非常规问题是指不同于问题解决者以前已经解决过的问题，它需要产生能产性思维，需要问题解决者创造一个新的解决方案。在学校教育中，学生经常完成的作业练习，基本上都是常规性问题，如何发掘学生发现非常规性问题的学习潜能是教师需要认真思考的问题。

辐合性思维问题只有唯一答案，可以通过应用某一程序或从记忆中找回某一事实来确定这一答案。发散性思维问题有许多种可能的答案，问题解决者要尽可能多地创造解决方案，独创性和流畅性是衡量创造性思维的尺度。在很多教学课堂，教师提出的大都是辐合性问题，如何提出发散性问题培养学生的创造性思维，是教学中需要思考的问题。

抛锚式教学主张教学是使学生在一个完整、真实的问题情境中产生学习的需要，凭借自己的主动学习、生成学习，亲身体验从识别目标到提出目标、达到目标的全过程，是基于问题解决的教学，它认为学习与教学活动应围绕某一"锚"，即某种类型的个案研究或问题情境来进行探索。[①]确定问题情境被比喻为"抛锚"，意即确定问题像抛锚固定轮船一样，问题规划着整个教学内容和教学进程。抛锚式教学不是把现成的知识教给学生，而是在学生学习过程中，根据学生的需要向其提供援助，组织有关信息，排除学习中的障碍，鼓励学生自己生成学习项目，进行深入思考讨论。

（二）抛锚式教学的设计

抛锚式教学的"锚"是为教与学提供的可以依靠的"宏情境"，"宏情境"与"微情境"的区别是"微情境"一般是在教学结束时发现没有

---

① 高文. 教学模式论[M]. 上海：上海教育出版社，2002：251.

联系的"应用性问题","宏情境"设置有情节的逼真的故事，这些故事的设计有助于教师和学生的探索。抛锚式教学的设计原则包括两条：一是教学活动应围绕某一"锚"来设计，"锚"指的是某种类型的个案研究或问题情境。二是要求学习者对教学内容进行探索，不同的教材支持着不同类型的学习活动，教学要为学生创建问题结构、探索问题解答的机会，支持生成性学习。教学的主要程序包括：

（1）搭建脚手架。抛锚式教学不是把现成的知识教给学生，而是在学生学习知识构成中，根据学生的需要向其提供援助。这种援助被称为搭建脚手架。

（2）镶嵌式信息接入。学生为了解决问题必须获得一些辅助信息，教师从学习需要出发组织有关信息，以排除学习中的障碍。辅助信息有机有效地镶嵌在进程中，学生在解决问题时，利用镶嵌的材料帮助自己解决问题。

（3）主动学习。使学生理解问题，交际体验，积极参加各类活动。鼓励学生自己生成学习项目。

（4）探索问题的多种可能解答。在抛锚式教学中的情境中，问题都存在多种解决方案，教学要鼓励学生对各种方案进行比较。

（5）合作学习。

（三）抛锚式教学的教师角色

在抛锚式教学中，教师的角色是教练和学习伙伴，更是一位学习者。教师要预先判断学生可能生成的问题范围，从学习者角度去体验学习内容和问题。这里重要的是学生问题的迁移，在历史教学中，问题的迁移表现在历史与现实的联系，也就是说，如何通过历史来理解现实，如何通过现实来理解历史，使历史教学在提供多种解答和多种解决方法后，学生在比较和评价中形成正确的历史认识。这是抛锚式教学的挑战。

二、教学案例与评析

中华人民共和国初期的政治建设

抛锚式教学的设计思路，可以很好地解决"中华人民共和国初期的政治建设"教学需要解决两个基本问题：即认识社会主义政治制度的内容以及它们是如何形成的，回答社会主义政治制度为什么是基于国情的历史必然选择，这种政治制度在逻辑上如何相互联系从而形成完整严密的体系。

（一）确定主题，布置任务

本课涉及国体、政体、政党制度、国家结构形式等重要概念，因此，教学实施前，教师要向学生布置预习任务，使学生预先对国体、政体、政党制度、国家结构形式等概念有所了解，对中华人民共和国为什么实行人民代表大会制度？为什么形成中国共产党领导的多党合作和政治协商制度？民族区域自治制度为什么是适合我国国情的基本政治制度等问题有所思考。

（二）选择问题，定"锚"探讨

出示材料：1945年7月，黄炎培与毛泽东延安对话：

黄炎培坦率地说："我生六十多年，耳闻的不说，所亲眼看到的，真所谓'其兴也勃焉'，'其亡也忽焉'，一人，一家，一团体，一地方，乃至一国，不少单位都没有跳出这周期率的支配力。

毛泽东听了他这番话后，回答说："我们已经找到新路，我们能跳出这周期率。这条新路，就是民主。只有让人民来监督政府，政府才不敢松懈。只有人人起来负责，才不会人亡政息。"[1]

教师：大家阅读材料后可以看到黄炎培提出了"其兴也勃其亡也忽"的周期率问题，毛泽东自信找到了解决问题的新路。这条新路是什么？

学生：民主。

教师：说具体点。

学生：人民监督政府，政府不敢松懈。人人起来负责，不会人亡政息。

教师："人民监督政府，人人起来负责"是一种设想和愿望，把这种设想和愿望变成现实，是通过一系列的制度建设来实现的。今天我们的学习任务就是来回顾和探讨我们的党和国家是怎样把"人民监督政府，人人起来负责"的民主愿望变成现实。

出示课题。

---

[1] 毛泽东与黄炎培畅谈历史[EB/OL].（2014-01-29）[2021-06-05]. http://dangshi.people.com.cn/n/2014/0129/c85037-24261651.html.

【评析：抛锚式教学要求选择出与当前学习主题密切相关的真实性事件或问题作为学习的中心内容，让学生面临一个需要立即去解决的现实问题。这一环节的作用就是"抛锚"。《中华人民共和国初期的政治建设》的教学选择什么问题为"锚"呢？黄炎培提出了"总之没有能跳出这周期率"的问题，毛泽东自信"民主"能跳出周期率，而毛泽东心目中的民主，是"人民监督政府，人人起来负责"。怎样切实保障"人民监督政府"，做到"人人起来负责"就是组织教学的"锚"。】

（三）逐步搭建脚手架解决问题

脚手架1材料：人民英雄纪念碑碑文

三年以来，在人民解放战争和人民革命中牺牲的人民英雄们永垂不朽！

三十年以来，在人民解放战争和人民革命中牺牲的人民英雄们永垂不朽！

由此上溯到一千八百四十年，从那时起，为了反对内外敌人，争取民族独立和人民自由幸福，在历次斗争中牺牲的人民英雄们永垂不朽！

【评析：人民英雄纪念碑碑文是创设的第一个问题情境，该情境问题指向中华人民共和国政权的人民性，突出国体的性质。】

问题1：人民英雄纪念碑反复提到的"人民"的内涵是什么？

教师引用毛泽东《新民主主义论》中所指出的"中国无产阶级、农民、知识分子和其他小资产阶级，乃是决定国家命运的基本势力。……他们必然要成为中华民主共和国的国家构成和政权构成的基本部分"[1]。引导学生认识"人民"的含义是工人、农民、小资产阶级和民族资产阶级。

问题2：人民英雄纪念碑碑文揭示了中华人民共和国政权诞生怎样的历史逻辑性？

中华人民共和国政权诞生的历史逻辑性就是中华人民共和国国体为什么是人民民主专政问题。中华人民共和国是近代以来争取民族独立、人民自由幸福而英勇牺牲的无数先烈换来的，中华人民共和国的政权属性必然要反映人民奋斗的成果，所以在《论人民民主专政》中，毛

---

① 中共中央毛泽东选集出版社委员会. 毛泽东选集：第二卷[M]. 北京：人民出版社，1991：674-675.

243

泽东明确指出：“总结我们的经验，集中到一点，就是工人阶级（经过共产党）领导的以工农联盟为基础的人民民主专政。”①

脚手架 2 材料：近代中国政体的演变

1911 年 5 月清政府颁布《新订内阁官制》，实行“责任内阁制”，组织新内阁。新内阁名单一公布，举国哗然，新内阁被称之为“皇族内阁”或“亲贵内阁”。

辛亥革命后，南京临时参议院颁布《临时约法》规定在政府的组织形式上实行“三权分立”的原则。国民党颁布《中华民国训政时期约法》，规定“训政时期由中国国民党全国代表大会代表国民大会行使中央统治权；中国国民党全国代表大会闭会时，其职权由中央执行委员会行使之”。

土地革命时期，革命根据地建立工农兵苏维埃代表大会，抗日战争时期，抗日根据地政权采取参议会形式，解放战争时期，解放区建立区村（乡）两级人民代表大会会议，产生人民政府。《共同纲领》明确宣布“中华人民共和国的国家政权属于人民。人民行使国家政权的机关为各级人民代表大会和各级人民政府”。人民代表大会制度成为我国根本政治制度。

【评析：材料帮助学生思考中华人民共和国为什么选择人民代表大会制度。该情境问题指向国体决定政体，使学生理解政体的选择和改革必须适合国体，以保护国体为基础。】

问题 1：近代中国的政体经历怎样的演变？它们为什么没有成功？

教师让学生分组展示收集的近代中国尝试过的政体形式的资料，简明扼要地归纳并得出结论：近代以来，中国人先后进行了改良立宪和革命共和的尝试。清政府因“皇族内阁”而丧尽人心，孙中山在分析辛亥革命失败的原因时，认为“乃由于未经军政训政两时期，而即入于宪政”之故，“大多数人民对于临时约法，初未曾计及其于本身利害何若，闻有毁法者不加怒，闻有护法者亦不加喜”②。因此在《国民政府建国大纲》

---

① 中共中央毛泽东选集出版社委员会. 毛泽东选集：第三卷[M]. 北京：人民出版社，1991：1480.
② 孙文. 建国方略[M]. 武汉：武汉出版社，2011：412-413.

中，将"建设中华民国"的程序划分为军政、训政、宪政三个时期①，孙中山逝世后，国民党实施的训政、宪政，徒具建国大纲之名而无孙中山设想之实。

教师紧扣国体问题即社会各阶级在国家中的地位问题分析近代中国政体实践失败的原因。要让学生理解国体是内容，政体是形式，国体决定政体，政体表现国体。由于近代中国国家政权为军阀、官僚、大地主大资产阶级把持，因此无论国家名号怎样变化，名义上拥有"国家主权"的"国民全体"都不可能对政权起到任何监督作用。

问题 2：人民代表大会制度为什么成为中华人民共和国的根本政治制度？

教师从两个方面引导学生分析中华人民共和国选择人民代表大会制度的原因。

一是资产阶级政体实践的失败，使人民对三权分立、议会政治失望至极。教学中可以以中华人民共和国国号的确定为例来说明问题。在提交给政协第一届全体会议的共同纲领和政府组织法中，"中华人民共和国"之后，都带着一个括号，里面写着"简称中华民国"6字。需不需要这个简称，周恩来代表中共中央向经历过辛亥革命的长者求教。与会长者义正词严指出必须让人民认识中华人民共和国政权不同于辛亥革命的性质，主张去掉"中华民国"的简称。②因此人民代表大会制度是对辛亥革命以来政体探索失败教训的历史总结。

二是中国共产党领导全国人民长期的革命和建设实践经验的总结。教师先指导学生概括中国共产党民主革命不同历史时期的政权建设实践，并告诉学生，欧洲思想家们在讨论政体形式时，认为不存在某种普遍适用的政体形式，认为一国的"可行的"政府形式只能是"决定于现存社会力量"，只能根据"现存社会条件"来选择。③然后引导学生分析当时的"现存社会力量"和"现存社会条件"，使学生认识国体决定着国家权力的归属，从根本上决定着政体的选择和采用。人民代表大会是

---

① 孙文. 建国方略[M]. 武汉：武汉出版社，2011：414.
② 司徒丙鹤. 新中国建立前夕关于"国号"的一次讨论[J]. 文史精华，1994（1）.
③ J. S. 密尔. 代议制政府[M]. 北京：商务印书馆，1982：16.

人民行使权力的机关，使学生从理性上认识人民代表大会在监督政府、人人负责方面的作用。

脚手架 3 材料：中国近代政党制度的演变

《钦定宪法大纲》规定"臣民于法律范围以内，所有言论、著作、出版及集会、结社等事，均准其自由"，辛亥革命后效仿西方国家实行议会政治和多党制，一时"集会结社，犹如疯狂"，仅 1912 年上半年内就出现了上百个政党。

国民党实行"党外无党"的一党训政制度，严行党禁政策，决不允许其他政党的存在和产生。一些既不满国民党对国民革命的背叛和屠杀政策，又对共产党的土地革命和武装斗争缺乏信心的人士组建或形成了独立于国共两党之外的政党。

抗战胜利后，国民党发动全面内战，实施所谓"戡乱总动员"，宣布民盟等民主党派为"非法组织"，镇压各民主党派。中共中央于 1948 年 4 月 30 日发布纪念"五一"劳动节口号，发出"各民主党派、各人民团体及社会贤达，迅速召开政治协商会议，讨论并实现召集人民代表大会、成立民主联合政府"的号召。

【评析：材料帮助学生思考多党合作和政治协商制度为什么成为中华人民共和国基本政治制度。该情境问题指向为什么说中国共产党领导的多党合作和政治协商制度是中国近代历史发展的必然？它如何体现人民监督政府，人人起来负责？】

问题 1：中国近代的政党制度经历了怎样的演变过程？

教师指导学生阅读材料四，归纳中国近代政党制度的发展经历了多党制—一党制—多党合作制的演变过程，并作扼要介绍：民国初年曾效仿西方实行议会政治和多党制，这些政党，多是权势和金钱的结合，所以民国初的政党政治很快以失败告终。1927 年至 1949 年中华人民共和国成立前，国民党蒋介石集团实行一党专制，独揽国家一切权力，打击和迫害民主进步力量，违背民主政治发展潮流和人民愿望，遭到人民反对，最终被历史所抛弃。

问题 2：中国共产党领导的多党合作和政治协商制度成为中国基本政治制度的历史根源是什么？

教师指导学生结合课前搜集的国民党统治时期政党发展演变情况，探讨中华人民共和国多党合作和政治协商制度，是由中国共产党和各民主党派共同承担的历史责任。

各民主党派的社会基础是民族资产阶级、城市小资产阶级以及同这些阶级相联系的知识分子和其他爱国分子，他们在反帝爱国、争取民主权利等方面，与中国共产党有相同的政治要求。中华人民共和国成立前，中国的政治舞台客观上形成国民党、共产党和中间党派三种政党模式并存的政治格局。在国民党的党禁政策之下，中间党派和其他政治势力处于非法的受压迫的地位。相同的政治要求和地位，使各民主党派在新民主主义革命时期与中国共产党并肩战斗，自觉地、郑重地选择了中国共产党的领导。在中国"两种命运、两种前途"决战已经泾渭分明的时候，中共中央发出"各民主党派、各人民团体及社会贤达，迅速召开政治协商会议，讨论并实现召集人民代表大会、成立民主联合政府"的"五一"号召。

"五一"号召得到了各民主党派和社会贤达的热烈响应，新政协会议通过了一系列奠定中华人民共和国基石的纲领、草案、法规、宣言，这是中华人民共和国的法理源头，也是中华人民共和国程序正义的源头。新政协的召开，标志着中国人民找到并确立了崭新的政治管理体制，可见当代中国政党制度——共产党领导的多党合作和政治协商制度，是在关系到中国前途命运的历史决战中形成的，是由中国共产党和各民主党派、无党派民主人士、各人民团体、各界爱国人士共同创立的。

脚手架4材料：中华民族多元一体格局

漫长的历史进程中形成了中华民族多元一体的格局。"一体"指中华民族是一个整体，在统一的中央政权领导下，"多元"指中华民族内部存在各个民族实体，少数民族聚居地区有着不同于内地的管理制度。

近代以来，各民族在捍卫祖国统一、抵抗外来侵略的斗争中，凝聚力与向心力空前加强，民族认同、中华民族认同与国家认同高度统一，进一步把各民族团结成一个整体，在爱国主义基础上形成政治上的国家统一，各民族从自发联合走向自觉联合，从更高层次上巩固了中华民族多元一体的格局。

【评析：材料帮助学生认识民族区域自治制度的历史根源。该情境问题指向为什么说民族区域自治制度是适应中华民族多元一体格局的产物？它又怎样体现人民监督政府、人人起来负责？】

问题1：为什么说民族区域自治制度，在我国统一多民族国家的历史发展中一直存在？

教师结合材料向学生指出，中华民族多元一体格局是中国特定条件下多民族历史发展的必然结果。在几千年的密切交往中，共同的地理疆域、共同的历史使命、共同的传统文化使我国形成了一个"多元一体"的复合型民族——中华民族，在人口分布上，我国各民族呈现大散居、小聚居、交错杂居的特点。

我国民族区域自治制度具有悠久的历史传统，在单一制国家结构下，我国历史上对民族关系的处理上逐步形成了羁縻政策和相应制度。在羁縻制度下，少数民族地区设立羁縻州县，羁縻州县长官由中央任命、由少数民族首领担任并可世袭。清朝实行"尊重各民族的社会习俗和宗教信仰，笼络各民族的上层分子；大事集权，小事放权，因地制宜进行行政管理"①的政策，较好地处理民族之间的关系，加强了政府对边疆的统治。

问题2：近代以来各民族人民如何在反侵略的斗争中共赴国难，使中华民族多元一体格局得到不断升华和加强？

1840年鸦片战争之后的100多年间，西方列强的侵略、欺凌，使我国的民族关系发生了重要变化，我国内部各民族都面临帝国主义侵略和生死存亡的危机，各族人民联合起来，共同反对帝国主义侵略成为我国民族关系的一个主要内容。帝国主义屡次策划的分裂中国的阴谋在各族人民的抵制下失败，在近代反侵略、反分裂的伟大斗争中，各民族在历史上形成的不可分离的关系变得更加牢固，各民族福祸与共、休戚相关的命运共同体的特征更加凸显。

民族区域自治制度的实施，有利于保障少数民族人民当家作主的权利，也使人民监督政府，人人起来负责落到实处。

总结："中华人民共和国初期的政治建设"的教学，既要让学生理

---

① 朱汉国. 普通高中历史课程标准实验教科书《历史》必修第一册[M]. 北京：人民出版社，2009：19.

解三大政治制度是历史发展的产物，更要让学生认识三大制度是一个有机整体，是一个完整的政治体系。因此教学过程中要引导学生理顺知识的逻辑关系：

中华人民共和国的成立，建立了人民民主政权——为国家民主政治建设奠定了基石。

人民民主政权的一切权力属于人民——人民行使权力的机关是全国人民代表大会和地方各级人民代表大会。

人民民主政权是中国工人阶级、农民阶级、小资产阶级、民族资产阶级及其他爱国民主分子的人民民主统一战线的政权——中国人民政治协商会议是人民民主统一战线的组织形式。

人民民主政权是团结各民主阶级和国内各民族的政权，各民族一律平等——民族区域自治制是在国家统一领导下的自治，体现少数民族当家做主的愿望。

所有制度的目的都是要巩固和保护国体。三大制度均围绕 "人民起来监督政府""人人起来负责"展开，制度之间内在的逻辑联系，如图 7-1 所示。

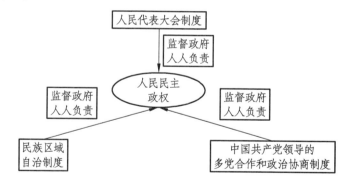

图 7-1　中华人民共和国成立初期三大政治制度

【评析：教学最后一个环节理顺逻辑，以"人民起来监督政府""人人起来负责"为出发点，将政体、政党制度、区域自治制度三大制度的内在联系统一到维护国体上。这样，一个逻辑严密、体系完善的政治制度呈现在学生面前，学习了这个政治制度的由来，学生对老一辈革命家的艰辛探索和取得的丰硕成果便会景仰有加。】

第三节　协作式教学

一、协作式教学概述

（一）协作式教学定义

协作式教学是在课堂教学中，两个以上的教师通过协商，共同备课，在课堂上合作，分工承担不同教学内容，共同完成教学任务的教学。严格地说，协作式教学是合作教学的一种类型。20 世纪 80 年代，美国教育界针对专业教师之间缺乏交流、彼此各自为战的状况，兴起"合作授课"的理论与实践，其中具有代表性的是鲍文思（Bauwens）和胡卡德（Hourcade），他们提倡两名或多名教师同时在课堂上进行协作，共同授课。但是作为一个比较新的概念，合作授课并没有得到所有学校和教师的认可，特别是推广到普通课堂困难较大。

在我国，合作教学的教师互动主要体现在集体备课和教学评议上。教师之间的互动与教研活动密不可分，教师之间的互动是教学系统中不可或缺的人力资源，这种互动尤其体现在各类教学展示活动中。目前各地的教学展示活动，基本上都是教师之间的互动，一是互相配合、互相合作，以实现教学效果的最优化；二是在教学中互相学习教学技能，促进自身教学技能的提升。真正的教师合作授课比较少见。

（二）协作式教学的几种形式

1. 协同教学

协同教学指由两个及以上教师和教学辅助人员，组成教学团队，彼此分工合作，共同策划和执行某一单元或主题的教学。协同教学具有多种方式，主要包括：

将学生分成两个异质小组，两个教师用相似或不同的方法讲授同样的内容，学生以更小的班额学习，更具个性化和针对性。

一个教师对所有教学内容进行全面概括的讲授，另一个教师再提供补充材料，使教学内容更具体化，并提供可供选择的学习渠道。

一个教师对所有学生教授课程内容，另一个教师在教室内巡视，解释、澄清概念，并监督学生学习。

一个教师主讲教学内容，另一个教师设计并提出问题，引导学生进行更高水平的思考。

一个教师对某些课的内容进行全面的讲解，另一个教师在专业课程部分为学生提供额外的讲解。

2. 辅助学习

教师将学生分成小组，确定合作伙伴，组织和引导学生开展一些活动。主要方式包括：

将学生分成两个大组，由两个教师分别向两个小组讲授，然后将两个小组的学生分别两两结对，互相进行辅导，教师监督。

一个教师监督大组学生学习，另一个教师为部分提供开拓性知识、选择强化教学或需要更多关注的学生进行强化教学。

一个班级分成 4 个小组来实施自己的方案，两个教师在学生中来回巡视，监督并提供帮助。

3. 补充指导

一个教师对某些具体内容承担主要教学责任，合作的教师教给学生获得资料所必需的"怎么做"的技能。这种教学很少存在教师大量授课的情况，更多地以小课的形式插入当天的教学中。

（三）远程同堂同课共构教学

随着现代信息技术深度融合于教学的不断推进，线上线下混合教学的探索逐渐成为教学研究的重点和难点问题。将线上线下、现场与远程有机结合，产生一种全新的远程同课同堂协作云教学。远程同课同堂协作云教学指的是两个以上不同地区的师生通过现代信息技术手段，实现异地就同一个教学内容、在同一个教学时间进行的线下与线上结合的教学活动。这种教学既不是同课异构，又不是同课同构，而是同课同堂分工协作的共构教学。

同课同堂分工协作的共构教学不同于存在单向灌输、师生缺乏情感交流、学生学习质量无法即时监控等问题的线上直播、录播教学，也不同于优质学校向薄弱学校单向开放的同步课堂，它是双师甚至多师共同执教、共同面对异地学生的新型混合教学模式。

远程同课同堂共构教学，是"互联网+教育"的产物，既体现了线上线下的深度融合，又突破了"线上"教学的概念，克服了既有的"线上教学"单向输出和被动接收的局限性。在远程同课同堂共构教学中，面对当面的学生，教学是线下，面对远程的学生，教学是线上。它的成功实施，取决于技术条件和教师之间的协作。技术是这种教学得以实施的必要前提，需要保证流畅的网络、清晰的图像和声音，声音图像能够同步传送。教师之间的协作是教学实施的充分条件，只有教师相互了解彼此的教学意图，并通过教师对异地的学生学情有所了解，携手确定重难点和突破策略，合理分工，才能使这种教学模式得以顺利实施。

实施远程同课同堂共构教学，在课程内容的选择和教学构思方面，需要教师之间的多次讨论和斟酌，有多种思维的碰撞，让参与其中的老师感到豁然开朗。在上课方式上，更需要上课老师的积极有效沟通与协作，面对多元的学生，会有不可预期的新内容，需要老师的教育机智生成教学。教学要尽可能展现出本地教学特色和风格，才能给学生带来更多趣味性和新奇感，体现出交流价值所在。学生与异地同学交流会产生新奇感，他们的思想在交流互动中竞相展示，使得教学更有意义。

远程同课同堂共构教学给学生带来极其愉快的学习体验。学生在全新的教学模式中，精力必须高度集中，面对异地的同学，客观上存在的两地学生之间的比拼，提高了学生的参与度和学习专注度，激发学习兴趣，时时绽放出思维碰撞的火花。学生在异地交流中，产生一种竞争压力，注意力和思维高度集中，学习效率很高，收获的知识印象更深刻、更丰富、更有趣。

实施远程同课同堂共构教学对师生都要求更高。对教师而言，教师在备知识、备学生、备课堂、应对突发事件、自我教学能力等方面，都会有一个质的飞跃；在与异地教师的合作中，教师可以感受到异地老师不同的授课方式、授课风格，并及时进行调整，使自己得以重构课堂，从而给自己、学生、异地的老师带来一种全新的课堂体验。对学生而言，远程同课同堂云教学，使学生感受到不同老师的教学风格，获取更广泛的教学资源，开阔了视野。

远程同课同堂共构教学，是协作式教学的一种新模式，它是技术带来变革、技术支撑变革的产物。技术带来的不仅仅是教学手段和教学工具的变化，更多的是带来教学样态的变化，使教学能够突破传统模式，构建新的教学模式。在远程同课同堂云教学中，一个教师不仅面对当面的学生，还要同时面对远程的学生，不仅要考虑自己的教学设计，还要与协作教师之间达成共识，它促使教师角色转变，进而在教学思想、教学行为方面也会发生变化，教师在教学中面对着不同质的学生，教学预成性和生成性要求更高，急需构建新的教学文化。远程同课同堂云教学实验，凸显技术装备和网络流畅对教学的重要性，更凸显教师教学观念变革的重要性，需要学校进一步完善技术装备，为教学改革注入活力。

二、教学案例与评析

灿烂的青铜文明[①]

教学准备：

内江二中和南充市五星中学的历史教研组在分别进行组内备课的同时，组建了"南充内江历史联合网课教研群"，多次就如何实施远程教学的协作技术问题和教学思路进行探讨，并在交流中形成共识。两位执教者多次沟通，在教学内容、教学方法、教学分工等方面都达成一致，形成了《灿烂的青铜文明》教学设计。两地协商好时间，与平台工作人员紧密配合，对设备设施、网络平台进行检测，进一步明确两位老师的分工协作，两个教学场地分别放置两个大屏，两地师生通过屏幕获取教学信息和开展互动交流。

教学过程：

课前准备：

师甲：同学们，大家好，今天我们大家要共同进行一次新的教学尝试。南充、内江两地的同学要在一起共同学习、交流、分享，我是南充五星中学的邓丽华老师，南充市五星中学七年级×班的同学们，跟内江的同学打一个招呼吧。

---

① 2020 年 10 月 14 日四川省贾雪枫名师鼎兴工作室开展远程同课同堂共构云教学实验，执教者为内江二中袁玲、南充五星中学邓丽华。

师乙：我是内江二中的袁玲老师，与南充的同学们一起学习的是内江二中七年级×班的同学，同学们，跟南充的同学打个招呼吧。希望今天的学习能够给两地的同学带来不一样的体验。上课，同学们好！

【评析：两地教师分别在教室介绍自己，此时两地教室大屏幕显示全景，学生相互之间打招呼，引起好奇，激发学习兴趣。】

师甲：同学们，我们在前面学习了我国早期国家的产生和发展，知道了夏商周时期，我们的祖先创造了丰富灿烂的文化。我们通过什么途径来了解这些丰富灿烂的文化呢？让我们先来看看一段视频。（播视频）

南充的哪位同学来告诉大家，你从视频中获得了哪些信息？（学生回答：宝鼎，夔龙，和平团结）

我们知道宝鼎是中国在即将进入 21 世纪送给联合国的一份特殊礼物。同学们知不知道国家为什么要选择宝鼎作为礼物？为什么宝鼎上会刻夔龙？它又为什么被赋予和平团结的象征意义呢？现在我们就带着这些疑问开始今天的学习。

出示本课题目——灿烂的青铜文明。

同学们看课题中有"青铜"二字，内江的哪位同学能给大家说一说什么是青铜？

师甲：在学生回答基础上，讲解青铜是一种在纯铜中加入锡或铅的合金，因呈青色而得名。但这颜色是经几千年氧化、锈蚀形成的。几千年前，人们称它为吉金，在属于他们自己的时代，他们有着可以和太阳相媲美的金黄色。

青铜硬度大，在生产生活中有许多用途。在夏、商、西周时，青铜被广泛运用于生活、祭祀、军事等方面，成为身份的象征和国家权力的代表性器物，地位十分重要，所以这一时期被称为青铜时代。

一、国之重器品于细

师乙：前面老师播放的视频中我国送给联合国的礼物是青铜宝鼎。大家都有疑问，为什么要以宝鼎作礼物？它的历史渊源是什么？

（出示司母戊鼎）这是一件名气很大的国宝，如图 7-2 所示。同学们知道它的名称吗？有同学知道铭文的意思吗？老师想请五星中学的同学给大家解释一下。

图 7-2　司母戊鼎

此时有的学生说司母戊鼎，有的说后母戊鼎，也有说改为后者的。

教师在学生回答基础上简要讲解：商代的文字书写比较自由，可以正写，也可以反写。而此处意思更接近"商王之后"，更多的学者赞成"后"，他们认为此鼎腹内铭文是商王为祭祀其母而做，意思相当于"将此鼎献给敬爱的母亲戊"。（教师强调"戊"的读音和写法）

教师简要介绍司母戊鼎的体积、重量等后，告诉学生司母戊鼎被世人熟知有段曲折经历（播放音频材料）。

教师补充：司母戊鼎诞生于商代晚期，距今有 3 200 余年的历史，从发现、出土、收归国有、完整修复，司母戊大方鼎历经沧桑岁月，命运坎坷。正所谓"国宝出土多磨难，智斗日军保安全"。

探究学习活动：

活动一：说一说带鼎的成语。

教师：我们回到前面的问题，为什么要以宝鼎作礼物？它的历史渊源是什么？我们先来说一说活跃于我们生活中的有关鼎的成语。（先请内江二中学生回答，再请五星中学学生回答）

学生讲述后，教师出示PPT，然后讲述：通过刚才同学们提到的这些成语，是不是感觉到凡是与鼎有关的事物，都有一种宏伟、挺拔、当仁不让的气概？

活动二：认识鼎的作用、意义。

出示圆鼎、方鼎两种鼎图片，要求学生观察鼎的结构，猜一猜鼎最初的生活功能。（随机抽两地学生回答）

鼎有三足的圆鼎和四足的方鼎，是古代烹饪之器，相当于现在的锅，古人用鼎来烹煮肉和盛贮肉类。最早的鼎是陶土烧制陶鼎，后来有了用青铜铸造的铜鼎。

设问：鼎是怎样从炊具演变为国之重器？教师自答：大禹在鼎的功能演变中起了重要作用。传说大禹曾用各地的金属铸九鼎，以象征九州，九鼎成为镇国之宝。自从大禹铸九鼎后，鼎就从一般的炊器而发展为传国重器。九鼎象征着国家统一和王权，国灭则鼎迁，商灭夏，周灭商，九鼎随着最高权力的转移而迁移，所以，历史上把定都或建立新王朝称为"定鼎"，想夺取国家最高权力称为"问鼎"。

鼎又是身份等级的象征。出示《周鼎簋制度表》，鼎用来体现权力和地位高低——天子、诸侯、大夫、士所用鼎数量有明确规定。周代，有"天子九鼎，诸侯七鼎，卿大夫五鼎，元士三鼎"的数量规定。

活动三：认识鼎表面的图纹。

国宝身上的图纹是什么？为什么要在鼎上镌刻这些图案？

讲解：司母戊鼎表面铸的图纹叫饕餮纹。饕餮古代传说中一种贪残的猛兽，也比喻好吃之徒或贪婪之人。相传禹在鼎上镌刻魑魅魍魉的图形，让人们警惕，防止被其伤害。为什么会刻在青铜器物上呢？（保护神作用，先民寻求心理慰藉的一种寄托；部族图腾、精神寄托、力量源泉；宗教仪式，为统治者服务的工具）

活动四：如此庞大的鼎是怎样铸成的？

充分激发学生想象力，并鼓励学生积极发言。

【评析：此环节设计的想象制造让两地学生交流互动】

教师简评：同学们的想象非常丰富，我们现在去看看古人是怎样制造的（播放制作视频）。古代青铜器之王美誉的大方鼎，它铸造工艺精湛、造型凝重结实、纹饰繁丽雄奇，是中国古代青铜器杰出的作品之一。

刚才我们研究了司母戊鼎，现在同学们能不能回答我们国家为什么要送世纪鼎给联合国？（抽内江二中学生回答）

教师在学生回答基础上，补充：鼎象征和平、发展、昌盛，表达了中国人民对联合国的美好祝愿，对创造一个美好的新世纪的希望。司母戊鼎是目前世界上发现的最大青铜器，同学们想不想知道中国商朝最精美的青铜器是哪个呢？

镜头转向南充，师甲吩咐两名学生抬出五星中学历史学科教室里的"四羊方尊"模型，如图 7-3 所示。红绸覆盖下的模型是什么样子引起学生们极大的好奇心。

图 7-3 "四羊方尊"模型

师甲组织探究学习活动：

活动一：掀开神秘的面纱。

南充现场的学生请到讲台掀开红绸观察，内江的学生则通过拉近了的镜头观察"四羊方尊"模型，两地学生全神贯注，兴趣盎然，课堂充满了探究气氛。

师甲要求学生指出方尊的名称及用途。"尊"是中国古代的盛酒器。在商、周时期，青铜尊经常作为礼器出现在祭祀仪式上。统治者希望通过祭祀仪式，获得神灵以及祖先的庇佑，以巩固自己的统治。

活动二：探究用羊装饰的原因。

师甲：羊是当时祭祀用的主要牺畜之一。自古中国人对羊这种温顺、可爱的动物就喜爱有加。甲骨文中的"美"字就是头顶大角的羊形。"吉祥"的"祥"是"羊"字的后起字。看来古人早就把羊和美好的事物联系在一起了。人们用"德如羔羊"形容人的操行洁白，羔羊跪乳的习性，被后世演绎成孝敬父母的典范。

活动三：观察并研究方尊造型工艺特点。

方尊最引人注目的装饰，当属于肩部四角的卷角羊头，"四羊方尊"便是由此得名。它的表面布满多种纹，如蕉叶纹、龙纹等，每一面的龙纹中间都有一个双角龙从方尊身上探出来，显示出动静结合、端庄典雅。除了造型生动的羊头以外，四羊方尊最令人称道的是其精湛绝伦的铸造工艺，被人们称为传统陶范法的巅峰之作。四羊方尊这种复杂的铜器是用接铸法制成的，即将器身和附件分别铸造，然后整体接铸，然而四羊方尊身上找不到拼接的痕迹。如果没有高超的铸造技术，很难达到整器浑然一体的效果。

活动四：拓展研究坎坷的"尊"生路。

1938 年出土于湖南省，在抗战时期几经辗转，未能在战火中得以保全。在一次空袭中被炸成 20 多块……中华人民共和国成立后，根据周恩来总理指示，方尊在文物工作者的努力下，恢复了原有的迷人风采。1959 年，方尊被送到北京，成为国家博物馆的镇馆宝贝之一。

师甲总结：古老的祭祀文化、生动的羊头造型、高超的青铜工艺……三千余年后的今天，四羊方尊以它独特的魅力，依然令后人陶醉。

二、青铜之用藏于器

师乙：商周时期，中国进入了辉煌的青铜时代。除了我们前面所介绍的两件镇馆之宝以外，我们再来欣赏其他宝贝。给宝贝找家园，请学生上台，在白板上将青铜器图片与对应的用途相连。

联系前后内容，请学生归纳我国古代青铜器的特点：种类丰富、用途广泛、工艺精湛……

三、身边的青铜文化——三星堆遗址

当中原青铜文化灿烂绽放的同时，无独有偶，我国西南地区的四川也产生了辉煌的青铜文化。四川哪里有青铜文化的代表呢？

学生：三星堆。

师甲：对，就是四川广汉的三星堆。我们来看这里出土了哪些著名的青铜器呢？我们来看第一幅图片，这是一个青铜面具，它的造型非常的奇特，双眼呈柱状向外突出，长达 16 厘米，双耳像鸟的翅膀一样，这是为什么呢？

学生："千里眼""顺风耳"，这样的造型在全世界都是独有的，甚至有人觉得它更像一个外星人。

师甲：这一个是青铜立人像，铜像身高 170 厘米左右，是世界上现存最高的青铜像。铜像两手一高一低，呈握东西状。该铜像出土时，手中没有发现握着的东西。但也有专家经过研究推测，它的手中握有一截象牙，这说明什么呢？难道我们的四川当时已经有了大象？或者当时的贸易已经繁荣到与周边的其他地区或国家有了象牙交易吗？

第三个是青铜神树，树高近 4 米，树有三层，每层有三根树枝，树枝或者上翘或者下垂，上翘的树枝上都站着一只鸟，树的下端，悬了一条龙，龙头朝下，造型既诡异又非常精美，同时这也是我国出土的最早的树造型的青铜器。

总结：这些青铜器是我们古蜀国文化的代表，但它们究竟要表达什么，或者要呈现什么样的精神文化呢？我们无从知晓，因为在三星堆出土的青铜器中，没有文字的记载，所以这也为三星堆文化蒙上了一层神秘的面纱，希望以后会有更多的同学能够参与到三星堆的文化探索研究中来，讲述这些文物的前世和今生。

四、文化传承

师乙：我们前面了解古代青铜文化的辉煌成就，无论是其文化内涵，还是其精湛的铸造工艺都令我们惊叹不已。那么我们作为青年学生能为践行守护和传承中华文明做些什么呢？

学生：做文明游客、保护文物人人有责、积极宣传、技艺学习、传承工匠精神。

同学们总结得都非常好，我们现在看到的这些青铜器都是完整的，几乎呈现了它原本的模样，让我们感受到了先民的智慧和精湛的技术，那它们出土时是不是就是这样呢？

学生：不是，现代人进行了修复。

老师：对，有一个纪录片叫《我在故宫修文物》，让我们感受到了大国工匠的精湛技术，他们耐心专注，诠释极致追求；他们锲而不舍，传承匠人精神；他们千锤百炼，精益求精，打磨中国制造。他们是劳动者，一念执着，一生坚守。

作为一个制造业大国，我们也需要传承工匠精神。做到绝学不绝，后继有人。

【评析：两位老师既在现场针对当前学生开展教学，又通过互联网向远程的异地学生进行实时问答，同堂异地师生互动，两地学生在好奇中思考，在思考中合作，在合作中探究，在探究中竞争，获得了高效的学习效果。相同的教学内容，不同的教学风格，两位教师给大家展示了以学生为主体的课堂教学，不同地区教学资源共享的同堂同课云教学模式课堂的教学魅力。】

第八章
历史教学的课堂观察与评价

第一节 课堂观察

教师们的教学研究属于行动研究。行动研究是在实际工作场景中运用各种研究方法和技术来解决问题的一种研究模式。在行动研究中，行动者（包括实际工作者、观察者）即研究者，行动场所就是研究场所，行动研究是对行动的研究，是在行动中的研究，是为了行动的研究。因此，行动研究并不是一种具体的研究方法，而是一种思想或精神。因为具体情境千变万化，行动研究没有统一的模式，也没有明确的终点，具有以问题的解决为导向、以合作的方式来进行、研究与行动不断循环、特定情境中进行研究、研究结果具有即时性等明显的特征。

传统的教育研究旨在"解释、预测，以及控制教育现象"，为此，研究者们努力操纵和控制某些变量以检验假说。但是，在课堂的环境下，很难控制所有影响教学效果的因素，使自然的课堂环境不受干扰。行动研究承认并接受这些困难，致力于采取行动和基于自己的调查结果来提出建议，影响教育改革。行动研究是教师自己出于需要而进行的，不是别人强加给他们的，它要求教师完成四个步骤：确定研究问题，收集数据，分析和解释数据，制定行动计划。[①]行动研究有两类，一类是批判性行动研究，鼓励挑战那些每日课堂生活中的"理所当然"的研究，它

[①] 杰夫·米尔斯. 教师行动研究指南[M]. 王本陆，潘新民，等，译. 重庆：重庆大学出版社，2010.

启发教师们采取行动研究方法来深入调查日常教学中"理所当然"的关系和实践。一类是实践性行动研究,实践性行动研究主要强调"怎么做",即用什么方法完成行动研究。

行动研究非常强调教师的专业地位,它鼓励教师深入观察教学动态,仔细分析学生的行为和互动情况,验证和挑战现有的实践惯例,破除关于教学的"想当然"的理论,寻找自己所关心的问题的解决方案。

一、课堂观察的定义和意义

课堂观察是指研究者带着明确的目的,凭借自身感官(耳目)及其有关辅助工具(观察表、录音录像设备),对课堂的运行状况进行记录、分析和研究,以此谋求学生课堂学习的改善和教师课堂行为的优化的一种课例评析活动。课堂观察是教师开展行动研究的一个主要途径。课堂观察是一种行为,由明确观察目的、选择观察对象、确定观察行为、记录观察情况、处理观察证据、呈现观察结果等一系列行为构成。课堂观察是一种教育科学研究方法,把原来听课的整体性观感分解成几个观察点,通过对不同观察点的观察,以求对一堂课更加全面、客观、精细地分析。课堂观察是一个流程,中心环节包括课前会议、课堂观察、课后评议三个阶段。课堂观察是一种团队合作,一个教研组(或备课组)以分工又合作的方式进行,这种同伴互助的方式将会极大地改善教研组的教研方式和教研文化,使每个个体都参与其中,并感受到团队的专业力量和专业关怀。

20 世纪二三十年代,观察法被最早应用于课堂教学,1950 年,美国社会心理学家贝尔思提出"互动过程分析"理论,开始了比较系统的课堂量化研究。1960 年,美国课堂研究专家弗兰德斯提出"互动分类系统",标志着现代意义的课堂观察的开始。自 20 世纪 70 年代中后期至今,课堂观察中结合定量与定性方法研究教学的有效性成为课堂观察技术与诊断方法的开发和应用研究的主流。

我国自 20 世纪 90 年代中期将课堂观察从西方引入,在理论研究和实践探索方面均取得了很多成果。理论研究方面,傅道春所著《教学行为的原理与技术》（教育科学出版社 2001 年 6 月第 1 版）有专章论及课堂观察技术；陈瑶的《课堂观察指导》（教育科学出版社 2002 年 1 月第 1 版）借鉴国内外研究成果，从定量和定性两个维度对课堂观察方法进行探讨，并结合大量研究实例加以说明；柳夕浪的《课堂教学临床指导》（人民教育出版社 2003 年 9 月第 1 版），以教师课堂教学行为为研究重点，运用心理学、教学论、管理学等学科的研究成果，借鉴临床诊断的方法，分析、记录了教师的课堂教学行为，并提出了教师课堂教学与课堂管理的理论与方法，对于提高中小学教师的课堂教学效果颇有指导意义。实践研究方面，上海市教育科学研究院在 20 世纪 90 年代后期曾运用课堂观察技术对教师课堂教学进行现场观察、录像带分析等，用以改进教师的课堂教学。这是国内首次运用课堂观察技术服务于教师课堂教学、促进教师专业发展的有效实践，但这一过程主要是专门的研究人员参与的，处于教学一线的教师并未成为观察与研究的主体。沈毅、崔允漷主编的《课堂观察：走向专业的听评课》（华东师范大学出版社 2008 年 10 月第 1 版）基于课堂教学构成要素，建立了一种课堂观察框架：4 个维度（学生学习、教师教学、课程性质和课堂文化构建）——20 个视角（每个维度由 5 个视角构成）——68 个观察点（每个视角由 3 至 5 个观察点组成，合计 68 个点）。

课堂观察是在现场进行的研究活动，在行为和事件发生的同时就予以记录。课堂观察主要研究两类变量，即教师的教学行为和学生的学习行为，研究这两个变量之间的相关情况。

为什么要进行课堂观察？课堂观察可以帮助教师发现问题，改善教学。很多教师在课堂教学中注意力集中于学生，常常意识不到自己的行为，或者很少对自己的行为有自觉意识，对自己的教育教学行为有效还是无效往往心中无数。课堂观察不同于实验室的观察，它是一种自然观察，课堂作为一种自然情境是难以进行严格控制的。课堂情境具有如下特点：一是课堂事件变化的迅速性。每一个课堂事件都是在短时间内发生的，从这个课堂事件到另一个课堂事件的转化可能在瞬间内完成。二是课堂事件发生的同时性。在课堂上，数十个学生在同时进行学习，不同的个体面对同样的学习内容，体验必然不会整齐划一，因而会在同一个时段出现不同的课堂事件。三是课堂事件发生的即时性。课堂事件是与教学进程相生相伴产生的，教师的教学和学生的学习所形成的信息，在极短的时间内就会引起学生的反馈，从而形成新的课堂事件。四是课堂事件发生的非预测性。教学具有生成性特征，学生在主体参与下，产生的学习体验不以教师事先的设计为前提，因此课堂事件的产生具有非预测性特征。五是课堂事件发生的脉络性。虽然单个课堂事件表现出非预测性的特征，但是它不是无缘无故发生的，总是围绕着教学的线索展开，课堂事件之间呈现清晰的发展脉络。

课堂观察需要注意教学中的各种事件，从这些事件中找出相互联系，然后分析其得失，从而对改善教学产生积极促进作用。

课堂观察从记录信息来划分，有教学结构记录、教学活动转换记录、课堂提问记录、课堂反馈记录、结构性语言记录、学生语言流动记录、学生学习状态记录、移动路线记录、叙事性文字记录、师生语言互动分析等。教学结构记录就是把课堂教学过程按照主要的教学内容板块划分成几个大的环节，通过环节时间标注，获知实际教学中教师把主要精力和时间投入在哪里。教学活动转换记录是把课堂中发生的教学活动分类，按照教学展开过程，对各种教学活动发生的先后顺序、每种活动的持续时间加以记录。课堂提问记录把教师问过的所有问题记录下来，比如提问的认知层次、提问的方式、问题的指向、学生回答的方式、教师理答的方式，然后进行多种角度的再分析，为教学设计提供建议。课堂反馈记录是把教师对学生课堂行为的反馈进行记录，以分析教与学的互动和教学的有效性。结构性语言记录是记录教师过渡性语言、归纳性语言，分析教师语言对学生知识之间关联的理解程度。学生语言流动记录是记录师生间的语言互动方向和数量，了解一个班里好中差学生的大致分布情况。学生学习状态记录是了解个别学生或某个小组的学习状况。移动路线记录是从信息流动的角度来观察课堂，可以记录教师和学生的移动路线，了解信息的沟通程度和沟通方式以及教师的信息反馈分布的区域。叙事性文字记录是随机记录课堂里的关键性叙事片段，往往为了说明某个问题而特别描述一个事件。师生语言互动分析是对师生对话交流的某个关键片段的语言做出分析，目标是通过语言互动分析，检视该对话表现了学生的主体地位还是教师的主导地位。

课堂观察从记录方式来划分，有定性课堂观察和定量课堂观察两类。定性课堂观察是研究者在课堂现场对观察对象做详尽的多方面的记录，观察结果的呈现形式是非数字化的，分析手段是质化的，资料分析在观察过程中就可以开始。定性课堂观察记录方式一般采取实地笔记，即所谓田野笔记。课堂观察中观察者的角色有四种：完全参与者（研究者是局内人，本身既是研究者，也是研究对象中的一员）、参与者作为观察者（研究者同样是局内人，但相对于研究对象而言是研究者）、观察者作为参与者（研究对象清楚地知道他们是观察者的研究对象）、完全观察者（研究者完全外在于研究对象之外，研究对象根本不知道自己成为研究对象）。在中小学校的教学研究中，教师之间的课堂观察，观察者的角色基本是完全参与者，观察方式绝大多数时候是公开观察，很少有隐秘观察。

二、定性课堂观察

定性课堂观察是以质化的方式收集课堂信息，其记录的内容多以非数字的形式出现，主要包括四类记录方式：描述体系、叙述体系、图式记录、技术学记录。[①]在中小学教师的教学研究中，常见的观察记录主要有两类。一类是描述性的，即过程记录；一类是评价性的，即主观印象。实际操作中常常将两者融合在一起，很多学校的听课笔记大多属于这一类。如表8-1所示。

表 8-1　定性课堂观察记录表

课堂教学进程记录	观察者即时感受

---

① 朱雁. 课堂观察之定性观察法[J]. 中学数学月刊，2014（5）.

定性观察的优点是观察记录过程较为简单，观察笔记可以作为研究者的记忆辅助，通过它观察者即使事隔很久也可能较为清楚地回忆起所观察的课堂中的细节。定性观察的缺点在于，研究者本身是观察工具，所以观察受观察者本人的理论素养、个人经历、理解水平以及文字描述水平的影响较大，主观性较强，不同的观察者对同一个课堂所记录的笔记是不可能相同的。

《定性课堂观察记录表》显示，定性观察在资料收集过程中就开始了资料分析解释。但是在这个阶段，研究者还主要是一名课堂情境的描述者，随后的资料归类分析整理中，研究者才开始由描述者向解释者转化。

三、定量课堂观察

定量观察是运用事先准备的一套定量的、结构化的方式进行的基于事实的观察，把主体和客体截然分开，运用时间抽样和课堂事件行为抽样的方法对课堂进行结构分解，根据分解的类别和因素设计观察工具量表，通过对记录的教学行为的分析，可以对课堂的师生互动、人际交往等因素，特别是对教学的有效性进行研究。

研究者对定量课堂观察提出了互动分析分类表（Flanders' Interaction Analysis Categories，FIAC）。这个分析框架在整体上将课堂互动分成三个大类：教师语言、学生语言、沉寂，如表8-2所示。

这个观察框架对于普通教师来讲，是很烦琐又不容易操作的。它要求观察者在一个网格式的数据记录表中，每隔3秒钟，依据预先设定的含10个类别的分析系统，记录和编码课堂上所发生的事件，随后再分别对每一个类别计算出其占整堂课所有编码的百分比。因此在学校开展的教学研究活动中一般很少有教师会采用这个编码表，但是，它给教师的启示很大，它的记录方式可以简化，延长记录课堂行为的间隔时间以便观察和判断，扩大课堂事件的范畴（不仅仅局限于语言），这样，得到定量课堂观察记录表，如表8-3所示。

表 8-2　互动分析分类表[①]

教师说话	间接影响	1. 接受感情
		2. 表扬或鼓励
		3. 接受或使用学生的主张
		4. 提问
	直接影响	5. 讲解
		6. 给予指导或指令
		7. 批评或维护权威性
学生说话		8. 学生被动说话（比如回答问题）
		9. 学生主动说明
		10. 沉默或混乱

（资料来源：David Hopkins，A Teacher's Guide to Classroom Research，p.111.）

表 8-3　定量课堂观察记录表

项 目	时　间								
	2	4	6	8	10	12	14	16	18
教师的教学行为									
学生的学习行为									

　　定量观察的优势是记录中低推断、少判断，相对比较客观，不同的观察者得到的信息容易达成较高的一致，研究的样本比定性观察大。定量观察的局限性在于封闭性、控制性较强，记录项目预先设定，难以概括课堂全貌，视角单一，难以发现观察对象主观意识方面的因素。定量课堂观察数据的分析处理，要清楚收集数据的性质和含义以及想从这些数据中得到什么信息。在学校开展的教研活动中，对定量观察的数据分析，一般两个步骤即可：第一是简单计算，第二是对两种变量（教师的教学行为和学生的学习行为）的相互关系进行分析。定量观察虽然强调

---

① 陈瑶. 课堂观察方法之研究[D]. 上海：华东师范大学，2000.

266

客观记录，但是，它实际上仍然离不开观察者的主观选择，比如，观察的项目如何确定，同一时间发生了若干课堂事件，该记录哪一个，都是观察者主观的选择和判断。因此，最好是将定量观察和定性观察有机结合起来，进行综合分析研究。

第二节　历史教学课堂观察

观察意味着评价。过程管理是课堂观察评价成功实施的关键，课堂教学的内涵和特点决定了对教学的观察评价必须关注整个教学过程师生的活动情况，对于一堂课，不同的人感受是不一样的，大致可分为观察者（听课教师）评价、授课教师自评和学生评价三类，因此，历史教学的课堂观察评价应当从三个维度进行，即观察者评价、教师自我评价和学生评价，如图 8-1 所示。

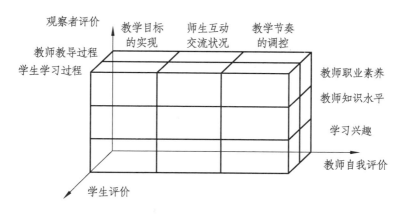

图 8-1　历史教学课堂三维观察评价[①]

一、观察者的观察与评价

观察者（听课教师）对课堂的观察具有如下几个特点。第一，这种观察是一种自然观察，是在教学的自然进程中进行的。第二，这种观察

① 贾雪枫. 高效课堂的课堂观察评价[J]. 基础教育参考，2017（12）.

是直接观察，观察者亲临现场，凭借耳朵、眼睛等自身的感官直接感知和考察。第三，这种观察是一种非参与性观察，是观察者作为一个旁观者，置身于教学过程之外的观察。由于这种观察的这些特点，加之观察者本身又是专业工作者，因此可以冷静客观地观察整个教学过程中教师"教"的活动和学生"学"的活动以及教与学的契合。

观察者的立足点应落在课堂的"研究性"与"互动性"，具体地说，教师的教是为了学生的学，教师是教育者、影响者、变革者和促进学生发展的实践者，是教的活动的主体，其教学思想、教学设计和教学实施是否有利于激发学生积极主动的探究，是观察者注意的重点。学生是教师教的实践活动的对象或曰教的客体，教的目的是促进学生的发展，学生是学习活动的主体，因此，学生怎样学是课堂教学的主要矛盾，其学习态度、交流水平和学习水平是课堂教学评价者的关注点。联系教与学的媒介是教育内容，教育目标要在学生自己的认识和发展的学习活动中体现出来，只有学生主动学习、主动认识、主动接受教育内容，他们才能认识世界并发展自己，学生的学是教师教的基础，更是教师教的目的，也就是说，从教与学的共同目的，即促进学生的身心发展出发，教师的教直接影响学生，给学生的身心发展提供条件，经过学生的学，逐步内化为学生自己的思维能力，成为发展的现实。教以学生的学习积极性为前提，学生的学习积极性依赖于教师的培养，两者互相连接，互相贯通，是一个过程的两个方面，教师是主导性主体，学生是发展性主体，观察者注意观察教学过程中二者的表现，"学生的主动性是构成教师主导作用的重要因素，……教师发挥主导作用就是为了使学生主动性得到充分发挥"①。因此，学生的学习研究状况，其独立思考、自主学习的态度和水平自然是观察者不能遗漏的。同时，课堂教学有一定的教学学习内容，在研究性教学中，效率、质量、发展这些衡量一堂课成功与否的指标只能强化而不能弱化。

根据课堂观察的分类，历史教学的课堂观察可以从定量和定性两个角度进行。定量的课堂观察如表 8-4 所示。

---

① 钟启泉. 教育方法概论[M]. 上海：华东师范大学出版社，2002：158.

表 8-4 　教学课堂观察表（一）

学　科＿＿＿＿＿＿＿＿＿　课题＿＿＿＿＿＿＿＿＿＿＿＿＿＿＿＿＿＿＿＿

执教者＿＿＿＿＿＿＿　观察者＿＿＿＿＿＿＿　教学时间＿＿＿年＿＿月＿＿日＿＿节

项目时间 （分）		2	4	6	8	10	12	14	16	18	20	22	24	26	28	30	32	34	36	38	40	42	44	46
教师的教学行为	营造情境																							
	讲解																							
	提问																							
	播放音像																							
	展示材料																							
	演示实验																							
	巡视																							
	调节气氛																							
	等待																							
	布置练习																							
	其他行为																							
学生的学习行为	听讲																							
	个人思考																							
	自主学习																							
	回答问题																							
	同桌讨论																							
	小组讨论																							
	角色表演																							
	阅读																							
	动手实验																							
	练习																							
	其他行为																							

说明：①观察者以 2 分钟为单位记录教学过程中的各种行为，每种行为在相应的时间框内打钩，如同一时间有多种行为发生，则应同时记录；②其他行为指本表未包括但对教学效果有影响的行为。

定性的课堂观察如表 8-5 所示。

表 8-5　教学课堂观察表（二）

学　科＿＿＿＿＿＿＿　课　题＿＿＿＿＿＿＿＿＿＿＿＿＿＿＿＿
执教者＿＿＿＿＿＿　观察者＿＿＿＿＿＿　教学时间＿＿＿年＿月＿日＿节

教学行为记录	观察者评注

说明：①教学行为记录按教学的正常进程记录教与学的双边活动，如"教
　　　师讲解""提问""学生讨论"等，不必将教学内容记录下来；②
　　　观察者评注要尽量详细地将观察者对教学活动的即时感受记录下
　　　来，如对"教师讲解"，就应对其讲解是否生动、是否富于启发性
　　　等作出评价。

二、学生的感受与评价

听课教师的评价并不能代替执教者和学生对教学的感受。学生的评
价一般从教师的职业素养、教师知识水平和课堂上自己的学习兴趣等方
面入手。教学应充分发挥学生主体地位，但是，只有学生对所有探索学
习的内容有了充分的了解之后，他们才能主动去探索研究，因此教师怎
样激起学生的探索兴趣，即教师的教学技巧是一个相当关键的问题，这
实际上反映了教师知识结构中的条件性知识和实践性知识水准，是教师
职业素养的体现，这方面的评价可以从教法的使用、对学生的关注程度
（包括参与度、引起注意的方法和时刻、讨论的安排）等入手。在教学
中，教师的知识水平很受学生关注，其本体性知识常常是能否引起学生

270

兴趣的切入点，因为学生知道，教师应具有一定的专业知识和教学经验、技能，如果教师在课堂上不能表现出相应的知识水平，那么他在学生中的可信度就低，学生就不一定对他的教学充满兴趣，甚至反感。学生对课堂教学的评价，还与自己对该课的兴趣有关，这种兴趣与教师的启发诱导密切联系。美国学者 Stephen D. Brookfield 在其所著《批判反思型教师 ABC》中曾给出旨在了解学生对教学感受的《批判事件调查表》和《课程评价表》①，可以参考这两个表，设计学生使用的《历史课堂教学学生调查问卷》。

历史课堂教学学生调查问卷

请选择下列问题的一个答案，并在答案前的□内打√，如果不能确定，就在你认为最接近的答案前的□打√。

1. 这节课老师的教学方法：□对我们拓展思路帮助很大；□对我们牢固掌握知识帮助很大；□对我们形成灵活的学习习惯帮助很大。

2. 这节课老师对基础知识的处理：□直接讲出来，要求我们必须记住；□引导我们自己得出结论；□教给我们方法，让我们自己获得结论。

3. 在本课中，我发现老师：□总是关注全体学生的学习；□主要关注优秀学生的学习；□有时也关注成绩较差的学生。

4. 在本课中，我发现老师：□注意让我们自己提出问题；□喜欢自问自答；□提出问题让我们回答。

5. 在本课中，我发现老师：□一直坚持让学生参与；□有时努力让学生参与；□很少让学生参与。

6. 在本课中，我发现，老师提的问题：□我总要思考一段时间才能作答；□不假思索就能找到答案；□略微考虑就可以答出来。

7. 在本课中，我发现：□同学们一直兴趣浓厚；□有时感兴趣，注意力容易分散；□兴趣不浓，勉强听下去。

8. 在本课中，我发现：□我们有良好的讨论习惯，学习气氛热烈；□大家都没有讨论的兴趣，等待着老师早一点讲课；□只有少数人主动地进行讨论，多数人都持观望态度。

---

① Stephen D. Brookfield. 批判反思型教师 ABC[M]. 张伟，译. 北京：中国轻工业出版社，2002.

9. 在本课中，我发现老师：□很注意启发我们思考；□只顾自己讲；□有时也了解我们的反应。

10. 在本课中，我发现：□我敢于质疑老师和同学的结论；□对我认为正确的我敢坚持；□随大流，最后听老师的。

11. 在本课中，我发现：□我有参与讨论和发表意见的欲望；□不懂的地方通过同学们的回答和讨论就明白了；□无所谓，反正考试的时候老师还要再讲一次。

12. 在本课中，我发现在解决问题的时候：□我的思路很清晰；□有些东西搞不明白，思路受阻；□脑袋里一片空白，不知从何处下手。

13. 在完成本课作业的时候，我准备：□尝试使用不同的方法；□按照教材和老师教的方法。

14. 把你对这节课特别喜欢的地方写下来。

15. 你对教学还有什么建议？

学生评价是一种参与性评价。他们是教学活动的参与者，有学习任务，在教学中承担着不同的角色，因此，他们的评价能够使我们了解被观察者内部的真实情况。但是，学生评价存在一些问题：一是学生之间容易相互影响；二是担心不高评价会引起授课教师不快，回答问题可能不诚实；三是观察视角与教师不一样，有时教师认为好的形式，学生反而不认可；四是学生人数众多，每人的感受不一，学生的状况千差万别，学习要求的差异也很大，同样的事情可能会给人以完全相反的体验。所以对收集到的学生评价，应从学生的立场来审视课堂教学和学习，从中获取改进教学的灵感。

三、执教者自身感受与自我评价

教师是教学的实践者，因此，教师对教学的情感型感受，往往比观察者的理性思考更加深刻，及时地有意识地对教学进行自我评价和反思，是教师成长和专业化发展的一个重要途径。从教学角度看，教师的自我评价，最关心的还是自己采用的教育教学方法作用于学生能否调动学生积极参与研究，设计的教学程序是否符合学生认知水平，学生对自己的诱导有何回应，预设教学目标实现的程度等。

执教者自我评价

第 1 题为选择题，请选择下列问题的一个答案，并在答案前的□内打√，如果不能确定，就在你认为最接近的答案前的□打√。第 2~6 题为主观题，请你简单写出教学后的感受。

1. 本课教学目标假设中，实现较好的是：□基础知识（包括重要历史人物、事件和历史现象）□基本技能（包括本课正确的时空概念、使用历史地图、获取历史信息和迁移表达能力）

2. 学生的学习主体地位表现怎样：

3. 教学中教学节奏的控制怎样：

4. 学生之间的交流合作水平怎样：

5. 班级创造研究的气氛、整体参与的状况怎样：

6. 其他值得总结东西：

教师对教学过程的控制无疑是教学中最重要的因素，和谐的教学节奏与课堂的其他因素统一起来，会形成一种共振，在最佳组合中取得最佳效果。教学实施后，执教者应虚心地对待观察者评价和学生评价，跳出自己的意图框架和视野范围，本着"教学相长"的原则，独立自主、充满自信地对自己的教学进行批判反思，既敢于否定错误，又敢于追求真理，在反思的基础上寻找新观念，增强实践能力，以促进学生的全面发展和实现个人价值。

第三节　历史课堂教学评价

课堂教学评价是教育评价的一个下位概念，是指评价主体依据一定的教育思想（教育价值观）、教学原则所制定的课堂教学评价标准，运用一定的科学手段，通过系统收集课堂教学信息资料并分析整理，对评价客体在课堂上一切活动的效果进行价值判断的过程，它具有导向、教育、激励等功能。所谓导向功能指评价本身具有的引导评价对象朝着理想目标前进的功效与能力，它可以通过以形成性为主的技术方法体系，对教师学生的教学工作进行评价、反馈、调节，使教育活动向着教育目标逼近。教育功能指评价本身具有的影响评价对象的思想、品质、思维的功效和能力，由于评价目标系统体现着一定的教育思想和价值取向，评价对象在评价过程中必然受其熏陶和影响，在形成性评价过程中，评价对象必然在他评的同时参照评价目标系统进行自评，因而使评价过程成为一个"学习—对照—调节—改进—完善"的过程，有利于评价对象及时看到成绩，找到差距，受到激励和鼓舞，及时改进和提高。激励功能指评价激发评价对象情感、鼓舞斗志的功效或能力，评价的目的是促进评价对象改进教学活动，提高教学质量，根据评价依据设定的评价目标，对评价对象的课堂教学做客观的价值判断，肯定其成绩，指出其不足和产生原因，从而刺激评价对象主体意识情感，促使其在改进教学方法、提高教学质量的方面产生自我需要的行为动机。

一、中学历史课堂教学评价的发展

中学历史课堂教学评价是课堂教学评价的组成部分，它具备了各学科课堂教学评价的一般特征，但同时具有自身的学科特色。历史教学在掌握历史知识的过程中，既有能力的训练，也有对史学方法的了解和运用，更有态度、情感和价值观的体验与培养，掌握历史知识不是历史课程学习的唯一和最终目标，而是全面提高人文素养的基础和载体。简言之，学生对过往的人类社会的把握、理解和认识，学生心中的历史如何生成，他们对历史怎样认识，就是历史教学要解决的主要任务。通过教学，学生掌握一定的历史知识，初步养成运用历史唯物主义的观点去观察思考的习惯，并在历史的不断熏陶下，形成科学的世界观和历史观，树立不断完善自我，为祖国、为人类做贡献的人生理想。但是，教师不能越俎代庖，简单地灌输了事，而应运用积极的手段，激发学生的探究欲望，得出自己的结论。因此，历史教学的课堂教学评价应从教师怎样从学生生理、心理发展水平和掌握的知识、具备的能力、学习与思维的习惯等出发制定和实施教学策略和学生运用一定的学习策略，获得历史知识，形成历史认识的模式，发展智力能力，提高思想品德水平这两方面来进行，它的操作空间是课堂以及其延伸。

中学历史教学是普通基础教育的重要组成部分，担负着培养学生的历史意识、文化素质和人文素养，促进学生全面发展的重任。它要通过教学，使学生增强历史意识，吸取历史智慧，开阔视野，了解中国和世界的发展大势，增强历史洞察力和历史使命感；它关注学生生活，关注学生全面发展，充分发挥学生的主体性、积极性与参与性，促使学生的学习方式转变；它要求教师主动更新教育理念，转变教学方式，为学生的自主学习创造必要条件。而实现这些任务的主阵地是课堂，在课堂教学中，教师、学生以学习内容为媒介互相作用。教和学是一堂课的两方面，从教的角度看，课堂的主要矛盾方面是教师，教师的教是为了学生的学，教师是教育者、影响者、变革者和促进学生发展的实践者，是教学活动的主体，学生则是受教育者，是教师教的实践活动的对象或曰教的客体，联系两者的媒介是教育内容；从学的角度看，课堂的主要矛盾方面是学生，学生是学习活动的主体，教育目标要在学生自己的认识和发展的学习活动中体现出来，只有学生主动学习、主动认识、主动接受教育内容，他们才能认识世界并发展自己，学生的学是教师教的基础，更是教师教的目的。这两者在课堂教学中，如何有机融合，使课堂成为促进学生自主发展的广阔空间，需要通过具有时代精神、符合新课程理念的课堂教学评价来倡导和促进。

中华人民共和国成立后于1953年开始制定第一套完整的教学大纲，1956年、1957年教育部相继颁布初中、高中历史教学大纲，至1966年，在 17 年的时间里，中学历史教学评价的理念是：①思想政治教育是中学历史教学的根本目的、基本原则和核心任务。②以完成课本内容为教学的基本任务。③以记忆为特征的教学目标。④以教师教什么、怎样教为侧重的教学过程。⑤以讲授为主的教学方法。⑥充分运用直观教具。教师的教学空间在于如何更好地使课本知识变为学生的知识与行为，衡量一个优秀历史教师的标准是能够根据本学科的教学目的和要求、本节教材内容来制定教学目的，能"分别主次、突出重点、承前启后、左右逢源"地组织教材，能"由浅入深、从具体到抽象"，"补充史料、充实内容、生动形象"地讲述。

1978年教育部颁布《全日制十年制中学历史教学大纲（试行草案）》，1980年、1986年、1988年、1990年，教育部对教学大纲进行了几次重大修订，这时期，学术界和教学界对"上好一节历史课的标准是什么"进行了大讨论，概括起来主要观点是：①坚持传授知识和发展智能的辩证统一。②寓思想教育于历史教学之中。③提倡以讲为主的启发式教学方法。教学评价开始成为学术专题进入研究者视野，1989 年赵恒烈在《历史教育学》中对一堂好课的标准作了概括，主要观点是：①从历史学科角度说，观点要正确稳妥，史料要翔实可靠，表达要清晰明白，方法要灵活多变。②从教学论角度说，要能坚决贯彻教学目的，能坚持突出重点难点，能灵活运用多种教法，能积极培养自学能力。③从心理学角度说，要善于在情意交融中激发学习兴趣，善于在分析问题中启发积极思维，善于在理解基础上巩固知识的记忆，善于在讲练结合中发展智力能力。①北京著名特级教师陈隆涛曾在操作层面上给出《中学历史评课表》，主要评价要素共六大项 12 小项，主要内容包括：①教案：教学目标制定得全面、明确、具体，符合大纲、教材和学生实际、难易适度，教案设计合理、教材分析观点和内容正确、史论结合。②教学过程的组织：认真贯彻课堂常规要求，同时又形成活跃的课堂气氛，突出重点、突破难点、抓住关键、层次清楚、过渡自然，课堂教学的密度适当，在规定的时间内完成教学任务，不拖堂。③教学方法：启发式教学，充分调动学生学习的积极性，注意使用直观教具、演示操作规范、讲课生动形象、注意培养学生学习历史的兴趣，及时反馈、注意调整教学过程、面向大多数，教学有特色、有创见。④全面完成历史教学的三大任务：重视基础知识的教学、注意指导规律，精心设计课堂练习、注意培养能力，重视培养良好的学习习惯、教会学生学习方法，重视思想品德教育。⑤教学的基本功：语言简洁、规范、无口头语，板书工整、设计巧妙、无不规范字，教态亲切、自然。⑥教学效果：学生注意力集中、思维活跃、回答问题积极主动，提问旧知识，学生回答得好，课后测验，吸收率高。

20 世纪 90 年代以来，历史教学评价发生了较大变化。1992 年的初中教学大纲对教师已不再要求他们必须根据教材讲授，教学明显侧重于如何培养学生的兴趣、能力和积极性，1996 年的高中历史教学大纲增加了"调动学生的学习主动性""引导学生进行独立思考"，强调"采取多种教学方法，并努力创造条件，加强现代化教学手段的运用"；2000 年初、高中教学大纲中教学评价部分有了更明显的变化，进一步突出了学

---

① 赵恒烈. 历史教育学[M]. 石家庄：河北教育出版社，1989：303-304.

生的主体地位，大力提倡教学手段的多样化、多途径，在教学内容方面，根据认知水平的层次，提出了不同的掌握要求，使用了如"知道、理解、懂得、形成"等行为动词，使教、学、评有了明确的依据。这时期，学术界教学评价的研究开始从关注教学的评估和学业的检查延伸到对教学过程的立体的、全方位的研讨上，提出教学评价既要解决知识理解、社会认识、思考能力、思考方式和判断能力以及非智力认知方面的评价理论问题，也要佐以评价技术方面的研究。对教师素质的研究也成为教学评价的关注范围，有学者认为一个好的历史教师应该具备"史德、史才、史学、史识、史艺"，有学者探索了中学历史教师的心理特征和思想道德、专业知识、文化底蕴与教育理论修养等问题，这种研究使教学评价与教师成长成为一个整体，为新世纪教学评价研究开拓了新的领域。

21世纪的教学评价，随着《基础教育改革纲要（试行）》的颁布，进入一个新阶段。2001年7月教育部颁布《全日制义务教育历史课程标准（实验稿）》，2003年4月教育部颁布《全日制普通高中历史课程标准（实验稿）》，提出了历史课程改革的新理念："有利于学生学习方式的转变"，"有利于教师教学方式的转变"，"有利于建立促进学生全面发展、激励教师积极进取的评价机制"[①]。三个有利于的实施要求教学评价发挥导向和质量监控作用，因此教学评价对课程改革起着保驾护航的作用。2012年，修订后的《义务教育历史课程标准》进一步指出："鼓励自主、合作、探究式学习，倡导教师教学方式和教学评价方式的创新，使全体学生都得到发展。"[②]2018年，修订后的《普通高中历史课程标准》进一步强调："在课程实施上，进一步改进教学方式、学习方式和评价机制，将教、学、评有机结合，促进学生的自主学习、合作学习和探究学习，提高实践能力，培养创新精神。"[③]学术界认为，中学历史教学评价，既包括对学生历史学习的评价，也包括对历史教师教学的评价，同时包括对影响历史教学的各种因素的评价。

① 中华人民共和国教育部. 义务教育历史课程标准（实验稿）[S]. 北京：北京师范大学出版社，2001：2. 中华人民共和国教育部. 普通高中历史课程标准（实验）[S]. 北京：人民教育出版社，2003：2.
② 中华人民共和国教育部. 义务教育历史课程标准（2011年版）[S]. 北京：北京师范大学出版社，2012：3.
③ 中华人民共和国教育部. 普通高中历史课程标准（2017年版）[S]. 北京：人民教育出版社，2018：2-3.

二、历史教学的说课评价

教学是实践性极强的活动。在实际开展教学之前，有教师自我备课、教研组集体备课等环节。在教研组备课过程中，说课是一个重要内容，说课也是很多教学竞赛必不可少的组成部分。

说课，就是教师口头表述对教学内容的理解和教学的具体设想，阐明教学组织的理论依据，预测教学的效果。说课最早由河南省新乡市红旗区教委提出，该区教育委员会编写的《说课论》一书把说课内容主要概括为四个方面：说教材、说教法、说学法、说教学程序设计。①按照说课的内容，说课大致可以划分为两大类：一是实践型说课，即对某一具体课题的说课。实践型说课大致包括说教材、说教法、说教学过程设想等内容。一是理论型说课，即对某一理论观点的说课。理论型说课重在阐述自己的观点，包括说观点、举案例、说作用等内容。一般教师的说课多属实践型说课，重点交流教学内容、学生情况、教学流程、教学检测、教学困惑等方面的内容。

说课是深层次的教研活动，是教师将教学构思转化为教学实践活动的预演，说课评价可以加强说课的引向和发展功能。②

说课要说清楚自己对教学内容的理解和处理，主要要讲清楚三个问题：讲什么、怎么讲、为什么这么讲，最重要也是与教学最显著的区别就是"为什么这么讲"，这是教师教学理论和学科专业知识理论的突出表现，集中而简洁地反映教师的教育理论、教学技能与教学风格。教学目标、教学重难点、学情分析、教学方法、教学过程、教学效果预测等都是在说课时需要交代清楚的内容。说课的评价起着对教学的导向作用、反思诊断作用、切磋交流作用，评价着重从教材的处理、教法学法的选择、教学程序的安排、教学效果预测等方面进行。说课的评价量标没有统一的规定，一般包括指标元素的确定、等级权重的划分。指标元素不宜过多，过多不易操作，也不宜过少，过少则缺乏区分度。可以参照《说课评价表》对说课进行评价，如表 8-6 所示。

---

① 河南新乡市红旗区教育委员会. 说课论[M]. 北京：北京科学技术出版社，1996.
② 尹合栋. 说课评价量规的设计与应用[J]. 现代教育技术，2012（12）.

表 8-6 说课评价表

课题								
说课人		评价人			时间			
一级目标	二级目标			评价				
				A	B	C	D	
对教学目标的把握	对本课教学目标的具体解释							
	对教学目标各部分如何融为有机整体的认识							
	对教学重难点的认识							
对课程资源的认识	对教学内容在学科体系中地位的认识							
	对教材本身蕴含的课程资源如何整合的认识							
	对利用教材以外有关课程资源的认识							
对学情的分析	对学生现有学习水平的分析							
	对学生将要达到的学习水平的分析							
	对学生不同层次学习水平的分析							
对目标达成手段的设想	对教师教学中怎样发挥主导作用的设想							
	对学生学习主体作用的认识							
	对具体教学手段、媒体使用的设想							
评议意见								

说课和上课不同，其目的是向听者介绍一节课的教学设想，不仅要讲清楚教学内容包括哪些知识、哪些思想观念，怎样达到教学目标，还要讲清楚为什么这样做。因此，评价者在评价说课时，应把评价重点放在说课者的下列方面表现：

（1）对教材的理解：包括本教学课题在整个学科知识体系中的地位和作用，在教材中所处的位置，与教材前后章节知识点的联系，这是观察说课者的学科专业功底。

（2）对教学目标和重难点的理解：包括如何确定教学目标，如何表述教学目标，怎样确定重难点，这是观察说课者的学情观念和如何将自身的学科专业知识进行转化传授给学生。

（3）对教学方法的选择：包括教法选择和学法指导，教法选择主要看教法的总体结构及依据、具体采用哪些教学方法、教学手段及理由，选用怎样的教具、学具。选择的教法是否利于激发学生的学习兴趣，是否利于学习过程的实施和是否利于学习能力的培养与提高。学法则观察学生学习方式是否得到转变，是否有利于探究性学习、合作学习的开展，教学过程是否成为学生发现问题、提出问题、分析问题和解决问题的过程。

（4）对教学过程的设想：主要观察其教学安排是否合理，教学思路是否清晰，层次是否分明，结构是否严谨，是否具有科学性和艺术性。

说课切忌面面俱到，要突出重点，不能穿靴戴帽，一股脑儿地堆砌问题探究、情景教学、案例讨论、合作学习等名词，更不能为说而说，使说课沦为纸上谈兵的"花架子"。

三、历史课堂教学评价

（一）课堂教学评价的内涵

课堂教学是学校所有教育活动最关键的环节，课堂教学评价是对课堂教学质量的形成性评价，是关于教学活动的价值判断。它的运行是观察者运用可行的工具手段对课堂教学的诸要素和目标达成进行价值判断，目的是及时发现教学中的问题，及时反馈给教师，是被评价者的自我完善。准确评价教师的课堂教学质量是诊断教师教学、促进教师教学水平提升的基础。影响教师课堂教学质量评价的因素主要有两个：一是老师们缺少听评课的框架，即我"依据什么"听评课？二是听评课的活动很不规范，即"如何"听评课？[①]在研究中，教师评课框架逐渐丰富起来。

教师教学质量课堂观察评价的框架可分为通用型和特定学科两类。通用型评价框架包括 FFT 框架（Framework for Teaching）和 CLASS 框架（Class-room Assessment Scoring System）。FFT 框架是 Danielson 团队按照美国新教师评价与支持联盟教师专业发展标准开发而来，该框架

---

① 沈毅，林荣凑，吴江林，等. 课堂观察框架与工具[J]. 当代教育科学，2007（24）.

包含计划和准备、课堂环境营造、课堂教学技巧和专业职责四个模块。每个模块下设若干评价维度，并包含具体的评价指标。为保证评分的可操作性，对各项评价指标给出四个水平（不合格、合格、良好和优秀）的评分标准。CLASS 框架由 Pianta 团队开发。该框架扎根于依恋理论、自我决定理论等心理学理论，认为师生互动直接作用于学生学业提升，因而该框架侧重课堂师生互动的质量。该框架包含教师情感支持、课堂组织以及教学支持三个模块。特定学科的评价框架强调捕捉以学科知识内容和质量为内核的教学行为，指标更为细致和深入。①

在实践中，上好每堂课，做个好教师，是千千万万普通教师的追求。②如何评价一堂课？一堂好课的评价标准是什么？因关注的角度不同，教学研究界众说纷纭。如从学生的角度："受学生欢迎的课就是好课！""在课堂上引起学生学习的兴趣就是一堂好课。""高效完成教学目标，学生学有所得，身心得到发展，就是一节好课。""能唤醒学生智慧的课就是一堂好课。""能够激发学生主动参与、合作、交流、碰撞，有收获的课，是好课。"从师生双向的角度看："教师教得轻松；学生学得愉快。"著名教育学者叶澜对于"好课"的标准提出了"五个实"的观点：一是有意义的课，即扎实的课；二是有效率的课，即充实的课；三是有生成性的课，即丰实的课；四是常态下的课，即平实的课；五是有待完善的课，即真实的课。③华东师范大学崔允漷教授的"好课"标准是：教得有效、学得愉快、考得满意。其他学者也从多种角度提出了自己关于一堂好课的观点。④这些研究中的"好课"都是一种应然状态，但却缺乏实践上的可操作性。教学是一个系统，课是教学系统中的子系统，是教学内容和教学活动由"备课—上课—作业—评价"构成的、以时间序列展开的教学单位，上课处于这个时间单位中的核心部位。上课即课堂教学，是

---

① 梁文艳，李涛. 基于课堂观察的教师教学质量评价：框架、实践与启示[J]. 教师教育研究，2018（1）.
② 王永红. 新时代课堂教学改革深化：从"好课"到"好教学"[J]. 课程教材教法，2020（9）.
③ 叶澜，吴亚萍. 改革课堂教学与课堂教学评价改革——"新基础教育"课堂教学改革的理论与实践探索之三[J]. 教育研究，2003（8）.
④ 如文喆《课堂教学的本质与好课评价问题》从课堂教学本质的视角指出：评判好课要看学生是否能够实现有效学习，有多少学生在多大程度上实现了有效学习；王光明，王合义《运用建构主义观点探讨一堂好课的标准》等从建构主义理论出发构建了六条"好课"标准。

一个按照固定的班级、规定的教学时间、完成规定的教学内容，由教师向学生进行的有目的、有计划的教学活动。课堂是教师与学生活动的主阵地，所以课堂又是课系统的子系统。研究者从另一个角度发现，国内外课堂教学评价存在的深层次问题主要表现为过分依赖经验，缺乏适切的理论指引，课堂教学评价研究的关键在于是否运用了理论思维，是否能够在理论层面加以提升。[①]怎样实现实践逻辑路径下应然化诠释与实然化操作的协调统一，是一个非常复杂的问题。

（二）历史课堂教学评价的框架

综合学者们的意见，课堂教学评价应置身于真实的课堂教学情境，尊重师生在真实课堂教学情境中的主体性和互动性，依据观测到的事实数据作出价值判断。教学是教师与学生共同指向教学内容的活动，在这个活动过程中，立德树人的德育目标、掌握知识技能的智育目标、陶冶心性的美育目标都融为一体，体现在教与学的各种行为之中。

教和学是一堂课的两方面，教师的教是为了学生的学，教师是教育者、影响者、变革者和促进学生发展的实践者，是教学活动的主体，学生则是受教育者，是教师教的实践活动的对象或曰教的客体，联系两者的媒介是教育内容；学生是学习活动的主体，教育目标要在学生自己的认识和发展的学习活动中体现出来，只有学生主动学习、主动认识、主动接受教育内容，他们才能认识世界并发展自己，学生的学是教师教的基础，更是教师教的目的，所以，学生怎样学才是课堂教学的主要矛盾，课堂教学评价应该立足于评价学生在教师组织和帮助下的学习，也就是说，从教与学的共同目的，即促进学生的身心发展出发，教师教的过程直接影响学生，给学生的身心发展提供条件，经过学生的学，逐步内化为学生自己的思维能力，成为发展的现实。教以学生的学习积极性为前提，学生的学习积极性依赖于教师的培养，两者互相连接，互相贯通。

历史教学的目的有三个层次。第一，它给人以知识的熏陶。历史认识是一种文化积累，它包罗万象，纵横千年，包蕴着无限丰富的知识，能够给人以道德情操的教育。第二，它有借鉴的作用。历史是过去的现实，现

---

① 邢红军，田望璇. 课堂教学评价理论：反思与建构[J]. 课程教材教法，2020（6）.

实是历史的发展，历史与现实不可能截然分开，过去的社会制度、社会规范、思想文化、物质生活，总会有种种痕迹保留到现实生活中，为历史的借鉴提供重要依据，人们往往通过这种借鉴，决定现实活动中的价值取向。第三，它可以揭示历史发展的规律。整个人类社会有其发生发展的必然的、内在的固有规律，与人类社会同步的各类事件的发生发展，也有其特有规律可循，通过对历史发展规律的探讨，可以进一步对现实作出理性思考。这三个层次简言之就是学生对过往的人类社会的把握、理解和认识，学生心中的历史如何生成，他们对历史怎样认识，是历史教学要解决的主要任务。因此，历史教学的课堂教学评价应从教师怎样从学生生理、心理发展水平和掌握的知识、具备的能力、学习与思维的习惯等出发制定、实施教学策略和学生运用一定的学习策略，获得历史知识，形成历史认识的模式，发展智力能力，提高思想品德水平这两方面来进行。

历史课堂教学评价应遵循三原则：

（1）科学性原则。要求评价的内容必须符合教育规律和学生的认知水平，做到客观公正，注意目标评价和过程评价相结合，定性评价和定量评价相结合。

（2）整体性原则。课堂评价的是教与学双边活动，一堂课的成功与否，是由教师怎样教和学生怎样学构成的，因此，在评价时，应把教师和学生的活动视为密不可分的整体，从整体上把握课堂教学，不可偏废一方。

（3）可行性原则。评价是定性和定量的结合，因此，评价指标要简明扼要，能够具体的内容要做到可测可量，不能烦冗，要便于操作。

评价指标的结构要素划分为三级指标：一级指标，即评价对象，包含教师的"教"和学生的"学"两个层面。二级指标，即评价标准，由于一级指标涵括的内容过多，为便于操作，需将一级指标分解为若干二级指标，如教师的"教"要分解为教学设计、基本技能、教学实施等几个二级指标，学生的"学"要分解为学习态度、交流水平、学习水平等几个二级指标。三级指标，即评价细则，是二级指标的进一步细化，将"教"是否有利于激发学生积极主动的探究，"学"是否积极主动，教与学的契合程度，课堂教学的效率、质量、发展等可观察因素作为观察的重点，如教学设计进一步细化为教学目标明确具体、操作性强、符合学生认知水平、面向全体学生、教学容量适度等。其观察评价量表如表8-7所示。

表 8-7 历史教学课堂评价表

课题名称			评课人		时间	
一级指标	二级指标	三 级 指 标			分值	实得分
教师行为（50分）	教学设计（9分）	教学目标明确具体，操作性强			3分	
		符合学生认知水平			3分	
		面向全体学生，教学容量适度			3分	
	基本技能（16分）	语言清晰简洁，概念术语准确，使用普通话			4分	
		板书规范，内容逻辑性强			4分	
		媒体使用恰当，操作正确			4分	
		善于控制教学节奏，师生活动分布合理			4分	
	教学实施（25分）	营造情境，利于学生形成真实历史知识			5分	
		提供各种素材，利于学生获取有效信息			5分	
		提供表现机会，利于学生归纳表达			5分	
		善于置疑，调动学生积极参与			5分	
		陶冶情操，自然融入情感教育			5分	
学生行为（50分）	学习态度（9分）	积极主动，有强烈求知欲			3分	
		学习习惯良好，探究气氛热烈			3分	
		课堂活跃有序，注意力集中持久			3分	
	交流水平（16分）	学习兴趣浓厚，全员积极参与			4分	
		乐于同他人合作，共同探讨问题			4分	
		配合教师，能运用某种方法或工具学习			4分	
		积极思考，敢于质疑、勇于发表自己的意见			4分	
	学习水平（25分）	基础知识掌握准确，形成正确时空概念			5分	
		思维活跃，对老师同学所提问题反响热烈			5分	
		掌握历史学习基本技能，依据有关史料，构建论据			5分	
		历史想象力和知识迁移能力得到训练			5分	
		学习轻松愉快、获得情感体验			5分	
评议意见					合计得分	

将"历史课堂教学评价表"的三级指标析为 A、B、C、D 四级，以便于评价操作。具体要求如下：

一、教师行为

（一）教学设计（9分）

1. 教学目标明确具体，操作性强（3分）

A. 描述明确，内容具体，行为与结果之间存在合理的发展性。（3分）

B. 描述较明确，内容较具体，行为与结果之间存在合理的发展性。（2分）

C. 描述不很明确，内容不具体，但能看出行为与结果之间有一定的联系。（1分）

D. 描述模糊，内容空泛，看不出行为与结果之间的内在联系。（0分）

2. 符合学生认知水平（3分）

A. 教学重难点判断准确，教学设想尊重学生现有发展水平。（3分）

B. 教学重难点判断准确，教学设想对学生现有发展水平估计有误（2分）

C. 教学重难点判断不准确，但考虑了学生现有发展水平。（1分）

D. 没有正确判断教学重难点，教学设计不考虑学生发展水平。（0分）

3. 面向全体学生，教学容量适度（3分）

A. 考虑了学生的差异性，问题与练习有层次，分布合理。（3分）

B. 考虑了学生的差异性，问题与练习有层次，分布不太合理。（2分）

C. 学生差异性考虑不周，问题与练习层次性不强。（1分）

D. 没有考虑学生的差异性，问题与练习全凭教师主观臆想。（0分）

（二）基本技能（16分）

1. 语言清晰简洁，概念术语准确，使用普通话（4分）

A. 语言简洁明快生动，历史概念阐释正确，术语使用规范，普通话标准。（4分）

B. 语言较为简洁明快，历史概念阐释正确，术语使用规范，普通话较标准。（3分）

C. 语言枯燥，缺乏生动性，概念术语使用较正确，普通话较标准。（2分）

D. 语言啰嗦，节奏拖沓，概念阐释有误，普通话不标准。（1分）

2. 板书规范，内容逻辑性强（4分）

A. 正副板书区域功能显著，正板书子目内容简约，逻辑联系明显。（4分）

B. 正副板书区域功能显著，正板书子目内容不简洁，但有逻辑联系。（3分）

C. 有正副板书区域划分，但功能不清晰，正板书逻辑性不强。（2分）

D. 板书正副不分，叙述长，缺乏逻辑性。（1分）

3. 媒体使用恰当，操作正确（4分）

A. 媒体作为教学辅助手段，起到提高效率、烘托课堂的作用，无误操作。（4分）

B. 媒体作为教学辅助手段，起到提高效率、烘托课堂的作用，有误操作。（3分）

C. 对媒体手段存在依赖性，教学为媒体所左右。（2分）

D. 媒体使用喧宾夺主，课堂成为媒体播放演习的场所。（1分）

4. 善于控制教学节奏，注意学生表现，教对学反馈及时。（4分）

A. 教学节奏张弛有度，充分注意学生表现，教对学反馈及时。（4分）

B. 教学节奏有张有弛，注意学生课堂表现，反馈不很及时。（3分）

C. 教学节奏单调，但能注意学生的表现并给予反馈。（2分）

D. 教学节奏单调，不管学生，无视学生的课堂表现。（1分）

（三）教学实施（25分）

1. 营造情境，利于学生形成真实的历史知识（5分）

A. 情境营造自然亲切，利于学生进行直觉性推理和迁移性知识的学习。（5分）

B. 注意营造情境，情境对教学有帮助，有助于迁移学习但不连贯。（3~4分）

C. 有营造情境的意识，但情境有时与学习内容脱节，缺乏激励机制。（2分）

D. 无情境营造意识，知识学习主要靠教师灌输。（1分）

2. 提供各种素材，利于学生获取有效信息（5分）

A. 围绕教学内容组织和整合相关材料，利于学生从中发现有关信息。（5分）

B. 对教材内容进行有机整合，注意训练学生获取有效信息的能力。（3～4分）

C. 组织了教材有关学习材料，但没有有效训练学生获取信息的能力。（2分）

D. 不能提供相关学习材料，只照教材知识呈现顺序照本宣科。（1分）

3. 提供表现机会，利于学生归纳表达（5分）

A. 学生思考问题和表达意见的时机分布恰当合理，学生能力得到训练。（5分）

B. 注意提供学生思考问题和表达意见的机会，但分布的合理性需加强。（3～4分）

C. 问题提出后随即让学生回答，学生无思考时间，达不到思维训练目的。（2分）

D. 问题多数属教师自问自答，学生无法参与和表达意见。（1分）

4. 善于置疑，调动学生积极参与（5分）

A. 教师所提问题启发性强，问题环环相扣，吸引学生积极参与。（5分）

B. 教师所提问有启发性，能吸引学生积极参与。（3~4分）

C. 问题虽多，学生参与也积极，但问题层次浅，学生思维没有得到训练。（2分）

D. 问题没有回答价值，相当部分学生不屑回答。（1分）

5. 陶冶情操，自然融入情感教育（5分）

A. 尊重学生亲身体验与感受的权利，适时适度发挥教师引导、提示作用。（5分）

B. 尊重学生亲身体验与感受的权利，但教师引导、提示欠自然。（3～4分）

C. 允许学生亲身体验，但教师作为旁观者，没有充分发挥指导者作用。（2分）

D. 情感教育有说教和武断灌输倾向，漠视学生的独立思考。（1分）

二、学生行为

（一）学习态度（9分）

1. 积极主动，有强烈求知欲（3分）

A. 班级整体学习主动性强，学生求知欲望强烈。（3分）

B. 大多数学生有学习主动性，求知欲强烈。（2分）

C. 部分学生有学习主动性，求知欲较强。（1分）

D. 无学习主动性，被动接受知识。（0分）

2. 学习习惯良好，探究气氛热烈（3分）

A. 班级整体有良好的学习习惯，好奇心强，探究气氛热烈。（3分）

B. 多数学生学习习惯良好，好奇心强，有探究气氛。（2分）

C. 部分学生有良好学习习惯，个体探究现象明显。（1分）

D. 学习习惯差，无探究兴趣。（0分）

3. 课堂活跃有序，注意力集中持久（3分）

A. 学习活动井然有序，大多数学生注意力集中，效率高。（3分）

B. 学习活动有一定秩序，大多数学生注意力较集中，效率较高。（2分）

C. 学习活动有一定秩序，部分学生注意力较集中，学习有效率。（1分）

D. 学习活动无序，无高潮，学生容易分散注意力，效率低下。（0分）

（二）交流水平（16分）

1. 学习兴趣浓厚，全员积极参与（4分）

A. 班级历史学习兴趣浓厚，注意力集中，活动全员参与性强。（4分）

B. 大多数学生学习兴趣浓厚，注意力集中，活动全员参与性较强。（3分）

C. 多数学生有学习兴趣，注意力较集中，活动较积极。（2分）

D. 相当部分学生学习无兴趣，注意力分散，少部分学生参与活动。（1分）

2. 乐于同他人合作，共同探讨问题（4分）

A. 大多数学生乐于同他人交流，合作学习水平高，成效明显。（4分）

B. 多数学生乐于同他人交流，合作学习有效率。（3分）

C. 部分学生乐意与他人交流，合作学习水平不高。（2分）

D. 相当部分学生无合作的意向和行为，课堂气氛沉闷。（1分）

3. 配合教师，能运用某种方法或工具学习（4分）

A. 掌握历史学习必备的方法或技能，并能运用于解决问题。（4分）

B. 掌握历史学习的一些方法或技能，能较好地在问题解决中加以运用。（3分）

C. 掌握零星的学习方法或技能，不能很好地解决问题。（2分）

D. 对历史学习的方法或技能无知，无法独立解决问题。（1分）

4. 积极思考，敢于质疑，勇于发表自己的意见（4分）

A. 积极思考，不盲从，有质疑精神，勇于提出自己的问题或发表意见。（4分）

B. 主要跟随教师所提问题积极思考，勇于发表自己的意见。（3分）

C. 有跟随教师所提问题思考的习惯，但回答问题的勇气不足。（2分）

D. 无思考习惯，胆怯，回答问题无积极性。（1分）

（三）学习水平（25分）

1. 基础知识掌握准确，形成正确时空概念（5分）

A. 正确掌握学习内容，对学习内容所属的时空和阶段特征有正确认识。（5分）

B. 正确掌握部分学习内容，有正确的时空观，对阶段特征有较明确认识。（3~4分）

C. 正确掌握部分学习内容，有正确的时空观念，不能把握阶段特征。（2分）

D. 正确掌握部分学习内容，时空观念差，不能把握阶段特征。（1分）

2. 思维活跃，对老师同学所提问题反响热烈（5分）

A. 大多数学生思维敏捷活跃，关注他人的问题并予以积极回应。（5分）

B. 部分学生思维积极，能关注他人问题，予以回应。（3~4分）

C. 少数学生关注他人问题并加以思考和回应。（2分）

D. 多数学生不关心他人问题，等着教师给出问题答案。（1分）

3. 掌握历史基本技能，依据有关史料，构建论据（5分）

A. 正确释读历史材料，动手动脑，能根据材料提出自己的见解和判断。（5分）

B. 对释读历史材料感兴趣，动手动脑，从材料中获得相应信息。

（3~4分）

C. 识读历史材料吃力，勉强能从材料中获得一些表层的信息。（2分）

D. 只能在教师帮助下阅读材料，完成阅读任务吃力。（1分）

4. 历史想象力和知识迁移能力得到训练（5分）

A. 能归纳和整理所学知识并运用于问题解决，作出自己的解释和判断。（5分）

B. 能归纳和整理所学知识并加以识记，能完成理解性的练习。（3~4分）

C. 能正确识记所学基本知识，完成再认再现的练习。（2分）

D. 只能完成部分再现性问题，对再认性问题感到吃力。（1分）

5. 学习轻松愉快，获得情感体验（5分）

A. 课堂气氛愉悦，学生在学习中有充分的情感体验。（5分）

B. 多数学生学习轻松，获得了相应的情感体验。（3~4分）

C. 部分学生完成学习任务轻松，获得相应情感体验。（2分）

D. 完成学习任务吃力，对学习中应获得的情感体验没有感受。（1分）

传统上，历史课堂教学评价主体是评价者，评价形式以他评为主。培养学生核心素养时代，对学生的个体差异和个性发展给予越来越多的关注，因此，历史课堂教学评价将传统的关注教师的教拓展为同时关注教与学的双边活动，更多地从学生的学习状态和学习过程来评价教师的教学行为。评价主体也从外部评价者拓展到教学活动的参与者，通过多渠道、多层次、多方位的交流、沟通，来获取评价信息，使课堂教学评价真正成为促进教师反思、促进学生全面发展的抓手，发挥导向作用。在这个过程中，教师的控制作用无疑是教学中最重要的因素，和谐的教学节奏与课堂的其他因素统一起来，会形成一种共振，在最佳组合中取得最佳效果。课堂上无拘无束的自由气氛必须由教师来创造，课堂教学目标的最终确立者是教师，书籍、录音等教学资源的提供者是教师，教师的职责在于帮助学生最大限度地发展自己的潜能，学生的整个学习过程是在教师的调控下进行的，因此，教学实施后，执教者应虚心地对待观察者评价和学生评价，跳出自己的意图框架和视野范围，本着"教学相长"的原则，独立自主、充满自信地对自己的教学进行批判反思，既敢于否定错误，又敢于追求真理，在反思的基础上寻找新观念，增强实践能力，以促进学生的全面发展和实现个人价值。

（三）信息技术影响下的课堂教学评价

信息技术的飞速发展和广泛应用，对教育产生革命性影响，传统的校园、课堂等教育环境正在转变为由网络架构、数字技术和智能设备所组成的信息化教育环境，越来越多的中小学建设了录播教室和云录播系统，基于云录播系统的听评课也随之出现。云录播系统是云计算技术在录播系统中的应用，它将原本多个独立的录播教室或系统，通过网络连接到云，存储、应用和部分控制也迁移到云，不同权限的用户登录云资源管理平台，实现多种基于录播的应用。

云录播系统最大程度地降低了系统复杂度，录播全程智能化，集现场直播、远程点播、教学点评、资源共享等功能于一体，听课以在线观看视频的方式进行，教师可以自主选择在上课时间观看同步直播，或者在课后进行点播。通过互动界面，听课教师可以使用文字、图表、公式等多种表达形式，记录教学过程及个人评价，评论研讨区则是听课教师间互相讨论、分享观点、进行评课的空间，汇集了听课过程中或结束后教师发布的全部内容，听评课以线上方式开展，克服了传统听评课局限于教学现场、受时空限制等不利因素，改变了听评课的流程，丰富了听评课的形态。一是有利于教师全方位地观察。摄录设备延展了人的感官功能，避免了教师因所坐位置局限或注意力不集中造成疏漏的情况，视频回溯重现课堂场景，增强了评课的客观性。二是有利于观点的表达。录播系统呈现课堂原貌，听评课教师在线探讨、发表观点，实现了个体与群体听与评的同步。在线交流时教师更乐意表达自己的真实想法，有效规避了面对面评课时部分教师不愿表达自己的意见、教师边缘性参与的情况。三是有利于保存资料。教师能够使用丰富的信息表征方式，持续更新听课记录，丰富了课堂观察的手段与技术，使课堂观察更具可操作性，为教师个体的专业成长搭建了新型平台。

第九章
历史的复习教学与学业测试

第一节　历史的复习教学

在中学历史教学中，复习课是与新授课并列的重要课型。苏霍姆林斯基曾说："学生来到学校，不是为了取得一份知识的行囊，而主要是为了变得更加聪明。……真正的学校应当是一个积极思考的王国。"布鲁纳也提出："教学不仅要帮助学生掌握学科知识，还要帮助学生获得好的智力发展，以便使学生成为自主自动的思想家。"与新授课相比，复习课教学具有使知识系统化、思维条理化、能力专门化的特点，更能体现教学要使学生"变得更加聪明""成为自主自动的思想家"的要求，因此加强复习课教学的研究对帮助学生整理知识系统，提高能力水平，形成缜密的历史思维，有着重要意义。

一、确定统率教学的关键问题

随着新课程改革的深入，许多学校和教师的教学目标意识和教学立意意识得以确立，这种意识体现在复习课教学中，就是教师能够根据课程标准和高考考试大纲的要求，以考点为依托，编写相关导学案开展教学。如某中学在组织"现代中国的对外关系"的专题复习时，即根据课程标准和教材编排，结合高考考试大纲，将本专题划分为"中华人民共和国建立初期的重大外交活动与和平共处五项原则""外交关系的突破""新时期的外交政策与成就"三个大考点导学案，每个导学案由"课文分布""复习目标""考点梳理""考点聚焦"几部分构成，课堂教学的结构就按这几部分展开。应该说，总体上讲，导学案目标意识强，既考虑了知识的落实，又考虑能力训练，结构合理。

不过，在具体教学实施中，相当多的历史复习课教学的课堂存在一定的随意性。这种随意性表现在教学全局意识不强，教学目标高度不够，课堂缺乏统率的灵魂，教学显得琐碎，不够大气。和新授课一样，复习课仍然要研究课魂问题，思考怎样围绕中心统率课堂。笔者曾在《简论历史教师的教学智慧》一文中提到如何围绕中心处理教学内容问题，提出了以中心人物（事件、国家）或历史阶段特征为线索展开教学，围绕关键问题定向置疑的思路①，这种思路对于复习课同样适用。

例如，"现代中国的对外关系"专题，贯穿全局的线索是独立自主的和平外交政策，突出的矛盾变化是中苏关系、中美关系、中国和第三世界国家关系，人民版专题学习建议中写道："在这一专题的学习中，应注重用世界的眼光来观察中国外交，进而考察中国在国际事务中的地位和作用。"②因此，本专题的复习教学，从备课角度看，要立足于全局，从世界格局变化和国内形势发展的相互影响入手规划每个教学课节主题；从教学实施看，要胸怀全局，找准每个教学课节的关键问题，引导学生分析各阶段中国外交的特点和变化原因，从而建立起点面结合、由面而体的知识网络和分析路径。

教师备课要立意高远，确立专题复习教学的总体思路。"现代中国的对外关系"讲的是外交，外交战略旨在实现国家重大的长远的利益，因此对外关系的指导思想必然是国家利益高于一切。备课时首先要思考影响我国外交政策的三个因素：其一，我国周边环境不利，强邻环伺；其二，我国是一个历史悠久、幅员辽阔、人口众多的大国，注定要在国际舞台上扮演重要角色，这就是毛泽东的名言"中国应当对于人类有较大的贡献"揭示的使命感；其三，在世界大国中，近代以来中国由于长期积贫积弱，在国际上的话语权一直微弱，中华人民共和国成立后改变了这种状况，中华人民共和国在国际事务中与第三世界国家有共同语

① 贾雪枫. 简论历史教师的教学智慧[J]. 历史教学（上半月刊），2015，12.
② 朱汉国. 普通高中历史课程标准实验教科书《历史》必修第一册[M]. 北京：人民出版社，2009：83.

言。从这三个因素出发分析，我们可以看到中华人民共和国成立以后，对外关系的发展变化，均在改善国家的战略处境、发挥对世界事务的影响作用、广交朋友等方面着力。主线索明确后，教学的主要任务就是引导学生通过思考分析不同时期、不同阶段的矛盾变化来认识、理解我国独立自主的和平外交政策的表现，这就需要教师寻找各课节的关键问题，理顺有关课节知识的矛盾演变，围绕关键问题展开教学。

本主题的时代跨度自20世纪50年代至21世纪初，国际格局逐步由两大阵营对峙、美苏争霸向第三世界兴起、多极化趋势加强演变，国内政治经历了社会主义制度确立、全面进行社会主义建设的曲折和改革开放新时期三阶段。分析教材，每个阶段都可以找到贯穿整个学习主题的关键问题。

案例：一位教师执教"外交关系的突破"复习课，其教学顺序是：首先进行知识梳理，出示《外交关系突破的表现》结构图，要求学生对图进行解释；然后教师板书1971年10月、1972年2月、1972年9月三个时间，要求学生思考并回答三者之间的关系；接下来出示中美关系解冻的有关材料，提出中美关系正常化的关键问题是什么和中美关系解冻的影响，学生回答后，教师引导学生对中美关系进行回顾；最后出示中日邦交正常化的材料，要求学生结合材料，思考对周恩来关于中日关系发展所讲的"前事不忘，后事之师"的理解。①

应该说，执教教师具有教学关键问题的潜意识。特别是能够将外交突破的三方面表现的联系提出来要求学生思考回答，说明教师的史学素养较为深厚。但在具体处理时存在几个不足：第一，问题提出后，学生回答的质量不高，甚至答非所问，教师没有深究，没有对问题作出合乎逻辑的解答；第二，中美关系的回顾一晃而过，学生并没有留下深刻印象。

"外交关系的突破"，其关键问题是中美关系的改善和对世界局势的影响，由于20世纪70年代外交关系突破的三个表现均与美国直接相关，因此，复习课教学可以将中美关系的回顾前置，以中美关系为轴，其他内容围绕中美关系展开，形成以下结构图，如图9-1所示。

---

① 案例来自笔者教学视导听课记录。

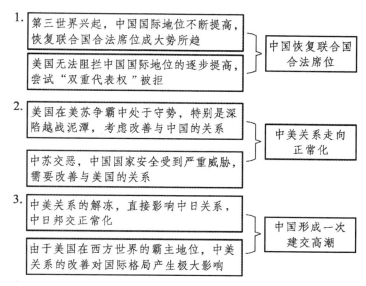

图 9-1　20 世纪 70 年代中国外交关系的突破

上述内容不一定板书，但需要引导学生分析，明确影响中华人民共和国外交的内外因素，并建立知识的逻辑联系，这一点对提高学生的解题能力很有帮助。

二、防止教学碎片化，体现历史思维魅力

常常听到教师们在考试之后发出"某某知识点在考前还讲过的，学生还是没掌握"的叹息，但很少有教师反思学生"还是没掌握"的原因何在。笔者以为，教师复习讲了而学生没掌握，其中一个很关键的原因在于教学出现了碎片化。所谓教学碎片化，指的是教学中将整体性的知识割裂为一个个孤立的点，教学中针对点下了很大功夫，而对如何由点出发串联不同的线，点线如何结合构成面，不同的面怎样构成知识整体缺乏思考，导致教学劳而少功甚或劳而无功。这种现象随着信息的碎片化倾向越来越普遍，有不由自主地扩大的趋势，应引起我们的重视。

教学的碎片化与信息的碎片化相伴而生。我们处在一个"微"时代，微阅读、微视频、微成果，不一而足。"微"意味着"碎"，碎片化已经

成为这个时代的特征，信息的碎片化、阅读的碎片化给我们的教学带来空前的挑战。

碎片化信息的基本特征，首先是散乱无序，顾名思义，碎片化信息就是磷光片羽，堆积起来的碎片化信息仅是一些事实的简单集合，并不关注事实的来龙去脉和事实之间的内在关系。其次是浅层次阅读，碎片化信息使人在短时间内接触大量信息，在显著降低认知成本的同时，又将复杂事物简单化，浮光掠影式的阅读普遍盛行。

碎片化的信息降低了阅读的门槛，带来了碎片化阅读。理论上所有的知识、信息都能让众人同时共享，不管身份如何，每个人都自由享有阅读的机会，都可以参与到发言、交流之中。但是，碎片的散乱无序，需要读者结合自身需要加以整合，把信息提升为知识。个人在信息的海洋中，如何成为信息的主人，而不是成为信息的奴隶，变成文化群氓，就变得十分重要。

布鲁姆把知识划分为具体的知识、处理具体事物的方式方法的知识、学科领域中的普遍原理和抽象概念的知识三大类，要之，知识包括事实和概念（或观念）、方法和联系。事实是一个个的点，反映着知识的广度；联系是把点连起来的线，反映了知识的深度。只有了解事物之间的联系，才能根据事物的内在逻辑进行推理，才能将点和线构成知识网络。不了解内在联系，了解的事物再多，也不会知道把它们放在一起思考，更不知道它们放在一起会呈现怎样的内在逻辑关系。随着现代信息技术的发展，一种新型的学习形式——碎片化学习逐渐浮现。学习碎片化肇始于信息碎片化，进而带来知识碎片化、时间碎片化、空间碎片化、媒体碎片化、关系碎片化、思维碎片化、体验碎片化等，人类开始进入"碎片化时代"！[1]长期单纯接受碎片化信息，很容易使人产生跳跃性思维，使"逻辑思维出现断点，逻辑推理与演绎能力得不到有效锻炼，导致逻辑思维能力的缺失"[2]。

稍不留神，知识的碎片化、信息的碎片化就会在不经意间出现在我们的教学中，产生碎片化教学的倾向。

---

[1] 祝智庭. 教育信息化的新发展——国家观察与国内动态[J]. 现代远程教育，2012（3）.
[2] 张克永，李宇佳，杨雪. 网络碎片化学习中的认知障碍问题研究[J]. 现代教育技术，2015（2）.

案例:"中华人民共和国初期的外交"复习课。教师先后出示了"现代中国国际关系""专题坐标""时空坐标""知识梳理""考点聚焦"等PPT,并组织学生回答问题、开展分组讨论,最后进行课堂练习。①

初看该案例,教学流程完整,师生之间的课堂互动较多,学生彼此也展开了讨论,但是教学的实效性却不高,思维层次较浅。就其原因,其一,PPT之间缺乏联系,学生观看PPT,形同观察一个个孤立的点。其二,教师只是单纯将PPT呈现给学生,学生没有参与PPT内容的构建。比如"中华人民共和国初期的外交"知识梳理的PPT,教师虽然在PPT中以括号套括号的形式列举了诸如背景(国际、国内)、政策(外交政策、基本方针)、成就等的逻辑结构图,但这些结构的逻辑联系却是教师直接给出的,学生并没有参与其构建。因此许多问题,如"为什么有一边倒的外交方针,影响中华人民共和国外交方针的因素难道仅仅是意识形态的吗?"等,学生基本没有时间思考。其三,每张PPT承载的内容过多,信息过杂,呈现的时间过短,学生的视觉无法在短时间内完成对PPT内容的扫描和记忆。

布鲁姆把认知领域的教育目标由低到高分为六个层次:知道(知识)—领会(理解)—应用—分析—综合—评价。我们发现,许多教师的复习课教学,就认知领域而言,课堂目标还仅仅停留在"知道、领会、应用"三个低阶思维,对具体的、孤立的片段信息的记忆强调较多,对有关组织、研究、判断和批评的方式方法之类的知识重视不够。

历史思维具有无穷魅力。唯物史观强调用历史的、发展的、辩证的观点看待历史,所谓历史的,就是观察历史不能脱离历史事件发生的背景;所谓发展的,就是不能以静止的观点看历史;所谓辩证的,就是不能以孤立片面的思维分析历史。辩证唯物主义历史思维的这些特征在我们的课堂教学中还没有得到充分的体现。

怎样构建信息化环境下师生积极互动的课堂文化是我们必须直面的重大课题。现阶段,据笔者观察,教师把教学内容载入PPT或者微视频,表面上节约了教学时间,增大了课堂容量,但由于学生并没有参与PPT或微视频内容的建构,视觉上接触满屏的图文,理解、消

---

① 案例来自笔者教学视导听课记录。

化的时间很短，教学的实效反不如传统教学中讲一条板书一条好，因为板书是逐条呈现的，学生有充足的时间观看并在观看过程中产生思考，建立起知识的联系。所以教师要调整、简化、优化 PPT 的内容、呈现时间、呈现方式，防止 PPT 成为知识碎片的载体，理清考点与章节的联系，用历史的、发展的、辩证的观点指导教学，防止教学的碎片化。

三、敢于取舍和善于取舍

复习课教学，必然涉及典型试题的解析、练习和讲评。调研发现，许多教师面对题海，总觉得这个题好，那个题也行，如何取舍，难下决断，于是一股脑儿地布置给学生做，然后逐题公布参考答案。这种做法看似平均使力，实则效果差强人意，本质上反映了教师对试题在复习教学中的价值判断不清晰或不准确。

典型试题在复习教学中具有两种不同的价值。一种是起着串联教学内容、启发学生思考的思维导图作用，这种类型的试题通常具有问题较大（时间跨度、空间跨度）、涉及范围较广、对学生总结概括能力要求较高等特征，适宜在复习教学中穿针引线。另一种是在学生意想不到之处发问，起着查漏补缺、触类旁通作用，这种类型试题一般切口较小、聚焦具体人事、注重阐发概念内涵，适宜教学后的学生训练。

案例：中华人民共和国成立以来，形成了 1949 年、1972 年和 1992 年三次与外国建交的高峰。

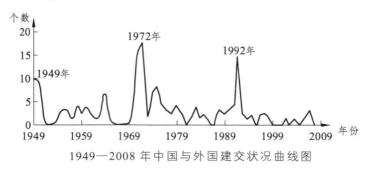

1949—2008 年中国与外国建交状况曲线图

请从中任选一次，指出促成该次建交高峰的国内外因素。

这是一道典型试题，许多教师都在复习教学中使用，但大多把该试题放在"现代中国的对外关系"专题的最后一节，即"新时期的外交政策与成就"的教学之后处理，这就降低了该试题的价值。

该试题是典型的跨度大、涉及范围广的试题类型，其在复习教学中的价值在于它把中华人民共和国不同历史阶段的外交成绩用形象的曲线图直观展示出来，便于学生归纳和理解，通过试题的串联，学生易于形成专题知识网络。从试题提供的曲线图和问题分析，该试题可以作为"现代中国的对外关系"专题复习的引子，在不同课节的教学中，引导学生分析不同阶段中国外交的影响因素、外交成就和历史影响，从中归纳概括中国外交的变与不变。

在具体的教学实践中，无论教师怎样尽量周全考虑，也不可能做到面面俱到，仍然会有许多漏洞需要弥补，因此有针对性的练习和及时的评讲是必需的。但正如前述，试题浩如烟海，如何取舍就很重要。如何取舍需要教师对学生的基本情况有清晰的了解。教学忌讳只练不评，评则忌讳面面俱到、蜻蜓点水。教师要着力于重点、难点、疑点和关键点，找出学生在理解基本概念、原理规律上存在的问题和思维方式、方法上存在的缺陷，在针对性上下功夫。

第二节　历史学习的学业测评

学生历史学习的学业质量是"学生在完成本学科课程学习后的学业成就表现"[①]。学业质量评价要以发展学生历史学科核心素养为纲，准确把握课程标准对学业质量不同水平所描述的表现特征，既注重结果，也注重过程，注重评价目标与教学目标的一致性，整体规划学业质量评价，注重形成性评价与终结性评价的有机结合。

随着新课程改革的不断深入，多元化的评价体系逐渐形成。一是学习评价功能多元化，由强调甄别和选拔转向侧重激励和发展；二是学习评价过程化，从过分关注结果评价转向对过程评价；三是学习评价主体

① 中华人民共和国教育部. 普通高中历史课程标准（2017 年版）[S]. 北京：人民教育出版社，2018：41.

多元化，重视师评与生评的结合，重视学生自评与他评的结合；四是学习评价目标多元化，知识不再是唯一的评价目标；五是学习评价方式多样化，改变纸笔测试为唯一的评价方式，实现纸笔测试与其他评价方式相结合。[①]

一、历史教学的形成性评价

形成性评价是在教和学的过程中使用的系统性评价，用以随时对其中任何一个过程加以改进，从而达到提高教学质量的目的。形成性评价的方式很多，多以适度的课堂和课外作业形式出现。常规的作业大多以填空、选择、解答为主，存在照搬现成内容多，针对实际教学编写少；知识巩固多，能力训练少；书面练习多，实践活动少；统一任务多，自主选择少；教师命制包办多，学生自主编辑少等问题。结合历史课外活动，开展历史课外练习是形成性评价的一种重要形式。

（一）历史学习课外练习的原则

1. 适当性原则

练习设计应体现"以人为本"的理念，贴近学生年龄特征和认知规律，充分关注学生的个性特点，发现学生的差异性，对不同性格和智力类型的学生分层次布置练习，不要过分加重学生负担，最大限度地让学生参与到历史的学习当中来。比如说地理部分练习因人、因时、因地而异，区别对待，不同时期、地方、班级、层次的学生要求有所不同，只有让每个学生的潜能都得到最大限度的发挥，才是公平的教育。因此，我们在平时的练习设计也要改变传统的"齐步走""一刀切"形式，设计"个性化的菜单"。

2. 开放性原则

练习的设计要有一定的开放性，激发学生积极思考，给学生的创新能力培养提供用武之地，让学生用自己的大脑思考，敢于质疑，富于联

---

① 朱汉国，陈辉. 高中历史教师专业能力必修[M]. 重庆：西南师范大学出版社，2012：187.

想，提出自己的观点。并且可以鼓励学生既"大胆设疑"，又"小心求证"。"大胆设疑"是一种创造性素质，"小心求证"是一种实事求是的科学探究精神。把创新能力和科学精神的结合，能培养学生最良好的素质。

3. 多样性原则

练习的形式要多样化，内容要丰富。传统的社会练习以填空、选择、列举、简答等形式为主，目的在于检测和巩固学生所记忆的知识，较少考虑学生兴趣和认知规律，没有体现以学生为本的思想。而丰富多彩的题型符合初中学生的心理特征，能帮助学生深化理解课堂教学的内容，拓展思维空间，延伸和发展课堂上获得的知识。如社会调查、参观、编演历史剧、撰写历史小论文、编写历史小报等。

（二）历史课外练习的内容与形式

1. 书面练习

（1）制作历史年代尺、历史大事年表。适用于各个学习阶段。这种方法使用简单，对知识的整理归类很有效，便于学生理清历史发展脉络，培养学生概括、整理历史知识的能力。

（2）绘图（可以是漫画）练习和编写历史手抄报。指导学生用图画的形式来表述历史人物或事件。如为了纪念抗日战争胜利 70 周年，让学生加深对抗日战争的了解，要求学生以日本帝国主义的侵华罪行、中国正面战场的抗战、敌后战场的抗战为主题的三个部分，每个部分可包括 4~8 幅图画。并撰写画面解说词。

（3）图示法概括主干知识。设计历史知识图示，对于学生对历史主干知识的梳理和把握、归纳和联系，对于形成知识网络，提升历史认识，具有重要的作用。

（4）以专题的形式对某类知识加以总结，并提出自己的观点。要求学生将分散在各章节的内容进行分阶段叙述，并表达一定的观点、看法。例如对八年级第二单元《文明的起源》这一知识的复习，由学生撰写《古代文明的起源》，并给以适当的提示（要求：背景、特点翔实，语言符合学科特点等）。这一种形式对于学生来说可多可少，可以谈自己观点为主，也可以知识整理为主，但不论哪一种，都有利于学生发挥自己的特长。

（5）自编练习题。在授完一节新课时，教师总结本课的重点和难点，然后要求学生针对重点、难点，参考有关资料，自己编制一到两道练习题，并写出参考答案；或授完一到两单元内容后布置学生自编一份练习试卷。在编写前，指导学生运用一定的技巧，编自己以为重点或容易错的题目，这样教师也可以从中了解学生的学习能力和对知识的掌握情况。

（6）合理想象历史中的某些片段，增加历史体验。历史是过去的，无论如何也不能重现，对于现在的学生，让他们去理解其中的现象总是有一定的难度的，这种时候，让他们自己去体验，回到历史中去，可以极大地改变这种状况。例如，学习《辛亥革命》课程知识时，可以让学生做孙中山，或是他的秘书，撰写对外宣言，并请部分学生当场朗诵，使学生更深刻地感受到当时中华民国建立时面临的形势。

（7）观看影历史影片，撰写影评。通过历史影片的观看，不仅能够扩大学生的知识面，而且能激发学生学习历史的兴趣。观后组织学生相互交流，并且撰写影评，不仅使学生在视觉中回顾了历史，而且也使写作水平得到了锻炼和提高。

（8）开展社会调查，撰写调查报告。为加强课本与现实的联系，促进学生对历史的理解，教师可适当布置一些课外调查的练习。为了解本乡（镇）、村、本家庭或邻居的生产变化或生活变迁，写出短小的调查报告或调查笔记。

（9）小论文写作。论文写作是培养学生写作能力和文字表达能力的有效手段，它能锻炼学生的思维，使他们的思维更缜密，更有深度和广度，通过论文写作，学生掌握了查找资料的途径、解决问题的方法。事实证明，这种方式对学生是很适合的。这样既培养了学生自主寻找材料的能力，又锻炼了他们的协作能力，一举两得。小论文的选题也有多种，如可以结合课本教学的内容命题，如"论儒家思想在中国历史上的作用"等。也可以结合参观、考察活动，从乡土史的角度命题。

（10）自主型练习。学生在教师的引导下，自主选择、参与练习内容的设计。练习可以自己留、同学之间互相留，交换做、交换批阅，课前自己质疑，自己设计学习思路，搜集与新课有关的信息材料等，这类练习重在培养学生主动学习态度和创新精神，体现和发挥学生在练习中的主体性地位和功能，提高练习效率，并实现练习在生成新的知识资源、促进学生个性发展方面的效能，满足不同层次学生的发展和可持续发展，实现教育公平的终极目标。

2. 非书面练习

（1）辩论比赛。教师在讲完教材有关内容后，结合所学内容，由教师提出辩题，让学生自愿分成正方反方，然后根据各自的分析理解，并通过查阅资料、充实论据，写一份辩论稿式的练习。然后组织辩论会，辩论完成后，教师要进行讲评，将正反方的论据进行综述，使之形成一个比较完整的知识信息系统，然后反馈给学生。

（2）讲故事比赛。通过特定的人物、情节，以通俗的语言，将所学有关内容通过故事情节书面或口头地表达出来。可有选择地让学生上台讲述，台下学生作点评。这样的练习，对学生来说自始至终都是在兴趣中进行，并通过特定的有趣的情节融入记忆信息，使记忆不再成为一种负担。开展比赛，很好地调动了学生的积极性，不仅展示了学生的风采，同时使大家在较为轻松的氛围中学到了知识。

（3）时事讲评。一般放在每节课课前的固定 2—3 分钟的时间内，报告最近一段时间内国内外发生的重大新闻，并且要求发表自己的评论和看法，可以学生学号的次序为顺序，要求人人参与，每位要轮到的同学提前查找准备近期的重大国内外新闻，先以书面的形式记录下来，但在讲评时要求脱稿进行。此类练习既能培养学生的查找搜集资料的能力，又能培养学生口头表达能力，更能提高学生的自己获取知识的能力和自学能力。

（4）诗歌朗诵会或赛歌会。举行赛诗会和赛歌会，一方面可以加深历史认识，另一方面可以深化历史情感。如在学习辉煌的隋唐文化时，可以以唐诗为主题，组织一场小型诗歌朗诵会，课前布置，朗诵的学生先做好准备。这种方式可以为部分朗诵能力较强的同学提供展示的机会，并且得到锻炼和提高；同时可以在诗歌的欣赏中感悟唐朝的历史，一举两得。在学习长征或抗战等历史时，可以组织长征组歌，抗战歌曲演唱欣赏会。

（5）阅读相关书籍。在课堂教学中，常常遇到这样的情况，当问一些书本以外的问题时，即使是一些常识性的问题，学生也会不知所措。

知识面的狭窄，妨碍了学生的理解和判断。同时学生对所学知识产生兴趣，需要了解更多的知识内容。针对这些情况，我们试验着通过阅读这一方式来促进学生学习历史。因此，在备课时，有针对性地从期刊、报纸、杂志、网络等选编一些与课堂练习有关的阅读材料供学生阅读，如《商朝青铜文化》《木乃伊的制作》《我国清真寺图片介绍》等。当然也可以向学生推荐一些现成的阅读书目，如想了解伊斯兰文化推荐《穆斯林的葬礼》等。在阅读时，学生结合课本知识和教师的讲解，了解课本知识的背景等，从而对教材内容有了进一步的理解，学生会忽然觉得教材知识的背后还有广阔的天空。

（6）编演历史剧。为了让学生真正认识历史、感悟历史，尝试运用编演历史剧的练习方式来让学生模拟历史，扮演历史人物。在整个教学活动过程中，学生在教师指导下自编、自导、自演、自己制作道具，学生有了一个充分发挥自己才能的机会，满足了探究历史的好奇心。通过编演历史剧，加深了学生对历史的了解与认识。可以激励他们主动、积极地进行学习，自主地探究历史；可以培养学生的团队协作精神和合作能力，因为角色扮演的活动，并不是单个学生可以胜任的，协作精神与合作方式贯穿于整个教学活动中；更重要的是，学生可以借此形式来演绎历史、体验人生、认识社会。

（7）材料收集整理，制作PPT。此类练习可以在课前布置，也可以在课后布置，具体视情况而定。可以围绕某一个主题收集资料，收集渠道包括报纸、杂志、书籍、网络等，表现形式可以以文字为主，也可以以图片为主。可以让学生把收集的资料用PPT的形式制作，并向全班同学展示。

（8）动手制作模型。指导学生根据教材或资料中的文物或模型等进行仿制。如学完《宋元文化》后，要求学生用橡皮泥或蔬菜、木头、石头等材料制作活字或雕版，让学生在亲自动手制作的过程中体验先人的聪明才智，增强学生的历史自豪感。这样既培养了学生的动手能力，又激发了学生学习历史的兴趣。

（9）参观历史博物馆或历史遗迹等。参观历史博物馆或历史遗迹，一方面可以增强学生认识历史的直观性，另一方面可以对学生进行爱国主义等思想教育。也可以倡议收集师生到过的历史博物馆或历史遗迹的资料、图片，这些历史文化遗迹为我们了解历史提供了很好的见证。

（10）举办历史主题展览和主题报告会。根据历史特点或历史教学需要，以一段历史或一个方面为主题，让学生开展史料搜集、筛选、提炼、分析、整合，组织主题展览会或报告会，培养学生联系的观点、论从史出的意识，提高历史解读、表达的能力。如《儒家思想在中国》《中国古代中央集权制度的演变》《话说中国农村》《世界古代文明的交流》《图说两战史》等。

（三）历史课外练习的效果

开展历史课外练习，实际上就是活跃学生课外活动，激发学生学习历史的兴趣。它可以在以下方面产生良好效果：

1. 对学生的促进

（1）提高学生关心国内外重大新闻的兴趣和语言表达能力。历史对过去发生的事进行了定格和记录，而今天发生的事终究也会成为历史。而对于学习历史这门学科来说，学生及时把握国内外发生的重大事件就显得非常重要，而实践证明时事讲评对于学生了解和掌握国内外重大事件是一种非常有效的途径，而且能促进学生资料收集能力、语言表达能力以及材料概括能力的提高，一些学生在各类演讲比赛中取得了较好的成绩。通过看影片写影评的练习形式，学生把自己的想法和感受表达出来，除了能促进和锻炼学生的写作能力，更能通过感受和反思，增强中华民族的自豪感。

（2）提高学生主动积累相关的历史材料和素材，提取有效信息的能力。历史知识浩如烟海，查找资料，获取相关的知识，并加以整理，可以很好地辅助教学，帮助学生更加充分理解所学知识。而且通过成果展示形成各组同学竞争的局面，给学生搭建一个展示自己能力的平台，逐步提高学生的自信心，促进学生学习积极性的提高。

（3）提高学生掌握和运用历史学习的基本方法、开展社会实践的能力。做社会调查是社会学科的基本研究方法，经过调查发现，社会调查的实践性练习深受学生的欢迎，而现行的历史综合探究课部分更是要求学生掌握社会调查的基本方法和能力，通过社会调查的实践，学生对社会调查的目的、方法、步骤等有了一定的了解和把握，实地访谈使学生的采访能力得到提高和锻炼，体验总结使学生的写作能力得到提升，更重要的是通过实地调查，使学生产生对家乡的热爱和期盼，形成为家乡作贡献的主人翁的情感升华。

（4）提高学生同学之间的合作意识。学生的角色表演能力得到锻炼和提高。编演历史剧是课堂教学的有效方式，它能充分调动学生的积极性，活跃课堂气氛。设计编演历史剧的练习，让学生根据课本所学知识以及历史知识来编写历史短剧本，并且采取合作的方式，选出表演能力相对突出的学生来扮演相关角色，给学生搭建展示风采的平台，发展自己的个性，有利于自信心的提高。

2. 对教师的促进

（1）提高教师的研究水平。通过对历史课外练习设计的研究，教师能更好地把握新课程的主要精神，通过有效的练习设计和布置，起到对课堂教学知识的有效巩固，从而提高学生的学习效率；同时也不断提高教师研究的能力，教师的科研水平和课堂教学艺术得到极大的提高，综合素养也不断提升。

（2）激发历史学科教师的积极性和创造性。练习形式和内容的设计不是固定和单一的，需要教师在教学过程中结合课堂实际和本地实际，灵活地创造出各具特色的练习形式，使学生保持新鲜感。

（3）强化教师对学生课外学习的指导。学生在完成任务过程中，必然会遇到很多无法解决或不能很好解决的问题，需要教师及时指导。如编演历史剧，在如何编写剧本、角色特点等方面需要教师及时点拨和指导，以便使学生能及时顺利地完成该项任务。课外练习涉及内容广，形式多样，对学生的综合素质和能力要求高，教师既要发挥学生自主性，但又不能放手不管，教师还要在技术、方法、组织上予以指导，在开展的过程中注意督查，结束后进行总结、评价激励等。

二、历史教学的诊断性评价和终结性评价

诊断性评价是在一个新的教学单元开始前为了解学生的学习状况而进行的评价，终结性评价是在一个教学单元结束后为了解学生的学习

结果而进行的评价。纸笔考试是诊断性评价和终结性评价最常见的、也是最为师生熟悉和重视的形式。无论哪类评价，都涉及试题的命制问题。历史试题的命制，要强调规范性、科学性和洞察性。

（一）规范性：试题的标高要符合课程标准的要求

规范性不是指试题的命制格式整齐划一，而是指试题命制要按照既定标准、规范的要求进行操作，使考试达到规定的标准。

历史课程标准是历史教学的规范性文件，它规范了历史课程的性质、基本理念和课程目标、课程内容。因此，历史试题的命制，必须符合学科教学的既定标准和测试对象的实际。脱离学科标准和测试对象实际的任何试题都不可能称之为好题。

考试是一种学习评价方式。贯穿历史教学全过程的考试在性质上分为两种，即学业水平考试和升学考试，这两种考试的关系是基础与提升的关系，学校组织的考试和试题命制，都必须以课程标准这个规范性文件为指导，落实历史课程的基本理念。历史教学的学业质量评价考试命题，应该从下列几方面着重思考规范性问题：

史事方面：揭示人类历史发展的基本过程；展现人类历史发展进程中丰富的历史文化遗产；认识历史发展进程中的重大历史问题，包括重要的历史人物、历史事件、历史现象和历史发展的基本脉络。

史识方面：学会用马克思主义科学的历史观分析问题、解决问题；学会从历史角度去了解和思考人与人、人与社会、人与自然的关系，进而关注中华民族以及全人类的历史命运；尊重历史，追求真实，增强历史意识，增强历史洞察力和历史使命感。

史法方面：提高阅读和多途径获取历史信息的能力；通过对历史事实的分析、综合、比较、归纳、概括等认知活动，培养历史思维和解决问题的能力；做到论从史出、史论结合。

学生学习方式转变方面：注重探究学习，善于从不同的角度发现问题，积极探索解决问题的方法；养成独立思考的学习习惯，能对所学内容进行比较全面的比较、概括和阐释。

课程标准的规定，就是历史命题的依据，能否按照这些规范性的文件要求，在试题中体现知识、能力、思维和学习方式的转变，是衡量一个题目是否足够好的标准之一。

（二）科学性：试题要体现求真，做到思维缜密、立意高远、逻辑清晰

科学性既指试题本身要体现历史科学的学科思想方法，更指试题要体现科学的求真态度、科学的价值判断和科学的发现过程。命题时要牢记三个"强调"：

1. 强调求真态度

"历史"具有"原生态历史"和"被叙述的历史"两种不同的含义。"原生态历史"，即在过往时段内真实发生过的具体的历史过程、历史事件和历史人物，真实存在，具有不可逆的特点。"被叙述的历史"以文本或其他形式存在，也即"历史文本"。我们所获知的历史，无论它以怎样客观的面貌出现，事实上都是"被叙述的历史"。

在"原生态历史"中，无数事件和人物共存于某一时间和空间之内，不可能都被记忆留存下来，只有那些在历史发展过程中承载着重要意义的事件和人物才有机会进入史家视野，成为"被叙述的历史"的组成部分。而人们对历史的追忆、记录、整理，总是包含着或隐或显的主观立场。这种主观立场既可以表现为直接而鲜明的对历史的评判，也可以暗含在对历史本身的选择和叙述之中。所以费正清指出："历史的撰写者并不是旁观者。他们本身就是这种活动的一部分，因此需要看看他们自己是如何活动的。"①在历史学习与研究中，求真并不是追求细节真实，因为细节真实是一种现象真实，并不代表历史本质的真实。所以求真是追求历史发展的真实，我国马克思主义史学的先驱李大钊在《史学概论》中早就指出，研究历史重要的任务是"整理事实，寻找它的真确的证据""理解事实，寻出它的进步的真理"②。换句话说，就是整理事实，说明它怎样发生；理解事实，说明它怎样发展。

历史考试的试题是历史教育的组成部分，要承担历史科学求真的责任，使学生获得整理事实和理解事实的训练，应做到：

---

① 贡德·弗兰克. 白银资本[M]. 刘北城，译. 北京：中央编译出版社，2011：前言 1.
② 中国李大钊研究会. 李大钊全集：第四卷[M]. 北京：人民出版社，2006：359.

第一，在试题的材料选用方面，应尽量选取第一手材料，二手、三手材料或者改编的材料都可能失真。失真的材料呈现给学生，就会使学生在判断历史事件、历史人物时产生偏差。

第二，在历史研究观点引述方面，不能断章取义，要把观点引述完整，否则就会产生背离原意或只反映部分意义的问题。断章取义或不完整的观点，有时会对学生产生误导。

第三，在历史认识的命题方面，要有证伪意识，防范不符合客观事实、不符合一般事理逻辑和科学道理的伪命题干扰。不真实的材料会误导学生，伪命题同样会误导学生。

2. 强调价值判断

历史是在叙述的基础上进行价值判断的学科，历史认识是一种价值认识。

历史认识的价值判断首先是历史观问题。有史料而无史观，无异于用文字堆砌历史故事。历史观决定价值观。不同的历史观对过往历史事实的认识和解释不同，唯物史观强调用历史的、发展的、辩证的观点看待历史，承认时代局限性，承认"我们所认为真实的事实，和真理的见解并不是固定的，乃是比较的"[①]。《普通高中历史课程标准（实验）》指出，高中历史教学，要"用历史唯物主义观点阐释人类历史发展进程和规律"[②]，历史试题命题要以唯物史观为指导，在试题中应该体现历史的观点、联系的观点和发展的观点。

历史认识的价值判断本质上是社会价值判断。历史是曾经的现实，现实是活着的历史。恩格斯曾说，"历史就是我们的一切"，意大利学者克罗齐提出"一切真历史都是当代史"的著名命题，朱光潜先生在《克罗齐的历史学》一文中曾对这一命题做了如下阐发："没有一个过去史真正是历史，如果它不引起现实底思索，打动现实底兴趣，和现实底心灵生活打成一片。过去史在我的现时思想活动中才能复苏，才获得它的历史性。"因此，价值判断是联结历史认识与现实社会认识的纽带，历史的价值判断与社会价值判断是密切结合在一起的。龚自珍说"出乎史，

---

① 中国李大钊研究会. 李大钊全集：第四卷[M]. 北京：人民出版社，361.
② 中华人民共和国教育部. 普通高中历史课程标准（实验）[S]. 北京：人民教育出版社，2003：1.

入乎道，欲知大道，必先为史"，又说"灭人之国，必先去其史；隳人之枋，败人之纲纪，必先去其史；绝人之材，湮塞人之教，必先去其史；夷人之祖宗，必先去其史"。历史和它所承载的价值内涵，是内在地生长在一起的，从来不存在被剥离了价值内涵的单纯的历史。正因为历史的价值载体属性，世界上的各个民族都对自己的历史严肃对待，倍加珍惜。

学生对历史的价值判断来自情感体验，历史教学如此，历史考试命题也如此。试题命制要立足于历史的客观性，追求真实，遵照列宁所说的"在分析任何一个社会问题时，马克思主义理论的绝对要求，就是要把历史问题提到一定的历史范围之内"的历史主义原则，既要强调历史的现实意义，又要避免根据现实需要任意裁剪历史，力争命出"考史"和"论史"相结合的好试题。

3. 强调发现过程

科学是发现问题、解决问题的过程。李大钊在《历史研究的任务》一文中提出的"整理事实，寻找它的真确的证据""理解事实，寻出它的进步的真理"，既是历史研究和历史学习发现问题、解决问题的过程，又是历史研究和历史学习的方法。

历史试题命制要在考查学生发现问题、解释问题能力方面积极探索。尤其是主观题的命制，题目所选的材料要能紧扣问题，问题与问题之间需要有相应的逻辑联系，给人以一气呵成的感觉。

例：2014年四川高考卷历史14题

历史叙述、历史解释和历史评价是历史学习能力的重要组成部分。阅读材料，回答问题。（材料略）

（1）经济全球化呈现出"从无序向有序"发展的趋势。参照图3，结合所学知识叙述这一趋势。（10分）

（2）根据材料三对历史解释的认识，结合所学知识解释图4所示近代中国新事物的出现。（10分）

（3）概括材料四种陈旭麓是如何评价"中体西用"的，指出这一评价遵循的原则是什么？（6分）按照这一原则，任选表3中的一种观点进行评价。（4分）

该题目标导向非常明确，3个小题分别涉及历史叙述、历史解释、历史评价能力的考查。第（1）小题要求归纳历史发展（经济全球化）的进程，第（2）题要求整理事实和解释事实，第（3）小题要求理解历史观点并评价历史观点。三个小题相互呼应，努力做到论从史出、史论结合，把课程标准的目标要求与高考的能力考查结合，值得研究。

（三）洞察性：试题要能有效测试教与学存在的问题

洞察性要求试题要对教学存在的问题和容易犯的错误有预见性，能够起到警醒、提示作用。

考试是学习评价的重要组成部分，具有检验学生的学习效果、诊断学生存在的问题、发现教师教学的盲区三个功能。既要测试被试的学习应达到的水平，又要诊断学习（教学）过程中存在的问题，因此命题需要对教学和学生常犯的错误和可能存在的问题有清醒的估计，对症出题，直指要害，暴露问题。

从表面上看题目千变万化，知识点分散，能力要求层次多变，但是我们对每次考试阅卷后教师们的阅卷记录和座谈调研的意见进行归纳后，发现教师们普遍认为学生在考试中存在的主要问题是：

基础知识薄弱，知识系统性和结构化不强，对历史概念的内涵和外延缺乏清晰界定，不能加以辨析和运用。

历史基本技能差，知识迁移和概念转换能力薄弱，不能从材料中读出和提取合乎题意的得分点。

新情境下获取信息、归纳信息的能力薄弱，缺乏在不同概念之间建立有机联系的习惯。

对学生存在的问题应该进行针对性的考查。因此命题要着力于重点、难点、疑点和关键点，找出学生在理解基本概念和原理规律上存在的问题，在思维方式、方法上存在的缺陷，在针对性上下功夫。命题时应思考四个"有利于"：

1. 有利于加强对概括和联想能力的考查

思维最显著的特征是概括性。概括是形成概念的前提，学习和运用知识的过程就是概括的过程。概括可以是阶段特征的概括，也可以是某段材料的概括。从考试情况看学生的概括和联想能力不太理想。表现为

311

缺乏提取材料信息的意识和能力，由某概念、事物而联想其他相关概念、事物的能力不强。

例：泸州市某次考试在出示 20 世纪 20 年代美国贫富悬殊、股市投机行为盛行等材料后，要求：归纳材料中讲到的诱发 1929—1933 年资本主义世界经济危机的原因。结合所学知识指出这些因素在危机发生过程中产生了哪些严重后果？

阅卷发现，第一问相当部分学生泛泛而谈现象而不能对隐藏在现象背后的实质问题进行概括，第二问很多学生不能从第一问的原因中分析后果，而是笼统地答经济危机的影响。因此加强概括和联想能力的培养十分重要。

2. 有利于强化对概念内涵、外延理解的考查

概念是人脑反映事物共同的本质特性的思维形式。历史概念具有特定的内涵，学生在涉及概念内涵题目时出错率较高。

例：清朝乾隆年间，大渡河上游的大小金川土司发动叛乱，平定后，清政府在金川地区实行"改土归流"，其采取的主要措施应是（　　　）

A．废除金川土司世袭制度实行选贤任能

B．设置与内地相同的州县实行直接统治

C．朝廷派遣官员到土司府任职监视土司

D．土官土司由朝廷委任，不得自行袭职

该题正确答案为 B。正确率 23.2%，学生错选 C、D 项的占比高于正确选项 B。这反映出学生新课学习时对改土归流概念的内涵缺乏明确、清晰认识，未辨析何谓"土"，何谓"流"，对哪些措施把"土"改为"流"都不甚了了，类似的概念内涵理解是教学的短板，需要命题者直击要害，以利于教师的补救。

3. 有利于加强对概念转换、知识迁移能力的考查

概念转换是同一个事件从不同的角度认识，反映着思维的深刻性；知识迁移是因相关知识的启示而获得另一知识，或将相关知识能力运用于解决其他问题，反映着思维的灵活性。

例：抗日战争时期，日本侵略者大肆进行金融掠夺，其中对人民生活危害最大的是（　　　）

Ａ．抢占银行，掠夺现金，侵吞人民存款

Ｂ．滥发没有储备基金的伪币

Ｃ．开设伪银行强迫人民使用伪币

Ｄ．印制大量军用票强行在市场流通

该题正确答案是 B，学生错选 A、D 项的较多，反映了学生相关学科知识不能迁移的事实。学生需要把经济学中滥发纸币，造成恶性通货膨胀的相关知识进行迁移，才能得到正确答案。

4. 有利于强化知识的延伸、扩展，利于知识网络的构建

学生所学知识在相当大程度上是零散的，如果没有一定的试题对相关知识点进行考查，教师、学生就不一定会将与之相关的知识串联、延伸和拓展，那么学生知识的结构化和系统化就会打折扣。

例：董仲舒曾说秦汉农民"或耕豪民之田，见税十五"。下列关于句中"见税十五"的理解，正确的是（　　　）

Ａ．税即农民向封建国家缴纳的田赋，税率为百分之十五

Ｂ．税是农民耕种地主土地的地租，地租率为百分之十五

Ｃ．税即农民向封建国家缴纳的田赋，税率为百分之五十

Ｄ．税是农民耕种地主土地的地租，地租率为百分之五十

该题正确答案 D，牵涉面较广。从人的身份分析，牵涉"豪民"、自耕农、佃农，从"税"的角度分析，牵涉封建国家征收的田赋和封建地租。解答此题需要对封建社会赋役制度的变迁进行概要梳理，需要读懂"或耕豪民之田，见税十五"这一句子，特别是要清楚"豪民"的含义，同时还要分清语境，不能见到"税"就想到皇粮国税，认为交给国家的才叫"税"；要善于融会贯通，封建社会有自耕农，但更多的是佃农，依据教学大纲编写的人教版普通高中《中国古代史》《春秋战国时期的社会经济和社会变革》一节中曾讲道："私田主人控制私田产品，不缴纳给国君，而且改变了对耕田者的剥削方式，即让劳动者交出大部分产品后，可以保留一部分产品。这样，耕种的人就转变为封建农民，私田主人成为封建地主，农民向地主缴纳田租。"依据课程标准编写的人民版《历史·必修二》中的《古代中国农业经济》一节也说："地主占有大量土地，通过地租的方式剥削农民。"这样，中国古代土地制度和

赋税制度有关知识的前后、纵横联系就通过典型试题的讲评而得以强化。

三、历史试题命制的技术要求

（一）试题命制的选点与布局

1. 选点

选点就是从考查范围中选择考查点。无论何种考试，都是对所学知识的抽样检测，不可能面面俱到，但又要有一定的覆盖面，因而选点（抽样考查点）就十分重要，原则上主干重点知识是命题重点，但是哪些知识点从哪个角度命题就需要在布局中考虑。

2. 布局

布局就是全面考虑和安排知识考点和能力考查的分布。包括两方面，一是知识点考查的布局，哪些点在选择题中出现，哪些点在非选择题中出现，需要预先有所考虑，研究高考试卷，大家可以发现政治、经济、文化几大板块，历年来没有畸轻畸重的现象。二是考查能力的布局，依据高考对能力考查的划分，应该思考能力考查的分布，特别是要思考试题难度的梯度分布，这对合理的区分度十分重要。

学校的考试具有连续性和递进性，周考、月考、期中考、期末考，呈现考试范围不断扩大趋势，因此布局应该考虑知识和能力在不同时期、阶段考查中的分布。知识内容方面，要思考同一个内容在不同阶段考试时的考查角度、考查形式（选择题还是非选择题）、能力要求、在全卷中的比重等。能力要求方面，如何递进，试卷总体难度控制在何种程度，在这个总体控制下，选择题、非选择题的难度如何控制等，均需要加以认真思考，否则就会出现偏难、偏易的情况。

3. 立意

立意是借用写作的概念，就是确定试题的考查主题。王夫之说："意犹帅也，无帅之兵，谓之乌合。"与写文章需要确定主题一样，命制试题也需要确定主题，需要构思如何表现主题。正如唐代绘画理论家张彦远所说："意在笔先，画尽意在。"因此命题需要思考主题角度立意，就是试题要考查什么、怎样考查的问题。尤其是主观题，更要思考如何确定统摄全题的总纲、各小题如何从不同角度演绎总纲。一般地说，试题的主题要鲜明，主题的关键词要在题目导语中直截了当地叙述，材料要围绕主题选择，问题要围绕主题展开，问题与问题之间要体现一定的逻辑发展关系。能力要求也要有层次性。

（1）情境设置：以课标、教材为依托，体现"通过多种途径获取历史信息的能力"的课标要求，做到既有教材知识背景的支撑，又有新材料、新背景的拓展，既不脱离课标、教材的要求，又符合学生认知发展规律。

（2）目标导向：按照能力目标设计问题，体现能力类型和能力层次，问题与问题之间的知识和能力要求要有逻辑发展关系。按照高考目标要求，能力层次包括"获取和解读信息、调动和运用知识、描述和阐释事物、论证和探讨问题"，试题应尽量将这几个层次的要求有机搭配，为不同能力层次的学生提供作答空间。

（3）价值引领：历史是具有鲜明价值导向的学科，情感态度价值观是历史教育教学的终极目标，不仅教学要实现情感态度价值观目标，考试也要体现对情感态度价值观目标的考查。试题的设计一要引导学生关注历史经验教训的总结与吸取，养成"以史为鉴，可以知兴替"的历史学习观；二要引导学生关注历史发展的脉络与方向，逐步形成对国家、民族的历史使命感和社会责任感；三要引导学生关注历史对真善美的追求与奋斗，确立积极进取的人生态度和坚强的意志品格。总之，试题应该以积极阳光的形式呈现，不能搞影射史学，杜绝阴暗晦涩、含沙射影。

案例：考试制度的演变折射时代发展。阅读下列材料，回答问题。①

材料一　"中国自世卿贵族门阀荐举制度推翻，唐宋厉行考试，明清尤峻法执行，无论试诗赋、策论、八股文，人才辈出；虽所试科目不合时用，制度则昭著日月。朝为平民，一试得第，暮登台省；世家贵族秕不能得，平民一举而得之。谓非民主国之人民极端平等政治，不可得也！"又说："官吏非由此出身，不能称正途。士子等莘莘向学，纳人才于兴奋，无奔兑，无微幸。此于酌古酌今，为吾国独有，而世界所无也。"

——孙中山全集（第 1 卷）

---

① 自贡市 2014 届三诊 14 题，自贡市教育科学研究所历史教研员刘灵提供。

（1）结合所学知识概括指出中国古代选官制度呈现出怎样的变化趋势？依据材料归纳科举制体现的主要特点。（8分）

此小题能力考查包括获取有效信息（选官制度的变化），对信息进行完整、准确、合理的解读（概括变化趋势），描述历史事物特征（归纳特点）。

材料二　晚清新政中最富积极意义而有极大社会影响的内容当推教育改革，而教育改革又是从废除科举开始的。……在废科举、兴学堂、派游学的统一过程中，产生了《钦定学堂章程》（"壬学制"）和《钦定学堂章程》（"癸卯学制"），这是中国最早的学制。前者因不够完备而没有实行，后者则明确地规定了从蒙养院到通儒院的各级学校的学制，采用新的教育内容和方式，并对学堂毕业的学生给予科名鼓励，从高小毕业到大学毕业分别授予附生、贡生、举人、进士的功名。这个学制的实行对 20 世中国学校制度产生很大影响，他为中国近代教育奠定了第一块基石。明确点出了新教育的宗旨。1906 年，学部在《奏请宣示教育宗旨折》中说："中国之大病：日私、日弱、日虚，必因其病之所在而拔其根株，作其新机，则非尚公尚武尚实不可也。"

——陈旭麓《近代中国社会的新陈代谢》

（2）依据材料二概括指出清末新政在教育方面的主要举措。试从近代化的角度分析其影响。（8分）

此小题能力要求包括获取信息和解读信息（主要举措），认识历史事物的本质和规律（近代化角度），并作出正确阐释（分析影响）。

材料三　高考作文题是时代变迁的镜子

历史时期	高考作文题目（部分）
1949 年 10 月— 1956 年底	1951 年：《论增产节约的好处》 1952 年：《我投到祖国的怀抱里来》 1956 年：《我生活在幸福的年代里》
1957 年 1 月— 1966 年 5 月	1958 年：《当社会主义建设总路线公布的时候》 　　　　　《大跃进中激动人心的一件事》 1960 年：《我在劳动中受到了锻炼》 1961 年：《一位革命先辈的事迹鼓舞着我》 1965 年：《给越南人民的一封信》

历史时期	高考作文题目（部分）
1966 年 5 月—1976 年 10 月	高考中断了 11 年！
1976 年 10 月之后	1977 年：《伟大的胜利——难忘的 1976 年 10 月》（吉林） 1978 年：缩写《速度问题是一个重要问题》 1982 年：《先天下之忧而忧，后天下之乐而乐》 1992 年：材料作文《街头雨中一景》（关注社会公德问题）

（3）材料三试题中折射出怎样的时代特征？请结合历史背景简要说明。（10 分）

此小题考查能力包括描述历史事物特征和论证历史问题。

该题的主题突出，立意比较新颖，时间跨度从中国古代到中国现代，考查内容包括科举制、清末近代教育兴起、中华人民共和国成立后高考，时间跨度较大。全题设三个小题，每个问题设置，均切合考试制度与时代发展密切联系的主题，没有游离于主题外的内容。能力考查方面，集中在阅读材料、理解归纳材料信息、解释材料信息的产生等方面，是一个比较好的题目。

如果要说有不足的话，可以进一步思考如何在论证能力方面设置问题，使学生对考试制度的演变进行价值判断，尤其是促使学生思考如何从历史遗产中吸取有益的经验。（材料一有"虽所试科目不合时用，制度则昭著日月"之语）

要命制一套好的试题，要求教师一要明确学业评价的范围，二要清楚重难点的分布，三要强调适当的知识覆盖面，四要有过硬的专业素质。具体操作时，就是前面所讲的做好选点、布局、立意，因此命题好比写作文章，需要教师精心构思，即使在别人的资料基础上选题也要进行甄别、筛改。

（二）试题命制的几项技术指标

考试是定量评价，经过检测获取的数据资料有无价值或者价值大小，直接影响考试的可靠性。因此需要教师对相关指标的含义和意义有所了解。

1. 难度

难度就是试题的难易度，一般通过题目的通过率或平均得分率来计算。难度是一个相对概念，难度的高低与被试的水平直接相关。不能笼统说试题的难度如何，应该说试题对某类被试的难度如何。因此准确判断学生的学业水平，根据学生学业水平命制的试题才能得到适中的难度。

学生的智力水平，包括学习能力、实际动手能力等呈正态分布。因而正常的考试成绩分布应基本服从正态分布——"中间高、两头低"。难度值过大过小都会使考试分数呈偏态分布，难度大（难度值小），考试分数集中在低分段，呈正偏态分布；难度小（难度值大），考试分数集中在高分段，呈副偏态分布，如图9-2所示。

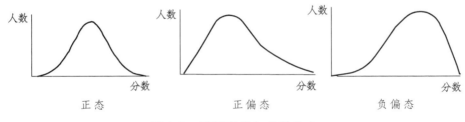

正态　　　　　　　　正偏态　　　　　　　　负偏态

图 9-2　试题难度与分数分布

在常模参照性测试中，难度 0.5 左右比较适中。要得到这个难度，大多数试题的难度值应该在 0.3 ~ 0.7 之间，少数题目可在这一范围两边分布，但题数要大体相当。这样才能最大限度区分出不同程度的考生，也才能使考试分数呈正态分布。在日常考试中，难度一般应控制在 0.55 ~ 0.6 较为恰当。总体难度要达到 0.55 ~ 0.60，选择题难度应该控制在 0.60 ~ 0.70，非选择题难度应该控制在 0.45 ~ 0.50。选择题的难度分布，如以 12 个选择题为试题题目总数，则难度 0.3 左右的试题应 1 ~ 2 个，0.8 左右的试题 1 ~ 2 个，其余试题应在 0.5 ~ 0.7 分布，没有 0.3 左右的试题，学生会反映题目偏易，0.3 左右的试题多了，学生会反映题目偏难。2013 年高考学生普遍感觉题目较易，2012 年高考学生感觉则完全相反，原因即在于 2013 年没有一个题目难度在 0.5 以下，而 2012

年刚好相反，0.30 以下试题有 2 个，0.30～0.40 的试题有 3 个，学生自然会感到很难。非选择题的难度分布，假如预设难度为 0.45 左右，那么一个 30 分的大题中有 3 个小题，则 0.35 左右难度的一个，0.45 左右难度的一个，0.55 左右难度的一个，这样就能得到较为理想的难度值。当然预设难度仅是教师主观设想，学生答卷后才能真正看到预设值与实际值的差距，这就需要教师要对学生水平、学情有准确的研判。

客观题的难度计算公示：$P=\dfrac{R}{N}$ 式中，p 表示通过率，即难度指标；R 表示答对人数，N 表示参加考试总人数。

主观题的难度计算公式：$P=\dfrac{\overline{X}}{K}$，$P$ 表示正确率，$\overline{X}$ 表示所有考生在这道题上的平均分，K 表示这道题的满分。

全卷的难度系数计算公式为：$P=\dfrac{PH+PL}{2}$，PH 为高分组难度值，PL 为低分组难度值。

$L=1-X/W$，其中，L 为难度系数，X 为样本平均得分，W 为试卷总分。

2. 区分度

区分度是指一道题能多大程度上把不同水平的人区分开来，也即题目的鉴别力，所以又称鉴别度，一般用 D 表示。区分度越高，越能把不同水平的受测者区分开来，它与难度分布密切联系。一般说来，题目的难度过高，很少人能答对，分数集中在低分段；难度过低，很少人会答错，分数分布在高分端。题目的难度为中等时，区分度最高。但是，如果试题全是中等难度的题，就会走向另一个极端，即对中等程度的人有最佳鉴别力，而对水平高和水平低的那部分人不能做很好的区分。所以，不同难度的题目对于不同水平的人来说区分度是不同的。由于人群中，能力的强弱呈正态分布，所以题目难度的分布也应该为正态分布，即难、中、易都有分布，中等难度题目最多。这种分布可以保证考试具有较好的区分度。

规模较小的考试的区分度计算公示如下：

客观题的区分度计算公式：$D=P_H-P_L$。P_H 表示高分组的难度（高分组为所有考生中名列前 25%的考生），P_L 表示低分组的难度（低分组为所有考生中名列后 25% 的考生）。

主观题的区分度计算公式：$D=\dfrac{X_H-X_L}{N(H-L)}$，$X_H$ 表示高分组得分总数（高分组为所有考生中名列前 25% 的考生），X_L 表示低分组得分总数（低分组为所有考生中名列后 25% 的考生），N 表示总人数的 25%，H 表示这道题的最高得分，L 表示这道题的最低得分。

如果把成绩从高往低排序，前 50% 的考生为高分组，后 50% 为低分组，则区分度的计算公式为：$D=\dfrac{2(X_H-X_L)}{W}$。D 为区分度，X_H 为高分组平均分，X_L 为低分组平均分，W 为试卷总分。

这几个公式比较简便，但误差较大，不适用于大规模测试。随着现代信息技术的使用，很多学校都引入网阅，阅卷结束区分度就出来了。

3. 信度

信度就是考试的可靠性，主要涉及试题本身的可靠性和评分的可靠性两方面。试题本身是否可靠，主要取决于试题的范围、数量、试题的难度和区分度等因素；评分是否可靠，要看评分标准是否客观、准确，不同的评分人在评阅同一个题目时，评分尺度是否一致。要得到评分可靠的结果，一要做到试题应尽量避免出现争议或歧义，导致学生答案众议纷呈。二要保证阅卷教师遵守阅卷纪律，不允许在阅卷过程中参杂个人私见，将参考答案弃置一旁。所以，在泸州的统考阅卷中，笔者反复强调评分尺度的统一问题，要求即使对题目有不同意见，阅卷时候也必须按照标准操作，不允许掺杂个人意见，阅卷不是学术争鸣，要保证相对的公平，有不同意见在阅卷结束后可以讨论，可以争鸣。只有这样，才能保证阅卷的可靠性。

测试的信度通常用一种相关系数（即两个数之间的比例关系）来表示，相关系数越大，信度则越高。信度系数在 0~1，信度系数 0.6 以上表示考试可靠；0.7 以上信度良好；0.8 以上信度优秀。

4. 效度

效度指考试结果的有效性或准确性的程度，是对测试预期目的的达成度，指一套测试题对应该测试的内容所测的程度。即一套测试是否达到了它预定的目的以及是否测量了它要测量的内容。

效度与信度之间既有明显的区别，又存在着相互联系、相互制约的关系。信度主要回答测量结果的一致性、稳定性和可靠性问题；效度主要回答测量结果的有效性和正确性问题。一般说来，只有信度较高的测试才能有较高的效度，但效度较高不能保证信度也一定较高。

具体地说，效度是测试达到了它要测量的目的的程度，衡量一个评估是否有效度，取决于三个标准：

其一是衡量学生对所学知识的理解或掌握情况。

其二是衡量学生在教学目标所指向的任一领域和任一层次的表现。

其三是体现各个领域和教学层次的平衡。

效度最关键的是内容效度，就是测试内容的代表性程度，包括测试内容是否与课标要求一致，能力要求是否与课标三维目标的规定一致。严密的命题，为确保效度，需要预先制定两个表，一是双向细目表，一是试题分类表。前者列出所要考查的教材内容在试题中应占的百分比和所考查能力的百分比；后者列出试题类型和该题所要求的能力及其应占的百分比。很多时候，两表可以合二为一。根据双向细目表，可以判断内容效度的高低，如表9-1所示。

表9-1　双向细目表

题号	考点	思维能力考查目标				题型	分值
		获取和解读信息	调动和运用知识	描述和阐释事物	论证和探讨问题		

效标关联效度的概念教师也应有所了解。效标关联效度是指测试分数与外在参照标准（效标）的相关程度。我们常用的是预测效度，比如用高考的成绩、高考试题难度作为效标来检验学生的学习成绩。这些指标，教师们平时自觉或不自觉地都在用，了解它们对提高我们的教学和评价质量有好处。

考试结束后，可以根据难度、区分度、信度、效度等各项指标的达成情况，对试题进行自评，如表9-2所示。

表 9-2　试卷评价表

一级指标	二级指标	标准说明	自 评			
			A	B	C	D
难度	题目通过率	0.8~1 易，0.6~0.8 较易，0.4~0.6 中等，0.3~0.4 较难，0~0.3 难				
区分度	题目鉴别度	0.4 以上很好，0.3~0.39 较好，0.2~0.29 不太好，0~0.2 差				
信度	试题可靠性信度	试题是否超范围、试题数量是否合理、试题的难度和区分度是否合理				
	评分可靠性信度	评分标准是否客观、准确，不同的评分人在评阅同一个题目时，评分尺度是否一致				
效度	内容代表性程度	试卷内容与课标要求一致，试卷题型分配合理，试题表述规范清晰				
	能力要求一致性程度	试卷能力要求与课标三维目标的规定一致，试卷作答时间与学生身心发展水平一致				

第三节　历史试卷评讲教学

在中学历史教学中，讲评课是与新授课、复习课并列的重要课型。但是，与新授课、复习课的实践和研究相比，讲评课的研究还相当薄弱，需要加强。

一、试卷讲评课存在的问题

所谓讲评课，指学业考试后教师对学生的考试情况进行讲解、评判的教学课。考试是学习评价的重要组成部分，具有检验学生的学习效果、诊断学生存在的问题、发现教师教学的盲区三个功能。根据多年对四川省泸州市的学校进行跟踪观察，特别是全市性统一考试结束后组织的阅卷教师座谈调研和部分学校学生问卷调查结果显示，大多数教师对考试功能的认识仅限于根据考试结果分析学生知识掌握的状况，而对学生学习存在的问题和自身的教学盲区缺乏思考，考试所具有的功能并没有得到教师的广泛重视，因而讲评课的质量普遍不高。

（一）学生们对历史讲评课的意见

学生们普遍认为讲评课存在主观性、随意性强，缺乏逻辑性，重点不突出，不解决实际问题，缺乏互动等问题。学生们的主要意见是：

（1）老师主观地从自己的角度讲课，而没有根据学习的实际情况。只说答案，缺少分析，重点不够突出，在知识拓展延伸方面欠妥。培养学生解读材料能力方面做得不够。没有讲清楚"为什么"，没有启发学生思维，不能让学生真正理解和掌握。有时分不清主次轻重，只讲正确答案，对错误答案不作辨析，对思路、方法、要领、技巧讲得不够甚至不讲，不能提高学生的纠错能力。

（2）赶时间，抢进度，讲得太快，让人跟不上，忽略学生的需求、收获和感受，缺乏互动，枯燥无味。逻辑性不够强，缺乏趣味，比上新课时呆板，学生易走神，听久易倦，难以提起对知识的全面认识的热情。

（3）缺乏调研，不了解同学们的问题所在，在多数同学薄弱处讲得过快，在易懂处又讲得过慢，有些题讲得过于笼统，让人无法理解或不能透彻理解；有些题又讲得过于烦琐，让人不易理解。有时想当然地选几道题来讲，就题讲题，不注重知识之间的联系、延伸、拓展，虽然当时这道题弄懂了，但下一次还会错。

学生们的意见未必全面，但是不容忽视的是对于"学情"缺乏真正了解，致使教师评讲的出发点仍无法摆脱"讲书"的旧法窠臼。

（二）历史教师讲评课时的苦恼

对考试后的讲评，教师们也感到头痛，面对各种不同层次的学生需求，似乎显得有些无奈。老师们的困惑在于：

（1）学生错误原因、错误类型各异；讲评中不能照顾到每一个学生，如何兼顾各类层次的学生？如何处理教学时间与教学内容的矛盾？

（2）讲评时，有的学生只听他自己做错的题目，有的只是看得懂、听得懂，但自己不去亲自做。有的学生仅满足于答案正确，不能静心思考过程。

（3）"半熟"的知识让学生乏味而又无比重要，如何调动学生对自以为已掌握的知识再学习的积极性，启发学生自查错因？

（4）讲评课涉及的知识点较多，显得杂乱而各自为政，如何加强讲评的逻辑性？

显然，不管是学生还是教师，对讲评课都颇有烦言。这些问题的产生，都与讲评课的目标定位和教学策略的选择息息相关。

二、历史讲评课的目标设定

讲评课具有不同于新授课、复习课的特殊之处。考试是对阶段性学习的效果检测，范围广，跨度大。点多、面广、内容繁杂，学生对考试所涉及的知识存在似是而非或似曾相识的感觉。这些特征决定了讲评课不可能像新授课、复习课一样，可以聚焦一个或某几个重点、难点，条分缕析地展开教学。因此如何确定讲评课的目标成为讲评课成功与否的关键。

（一）讲评课目标设定依据之一——从学情出发

教学目标是一种行为目标，也是一种到达目标，是教学活动的出发点和归宿点，不仅保证教学活动的科学性、整体性和连贯性，而且保证教师对教学活动全过程的自觉控制。讲评课之所以让师生均感到不满和困惑，根本原因即在于教学目标的不清晰。

考试，从表面上看题目千变万化，知识点分散，能力要求层次多变，但在与教师们交流中，我们发现历届教师对学生学习和答卷存在的问题大体上有如下几点共识：

（1）基础知识薄弱，知识系统性和结构化不强，对历史概念的内涵和外延缺乏清晰界定，不能加以辨析和运用。

（2）历史基本技能差，知识迁移和概念转换能力薄弱，不能从材料中读出和提取合乎题意的得分点。

（3）新情境下获取信息、归纳信息的能力薄弱，缺乏在不同概念之间建立有机联系的习惯。

对这些问题，教师需要根据练习和评讲教学的特征，制定练评的教学目标。总的目标原则确定后，教师应针对不同的具体知识内容，灵活选题、命题，确定针对性强的练评目标，正确处理练习与评讲的关系。这些问题通过具体题目表现出来，如何通过讲评举一反三，就是教师们应该在实践中加以研究和解决的问题。

（二）讲评课目标设定依据之二——遵循课标规定

无论义务教育历史课程标准还是普通高中历史课程标准，都是学生历史学科学业质量的命题依据。结合师生的意见，讲评教学的原则性目标可以从三个方面思考：

（1）查漏补缺，对新授课和复习课未涉及的有关知识进行补救性讲解，形成完整的知识链；梳理所学知识，使所学知识进一步结构化和系统化；加强概念的理解和辨析，使概念能与具体人物、事件有机联系，并能在具体情境中产生联想，从而加以运用。

（2）培养良好的阅读习惯和阅读能力，提高新情境下所学知识的联想和提取能力；举一反三，学会知识迁移和概念转换；面对试题要求，学会对所学知识进行比较、概括和阐释。

（3）通过审题和错题的归因分析，培养良好的思维习惯和品质；对照参考答案的表述，养成语言表达的规范性和严谨性；比较优秀卷和较差卷，体会阅读观点鲜明、要点突出、逻辑严谨、书写美观的答卷的感受；查找非智力因素方面的问题，严格要求，形成严谨的学风。

上述讲评课教学的目标设定，如同新授课一样，是一个有机的整体，历史学科核心素养整合知识与技能、过程与方法和情感态度价值观，知识中有能力，能力中有方法，过程中有价值取向，不能人为割裂。

三、讲评课的教学策略

（一）知彼知己，吃透学情，拟定具体教学目标

所谓知彼，就是深入分析研究学生在考试中暴露出来的诸如知识性问题、能力运用性问题、方法使用不当问题、读题审题不当问题等；所

谓知己，就是通过试题和学生存在的问题分析教学存在的盲区，如遗漏或未引起注意的知识点、未交代的有关背景、学习方法的引导等。明确了问题的属性，才能对症下药。

所谓吃透学情，就是深入分析考试的难度分布和学生产生错误的原因，以便于讲评时归类，提高针对性。通过对试题得分状况的分析，教师就可以在判断学生存在的诸如知识、能力、非智力因素等方面问题基础上，在总的教学目标指导下确定讲评试卷所需的教学时间和具体教学目标，并根据试卷每一个试题的得分状况确定试题讲评目标。

（二）精心设计，规划教学，着力纠正学生失误

有教师在加涅教学系统设计思想的指导下，提出了试卷分析课的整体教学设计框架[①]，如图9-3所示。

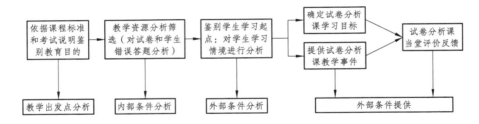

图9-3　试题分析课的教学设计框架

这个框架从总体教学目标出发，把教学资源分析、学情分析、确定课时教学目标、组织课时教学、教学反馈等教学步骤纳入整体框架，值得参考。

调查发现学生最反感讲评课面面俱到、蜻蜓点水，因而讲评课要着力于重点、难点、疑点和关键点，找出学生在理解基本概念和原理规律上存在的问题，在思维方式、方法上存在的缺陷，在针对性上下功夫。

（三）注重思辨，增强互动，充分发挥学生主观能动性

调查发现，学生十分希望老师在讲评时多询问同学思路，多从学生角度出发，让学生参与其间发表意见。同时希望老师在讲评时遇到与学

① 胡玫. 从"课"的视角思考"试卷分析"教学[J]. 教学月刊·中学版，2013（5）.

生意见不一致的时候，不要无条件地否定学生的意见，要用理由说服。在提问的时候，学生希望不要总抽擅长该科的同学回答。

由此可见，学生对讲评课的期望很高。要满足这种期望，第一是要提高讲评的思维含量，发展学生的思维能力，提高分析与解决问题的悟性，强化问题的归纳意识。第二是在深入分析学情基础上，充分相信学生，学生能够自主解决的问题，大胆放手，对较难理解的问题，采用师生互动的方式，教师提供科学的思路、方法，引导学生探究答案。对综合性强、易惑、易错的问题，教师宜采用精讲的方式，围绕问题组织讨论，开阔学生的思路，锻炼思维，提高讲评效率。

（四）关注习惯培养，归类指导，增强学生反思能力

教师们在阅卷过程中，对很多学生缺乏良好的读题、审题、作答习惯感触很深。因而强化习惯培养指导是讲评的重要目标。

1. 加强对学生的审题指导和读题审题习惯的培养

所谓审题就是读懂题意。许多学生答题习惯不好，不读题就开始作答。讲评时应使学生明白：

（1）注意问题提出的类型。问题的提出大致可分三类，一是根据材料回答问题，这类问题，答案要从材料中寻找并加以归纳；二是材料提供情境，要求根据所学知识对材料情境进行描述说明，这类问题要联系题目把材料情境读懂，看需要描述和说明哪些情况；三是材料提供结论，要求结合所学知识加以论证。

（2）注意判读题目考查的大方向，把握问题与材料、问题与问题之间的内在逻辑联系，不能将问题孤立看待。

（3）注意题目对答题的限制，这种限制包括时间限制、地域限制等，应提醒学生在题目限制范围内，先把相关知识在草稿纸上列出，然后筛选出符合题意的内容。

2. 加强概念的正确理解识记和基础知识的掌握，消灭知识盲点

重点主干知识的再识记十分重要，教育心理学中有"高原现象"的重要概念，即学生学习到一定时期会出现知识技能暂时停顿或者下降的现象。"学而时习之""温故而知新"是亘古不变的哲理，是克服"高原

现象"的有效方法，必须提醒学生不要过分相信自己的记忆力，更不能因为自己在课堂教学中对某一问题作过强调就认为学生已经掌握。总之，讲评中切实加强基础知识教学是"咬定青山不放松"的大事。

尤为重要的是学生自我反思习惯和能力的培养。学生对自己的行为及其所产生的结果进行审视、分析和自我感悟，决定讲评课的效果。整理错题、总结审题思路、答题技巧和解题感悟，是讲评课的必做功课，应该常抓不懈。

第十章
历史教师的专业发展

第一节 历史教师的史学素养

唐代史学家刘知几认为"史有三长：才、学、识"，才指文才，写作的技能；学指学问知识；识指观点，是对史事的取舍。清代史学家章学诚则在此基础上，又提出了史德的说法。他说"史所贵者义也，而所具者事也，所凭者文也"，"义"指历史观点，"事"指历史事实，"文"则是表达的文笔。具备"义""事""文"方可称为"史学"。"非识无以断其义，非才无以善其文，非学无以练其事"，但是，记诵之学、辞采之才、击断之识，"非良史之才学识"，"刘氏之所谓'才、学、识'，犹未足尽其理也"。这个"理"就是他认为的"能具史识者，必知史德"，所谓"史德"就是"著书者之心术也"①。这种著书者之"心术"，章学诚称为"君子之心"，也就是"善恶褒贬，务求公正"，要有尊重历史真实，即"慎辨于天人之际，尽其天而不益以人"的基本态度。他进一步指出"文史之儒，竞言'才、学、识'，而不知辨心术以议史'德'，乌乎可哉！"②史才、史学、史识、史德，是历史研究者必须具备的基本素养，也是历史教师必须具备的基本素养。在新的历史条件下，历史教师的才学识德具有了新的内涵。

---

① 章学诚. 文史通义[M]. 上海：上海书店出版社，1988：63.
② 章学诚. 文史通义[M]. 上海：上海书店出版社，1988：64.

一、历史教师的史德要求

"探寻历史真相，总结历史经验，认识历史规律，顺应历史发展趋势"①，是历史学的重要社会功能。历史教学承载着历史学的社会功能，史德是历史教师必须具备的基本史学素养。

历史教师既是历史的研究者，又是历史的传播者。史德"善恶褒贬，务求公正"的素养体现在历史教师身上，要求他们要具有良史之品格、良师之道德、唯物的历史观和积极的人生态度等。

历史教师要有良史之品格。良史乃秉笔直书、记事信而有征者，史家的个人品格影响着其著作。章学诚说："夫秽史者所以自秽，谤书者所以自谤。……魏收之矫诬，沈约之阴恶，读其书者，先不信其人。"②其原因在于"沈氏著书，好诬先代，于晋则故造奇说，在宋则多出谤言，前史所载，已讥其谬矣。而魏收党附北朝，尤苦南国，承其诡妄，重以加诸"③。对这种史书的不实之词，刘知几非常感慨："呜呼！逝者不作，冥漠九泉；毁誉所加，远诬千载。"④历史教师的教学不仅与学者著书有同工之处，更有学者著作无法比拟的地方。一方面，历史教师直接面对未成年人，在教学中必须以良史为榜样，塑造学生的历史认知，本着公正无私之心进行教学。如果历史教师的教学也如"秽史"那般凭自己的好恶任意褒贬历史人物、颠倒黑白，那就会给学生的历史认识造成很大的困扰，甚至把学生的史观带偏。另一方面，正如夸美纽斯所说"太阳底下没有比教师这个职业更为高尚的人"，教师职业承担着教化责任。历史教师要以自身的品德感染学生，"以教人者教己"，历史教师的人品时时刻刻都在潜移默化地影响学生的个性和人格发展。

历史教师要有良师之道德。良师者，能给人以有益教诲，他具有立德树人、倾心教育的情怀，把信仰与忠诚、责任与担当聚于一身，具有榜样的力量。历史教师应该成为这样的人，具有高尚的道德情操，健康而丰富的审美情趣，勤奋严谨的工作作风，爱生如子的宽阔胸襟。亲其

① 中华人民共和国教育部. 普通高中历史课程标准（2017年版2020年修订）[S]. 北京：人民教育出版社，2020：1.
② 章学诚. 文史通义[M]. 上海：上海书店出版社，1988：63.
③ 刘知几. 史通（下）[M]. 姚松，朱恒夫，译注. 贵阳：贵州人民出版社，1997：217.
④ 刘知几. 史通（下）[M]. 姚松，朱恒夫，译注. 贵阳：贵州人民出版社，1997：227.

师信其道，历史教师给学生讲的是历史，历史上发生了那么多荡气回肠的历史事件和美好事物，产生了那么多为了理想而斗争、为了信仰而牺牲的英雄人物，如果教师本身是一个师德高尚的人，那么他讲的这些历史在学生眼里就具有可信性，学生更愿相信历史上确实有那么崇高、壮丽的事业。但如果教师说一套做一套，那么他即使讲得口若悬河，学生联想其言行，难免不对他的教学产生疑心。

历史教师要树立唯物的历史观和积极的人生态度。"历史课程要以唯物史观为指导，对人类历史发展进行科学的阐释，将正确的思想导向和价值判断融入对历史的叙述和评判中。"①"以人类优秀的历史文化陶冶学生心灵，帮助学生客观地认识历史，正确理解人与社会、人与自然的关系，提高人文素养，逐步形成正确的价值观和积极向上的人生态度，适应社会发展的需要。"②历史课程集思想性、人文性、基础性于一身，强调育人为本的教育理念。育人为本归根到底是育什么样的人的问题，真理和价值是人类活动的两个基本要素和尺度，真理尺度和价值尺度是一个统一体，真理尺度衡量人们对事物规律的把握程度，价值尺度衡量事物对人们需要的满足程度。在历史教学中，真理尺度反映着教师和学生用什么历史观去认识历史，价值尺度反映着通过教学活动，教师和学生对历史事件、人物和历史发展获得了怎样的具体认识。真理尺度是抽象的，价值尺度是具体的，价值尺度建立在真理尺度基础上，每一堂历史课，都是在一定史观指导下对具体史实的学习，体现着对历史的主观认识——体验、看法、评价等，最终都要通过态度表现出来。态度是人们在自身道德观和价值观基础上对事物的评价和行为倾向。态度是个体发展出的对生活中的不同事物和问题的认识，在行为方面表现为立场，可以用语言表现为观点。"因此态度的成分很明显应包括价值和信念，以及程度不同的事实知识（或者是这些人当作事实知识的内容），也包括认知、行为与情感方面的因素。"③教师积极的人生态度对学生影响极大，一个牢骚满腹、对事业缺乏追求的教师，很难吸引学生的关注，所

---

① 中华人民共和国教育部. 普通高中历史课程标准（2017 年版 2020 年修订）[S]. 北京：人民教育出版社，2020：2.
② 中华人民共和国教育部. 义务教育历史课程标准（2011 年版）[S]. 北京：北京师范大学出版社，2012：2.
③ 戴·冯塔纳. 教师心理学[M]. 王新超，译. 北京：北京大学出版社，2000：263-264.

谓以身作则、"其身正，不令而行，其身不正，虽令弗从"都从不同角度诠释了教师无穷的榜样力量。

二、历史教师的史学要求

这里的"史学"不是学科意义上的"史学"，而是历史教师做好历史教学需要具备的本学科和跨学科的学问知识。历史教师要具有扎实的学识，才能做好历史教学工作。中学历史教师的学识要求有三个方面：

一是精研课标和教科书知识。认真钻研历史课程标准和教科书，领会它的编写原则、叙述方法、重点难点、目的要求，从而考虑怎样的教学才能做到科学而生动，使学生易于接受，能够理解。

二是坚实的历史专业知识。历史教师要具有坚实的历史学科专业知识，要处理好广博与精专的关系。广博强调知识的宽度和幅度，中学历史教材的编写体例，一般是通史，因此历史教师首先要具有贯通古今中外的通史知识结构，中国通史和世界通史是教师的必修课，掌握中外古今通史知识，有助于教学中建构知识联系。精专强调知识的精度和深度，在通史基础上，应该选读思想史、文学史、艺术史、科技史等专史以及断代史和国别史，进一步扩展和加深专业知识，提高业务水平。除了专业著作外，历史教师还应该阅读文献名著，及时了解学术研究动态和考古新发现，丰富自己的知识和课堂。当代历史教学置身于开放的网络空间之中，教师已经不再是知识的垄断者，教学中需要呈现各种文献资料，因此教师必须提高自己对文史资料的熟悉程度，把浏览与精读结合起来，通过学习，了解史料的来源，辨别史料的真伪，提高阅读、鉴赏古文献的能力，同时又充实历史教学内容，增强研究历史的兴趣。随着学术研究的活跃，史学研究的新信息和新成果不断涌现，特别是地下发掘和史料考证的新发现见诸各种媒体，教师要关注这些信息，及时收集整理，以备教学之需。如讲青铜时代，如教学中能够把三星堆的最新考古发现以图文并茂的方式呈现给学生，必然会激起学生极大的学习兴趣；讲文景之治，将 2021 年考古工作者最终确定的汉文帝霸陵准确位置的图片呈现在课堂上，结合《史记·孝文本纪》"治霸陵皆以瓦器，不得以金银铜锡为饰，不治坟，欲为省，毋烦民……霸陵山川因其故，毋有所改"①的记载和霸陵不起坟的特点及周边发现的裸体俑，向学生讲解为什么考古学家最终确定霸陵在江村，学生必然兴趣盎然，而且对汉文帝以节俭著称的历史评价予以认同。随着史学研究的深入开展，随时都可能有新信息、新成果见诸网络、报刊，历史教师要经常关心、阅读有关的专业报纸杂志，及时了解史学研究动态，不仅有助于开拓知识视野，也是促进知识更新所必需的，应该成为历史教师厚植史学功底的重要内容。

三是宽阔的相关学科知识和教育心理学知识。历史包罗万象，马克思恩格斯在《德意志意识形态》中曾说："我们仅仅知道一门唯一的科学，即历史科学。历史可以从两方面来考察，可以把它划分为自然史和人类史。"②所以，从广义来讲，所有的学科都是历史；狭义来说，历史是人类史，人类在发展过程中积累的共同遗产，政治经济、文学艺术、科学技术等，林林总总，无不在历史教学中有所体现。历史教师虽不能做每门学科的专门家，但对每门学科的基本知识总要有所知晓，才能在教学中游刃有余，不至于荒腔走板。比如在讲 20 世纪初的科学技术时，必然会提到爱因斯坦的相对论，必然会涉及著名的质能公式 $E=mc^2$，这个公式学生在物理课上也会学习，历史教师本也不必多解释。但历史教师如果能够了解在经典力学中，质量和能量之间是相互独立的，爱因斯坦的相对论则把质量和能量统一起来，E 表示能量，m 代表质量，c 表示光速常量，这样在相对论力学中，能量和质量能够实现互换等知识，教学中将科学的先导性与史学的归纳性结合起来，引导学生理解相对论突破了绝对时空观，导致了物理学的革命。历史教师讲相对论，虽然不可能（也无必要）像物理教师那样将科学原理讲得透彻，但由于历史教学是站在历史发展的角度，因此更突显出科学对人类进步的意义。教育学、心理学知识，也是一个合格的教师必须掌握的，学生的身心发展特征、教育发展规律是做好教育、教学工作的基本知识，教学理论、学习理论能帮助教师更好地实施教学，历史教师只有掌握了教育和教学的科学理论、规律与方法，才能更自觉有效地完成历史教学的目的、任务。

---

① 司马迁. 史记[M]. 北京：中华书局，1959：433.
② 中共中央马克思恩格斯列宁斯大林著作编译局. 马克思恩格斯选集：第一卷[M]. 北京：人民出版社，1995：66.

三、历史教师的史识要求

识就是见识和观点。史识与史观并不完全是一回事，史观是对历史的根本看法，是世界观的组成部分，属于宏观层面的立场观点。史识则是在史观指导下，对具体历史事件、历史人物、历史现象的观点或看法。在历史研究中，史识决定着用什么观点来选取材料和解释材料。章学诚说"史所贵者义也""所具者事也"，"义"即史论，"事"即史实（史料），历史研究最重要的是能体现出价值，但是历史的价值并不是自然就呈现在世人面前，"非识无以断其义"①，没有卓越的见识看不到历史的价值，用不同的观点看历史，也会有不同的认知。历史研究是求真，这个"真"，有事实之"真"，有事理之"真"，但是事理是建立在事实基础上的，因此，求真过程中，事实始终是第一位的，在此基础上才能进一步求事理之真。然而求事实之真却是无比艰难之事，没有任何一个人能经历某一事件的全过程或者清楚所有细节，所有经历者在讲述或记述事件时，都只留下其局部。因此，事件过去后，人们面对的只能是"碎片"，而不是全部。历史学家在叙述历史时都必须面对"碎片"进行选择，而这种选择是带着自己的立场和倾向性的。所以，有学者指出："'过去发生的事'，并不自动地成为'历史'；它通过记录与叙述或实物的遗存，留下许多混杂的'碎片'（即'史料'），这些'史料'经过鉴别与梳理，被写成了'历史'，而写历史的人正是历史学家。历史学家在写历史时是有选择地去挑选'碎片'的，他们依据某种特定的标准去选取'碎片'"，于是，"从同一堆'碎片'中，不同历史学家写出了不同的'历史'，呈现出'历史'的多面相"②。"某种特定的标准"换言之就是史家的识见。

历史教学与学者著书撰文的要求是一样的。学者的论文必须要有鲜明的论点，围绕论点，学者组织材料，按照一定的逻辑有层次地展开论述。教学也一样。按照课程标准，普通高中面向所有学生的必修课程内容包括中国古代史、中国近现代史、世界史三部分，每部分内容在历史时序下，由若干专题构成。义务教育则分为中国古代史、中国近代史、

---

① 章学诚. 文史通义[M]. 上海：上海书店出版社，1988：63.
② 钱乘旦. 发生的是"过去"，写出来的是"历史"——关于"历史"是什么[J]. 史学月刊，2013（7）.

中国现代史、世界古代史、世界近代史、世界现代史六个学习板块，依照历史发展时序，采用"点—线"结合的呈现方式。无论专题还是点线结合，一节课的内容都需要教师按一定线索串联起来。确定怎样的教学目标、思考如何把这些内容串起来、选择哪些材料来说明史实、学生通过学习将获得什么等，都与历史学家叙史论史有异曲同工之处，而最能反映教师"史识"水平的莫过于寻找课魂。课魂实际上就是教师对教学内容价值的提炼，每一个教学内容都有其内在价值。从课的本身而言，肯定存在一个统率中心或主题，正如一篇文章必然有中心、有论点一样，课魂就是统率一节课的中心，这个课魂，就是教学之"道"，它突出地反映课本身承载的价值，是客观的存在。但它的存在形式却无形无影，"道之为物，惟恍惟惚"，必须依靠教师的"史识"去发现，并依靠教学的铺陈才能表现出来。

如何认识一节课教学内容的价值，反映着教师的"史识"见地。把这个课的价值（课魂）找出来后，如何表现出来，又与教学立意密不可分。从教学者角度看，教学立意是体现本课教学内容的教育价值、反映史事本质或内部规律、能揭示事物所包含的深刻的思想意义的历史认识，是教学者主观的确定。教学要做到课魂与教学立意的统一，教学立意要反映和表现课魂。正如"同一个'过去'可以写成不同的历史。事情是同一个，意义可以不一样，让人看起来好像是不同的历史。其中的原因，是对话的主体发生了改变，思考的人生活在不同的情境下，不同的人进入对话，对'过去'的理解就不一样"①一样，同一个教学内容，不同的教师对课魂的理解不一样，教学立意也就不一样，教学的过程当然就不会雷同，教学就这样呈现出千姿百态。

四、历史教师的史才要求

史才指的是善于用文字来叙述、论证史实。章学诚指出："夫史所载者事也，事必藉文而传，故良史莫不工文。"②又说："史之义出於天，

---

① 钱乘旦. 发生的是"过去"，写出来的是"历史"——关于"历史"是什么[J]. 史学月刊，2013（7）.

② 章学诚. 文史通义[M]. 上海：上海书店出版社，1988：64.

而史之文，不能不藉人力以成之。"①历史事件、历史人物是客观的存在，所以"史之义出天"所说的"天"是自然，是客观存在。至于影响是什么？意义在哪里？价值在何处？那就要依靠人对历史的认识，而且这种认识是因人、因时而不断被发现和深化的，这就是"史之文藉人力以成之"，意思是历史的价值客观地存在着，可以从不同层次和不同角度去认识它，认识是人的主观努力，认识的结果需要"藉文而传"。人的主观努力和"藉文而传"表现出来就是"史才"。"莫不工文""籍人力以成之"是对史才在历史研究中重要地位的肯定。"史才"并不是简单的辞采之术，更是选择材料的眼光、剪裁搭配材料的能力、谋篇布局的叙事水平，字里行间都是史才的展现。司马迁的《史记》被誉为"史家之绝唱，无韵之离骚"，除去其蕴含的史学、史识外，它的叙事和文采也为后世提供了典范。比如他写荆轲刺秦前在易水边辞别："'风萧萧兮易水寒，壮士一去兮不复还！'复为羽声慷慨，士皆瞋目，发尽上指冠。于是荆轲就车而去，终已不顾。"②何等悲壮肃穆。再如他笔下的孔子，性格鲜明，有喜有悲，《孔子世家》中有一段孔子与子贡的对话，他说："不怨天，不尤人，下学而上达，知我者，其天乎！"③哲人的孤寂与落寞一览眼前。写项羽的英雄末路："项王则夜起，饮帐中，有美人名虞，常幸从，骏马名骓，常骑之，于是项王乃悲歌慷慨，自为诗曰：'力拔山兮气盖世，时不利兮骓不逝，骓不逝兮可奈何，虞兮虞兮奈若何！'歌数阕，美人和之，项王泣数行下，左右皆泣，莫能仰视。"④读史者每至此，皆嗟叹悲恻，难以自已。

《史记》不仅为后世史家提供了史才典范，也为历史教学树立了榜样。如果说，教学目标和教学立意等反映着教师的史识水平，那么教学设计、教学实施就是教师史才的具体体现。从《史记》的榜样出发，历史教师要做好历史教学工作，除了正确的史观指导、渊博的专业知识、对历史价值的发现等之外，还需要具备以下才干：

一是逻辑的布局。一节课内容繁多，线索复杂，需要教师理清逻辑

① 章学诚. 文史通义[M]. 上海：上海书店出版社，1988：64.
② 司马迁. 史记[M]. 北京：中华书局，1959：2534.
③ 司马迁. 史记[M]. 北京：中华书局，1959：1942.
④ 司马迁. 史记[M]. 北京：中华书局，1959：333.

和条理，然后谋篇布局。尤其是重点、难点，必须要成竹在胸，重点内容浓墨重彩地铺陈，难点内容有针对性地突破，应在突出重点的过程中突破难点。比如，教育部审定部编版八年级上册《中国历史》的《七七事变与全民族抗战》一课，包括《七七事变》《第二次国共合作》《淞沪抗战》《南京大屠杀》四个子目，这 4 个子目涉及的历史事件在时间上紧紧相连，教学中哪个子目作为重点都起不到统揽全局的作用。但是，跳出子目标题的限制，从战争对峙的角度来思考教学布局和重难点，逻辑就会很清晰。日军的企图是三个月内灭亡中国，其势汹汹；中国是以全民族动员来抗敌，发力持续。因此《七七事变》《淞沪抗战》《南京大屠杀》内容可合并在一起，向学生展示亡国灭种的危机，以"中华民族到了最危险的时候"作为教学重点。相对于日本侵略的来势凶猛，中国团结救亡的共识形成既艰难又来之不易，这样为什么说"第二次国共合作的实现标志着全民族抗战的局面开始形成"这部分内容就成为教学难点，要在日本帝国主义侵略中国的步步紧逼中体现团结御侮局面的形成。

二是精准的选材。历史是需要证据的科学，历史教学离不开史料的支撑。但是历史资料浩如烟海，每一份资料都仅仅是历史事件的组成部分。特别是在现代信息技术影响下，各种各样的碎片资料，真真假假的信息，充斥于互联网，对于教师的史料鉴别能力和史料的运用能力比过去的要求更高。具体论述已见第一章第三节、第二章第三节。

三是高明的语言。由于历史的过去性特点，使历史教师无法运用实验法、观察法等其他学科的教学方法，所以历史教学对教师语言的运用能力要求特别高。历史教学的语言，第一个要求是准确，客观历史事实表述要清楚，观点鲜明，对历史事件的背景、经过、结果、性质、影响，对人物评价等，所选用的词汇和语言应是准确肯定的。概念的表述要清晰确切，不能混淆，比如"被俘"与"扣留"、"死难"与"杀害"、"集合"与"集会"，含义有天壤之别。第二个要求是形象，历史是过去的现实，具有明显的具体性和生动形象性的特点，运用生动形象的语言"再现"史实是历史教学的要求，需要区别的是形象不是虚饰，严谨不是刻板。第三个要求是概括，思维的特征就是概括，概括是在大量感性材料基础上，把一类事物共同的特征和规律抽取出来，概括是形成概念的前提，也是知识迁移的基础。历史是形象的，形象具有此区别于彼的特征，这种特征需要概括。比如半坡遗址和河姆渡遗址反映不同地区的早期建筑各有特征，这些特征分别概括为半地穴式、干栏式建筑。历史又是理性的，理性是人的认识，人的理性认识就是一种概括。比如某一个历史阶段所展示出来的历史特征，经过理性的概括之后就成为大家公认的阶段特征，如凡尔赛—华盛顿体系、两极格局都是对相应阶段世界格局的概括。赵恒烈先生曾说，历史的语言训练有三个境界：第一境界是把你想的东西能如实表达出来；第二境界是声情并茂，第三境界是充分调动学生的想象力。①诚哉斯言！

四是丰沛的情感。历史是过去的生活，生活就是悲欢离合，生活中真善美丑并在。历史又是经验的总结，学史使人明智。因此历史的叙述自然带有情感性。章学诚指出："凡文不足以动人，所以动人者，气也。凡文不足以入人，所以入人者，情也。气积而文昌，情深而文挚；气昌而情挚，天下之至文也。"②司马迁的写作就具有"气昌而情挚"的特色，带有鲜明的情感，如《刺客列传》写豫让："漆身为厉，吞炭为哑，使形状不可知，行乞于市。其妻不识也。"伏击赵襄子被擒，赵襄子数说他曾事范氏、中行式，智伯灭二氏而豫让不为二氏报仇，反委身质臣于智伯，"智伯亦已死矣，而子独何以为之报雠之深也？"豫让回答道："臣事范、中行氏，范、中行氏皆众人遇我，我故众人报之。至于智伯，国士遇我，我故国士报之。"③知恩图报，苟活忍辱以成大业的言行动人，"死之日，赵国志士闻之，皆为涕泣"。历史表达要饱蘸情感，历史教学因直接承担立德树人的根本任务，更必须重视情感教育。祖国壮丽的河山、悠久的历史、灿烂的文化、勤劳的人民、伟大的英雄，教学中都要以积极的情感去讴歌，要称颂和赞叹追求理想、维护真理、忠于事业、尊重规律、完善自我、战胜困难、修正错误的人和事。教师教学中的情感要真挚，不能矫揉造作，情感要随着教学内容的变化而转移，"心术贵于养"，在教学中做到情深气昌，自然会影响学生，激起他们感情上的波澜。

五是合理的想象。想象力是人的基本能力之一，它是创造力的基础，

---

① 赵恒烈. 历史教育学[M]. 石家庄：河北教育出版社，1989：311-312.
② 章学诚. 文史通义[M]. 上海：上海书店出版社，1988：64.
③ 司马迁. 史记[M]. 北京：中华书局，1959：2521.

也是其组成部分。历史是过去，"完整的'过去'不可能留下，我们面对的只是'碎片'（即史料）。相比于庞大的'过去'，留下来的'碎片'其实很少"①，要把碎片建构成为历史，合理的想象必不可少。合理的想象不仅可以丰富历史细节，而且可以丰满人物性格。《史记》也是历史想象的典范，研究者认为它"主干实，枝叶虚，只有细节的虚构，是合理的'遥情想象'"②。比如司马迁在《项羽本纪》中写垓下之围，"驰下，汉军皆披靡"，"乃令骑皆下马步行，持短兵接战。独籍所杀汉军数百人。项王身亦被十余创"③。虚实相间，毫无违和感，反而平添人与物交感的悲凉氛围。写鸿门宴，许多细节显然不可能是司马迁所亲历而来自合理想象。历史教学中这样的场景很多，合理的想象空间巨大。比如北京人遗址有大量的用火遗迹，教学中可以运用合理想象，向学生讲述或者组织学生收集资料想象原始人怎样摆脱对火的恐惧，怎样从使用天然火到发明人工取火。在历史教学中，合理的想象非常重要，一个优秀的历史教师必须具有丰富的想象力，才能使他的教学叙述既生动又感人。合理的想象之所以"合理"，是因为这种想象是符合逻辑的。历史教学的想象是一种基于材料的想象，历史想象的画面必须定位在具体的空间和时间，要获得史料的支持，避免添枝加叶，损害其真实性。历史教学在进行历史想象时必须要能与证据互为支撑。有学者指出，历史想象需遵从以下原则：选择想象对象时，要重视细节原则和价值原则；运用各种方法进行想象时，要把握证据原则和逻辑原则；表述想象情景时，要体现模糊原则。④历史想象大多表现在微观层面，遵循价值选择原则。想象历史细节必须有一定的材料作依据。想象出来的历史情景要合情合理，鉴于历史想象含有猜测的成分，具有模糊性和不确定性，所以，"在表述想象的情景时，要体现模糊原则，使用一些模糊词语：'想象一下当时的情况会是……'、'事情很可能是……'等等"。⑤

---

① 钱乘旦. 发生的是"过去"，写出来的是"历史"——关于"历史"是什么[J]. 史学月刊，2013（7）.
② 冯一下. 历史想象与历史教学[J]. 历史教学，2011（17）.
③ 司马迁. 史记[M]. 北京：中华书局，1959：336.
④ 冯一下. 试论历史想象的基本原则[J]. 中学历史教学，2016（1）.
⑤ 冯一下. 试论历史想象的基本原则[J]. 中学历史教学，2016（1）.

第二节　历史教师的教学技能

工欲善其事必先利其器。历史教师要做好历史教学工作，必须具备过硬的专业教学技能。技能是掌握了某种技术并具备使用该项技术的能力。技术是可复制、可迭代、可变化并被持续研发和传承的，技能则是人运用技术的能力，是个体表现，即使同样拥有某项技术的不同个体，展现出的技能水平也是不同的，所以技能是可以不断精进而得到水平提升的。从技能的类型来看，一般分为动作技能和智慧技能两大类。就技能的来源而言，它植根于个体经验，又不是个体经验的简单描述，练习在技能形成中具有不可替代性，自动化是技能的一大特征。

什么是教学技能？研究者有活动方式说、行为说、结构说、知识说等具有一定影响和代表性的观点，各有所指。有学者认为："教学技能系指通过练习运用教学理论知识和规则达成某种教学目标的能力。"[①]这个定义比较适恰。1994年教育部委托北京师范大学起草的《高等师范学校学生的教师职业技能训练大纲（试行）》中，把教学技能分为教学设计、使用教学媒体、课堂教学、组织和指导课外活动及教学研究五类。在课堂教学技能中，主要设定了九项基本技能，即导入、板书板画、演示、讲解、提问、反馈和强化、结束、组织教学和变化。这些基本技能，按照技术运用的属性来分类，事实上就是以人自身身体机能为工具的技术运用与借助工具的技术运用两类，导入、讲解、提问、反馈和强化、结束、组织教学和变化等，多半与人的语言运用、体态运用相关，板书板画、演示等，则是借助工具的技术运用。借助工具的技术运用技能，按技术的发展来分类，则有传统的技术技能与现代的技术技能之别。

一、传统教学技能

传统教学技能指的是现代信息技术手段以外的教学技能。传统是世

---

① 胡淑珍，胡清薇. 教学技能观的辨析与思考[J]. 课程·教材·教法，2002（2）.

代沿袭，反映着历史的继承性，传统不是保守，是继承性、包容性和发展性的结合，它随时代的发展而不断充实和调整。历史教学中，教学语言、体态语言和板书板画历来都是极其重要的传统教学技能。

（一）教学语言

教学语言是教师最重要的基本教学技能，无论其他技术如何变化发展，所有的教学手段和教学环节都必须借助教师的教学语言才能发挥作用，因此教育语言是永恒的技能。在教学过程中，教师与学生、教与学之间的信息传递是凭借语言的中介来进行的。教学语言是教师专业功底的一种外化形式，教师是教学工作者，不仅需要高超的学科专业素养，更需要将自身的专业素养表现出来传达给学生，教师的教学语言有其特定的职业内涵和规范要求，要求做到简练生动、科学严谨，具有启发性。科学、有效的教学语言不仅体现教师的教学能力，更直接影响教学效果。

一项针对高师院校历史专业师范生课堂教学技能的调查研究显示，在有待提高的教学技能方面，72.73%的受访者认为自己的教学语言需提高，高居调查项榜首。59%学生认为自己在语言的生动性方面需要提高，50%的学生认为自己在语言的清晰、准确方面需要提高[①]。因此锤炼教学语言是教师永远的专业发展目标。历史课堂教学中，历史教师教学语言的基本要求是：

1. 规范准确

一是语音、语速、语调要求流畅适宜。发音要准确，吐字要清晰，语速适中，当快则快，不能拖泥带水，当慢则慢，不能一闪而过，特别是向学生提问后，要注意给足学生思考时间。语调要随教学内容的进展抑扬变化，不能过于平淡。二是用词准确，注意分寸，合乎语法。不能前言不搭后语，话语要简约而透彻，精微而妥善，历史语言与文学语言有区别，不能以辞害意，特别是对历史人物和历史事件的评述，不能虚饰或恶贬。三是表述要清楚明白。运用教学语言陈述时，要注意科学性、准确性，讲史实、结论、概念时，要有逻辑性，不能自相矛盾或模棱两可。

---

① 吴亚敏. 论高师院校历史专业师范生课堂教学技能的培养与提高[D]. 武汉：华中师范大学，2012.

2. 形象生动

一是活泼鲜明，通俗易懂。历史教学面向的是学生，强调语言的准确严谨，不代表教师的教学语言生涩隐晦、佶屈聱牙，口语能准确表达的尽量用口语，抽象的表述尽量用学生熟悉的事物具体化，如讲司母戊鼎是迄今世界上发现的最大青铜器，有教师强调它高 133 厘米、口长 110 厘米、口宽 79 厘米，重 832.84 千克，学生依然不知道司母戊鼎究竟有多大，若教师就地取材，以讲桌为参照，将鼎的长宽高进行实地比较，这样教学既活泼又易懂。二是深入浅出，贴近学情。要尽量用浅显、贴切的语言来解释难懂的概念，对历史概念进行理解性转化，把深奥的事理形象化，把抽象的观点具体化，使学生明了含义。比如理学涉及的"理""气"这些抽象概念，教师在讲述时将它们与"规律""物质""运动"等现代哲学概念相联系，学生就会很快理解这些概念的内涵。

3. 富于启发性

教学语言要善于使用启发思考的语句，应注意根据不同的语境和情境使用不同的句式，激发学生思考。比如，遵义会议的教学，强调"遵义会议是中国共产党历史上一次生死攸关的转折点"是陈述，"为什么说遵义会议是中国共产党历史上一次生死攸关的转折点"是疑问，显然，"为什么"的句式比"是什么"更能激发学生的思考。教学中在问题设置时，要注意问题层次和问题深度，做到循序渐进，螺旋上升。

（二）体态语言

体态语言即身体语言表现，是人际交往中一种传情达意的方式。教师在教学中适宜的体态语言不仅有助于学生理解自己的意图，而且使自己的表达方式更加丰富。教学中体态语言的要求是：一要自然，无论面部表情还是肢体动作，都不可夸张，特别是传递大量信息的情态语言，要让学生感受到教师欣赏、赞同或鼓励的态度，使学生有勇气继续完成他的学习（发言）活动。二需亲切，手势语、姿态语都要给学生以亲切感，比如抽学生发言的手势语，一个手指直端端地指着学生与手掌倾斜朝向学生，学生的感受是不一样的。学生回答问题时，教师面无表情与微笑倾听，在学生看来有天壤之别。三有距离，要合理运用空间语言。

人与人之交往有一定的空间范围，按照关系的亲疏，有亲密空间、个人空间、礼交空间、公共空间的区别，教师要注意保持一定空间，根据学生年龄特征决定教师与学生的空间距离。比如学生是小孩子时，可以有一定的肢体接触，用手抚摸学生脑袋，学生会觉得老师喜欢他。但当学生已经长大，教师就切不可轻易摸学生脑袋或随意发生身体接触，那会使学生感到受到侵犯，产生不愉悦感。

（三）板书板画

板书板画是教师利用黑板以凝练的文字语言和图表等形式，传递教学信息的行为方式。板书板画技能在现代信息技术迅猛发展的情况下，有弱化的趋势。前述高师院校历史专业师范生课堂教学技能的调查研究显示，50%的受访学生认为自己的板书设计有待提高，59.09%的学生认为自己字迹一般，54.55%的同学会出现板书与讲述脱节的情况。[①]在中学历史课堂教学中，书写不规范，板书设计不合理甚而无板书已经是一个突出现象，板画在课堂上更是少见，需要加以重视。

1. 板书

板书的要求一是书写规范迅速，字体美观。独看单字，间架结构、笔画笔顺整齐平正、疏密得当，工整美观；纵览通篇，章法布局得体，清楚平稳，匀称大方。二是内容条理清晰，简洁明了。传统板书一般分为正板书和副板书，面向黑板，左半部分是正板书位置，右半部分是副板书位置。正板书是根据教学内容逻辑顺序排列出来的知识框架和学习提纲，既是教师教学的提纲，也是学生学习和复习的提纲，这是板书的主体，设计时应考虑其完整性和逻辑性。正板书要提纲挈领，条理分明，文字力求简约，句子力求齐整，做到详略得当，便于学生记录和记忆。副板书是正板书的必要补充，其内容是必须强调但正板书无法列入的重点问题或概念、生僻字等。三是随教学进程要求呈现。板书（正板书）的呈现一般有边讲边写、先讲后写、先写后讲三种形式，采用什么形式要按照教学的实际情况而定。

---

① 吴亚敏. 论高师院校历史专业师范生课堂教学技能的培养与提高[D]. 武汉：华中师范大学，2012.

2. 板画

板画是教学进程中，教师根据教学内容以简笔画形式绘出的示意图、情景图等。合理的板画设计可以充分调动学生视觉感观记忆，激发学生学习积极性。板画的要求是简单明了，形象生动。与板书相比，板画对教师的要求更高，需要有一定的绘画技巧，但它不是写实绘画，可以寥寥几笔，重在神似。

二、现代教学技能

现代教学技能，指的是伴随着现代信息技术深度融合教学，教师运用现代信息技术开展教学活动的能力。"当代的历史教学，不仅是将现代信息技术作为课堂教学中重要的展示手段，而且要着眼于如何利用现代信息技术改变学生的学习方式，如何促进学生历史学习的拓展和深入，如何为学生提供自主学习、合作学习和探究学习的开放空间，如何通过现代信息技术的整合更好提升学生的历史学科核心素养。"[①] "从广义技术概念定位来看，教学技术就是一种以学生为作用对象来优化教学活动的方法体系、手段、工具的统称，教学技术可以看作是一种微观层面的社会技术，而不仅仅是狭义上的教学媒体技术、信息技术。"[②]关于人和技术的关系，美国技术哲学家唐·伊德认为存在具身关系、诠释关系（解释学关系）、它异关系和背景关系，它们是人技关系的认识连续体，现代信息技术深度融合教学的过程，就是信息技术与人的关系由具身关系变成背景关系的过程。

教学从来都离不开一定的教学媒体，技术在某种程度上决定了教学样态，现代信息技术不仅反映了教学的价值取向和活动方式，也已是课堂教学的重要组成部分。研究现代教学技能，不能仅仅停留在某类技术的使用上，从教师角度讲，在教学中运用现代信息技术，进而成为教学技能，就必须将技术的"功用"与教学的"育人"活动结合起来，使技术在教学活动中发挥创造性应用作用，不能使教学技术化。目前，学术

---

① 中华人民共和国教育部. 普通高中历史课程标准（2017 年版 2020 年修订）[S]. 北京：人民教育出版社，2020：54.
② 付强. 论教学技术的人文向度[D]. 济南：山东师范大学，2013.

界讨论教学技术的研究成果较多，专门讨论现代教学技能的研究成果还很少见。随着多媒体、网络技术、虚拟现实等在教学中越来越多地使用，开放、共建、共享的互联网思维越来越影响教学，教学呈现出多元化、个性化、智能化等智慧教育特征，从教学的育人目的出发审视人技关系，现代教学技能至少应该包括多向交互的情境创设、混合教学的判断选择、碎片学习的批判生成三类技能。

（一）多向交互的情境创设

教学是为了人的教化与发展，是一种教学主体间的交流与彼此"在场"的交往。现代信息技术多媒体技术的飞速发展，使教学中的交互关系成为常态。"班班通"的硬件建设，使多媒体教室、网络多媒体教室、移动网络多媒体教室在很多学校成为常规配置，每个教学班大多有电脑、短焦投影、交互式电子白板等硬件设备，这就使网络连通、资源流通、学做融通成为现实，跨班教学、同步广播、课程录像点播等新教学样态已逐步形成。在新型教学环境下，课堂上至少存在四类交互关系：师生交互、生生交互、人机交互、虚拟交互，这种教学环境的变化促使教师必须具备多向交互的情境创设技能：一是教师对交互技术的熟练运用，二是教师对交互条件下课堂节奏的精准把控，三是教师对交互内容的定向指导。

情境是指作用于学生，使其产生一定情感反应的客观环境。教学需要情境。建构主义认为，学习总是与一定的社会文化背景（即情境）相联系，学习者在实际情境中，利用原有认知结构中的有关经验去同化新知识或对原有认知结构进行改组而顺应新知识，通过"同化"和"顺应"，达到对新知识的意义建构。因此情境的形式和内容都对学习者有积极的意义。教学情境按情境与现实世界的关系分类，可以分为三类。一是真实性情境，就是教学在生产生活的实际场地进行，学习者身临其境地使所学知识运用于实际。这类情境组织难度很大，在课堂教学中并不能够经常实施。二是仿真性情境，就是模拟现实环境组织教学。三是资源性情境，为学生提供学习资源，帮助学生完成学习任务。

现代信息技术深度融合教学，使教学情境的创设进入仿真性情境和资源性情境结合的新境界。一方面，新技术的发展增强了情境创设的仿真性。"'互联网+'时代课堂学习环境应尽可能让学习者与学习环境通过技术的中介作用建立起'学习者—学习环境'之间的'在场'关系，更加注重为学习者的'在场'体验提供多种潜在的可能，创设多样化的体验机会，激发学习者的认知投入、行为投入和情感投入。"①所谓"在场"，通俗的说法是"事物呈现在面前"或"面向事物本身"，所以教学情境的"在场"关系，简单地说，就是一种显现真实、使学习者在其中感到愉悦的情境。过去靠语言、动作、图片和简单实物来烘托气氛的情境创设转变为图文并茂、声像共呈、多向互动的现实场景和虚拟现实场景，故事情境、问题情境、实验情境、协作情境，都可以借助现代信息技术来实现，使教学直观化、模型化、动态化。另一方面，非线性的超文本和超媒体链接，使教学情境的资源性更丰富，多感官参与、多通道交互的体验式学习环境更符合学生的学习心理。新技术创设的情境，拓展学生的感知觉范围，增强学生的感知觉体验，让学生获得强烈的沉浸感、真实感和在场感，对教学实施产生着潜移默化作用。

（二）混合教学的判断选择

"互联网+"的背景下，国内外研究者、教学实践者达成了混合式教学将成为未来教学新常态的共识。混合式教学模式可分为三类：线下主导型混合式教学、线上主导型混合式教学、完全融合型混合式教学。②混合式教学关键在于"在适当的时间，通过应用适当的媒体技术，提供与适当的学习环境相契合的资源和活动，让适当的学生形成适当的能力"③，"适当"是一个非常模糊的词语，什么叫适当，很大程度上全凭教师的判断和在判断基础上做出的选择。因此混合教学的判断选择是教师现代教学技能的重要内容。

在现代信息技术深度融合教学的语境下，"混合"不是简单的技术叠加，而是技术服务于教学目标；不是技术手段的混杂组合，而是多种手段、多种途径的综合运用；更不是简单的线上线下教学的结合使用，

① 尹睿."互联网+"时代学习环境重构：技术后现象学的视角[J]. 现代远程教学研究，2016（3）.
② 冯晓英，王瑞雪，吴怡君. 国内外混合式教学研究现状述评——基于混合式教学的分析框架[J]. 远程教育杂志，2018（3）.
③ 李逢庆. 混合式教学的理论基础与教学设计[J]. 现代教育技术，2016（9）.

而是将线上线下进行有机的组合。在教学环境上，将出现"线上+线下+现场"的"混合"模式；在教学资源上，将出现信息汇集、订阅推送、自建资源库的"混合"模式；在教学设计上，将出现课前、课中、课后相互交叉翻转的"混合"模式。在教学实施维度，混合式教学被理解为一种新的学习体验。现代信息技术的发展，使课堂教学既能够获得网络平台的支撑，同时又具备班级授课的集体形式，师生可以充分利用网络丰富的资源和便捷的检索，进行面对面的交流互动。

展望未来，可以判断在现代信息技术支撑下，教学的面貌形态将有三种新的发展：一是具身式教学样态，借鉴网络游戏的角色沉浸特征，教学通过游戏性的学习设计，使学生在学习过程中让身体作为知觉中心，用身体表达代替意识表达，从身体与物理世界的动态交互中生成知识。二是储运式教学样态，借鉴快递行业的线上下单、线下运输模式，网络承担资源仓储角色，教师、学生根据教学需要在仓储里寻找资源，共同通过一定形式获取资源并运用于教学，对师生定向的查找资源能力和甄别能力提出更高要求。三是将产生双师甚至多师协作的远程云教学模式，不同地区的师生实施同堂教学，教师既面对现场的学生又面对远程的学生，对现场的学生而言，教学是线下，对远程的学生来说，教学是线上，线上与线下在技术的支持下，实现资源的共生共享，从而彻底改变目前线上教学单向灌输的面貌。这些教学的新样态，对教师"适当"选择的能力要求极高，不可不未雨绸缪。

（三）碎片学习的批判生成

新技术使传播平台和媒介形式多样化，由此带来信息的多元化和文本的碎片化，碎片化学习逐渐成为流行的学习方式。"学习碎片化更大程度肇始于信息碎片化，进而带来知识碎片化、时间碎片化、空间碎片化、媒体碎片化、关系碎片化、思维碎片化、体验碎片化等。"[①]与任何事物都具有两面性一样，碎片化学习同样存在利弊，利在于它拓宽知识来源，丰富人对世界的感知途径，可以接触不同的思想观点，开阔眼界；弊在于它是一种内容浅薄、快餐式的阅读方式，其提供的知识浮光掠影，

---

① 祝智庭. 教育信息化的新发展：国际观察与国内动态[J]. 现代远程教育研究，2012（3）.

缺乏整体性，且鱼龙混杂，容易造成认知障碍。当使用技术开展学习成为一种"素养习惯"时，碎片学习的利弊不可避免地在教学中产生影响，为在碎片学习的环境中趋利避害，教师必须具备批判生成的能力。

"生成"是相对于"预成"而言。"预成"是教师对教学达成目标的预设，生成则是达成教学目标的过程。叶澜先生指出："教师只要思想上真正顾及了学生多方面成长，顾及了生命活动的多面性和师生共同活动中多种组合和发展方式的可能性，就能发现课堂教学具有生成性的特征。"[①]作为一种教育理念，"生成"强调课堂教学的动态创造性。它具有对过程的关注甚于对结果的关注、对差异的关注甚于对同一的关注、对关系的关注甚于对实体的关注、对创造的关注甚于对规律的关注、对歧态的关注甚于对正态的关注等特征。[②]现代信息技术深度融合于教学，对教学的实施产生了以下积极变化：首先，技术改善了学习者的学习情境，通过各种交互性和合作性的、具身参与的学习环境的创设，增强学习者的具身体验。其次，拓展了学习空间，在各种新媒体和新技术的驱动下，课堂学习环境已经由过去相对封闭的空间转变为开放的甚至跨界的空间，从单纯的授受环境转变为以认知实践共同体为中心的环境。这些变化为教学的生成性提供了更为可行的可能：在具身体验下，学习者对教学问题会产生不同于教师预设的答案，不同的学习者对同一问题可能因体验感受的不同或者观察视角的不同而产生不同的回答。在共同体视角下，师生均突破现有的课堂时空限制，与在场的教学内容、同伴进行实时交流，也可以与跨地域、跨领域的专家、教师和其他学生开展跨地跨界的交流，这种交流在很大程度上会突破教师的预设。现代信息技术深度融入教学使教学的生成性更为突出，生成日益明显地成为教学过程的基本特征。

生成不是单方面的，在教学过程中，生成对师生来说同样存在。在教学准备阶段，教师通过备课预设了教学目标，但是目标怎样达成，目标可以分为几个步骤达成，也就是说目标达成的过程性因素并不是在教师的完全预期中，学生提出的问题有可能引起教师同感，甚至可以由此

① 叶澜. 让课堂焕发出生命活力——论中小学教学改革的深化[J]. 教育研究，1997（9）.
② 罗祖兵. 生成性教学及其基本理念[J]. 课程·教材·教法，2006（10）.

改变教学进程，因此生成对教师的意义是根据课堂中的互动状态及时调整教学思路和教学行为。由于教学的互动性调动了学生的参与积极性，学生的思维往往超出教师的预设，而学生之间、师生之间的相互启发，又使教学中常常出现意想不到的事件，师生之间、生生之间会就相关课题进行平等对话，从而使学生的课堂行为表现、感受、兴趣、需要都发生相应变化。由此，教师的教学方式和学生的学习方式必然发生变革，由此而产生的生成性教学特点比过去任何时候都突出。师生在这个过程中各有所得，非常典型地具有教学相长的特征。

第三节　历史教师的研究素养

教师是提高教育教学质量的关键。一个称职的教师，不应仅以完成一般教育、教学工作为满足，还应具有进行教育、教学研究的能力。乡土历史课程资源开发、课题研究、论文写作是历史教师在开展教育教学研究过程中经常遇到的科研项目。

一、乡土历史课程资源开发

爱国必先爱家乡。乡土历史在我国一向备受重视，我国历史教育的先驱何炳松先生早在 1925 年就指出："应该能够利用本地方各种历史的遗迹，去帮助学生明白其他各地方的历史。小学应该注意地方风土志，这就是一个理由。假使一个地方有一个历史博物馆，那就更便利了。此外，如石碑、古代建筑等遗迹，这是很好的教材。"[1]历史学科核心素养指出："家国情怀是学习和探究历史应具有的人文追求，体现了对国家富强、人民幸福的情感，以及对国家的高度认同感、归属感、责任感和使命感。"[2]无论是义务教育历史课程标准还是普通高中历史课程标准，都在"课程资源开发与利用建议"中写有校外课程资源的开发利用等内

---

① 张天明. 何炳松历史教育思想研究[M]. 北京：商务印书馆，2018：118.
② 中华人民共和国教育部. 普通高中历史课程标准（2017 年版）[S]. 北京：人民教育出版社，2018：5.

容。校外课程资源本质上就是乡土历史课程资源。重视乡土历史，其原因在于乡土是国家的组成部分，乡土历史无论从性质还是功能上都与国家历史没有本质的区别。其区别只在于国家史是在宏观层面概述国家的历史发展，乡土史则是在微观层面叙述地区的历史过程，乡土历史与国家历史是相辅相成的关系。但是正因为很多重要的乡土事迹、事件、人物不可能在国家史层面一一表现，所以乡土史又有相对的独立性，开展乡土历史课程资源的研究和教学就越来越重要。

（一）乡土历史课程资源的分类

（1）地方志、档案文献。国有史，地有志，家有谱。地方志是中国传统文化的瑰宝，它系统地记载一个地区自然、政治、经济、文化、社会的历史与现状，是了解一个地区社会历史发展最基础的资料性文献。档案文献是历史研究的第一手资料，也是编撰乡土历史的文献来源，还有地方报刊、名人著述、回忆录等，都是乡土历史课程资源开发的基础文献。

（2）博物馆、纪念馆、烈士陵园。这是地区历史文化传承的标志性场地，博物馆藏有当地物质文化遗产，纪念馆展出当地重大历史事件、重要历史人物活动的各类遗物、遗迹以及有关事迹记载，烈士陵园是为国捐躯的英雄人物安魂之处，也有英雄事迹的图文展出。这些场馆都是乡土历史资源的重要来源。

（3）民风民俗。一个地区总会有不同于其他地区的独特之处，历史传说、民间故事、俚俗童谣都反映着地区的历史文化传统。十里不同音，百里不同俗，独特的民风民俗造就了家乡人的观念，不同的风俗习惯也是乡土历史课程资源的来源。

（4）土产特产。土产特产既是大自然对一个地区的馈赠，又是当地老百姓千百年利用自然、改造自然的见证，蕴含着天人合一的哲理，成为当地人的骄傲，一个地区的学生自然要了解土特产的分布、特征。

（5）物质和非物质文化遗产。物质文化遗产又称"有形文化遗产"，包括文物古迹、建筑群、遗址等，非物质文化遗产指各族人民世代相传，并视为其文化遗产组成部分的各种传统文化表现形式，以及与传统文化表现形式相关的实物和场所。两者合称"文化遗产"，都具有历史、艺术或科学上的突出价值，是优秀传统文化的重要组成部分。

（二）乡土历史课程资源的开发利用

1. 乡土历史课程资源开发利用的类型

根据编撰的体例，乡土历史课程资源的开发利用大致可以分为三类。一是通史类，以时为序，在唯物史观指导下，由远及近地系统叙述地区历史发展。这类编撰要求极高，不仅资料的收集不易，而且有关史事、人物的评价也不好把握，一般单个的学校很难完成。二是史话类，挑选本地区影响大的历史事件、历史人物进行专题叙述。这类编撰相对容易，耗费的人力、物力比通史类要少，但同样存在通史类编撰的问题，单凭一个学校的教师也不容易完成。三是专题类，对地区某类现象、某一事件、人物或某一遗址、物产进行专题性介绍。这类编撰精力集中，指向明确，容易收到好的效果。中学历史教师开展这方面的研究难度稍小。比如四川省南部中学的教师针对本县是农业大县，各种农具类型丰富，但学生们对传统农具的了解比较陌生的现状，组织开展了中国古代农具教育资源的开发与应用研究，编写的《四川省南部中学农具（耕）文化校本课程：农魂篇、农时篇、农事篇、农技篇、农具篇》，不仅受到学生喜爱，而且获得南充市委宣传部和南充市教体局一等奖。

根据教学的安排，乡土历史课程资源的开发利用也可以分为三类。一是作为国家课程的补充，在国家课程教科书的教学过程中，有机地嵌入乡土历史课程资源。比如，四川省南部中学在讲授国家课程中"铁农具和牛耕"内容时，先让学生自主学习"五农"课程中的"铁农具和牛耕"内容，然后让学生模拟使用铁农具和牛耕的情景，重点模拟使用铁犁牛耕的方法，再合作探究产生的影响，最后又结合国家课程内容，让学生合作探究穿鼻环的牛尊说明了什么问题。在这一过程中，老师引导学生在国家课程与"五农"课程之间切换，学生自己探究得出结论。二是安排专门的教学时间进行乡土历史教学。比如四川省合江县城关中学编写的《红碑永矗我心》，分三大章，第一章为《红色文化及红色文化教育概述》；第二章为《城关中学——物遗校园——听七十载历史回音》；第三章为《红色合江——风起荔乡——看一百年红旗漫卷》。学校将其作为"地方与学校课程"安排进入课表，成为爱国主义教育的重要内容。三是课外兴趣活动，对感兴趣的学生进行专门的活动安排，比如组织参观、考察遗迹遗物等。

2. 乡土课程资源开发利用的注意事项

乡土历史课程资源的开发利用，是对教师史德、史学、史识、史才的全方位考察。除了以唯物史观为指导外，在选材、考释与直书方面有以下要求：

一是补遗阙，敦教化。国家课程教科书，着眼于全国范围内的史事和人物，地区的历史不可能在国家课本中一一细述原委，乡土历史资源的开发利用，就可以补充这个缺憾。例如红军长征四渡赤水的战场在川黔边界地区，中央在川黔边界地区召开了很多重要会议，留下很多革命遗迹和故事，这就为当地教师开发乡土历史准备了丰富的资源，四川省古蔺县二郎中学、叙永县石箱子学校根据学校地处红军渡赤水的渡口和著名的石箱子会议召开地的优势，开发红色资源校本课程，收到很好的效果。乡土历史课程资源的开发还有个重要作用，就是激发学生热爱家乡。家乡是祖国的一部分，爱家乡是爱祖国的基础，爱祖国是爱家乡的升华。学生在乡土历史的学习过程中，从看得见、摸得着的事实中体会家乡日新月异的变化，产生家乡自豪感，进而升华为热爱祖国的情感。

二是核对事实，不哗众取宠。每个地区在历史发展过程中，都会产生一些传说故事，在乡土历史课程资源的开发利用过程中，教师要注意对这些传说故事进行考证和辨识，正确处理传说故事与历史的关系。家乡的土特产丰富，独具风味，值得宣传但不可过度夸耀。同时又由于历史上各个地区行政区划和归属变动频繁，不可避免地产生历史人物、历史事件在不同地区之间争夺乃至争议的现象，比如诸葛亮躬耕垄亩，其地是今天的襄阳还是南阳？这就要求教师在面对这些现象时，务必谨慎，不可妄断，更不能贬低或轻视其他地方。

三是正面看成绩，正确对待差距。每个地区都在历史发展过程中取得了优秀的成绩，同时也必然存在一些不足或不利条件，对这些应秉笔直书，这样做不仅是让学生树立正确的思想认识，提高学生观察、分析问题的能力，既看到好的一面，也正视困难的一面。而且可以启发他们思考怎样将劣势转化为优势，全面了解家乡，更好地认识家乡发展的潜力和美好的前景，激励他们建设家乡的志气。

二、课题研究

历史教师在教学的同时，必然产生众多问题，需要予以解决，问题积累起来，分门别类进行集中研究，这就在客观上产生了历史教师从事课题研究的必要和必须。

（一）教育科学课题研究

苏联教育家苏霍姆林斯基曾说："如果你想让教师的劳动能够给教师带来乐趣，使天天上课不至于变成一种单调乏味的义务，那你就应当引导每一位教师走上从事一些研究这条幸福的道路上来。"教育科研对历史教师来说也是一条幸福的道路，但走上这条幸福的道路却殊为不易。

教育教学实践一直存在需要研究的问题，教师也一直在从事研究。但是广大教师却并没有感觉到自己在从事研究。究其原因，乃是因为他们的研究是零星的、下意识的、应时的，也就缺乏系统性、自觉性和目标性。由于教师客观上进行的研究是一种不系统、不自觉、不稳固的研究，因而必然是一种经验性的研究，反映在教师的知识结构上，是一种隐藏的知识或者被称为缄默知识。它是教师年复一年教育教学经验的积累，平常潜藏不露，遇到适当情境便会主动触发，事过境迁，这类知识复又沉睡。绝大多数教师终其一生都处于这类状态。这是自然状态。这种状态下的教师是经验型教师，对教育教学现象的认识和教育教学问题的处理，"知其然而不知其所以然"。要想成为一名教育专家型教师，必然要求教师从自然状态发展到自觉状态，有目的、有计划的教育研究是其必经过程。

教育科学研究是指运用科学的理论与方法，遵循一定的科学研究程序，通过对教育现象与事实的解释、预测和控制，探索教育规律的一种认识活动。课题是研究或讨论的主要问题或亟待解决的重大事项。

（二）历史教师课题研究的类型

中学历史教师从事课题研究，虽然也可以做历史的专业研究，但更主要的还是历史教育研究。历史教育研究的范围十分宽阔，大体上可分为基础性研究（历史教育理论研究）与应用性研究（历史教学研究），中学历史教师从事的研究基本上都属于应用性教学研究范畴。

教学研究的内容也十分广泛。从中学历史教师的工作实际出发，可划分为教学理论研究与教学实践研究两类。

1. 教学理论研究

一是就教学的某类问题进行理论上的探讨阐述，比如现代信息技术深度融入教学的历史课堂文化建设、运用大数据分析进行历史教学评估与考试改革、后现代解构主义影响下历史传统的重构、高质量发展时代历史教育如何进行国情教育、互联网时代历史教育思想引领等。二是探索教学的一般规律问题，即在占有一定材料的基础上作出理论分析与说明，进行量化处理，从而得出科学结论或一般规律。比如碎片化阅读对学生认知的影响研究、课堂测试游戏对激发学生学习兴趣的作用研究、历史情境创设的一般步骤研究、历史学习游戏化对学生历史思维的影响研究等，都是值得教师深入思考和专题研究的内容。

2. 教学实践研究

这是历史教师课题研究的主战场，需要研究的课题众多，大致有教学内容、教学设计、教学方法、教学评价等方面。教学内容研究，可以是国家课程校本化实施研究，比如根据学情如何处理教材，如何导入，如何结尾等；也可以是教材理解，如大概念教学、大单元教学，当然也可以是单纯的教材分析，以教材内容为基础，适当扩展史实，用以分析说明教材内容。教学设计研究是与教学内容研究密不可分的，也可以单独列为一个研究类型，比如学科核心素养指导下教学目标的设定和表达研究、教学的导入和结尾研究、课堂小练习研究、教学板书与课件（PPT）呈现内容划分研究等，这些研究看起来不起眼，但深究起来也是很大的课题。教学是艺术，人言"教无定法"就是对教学艺术的客观表达。对教师来讲，形成自己独特的教学风格是一件很有魅力的事，教学风格与教学方法有很深入的联系，一个学校教师如果在教学方法上能够达成共识，对形成具有学校特色的教学流派也有帮助，因此，探索教学方法改革是教师教育科研极其重要的内容。教学评价是对教学活动现实的或潜在的价值做出判断的过程。中共中央、国务院印发的《深化新时代教育评价改革总体方案》指出："教育评价事关教育发展方向，有什么样的评价指挥棒，就有什么样的办学导向。"①教学评价研究可以在改进结果评价，强化过程评价，探索增值评价，健全综合评价，充分利用信息技术，提高教育评价的科学性、专业性、客观性等方面着力。

（三）课题研究的步骤

教师为什么要做课题研究？《教育部关于加强新时代教育科学研究工作的意见》指出：教育科学研究是教育事业的重要组成部分，对教育改革发展具有重要的支撑、驱动和引领作用。教育科研推动个人成长：课题是问题的聚焦，如何解决是未知领域，因此课题研究的过程就是对未知领域的认识过程，对提高研究者的各方面素养均有促进作用，久而久之，会逐步成为某一方面专家。教育科研有助于锤炼团队：一般课题都是团队协作开展的，有设计者、组织者、实施者的角色划分，在组织实施过程中，团队得到锻炼，集体精神得到凝聚，进一步提升研究人员发现问题的能力。教育科研促进事业发展：事物都是不断发展的，课题研究中会有不断的新问题出现，会促使研究呈现螺旋上升的态势，有利于事业的发展。

1. 从话题中聚焦问题

话题是一群人谈论的内容，有时缺乏逻辑性、谈论呈发散性。话题的来源非常广泛，个人经验、兴趣、好奇心、知识积累或者既存的理论、日常工作生活中遇到的问题、社会议题等都可能成为谈论的话题。话题涉及广泛而具有多层次，人们就不同的话题进行讨论，但这并不意味着他们都在进行研究，但是，对这些话题展开的讨论里可能暗含某些理论性的解释。

（1）问题与话题的区别。问题需要寻求答案，或者需要得到解答。研究开始于话题，然而，话题并不能直接跳跃到问题。哲学家可以就人性的善恶展开无尽的、睿智的辩论，作家可以就某个话题展开丰富的想象与多样的叙述，平凡百姓可以在茶余饭后谈天说地。这些话题并不是天然就会成为问题。从较为宽泛、开放的话题逐步发展为特定的研究问

① 中共中央国务院. 深化新时代教育评价改革总体方案[EB/OL].（2020-10-13）[2021-06-05]. http://www.moe.gov.cn/jyb_xxgk/moe_1777/moe_1778/202010/t20201013_494381.html.

题是研究者必须面对的困难。

从话题发展到问题有以下几个步骤：第一步，对前人的研究成果进行回顾与分析。文献回顾是建立在"知识是在他人研究基础之上积累的"判断之上的。任何研究都需要研究者对前人的文献进行回顾与评估，判定自己的想法是否有新意、有意义，对以前的研究方法、结论进行分析，发现其中存在的不足，从而明确本研究的必要性与要解决的具体研究问题。第二步，与相关的专业人员进行讨论。使研究的问题在经过思想碰撞的火花之后更加明确并经得起推敲。第三步，限定研究的背景，即确定研究的对象、时间与研究对象所处的情景。任何研究总是要在一定的历史时期或某个具体的时间段、在某个特定的地理位置或文化环境下、针对某个特定的人群或团体进行的。因此，研究应该对研究的情景、时间、对象以及涉及的主要变量、要素或者事件、行为进行明确的定义与限定。第四步，理论思考。

（2）研究开始于话题。话题是研究者对于某项研究的比较宽泛甚至是模糊的想法或念头。科学研究是通过科学的方法解决研究问题、探索新的知识的一个系统的、逻辑的探究过程。研究从某个理论或者实践问题出发，收集数据与事实，对它们进行批判性的分析，然后在证据的基础上达成结论。一个研究在解决某个或几个研究问题的同时，又往往会从中发现更多的研究问题；一个研究的结束经常意味着另一个新的研究的开始。因此，研究过程中最首要也是最重要的一个环节无疑是研究问题的确定。研究问题与研究目的是紧密相关、相互交织而又有所不同的两个概念，研究目的经常是指对一个特定研究最终结果预期的综合性描述，而研究问题则特指要实现研究目的需要解决的具体问题；研究目的较为笼统、抽象。经常使用简练、精确的陈述句表达，而研究问题更强调操作性，经常使用通过"为什么"（Why）、"是什么"（What）、"怎么样"（How）表达的问句。

问题不一定都具有研究性。判断问题是否具有"研究性"有三个基本标准：一是研究问题是否能用某个公认的科学方法解决？不能用任何实证的、具有操作性的方法与手段完成的问题不具备研究性。二是研究是否能够预期获得可靠结论？研究者在选择研究问题、进行研究设计的过程中要考虑该研究问题能否通过某种手段与方法得到解决与回答？

能否收集到有效的数据（证据）并从中归纳出有效的结论？别人为什么要相信自己的研究结果？三是研究是否具有新意、原创性？

2. 从问题到课题的选择

问题是要求回答或解决的疑难、矛盾。问题就是矛盾，矛盾无处不在，无处不有。但问题有轻重缓急之分，不是所有问题都会成为课题。课题是经过筛选后要研究的问题。问题是客观存在，是总系统；课题是主观选择，是问题系统中的子系统。

问题来源于大量的日常现象，就教师而言，每天都会遇到大量问题，如备课问题、上课问题、作业布置批改问题、班级管理问题、与家长沟通问题、和其他学科教师的合作问题等。很多问题大家习以为常，见惯不惊，久而久之，成为一种常态，认为是理所当然。我们要学会在常态中发现问题，学会质疑。如对于常态，我们可以问：为什么一定要这样？不这样可以吗？不这样可以怎样？对常态下的变态，就要问"它为什么会变？"

（1）课题的确定是明确问题和选择问题。明确问题就是对现象的归纳，把问题聚焦，从而确定研究的方向和研究目的。这就产生如何聚焦问题和选题的问题。问题很多，并不是所有问题都需要探究。教育科研的课题是对教师专业发展有价值的问题。课题要具有可验证性。选题就是从教育现象（教育教学过程中的问题）选择并确定自己要研究的课题。也就是说，从问题到课题有一个转化过程。看问题的视角不同，所看到的现象也就不同，因而确定的问题也就不同。面对所有现象，我们都只是从我们自己的角度去看，我们每个人都只看到其中的一部分。

（2）课题选题的原则。课题可以分为理论型课题和实践型课题，理论型课题是关于"是什么""为什么"的问题，是关涉价值性的问题；实践型课题是关于"做什么""怎么做"的问题，属于操作性问题。课题的选择原则，一是迫切性。应是教育教学中最需要解决的问题，能对改善教学提供有效的措施。二是创新性。创新有两层含义，第一是有新意的问题，别人没有研究或很少研究的问题；第二是该问题的解决可能导致一系列问题的解决。三是可行性。应是依据现有条件（主客观）和能力能够完成的课题。课题选题的策略，一是缩小范围。将问题具体化。二是聚焦焦点，进一步缩小范围。三是确定视角，确认从哪个角度展开研究。

选题要考虑自己所处的环境和位置能否完成研究。一般学校教师做课题最好是下沉到"点"，不要选空泛的、大而无当的选题。一般来说选的研究点只要具备以下特征，就是很好的选题。一是有新意，别人没有研究过的、没有研究透彻的、有研究但分歧大的问题，都是有新意的选题。二是有关键点，研究的问题具有重要意义。三是前景广阔，在此基础上能够沿着研究点继续做下去。"点"不是孤立的，与"面"息息相关，把小问题做深入、做大，不可避免地会触及大问题，触及到事物的本质。对初级研究者来说，可以先从微型课题入手。微者，细小也。微型课题，顾名思义就是着眼于小问题解决的课题。从教师角度讲，微型课题研究主要关注教育教学细节，研究内容是教育教学实践中碰到的真问题、实问题、小问题，研究的周期短，见效较快。微型课题研究以"小切口、短周期、重过程、有实效"为基本特征，以"问题即课题、对策即研究、收获即成果"为基本理念。

（3）课题的来源渠道。第一，来源于国家的政策导向和热点问题，根据国家发展战略，结合地区发展状况提出研究课题。第二，来源于工作实践。根据工作需要以及遇到的障碍、困难提出有价值的研究课题。比如教学实践问题，由于教学的实践性和艺术性，同样的教学问题在不同的教师那里有不同的理解和解决方法。比如教学争论的问题，教研活动中，大家对教学现象的看法不同引起争议，这类争议可以转化为课题。比如学生疑惑的问题，学生常常会提出他们不懂的问题，有的问题教师会解答，有的问题教师无从解答，这类问题也可以转化为课题。第三，来源于理论学习。质疑理论，从文献学习中发现研究的不足。这类课题主要是通过文献研究进行，看看已有研究的类型，还有哪些方面别人没有做，看看与自己研究类似的研究有什么进展，从中发现自己研究的特点和不足。第四，借用新技术发展或移植其他领域研究方法选择课题。技术的进步使教育教学改革成为永恒话题，改革的路径、方法都是无穷无尽的。这类课题与前面结合工作实际发现的课题类似。主要区别在问题可以用传统的方式方法解决，但用新技术更好，如何利用新技术解决问题就是需要研究的课题。不同学科教学方式各有特点，如何借鉴其他学科的教学技术来改进本学科教学，也是比较新颖的课题。第五，从各级课题指南中得到启发而确定课题。一般各级教育科研规划管理部门在发布课题申报通知时，大多会同时发布课题指南。课题指南来自专家和各级教育行政部门，专家知道研究的前沿方向，哪些研究是有意义的。教育行政部门对于教育实践的困境和难题比较熟悉，他们提出的指南往往是当前教育急需解决的问题。但是，课题指南比较宽泛，需要聚焦和具体化后才能开展研究。

（4）课题名称的表达。与问题表达不同，问题一般都是疑问句，课题则大多是陈述句。课题名称一般应包括研究对象、研究主题与研究方法三个要素，要求简明扼要，定位准确，逻辑清晰。研究对象表明研究范围和研究的特殊性，使研究既具有特殊意义，又具有普遍意义。研究主题表示研究的角度，是从一个新的视角提出的焦点问题。研究方法是说明怎样开展研究。

3. 课题的论证

课题论证要解决下列问题：一是研究目的目标，就是回答为什么要研究（研究原因），需要解决什么问题（研究程度）。二是具体内容，就是回答具体做什么，把研究目标具体化，问题明确，思路清晰，形成逻辑链条。三是方法途径，回答这项研究应如何去做。

（1）选题依据。选题依据主要围绕研究综述和选题价值分析来撰写。研究综述是对国内外相关研究的学术史梳理及研究动态梳理。要回答：第一，对这个问题的研究已经有什么成果，达到什么程度（深度、广度），目前对这个问题的研究有什么新的进展（学术动态）。要求对已有研究及其观点进行归类，这部分内容是清晰地告诉评审人员和研究人员课题研究实施的背景，厘清研究的学术源流。具体来讲，要回答两大问题：一是前人或别人说过没有。要求进行充分的文献检索。在中国知网、万方、维普等数据库中输入关键词即可检索到相关研究。如果检索结果表明自己的研究别人已经做过，就没有必要重复，需要调整研究思路，改变研究角度。二是前人或他人说过什么、怎样说的。前人的研究对象或问题是什么，他们是如何阐释的（何人、何时、何地），他们的观点是什么等。这是研究创新的重要基础。第二，在研究综述基础上，概括已有研究的特点。第三，对这个问题的研究还存在什么不足或空白，还需要解决什么？这部分内容是确定自己的研究切入点和研究平台，告诉评审人员和研究团队自己是从什么角度、站在什么高度去研究这一问题。选题价值就是阐释研究的理论和实践贡献。理论价值是说明研究的理论贡献，比如填补理论空白、拓展理解视域等。理论价值在中小学教师的研究中很薄弱，这是客观存在的现实，况且很多理论上的问题需要很深的理论功底才能自圆其说。实践价值是中小学教师研究课题应重点说明的内容。所谓实践价值，就是研究对解决教育教学实践中的问题可能发挥的作用，这方面的内容因课题的不同而不同。创新点指的是课题研究独特之处。创新点可以从研究视角、研究思路、研究方法、研究策略等方面思考，总之是要不同于既有研究。

（2）研究内容是研究目标的具体化。研究目标、内容、假设（预期成果、效果）应形成一个完整的框架，研究目标是所提问题的预设答案，研究内容是研究目标的分解，研究假设是根据已有材料，对事物的原因与发展所做的推测，既可以是因果关系，也可以是相关关系。研究内容应围绕研究假设展开，最终指向目标。

（3）方法途径，主要是规划研究方法，常见的方法如文献法、调查法（问卷、访谈）、观察法、案例研究、经验总结等。研究途径主要是规划研究阶段、措施和研究活动等。

（4）开题报告的要点。《四川省普教科研资助金课题管理办法（2014年修订）》（川教研〔2014〕2号）对开题报告的框架设计了固定的格式，包括问题提出和核心概念界定、研究综述和研究意义、研究目标和内容、研究措施和活动、预期成果和效果、研究的保障条件等基本内容。要求撰写者回答研究什么（课题名称、研究目标、研究内容）、为何研究（课题的现实背景和意义、国内外相关研究综述及文献综述、理论依据、怎样研究（研究方法，研究步骤，人员分工、经费预算等资源配置）、条件怎样（已有的研究基础，研究人员组成、结构和能力）、预期成果（预期的成效、研究成果应达到的水平和表现形式）。

4. 课题研究的实施要点

（1）做好规划，将课题研究划分为若干阶段，确定每个阶段的研究任务，做到心中有数，有的放矢。

（2）做好资料收集整理工作，每一次研究活动，都要及时将资料进行分门别类的建档，标好文档标题，每次活动，都应及时撰写研究简报，把活动的时间、地点、参加人员、活动主题和过程、达成的共识、存在问题、问题反思等一一记录在案，积累起来，可以很清晰地反映研究进程和认识过程。

（3）做好总结，每个研究阶段结束后，都要及时进行研究阶段小结，对取得的成果进行归纳，对尚未解决的问题进行聚焦，谋划下阶段的研究。

（4）适时调整，研究不可能完全按照预设进行，在研究过程中，会出现各种初期没有考虑到或者考虑不周全的问题，应根据研究的进展进行调整。

（5）撰写研究报告，宣告结题。撰写研究报告，是全面反映课题研究为什么要做（原因）、怎样做（过程与方法）、做得怎样（目标达成情况、课题成果）、还有哪些没做（不足与反思）的文本。各级课题研究都有相应的结题研究报告模板，按照模板要求写作即可。主要注意事项包括：

①研究报告标题，一般沿用开题报告标题，也可以根据研究的调整，另外确定标题。

②研究背景和问题的提出，介绍研究缘起、研究背景，可在开题报告的"拟解决的主要理论或实践问题"基础上修改，研究综述有时也放在这个部分。

③核心概念界定，核心概念指的是课题研究涉及的特定概念、关键词语，展现研究的逻辑结构，这类概念词语在研究中的内涵、涉及的范围等需要研究者进行解释和定义。核心概念界定有两种方法，即概念性定义（科学陈述）——用其他概念描述课题中的概念，可操作性定义——用可观察的行为或现象描述课题中的核心概念。

④研究目标与内容，如果与开题报告相比目标有变化，内容有发展，应重新梳理。

⑤研究过程，按阶段划分逐一叙写，注意把每阶段解决什么问题写清楚。

⑥研究成果，这部分既是报告重点也是报告难点，考验研究者的归纳概括能力和理论认识水平。其中认识性成果是研究者通过研究形成的理论观点，与开题报告的理论价值相呼应，一般表述为"形成……观点""获得……认识"。操作性成果是研究者通过研究形成的解决问题的措

施、制度等，与开题报告的实践价值相呼应，一般表述为"形成……策略""构建……模型"等。研究效益是研究产生的思想、行为、面貌的变化，也就是研究的影响作用，包括研究者、研究对象的变化，一般从教师、学生、学校等角度阐释，要注意归因的逻辑关系，不能把非课题研究产生的变化牵强地拉扯到研究效益中。

⑦问题讨论，这是对课题研究过程中没有能力解决的问题或者新发现的问题的讨论，可以提出思路，为后续研究准备认识基础。

三、论文写作

（一）文献综述的撰写

文献法是以现存文献记载为资料来展开研究的一种方法。做研究不是无源之水，是站在前人和他人研究基础上的研究。尤其是开展课题研究，了解与自己的研究相关的研究情况，前人做了什么，有什么成果，显得特别重要。梁启超曾说："资料，从量的方面看，要求丰备；从质的方面看，要求确实。所以资料搜罗和别择，实占全工作十分之七八。"①目前，中小学教师开展课题研究，研究综述是一个很薄弱的环节，需要加强。

1. 文献检索与查阅

文献是一个宽泛的概念，在研究中，文献一般指的是公开出版的著作、公开发表的论文、权威机构整理的统计资料和档案资料等。按文献的出处划分，文献可分为一次文献、二次文献等。文献浩如烟海，查阅是一件繁重而琐碎的工作，而且很多信息对研究者来讲是无用的，所以文献检索就非常重要。常用的检索方法有顺查法、逆查法、引文查找法和综合查找法。顺查法是指按照时间的顺序，由远及近地利用检索系统进行文献信息检索。倒查法是由近及远，从新到旧，逆着时间的顺序利用检索工具进行文献检索。引文查找法，当查到一篇新发表的文献后，以文献后面所附的参考文献为线索，由近及远进行逐一追踪。常用的检索主要是书籍检索和论文检索。

---

① 王琪. 撰写文献综述的意义、步骤与常见问题[J]. 学位与研究生教育，2010（11）.

书籍检索的途径有图书馆和网络。图书馆可以使用图书馆的检索系统，网络上，书籍检索的网站很多，比如读秀等。

论文检索是研究者的必备功夫。随着信息化的发展，绝大多数期刊论文都实现了数字化。由于数字文献方便、信息量大，研究者越来越倾向于使用数字文献。目前常用的数字文献库有知网（CNKI）、维普、万方等。免费的数字文献库有国家哲学社会科学文献中心、中国国家图书馆·中国国家数字图书馆等。

2. 文献综述的写作

文献综述，也称研究综述，又称文献回顾、文献分析，是研究者在收集到的某个研究领域的研究发展状况、研究成果的文献资料基础上，对该学术问题在一定时期已有的研究成果、存在问题进行分析、归纳和评述而形成的论文。它的目的是帮助研究者澄清思路、理清研究领域的概貌，从中发现自己研究在整个研究中处于什么位置、研究为什么是有意义的，为研究设计奠定基础。

文献综述的写作，一是对文献观点的加工整理和陈述，按照一定原则，将文献观点系列化、条理化，提炼文献观点时要做到准确无误，不能片面理解。二是对这些文献内容进行合理的分析、比较，做出自己的评论，评论主要围绕这些观点理论和成果的意义和局限。三是预测发展趋势，提出有待进一步研究的问题。

附　录：

民间音乐文化传承教育研究概述①

民间音乐指在民间形成并流传于民间的各种音乐体裁，包括民间歌曲、民间舞蹈音乐、说唱音乐、戏曲音乐和民间器乐。"民间音乐"作为中国音乐学的一个特定名称，是近现代音乐理论界为区别于某些非民间音乐类别而提出的概念，"指的是由普通庶民百姓集体创作的、真实地

---

① 本文系作者主研的四川省 2016 年度普教科研课题"以民间音乐传承教育为切入口的地方美育课程建设研究"综述部分。

反映了他们的生活场景、生动地表达了他们的感情愿望的音乐作品"①。其指向的是由广大民众在漫长历史过程中，通过口口相传而流传下来的音乐形式和音乐作品，具有创作过程的集体性，传播方式的口头性，音乐曲调的变易性特征。它与民族音乐、传统音乐在概念上既相互交叉，又相互包容，在时间范畴上，民间音乐是传统音乐的组成部分，在空间范畴上，民间音乐是民族音乐的组成部分。民间音乐文化是一个民族文化的重要组成部分，也是文化传承的重要载体。文化传承的过程也就是音乐发展的过程。在学校教育中，音乐既是美育的重要组成部分和美育实施的重要载体，更是文化传承的重要路径。

一、国外民间音乐教育研究简述

匈牙利作曲家、民族音乐理论家、音乐教育家柯达伊·佐尔坦（1882—1967）音乐教育思想的基本原则之一是创造民族音乐文化语境，从学校音乐教育入手，继承民族音乐传统。他强调音乐教育是生活中不可或缺的也是人们与生俱来的权利。主张民族文化应该以民间音乐为基础，认为每个民族都有大量适用于教学的民间歌曲，并且可以通过这些歌曲有目的地安排各种音乐要素的学习。他的理念后来发展为柯达伊音乐教学法。德国作曲家、音乐教育家卡尔·奥尔夫（1895—1982）从音乐产生的本源和本质出发，提出不管哪个种族或民族都有自己的音乐文化，认为每个不同的民族和地区都应该采用本土化的教材，家乡的童谣、民歌和舞蹈是奥尔夫教学活动的基本教材。

二、国内民间音乐教育研究状况

我国政府一向重视民族文化的传承。民族民间音乐是我国民族文化的重要组成部分，各区域民间音乐文化使祖国文化更加丰富多彩、璀璨夺目。2003 年初，文化部、财政部联合国家民委、中国文联共同实施中国民族民间文化保护工程，对中国民族民间音乐文化进行有效保护。2005年 3 月，国务院办公厅下发了《关于加强我国民间文化遗产保护工作的意见》，确立了我国民间音乐文化遗产保护工作的方针和目标。为加强对民间音乐文化遗产的保护，文化部还加强了对文化生态保护区和民间文化遗产项目传承人的保护，形成了有中国特色的民间文化遗产保护制度。

---

① 王耀华，杜亚雄. 中国传统音乐概论[M]. 福州：福建教育出版社，2013：47.

中小学校对民族民间音乐教育的研究进行得很早，产生了很多成果。以"中小学民间音乐文化教育"为关键词，在百度上搜索得到 2014 年以来的相关结果 24 100 条，知网上搜索到相关结果 8 534 条；以"中小学民族民间音乐教育课题研究"为关键词在百度上搜索到相关结果 18 576 条，其中 2014 年以来的相关结果 3 200 条；知网上搜索到相关结果 3 748 条。但将搜索范围缩小到课程建设，则得到的文献极少。以"美育课程"为关键词，知网上搜索到相关结果 75 篇，以"民间音乐文化传承课程建设"为关键词，只搜索到相关结果 12 篇。2011 年修订的《义务教育音乐课程标准》(以下简称新课标)在基本课程理念中提出"弘扬民族音乐，理解音乐文化多样性"，要求"将我国各民族优秀的传统音乐作为音乐教育的重要内容……增强民族意识，培养爱国主义情操"①。分析查阅的研究成果和文献，目前国内对中小学民族民间音乐教育的研究大致可分为三类：

一是对中小学音乐教育中民族民间音乐教育现状进行调查。巩玥的《学校音乐教育与民族音乐传承——长春市中小学民族民间音乐教育现状的调查分析与对策研究》②，刘建美的《小学阶段民族民间音乐教育的现状调查与对策研究》③，刘敏敏的《新课程背景下中小学民族音乐教育现状分析与思考——以沈阳市为例》④，李亚飞的《新课标视野下中小学本土音乐教育现状调研》⑤，陈玲玲的《义务教育阶段民族民间音乐进课堂情况调查与分析——基于 H 市中小学教师问卷调查》⑥等，分别对论文中提到的地区中小学民间音乐教育现状展开调查，提出了相应的对策建议。

二是对民族民间音乐如何进入课堂进行研究。全国教育科学"十五"

① 中华人民共和国教育部. 义务教育音乐课程标准（2011 年版）[S]. 北京：北京师范大学出版社，2012：28.
② 巩玥. 学校音乐教育与民族音乐传承——长春市中小学民族民间音乐教育现状的调查分析与对策研究[D]. 长春：东北师范大学，2007.
③ 刘建美. 小学阶段民族民间音乐教育的现状调查与对策研究[D]. 北京：中央民族大学，2008.
④ 刘敏敏. 新课程背景下中小学民族音乐教育现状分析与思考——以沈阳市为例[D]. 沈阳：沈阳师范大学，2013.
⑤ 李亚飞. 新课标视野下中小学本土音乐教育现状调研[D]. 呼和浩特：内蒙古师范大学，2014.
⑥ 陈玲玲. 义务教育阶段民族民间音乐进课堂情况调查与分析——基于 H 市中小学教师问卷调查[J]. 基础教育研究，2013（4）.

规划课题"民族文化传承与学校艺术教育研究"，提出应该在普通高校重视民族民间音乐教育，促进民族民间音乐文化的传承。刘瑞芝的《民族民间音乐艺术在中小学音乐教学中的作用与实践》[1]，对民族民间音乐艺术在中小学音乐教学中的作用与发展现状及其在中小学音乐教学中的具体实践等方面进行了简要的分析与论述。邹渊、张昕的《浅论重庆农村民族民间音乐教育研究》[2]，以重庆丰富的民族民间音乐素材为基础,对优化重庆农村中小学音乐课堂教学模式,培养创新型人才,激发农村中小学生对家乡音乐文化的热爱提出了一些思考。张燕的《中小学民族民间音乐文化的传承——以文化人类学为研究视角》[3]，从文化人类学的视角提出中小学基础音乐教育中民族民间音乐文化的传承价值及其传承的必要性和紧迫性。吴培安的《侗族音乐民间传承与学校教育谈》[4]，对侗族大歌的民间传承与学校音乐教育展开比较分析，探讨了如何发挥学校音乐教育在民族民间音乐文化传承中的积极作用。蒋薇的《中小学开展民族音乐教学的现实意义和有效途径探究——对音乐课程标准关于"弘扬民族音乐"理念的体认与践行》[5]，调查分析了中小学民族音乐教学现状和开展民族音乐教学的重要现实意义，从教学理念、合格师资、课程资源、优化教材、课堂教学和课外教育等六个方面阐述了在中小学开展民族音乐教学的有效途径，叙述了作者在中小学从事民族音乐教学的两个实践案例，评析了经验和教训。

三是在中小学开展民族民间音乐教学实践并有所总结。刘金喜的《广西六个少数民族聚居区中小学本土音乐教育情况调查与分析》[6]，提出了多元化教师培训、编写本土教材、建设本土音乐资源库等建议；侯杰的《湘西多民族杂居地区中小学音乐课程资源开发与利用研究》[7]，

① 刘瑞芝. 民族民间音乐艺术在中小学音乐教学中的作用与实践[J]. 大众文艺，2014（7）.
② 邹渊，张昕. 浅论重庆农村民族民间音乐教育研究[J]. 黄河之声，2008（24）.
③ 张燕. 中小学民族民间音乐文化的传承——以文化人类学为研究视角[D]. 银川：宁夏大学，2011.
④ 吴培安. 侗族音乐民间传承与学校教育谈[J]. 贵州大学学报（艺术版），2003（2）.
⑤ 蒋薇. 中小学开展民族音乐教学的现实意义和有效途径探究——对音乐课程标准关于"弘扬民族音乐"理念的体认与践行[D]. 上海：上海师范大学，2006.
⑥ 刘金喜. 广西六个少数民族聚居区中小学本土音乐教育情况调查与分析[J]. 歌海，2012（3）.
⑦ 侯杰. 湘西多民族杂居地区中小学音乐课程资源开发与利用研究[D]. 长沙：湖南师范大学，2007.

分析了该地区课程资源开发的原则、整体思路、策略及操作模式；龙兴的《苗族村寨小学民族音乐课程资源开发研究》[①]，提出了苗族村寨小学音乐课程资源开发的策略。在实践方面，福建泉州通过开展"南音小歌手"比赛提高学生对南音的兴趣，带动该市上百所学校开设南音课，厦门开展了"闽南民间音乐进课堂的研究与实践"课题，北京房山区开展了"评剧进课堂"实践研究。云南较早提出并开展了云南少数民族音乐教材建设工作。董丹云《用传统音乐文化,打造地方特色艺术教育——以国家级非物质文化遗产吕家河民歌进校园为例》[②]，探讨了把第二批国家级非物质文化遗产项目丹江口市官山镇吕家河民歌带进校园，打造一种特有的地方音乐艺术教育，增强民族意识、培养爱国主义情操等问题。陈慧、曹理的《关于民族音乐"教"与"学"问题的几点思考（上）——<名优教师设计音乐课教案与评析>之编者简评》[③]《关于民族音乐"教"与"学"问题的几点思考（下）——<名优教师设计音乐课教案与评析>之编者简评》[④]，对认识民族音乐的审美价值、文化价值、传承价值进行了思考和探讨。脱凡的《台湾少数民族音乐文化在小学音乐教育中的传承》[⑤]，对台湾地区少数民族音乐文化在小学的传承现状和困境进行了介绍。

课程是学校教育的基础，是学校育人的有效载体和学校教育的核心。从课程的定义看，学术界大多认为，课程是外在于学习主体的客观存在，具有预期的目标指向性，可以通过认识和实践转化为个体经验，在学校环境中对学生具有教育意义和作用，有一定的结构系统（包括横向的组织和纵向的序列）。课程开发，目前主要有泰勒的目标模式、施瓦布的实践模式、斯腾豪斯的过程模式等。

国内中小学音乐教育的课程建设，目前最重要的成果是《义务教育音乐课程标准（2011年版）》和《普通高中音乐课程标准（2017年版）》

① 龙兴. 苗族村寨小学民族音乐课程资源开发研究[D]. 重庆：西南大学，2014.
② 董丹云. 用传统音乐文化，打造地方特色艺术教育——以国家级非物质文化遗产吕家河民歌进校园为例[J]. 中小学音乐教育，2013（7）.
③ 陈慧，曹理. 关于民族音乐"教"与"学"问题的几点思考（上）——《名优教师设计音乐课教案与评析》之编者简评[J]. 中国音乐教育，2014（12）.
④ 陈慧，曹理. 关于民族音乐"教"与"学"问题的几点思考（下）——《名优教师设计音乐课教案与评析》之编者简评[J]. 中国音乐教育，2015（1）.
⑤ 脱凡. 台湾少数民族音乐文化在小学音乐教育中的传承[J]. 中国音乐教育，2015（2）.

以及根据它们编写的相关教材，但是民间音乐文化传承教育的课程资源开发与课程建设，目前还没有专门的研究著作问世。在实践上，很多中小学校都在开展基于本土的乡土音乐教学实践，甚至专门立项研究，但总体上都缺乏课程建设高度的研究。

三、已有研究的不足和研究趋势

通览国内民间音乐进入中小学教学的已有研究成果，可以发现其主要的特点是：开展了区域性的现状调研，阐释了民族民间音乐文化教育的重要性，根据区域民间音乐特点实施了针对性的教学活动。这些研究在取得重要成果的同时，也存在明显的不足：

第一，现状调研多，理论探索少。现状调研的成果已经不少，但如何在实践中结合中小学学校和学生实际，开展民族民间音乐教育的原则、教学方法、教学手段等的系统探讨成为音乐教育教学亟须解决的问题。

第二，坐而论道多，躬身实践少。相当多的论文所做的工作是阐释进行民族民间音乐文化教育的重要性，提出的策略建议也大同小异，但是真正在实践中将有关策略、建议落在实处，并对学校音乐教育和美育实践产生积极影响的很少。

第三，孤点突进多，系统整理少。很多学校都结合自身实际和地区特点，开展了民族民间文化学习活动，但是，绝大多数学校的学习活动只限于某一个点，缺乏区域性的系统总结，对研究对象的教育意义和传承价值关注不够。

第四，技能训练多，文化熏陶少。相当一部分学校进行的民间音乐学习停留在学习本土的民歌、器乐，注重纯技术性的传承，而对于隐藏在民歌器乐背后的文化习俗缺乏深刻分析研究，没有做到知识性与审美性的结合。

最为关键的问题是：相关研究缺乏美育意识和课程意识，缺乏横向的组织和纵向的序列，也就缺乏科学性和操作性，存在零散、零碎、零乱的现象。知易行难问题突出，都知道应该做，就是不知道怎样做，特别缺乏具有坚实实践支撑并上升到理论高度的成果。

2017 年，中共中央办公厅、国务院办公厅印发《关于实施中华优秀传统文化传承发展工程的意见》。2021 年，教育部制定《中华优秀传统文化进中小学课程教材指南》，明确指出："开展中小学中华优秀传统文化教育，对于永续中华民族的根与魂，坚守中华民族的共同理想信念，筑牢民族文化自信、价值自信的根基，维护国家文化安全，增强国家文化软实力，培养青少年做堂堂正正的中国人，具有重要意义。"要求以语文、历史、道德与法治（思想政治）三科为主，艺术（音乐、美术等）、体育与健康学科有重点地纳入。

艺术是落实中华优秀传统文化教育的重要课程，在提高学生艺术修养、弘扬中华美育精神方面具有不可替代的作用。《中华优秀传统文化进中小学课程教材指南》强调，民族民间音乐、民族民间舞蹈是中华优秀传统文化传承发展的主要载体。由此可以预测，民间音乐文化的传承教育是艺术教育研究、美育研究的重点，开发具有地域特色的民间音乐美育文化资源，组织实施民间音乐文化的传承教育，引导学校利用地域文化资源创建特色校园文化，是各级各类学校必须关注的重要内容，也是中小学音乐教师专业发展的必然要求。聚焦中华优秀传统文化铸魂育人功能，以民族性、地域性特征非常鲜明的民间音乐文化为切入点，深入挖掘民间音乐文化所蕴含的中华优秀传统文化，通过民间音乐文化的传承教育涵养社会主义核心价值观，以课程化的形式实现中华优秀传统文化传承发展的系统化、长效化、制度化是今后民间音乐文化传承教育研究的必然趋势。

（二）调研报告的撰写

调查是教育科研最常用的方法。调查法是以提问的方式收集资料以确定各种事实间的联系或关系的方法。调查的类型，按涉及的对象划分有全面调查、抽样调查、个案调查（抽样调查是在全体调查对象中抽取部分，用结果来说明总体的调查；个案调查是在全体对象中选取具有显著特征的对象进行调查）；按调查的目的划分有现状调查、发展调查、预测性调查（现状调查使用最多，它是研究最基础的部分）；按调查的性质划分，有描述性调查、解释性调查（描述性调查主要是了解事件全貌或发展过程，解释性调查是探讨现象之间的关系）。调查的实施，有访谈（座谈）和问卷两种形式。访谈包括个别访谈和集体访谈，问卷以书面形式，严格设计问题或表格，向研究对象收集资料和数据，有开放式问卷、封闭式问卷的区别。

1. 调查资料的收集

访谈是研究者寻访、访问被研究者并与其交谈的资料收集方式。访谈的准备阶段要与受访者联系确定访谈时间地点、商谈访谈事宜、设计访谈提纲、确定记录方式、准备必要的记录设备。访谈围绕问题进行，一般访谈多采用开放式问题，问题尽量清晰、具体，由浅入深，在适当时机进行追问，比如受访者在谈话时冒出一两句似乎与谈话不相干的话语，但这个话语却与研究者关心的话题有联系，这时可以就此进行追问。在访谈时，研究者一定要表现出对受访者的尊重，倾心听取受访者的谈话，不随意打断别人的谈话，同时要对受访者的谈话表现出回应，比如认可受访者的观点、重组受访者的语言、总结受访者的谈话等。

问卷是通过书面问题收集资料的方式。问卷既可以用于量化研究，也可以用于质性研究。问卷的一般结构包括：题目，表达问卷的主题；卷前短语，说明调查的目的、要求以及对调查结果的保密措施；填写说明，指导被调查者填写问卷的解释说明，如单选还是多选，答案填在何处等；问题与备选答案，这是问卷的主体，问题分为开放式与封闭式两类。开放式问题只提出问题不给答卷者提供参考答案，由回答者自由填写答案。封闭式问题在提出问题后，给出若干个答案，由答题者选择。

2. 调研报告的写作

调研强调时效性。无论访谈还是问卷，调查结束后都需要对资料进行整理分析，然后撰写调研报告。整理与分析同步进行，资料的整理过程就是分析过程，在整理基础上，要及时撰写出调研报告。调研报告可以采用三段式结构：一是调研的背景以及开展情况，这部分介绍调研背景、目的、内容、方式、时间、参加人员等；二是调研信息的归纳分析，这部分要对调研后整理的资料进行归类，从中提取出有效信息，分门别类地进行分析；三是思考建议，这部分是研究者结合研究进行的深度思考，也可以是为决策者提出解决问题的参考建议。

附　录：

中学教师职业幸福感现状分析
——基于对 L 市中学历史教师的调查①

所谓职业幸福感，是指主体在从事某一职业时基于需要得到满足、潜能得到发挥、力量得以增长所获得的持续快乐体验。中学教师作为一个特定群体，他们所从事的事业是教书育人，他们的职业幸福感呈怎样的状态呢？带着这样的问题，我们以中学历史教师为调查对象，开展了对 L 市历史教师职业幸福感的调查。

一、调查的基本信息

L 市是一个西部地区地级市，全市 12 236.2 平方公里，下辖三区四县，2014 年户籍人口 508.42 万，年末常住人口 424.58 万人，人口城镇化率 43.29%。全市有初级中学 196 所，在校生 17.08 万人，专任教师 10 001 人，普通高中 26 所，在校生 7.8 万人，专任教师 4 810 人②。其中初中历史教师 600 余名，普通高中历史教师 300 余名。本调查的对象是初中和普通高中历史教师。

调查采取问卷方式进行，共有来自全市各区县的 166 位历史教师参加了调查。其中初中历史教师 113 名（男 66 名，女 47 名），高中历史教师 53 名（男 32 名，女 21 名）。参加调查教师的年龄构成是：31～40岁 78 人，占 47%；41～50 岁 88 人，占 53%，这是目前中学历史教学界从业人员的主要年龄构成。年龄构成与职称构成基本成正比，职称构成是初级教师 7 人，中级教师 107 人，高级教师 52 人。构成比例如图 1所示。

参加调查的教师，工作于 L 市中心城区的 17 人，县城的 46 人，乡镇的 103 人。供职学校为示范性高中的 30 人，一般高中的 23 人，城市初中的 35 人，乡镇初中的 78 人。其工作区域分布如图 2 所示。

他们的月收入情况：3 000 元以下的 77 人，占 46.39%，3 000～4 000元的 81 人，占 48.8%，4 000 元以上的 8 人，占 4.82%。L 市 2014 年城

---

① 本文系作者所做的一项调查，原文发表于《泸州社会科学》2016 年第 1 期。
② 数据来源于中国统计信息网公布的泸州市 2014 年国民经济和社会发展统计公报。

镇全部单位就业人员平均工资为 41 121 元①，月均 3 426.75 元，调查群体的工资水平接近 L 市平均水平。

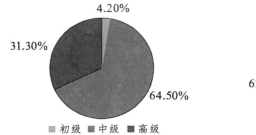

图 1　参加调查人员的职称构成　　　图 2　参加调查人员工作区域

二、历史教师的职业幸福感

（一）历史教师职业幸福感的心理维度

幸福感是一种心理体验，为此，我们设计了一组关于职业生涯中的人际关系、个人心境的问题：

1. 你觉得对于自己来说，保持亲密的人际关系是非常困难的（同意□不同意□）

2. 你是否有过一天是一天，从没认真想过未来（同意□不同意□）

3. 当你回忆过去时，对于以前发生的事情感到满意（同意□不同意□）

4. 你认为整个世界都是那么的美好（同意□不同意□）

5. 对生活中发生的每一件事，你的自我评价是非常投入感情及参与感（同意□不同意□）

6. 对自己的健康状况，你觉得目前的健康已处于最佳状态（同意□不同意□）

7. 对现在的生活，你觉得生活十分幸福（同意□不同意□）

8. 你多数时候认为自己的心情愉快（同意□不同意□）

以上问题，要求在"同意""不同意"两者中选择回答（也可不回答），第 1 题和第 2 题是反向问题，"同意"者持消极态度，"不同意"者持积极态度。其余问题为正向问题，"同意"者持积极态度，"不同意"

---

① 数据来源于中国商情网公布的信息。

者持消极态度。结果如图3所示。

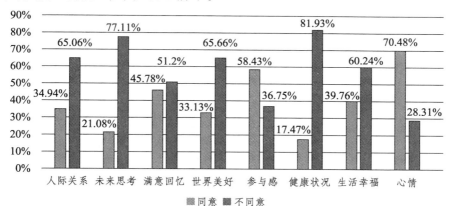

图 3　历史教师职业幸福感的心理维度

图3可见，绝大多数历史教师对未来充满信心，认为自己多数时候能够保持心情愉快，对生活中发生的每一件事都非常投入，参与感很强。人是社会性动物，英国哲学家培根说"人类在相互的交往中寻求安慰、价值和保护"。德国文豪歌德则说"我们是幸福或是不幸，全取决于我们与之相比的是些什么人，所以，最大最大的危险，就莫过于孤身独处了"，孤单寂寞是一种"文化上的失败"。调查显示，65.06%的教师不认为保持亲密的人际关系是非常困难的，反过来讲，就是大多数历史教师具有良好和亲密的人际关系，反映出历史教师群体的生活态度是积极、乐观、向上的。对过去的回忆，接近半数（45.78%）的人感到满意，说明相当部分的历史教师对自己从事的事业和取得的成绩具有一定程度的自豪感，自我肯定的倾向比较明显。在调查中，教师群体对自己的健康状况的评价最低，仅有 17.47%的人认为自己的身体处于最佳状态，81.93%的教师不认为自己处于最佳健康状态；关于对现实世界的看法，65.66%的教师不认可整个世界都那么美好的看法，60.24%的教师不认为现实生活十分幸福。

调查设置了对生活的满意度和焦虑情绪两项问题。生活的满意度选项为"满意""一般""不满意"，焦虑情绪选项为"有时会焦虑不安""很少焦虑不安""经常焦虑不安"，均为单项选择（也可不回答）。结果如图 4 所示。

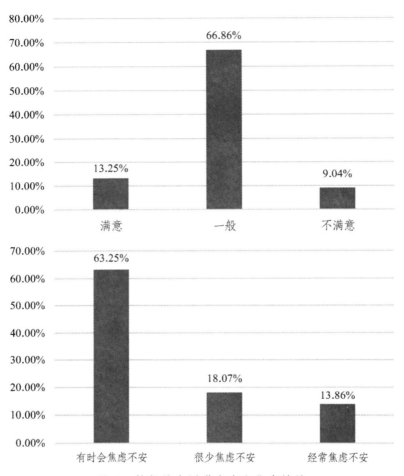

图 4　教师的生活满意度和焦虑情绪

　　把图 4 与图 3 进行对比可以发现目前中学历史教师群体存在着一定的躁动情绪。图 4 可见，大部分历史教师对生活的满意度持"一般"看法（66.86%），在生活中"有时会焦虑不安"（63.25%），这与图 3 中不认可世界美好和不认为生活十分幸福的比例十分接近。但总体而言，中学历史教师群体生活比较稳定，从业心态较为健康，总体持淡泊态度，"满意""不满意"和"极少焦虑不安""经常焦虑不安"的两极人数在调查中的比例较小，特别是"不满意""经常焦虑不安"的负极比例只有 9.04%、13.86%，不仅显著小于中值（"一般""有时会焦躁不安"），也比"满意""很少焦虑不安"正极比例小许多。

（二）历史教师职业幸福感的实践体验

职业幸福感源于对职业的兴趣和热爱。在工作中，教师的职业幸福感是如何体现的呢？我们又从职业道德、敬业精神、职业愉悦和职业自豪感四个方面设置问题，教师在回答每个问题时，可以多选，也可以单选。

1. 职业道德

职业幸福感首先来自职业认同，一个具有职业理想和职业道德规范的人，更能在职业生涯中体会到职业的幸福。调查显示，中学历史教师的职业道德是值得信赖的。

首先，历史教师对历史教育的目的认识十分清晰。对此我们设置的题目是：关于教学的准备，你的态度和行为是：

A. 教学关系到学生成长，要严肃思考世界观、人生观教育问题

B. 教学的对象是不同的班级和个体，必须对可能发生的问题进行预设

C. 教学是一种常态化工作，按部就班操作即可

D. 教学内容涉及面很广，很多问题必须自己先搞清楚，否则会误人子弟

结果如图5所示。

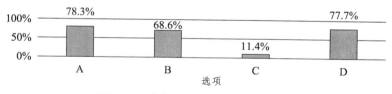

图5　历史教师对教学准备的态度

在4个选项中，C项（教学是一种常态化工作，按部就班操作即可）明显是一个得过且过、纯粹把教学当作一种谋生手段的选项，持这种态度的教师仅占11.4%。A项关涉历史教育的根本目的，选择此项的教师达78.3%，其中高中教师为73.58%，初中教师高达80.53%，说明教师们非常明确历史教育的根本目的，对自己肩负的重任也很清醒；B项、D项是对教学的态度，牵涉到因材施教、提高自身业务水平的问题，教师们对此也很清醒。

其次，历史教师对学生的关注是多方面的。教学是一项以师生沟通

对话为方式，掌握知识、认识世界，促进学生发展为本质特征的实践活动，优秀的教师必然关注学生对教学的反应。为了解历史教师在教学中对学生反应的关注，我们设置的题目是：关于教学中学生的反应，你经常会注意：

    A. 学生的情感体验

    B. 学生双基的掌握

    C. 学生在课堂中的活动状况

    D. 学生对历史课程的认识

结果如图 6 所示。

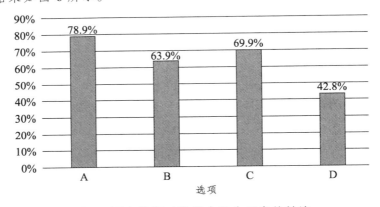

图 6　历史教师对教学中学生反应的关注

    图 6 表明，历史教师最关注的是学生的情感体验，这与历史教育的核心目标情感态度价值观相一致；其次是学生在课堂中的活动状况，这反映了新课程改革以来重视学生的学习活动，强调学生的学习主体地位的观念已经在教师心中牢牢树立；过去非常强调的双基，其重要性虽在教师心目中有所降低，但广大教师仍然关注知识的掌握情况和能力的发展状况；比较意外的是教师们对学生对历史课程的认识关注度较低，其中初中教师有 44 人表示关注学生对历史课程的认识，占参与调查的初中教师的 38.94%，高中教师有 27 人，占参与调查的高中教师的 50.94%。其中的原因，或许是教师对"历史课程"这个概念的内涵不熟悉。

    2. 敬业精神

    教师的职业意义是教书育人，要有传道授业解惑的本领，因此专业发展必然要求与时俱进，做到予人一碗水自己一桶水，强调能力为重和终身学习。对此，我们设置的题目是：关于教师的专业发展，你的认识是：

A. 教师专业发展是教师从业的必需，所谓师高弟子强就是这个道理

B. 教师专业发展是教师个人的追求，如果希望成为名家名师，那就必须加强专业发展

C. 整个社会都在强调终身学习，教师不跟上时代要求是不行的

D. 教师专业发展有利于教师实现自我价值，获得职业幸福感，应该主动为之

结果如图 7 所示。

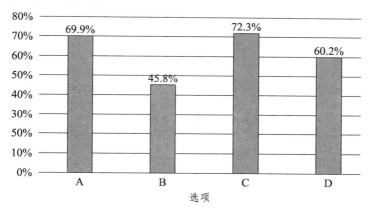

图 7　教师对专业发展的认识

该问题的四个选项，涉及教师职业的职业需要（A 项）、个体需要（B 项、D 项）、社会需要（C 项）。个体需要中，又分名利需要（B 项）和自我价值实现需要（D 项）。图 7 表明，绝大多数教师对专业发展不是从个人发展需要角度思考，更多的是从职业需要（A 项）、社会的需要（C 项）思考，从业的功利性并不强烈。

专业发展需要学习支撑。教育界普遍认为，教师的专业知识结构包括本体性知识（学科专业方面的知识）、实践性知识（教学方法技能方面的知识）、条件性知识（教育学心理学方面的知识），历史教师对三者在专业发展中的地位是如何认识的呢？

调查设置了教师对本体性知识、实践性知识、条件性知识重要程度的认识。结果如表 1 所示。

表 1 历史教师对专业知识重要性的认识

	本体性知识		实践性知识		条件性知识	
初中	94 人	83.19%	104 人	92.03%	95 人	84.07%
高中	43 人	81.13%	40 人	75.47%	38 人	71.70%
合计	137 人	82.53%	144 人	86.75%	133 人	80.12%

表 1 可见，在初中历史教师群体中，三者的重要性依次是实践性知识、条件性知识、本体性知识，高中历史教师群体中，三者的次序依次是本体性知识、实践性知识、条件性知识。出现这些差别的原因在于初中、高中教师的教育对象不同。初中生抽象思维还不发达，喜欢直观性和故事性，课堂上活泼好动，相对而言，初中历史教材浅显富有故事性，教师教学中的本体性知识要求相对较低，而对学生心理发展和教学技能技巧、方法的要求更高。高中生抽象逻辑思维能力已接近成人，课堂上理性思考较多，相对于初中，现行高中历史教材专业性强且艰深，教师课堂组织教学的难度降低，但本体性知识要求更高。

教师在专业发展的日常学习中，主要阅读的书籍情况怎样呢？我们设置的题目是：你在促进自身专业发展过程中，主要阅读哪些方面的书籍文献：

A. 教学参考书和考试辅导类书籍

B. 有助于教学实施方面书籍（如学生身心发展、教育教学理论、教学实际操作等）

C. 有成就的教师成长经历方面书籍

D. 学科基础性和前沿研究方面书籍

结果如表 2 所示。

表 2 历史教师专业发展阅读的主要书籍

	A		B		C		D	
初中	83 人	73.45%	76 人	67.73%	68 人	60.18%	51 人	45.13%
高中	37 人	69.81%	28 人	52.84%	21 人	39.62%	24 人	45.28%
合计	120 人	72.3%	104 人	62.7%	89 人	53.6%	75 人	45.2%

表 2 可见，总体来看，中学历史教师关于专业发展方面阅读的主要书籍依次是教学参考书和考试辅导类书籍、有助于教学实施方面书籍、有成就的教师成长经历方面书籍、学科基础性和前沿研究方面书籍。初

中教师在 A、B、C 三项都高于高中教师，高中教师只在"学科基础性和前沿研究书籍"选项上的选择比例略高于初中教师，这是否反映目前高中历史教师专业发展渴求低于初中历史教师则有待观察。

3．职业愉悦

职业的幸福感直接来自工作的愉悦。如果工作不顺利、不舒心，很难有幸福感。教师从事的日常工作是教学，教学给予教师的体验直接影响着教师的工作积极性和工作态度，从而影响着教师的专业发展和职业思想。对于此问题，我们设置的题目是：关于教学成功或不成功的体验，你经常感到的是：

A．整个教学行云流水，学生呼应积极，感到身心愉悦

B．学生遵守纪律，课堂规范有序，完成了预设的教学目标

C．学生对教学不感兴趣，整个过程索然无味

D．对教学成功或不成功无所谓

结果如图 8 所示。

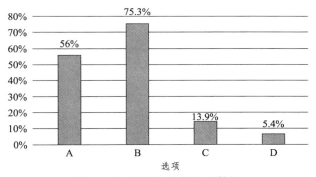

图 8　历史教师对教学的体验

教学成功的体验包括 A 项（关注学生）和 B 项（关注情境），不成功的体验为 C 项和 D 项。图 8 显示，教师们对教学成功的体验首先是课堂的秩序和教学目标的完成，其次才是教学的流畅和学生的积极呼应。这是符合实际的，根据研究，教师的成长一般可分为"关注生存""关注情境""关注学生"三个阶段。"关注生存"一般是新教师，有经验的教师大多处于"关注情境"阶段，对"内容是否充分得当""如何呈现教学信息""如何掌握教学时间"等比较关注，成熟的教师的关注重心则集中于学生。我们的调查对象以中级、高级职称教师为主体，正

处于有经验教师和成熟教师的发展阶段，所以他们的回答集中在 A 项和 B 项，对教学成功与否抱无所谓态度的教师比例很小，教学中经常感到索然无味的教师比例也不大。具体到学段，则如表 3 所示。

表 3　初中和高中历史教师对教学的体验

学段	A	B	C	D
初中	58.41%	78.76%	16.81%	6.19%
高中	50.94%	67.92%	7.55%	3.77%

表 3 反映，初中历史教师对教学的体验，A、B、C、D 四个选项的比例都显著高于高中教师。A 项高中低于初中的原因，是高中教师的教学功利性（高考压力）要强于初中教师，课程教学改革的实践，初中比高中先行，初中教师要比高中教师更关注学生的反应。B 项初中高于高中的原因，在于初中"有经验教师"居多。至于初中教师选 C、D 两项比例高于高中教师的原因，在于初中历史教师的转岗和兼课现象较为普遍，转岗教师、兼职教师一般说来史学功底要比专职教师差，所以教学引不起学生兴趣和对教学成功与否持无所谓态度的初中教师要比高中教师比例高。

4. 职业自豪感

职业幸福感源于职业自豪感，职业自豪感源于职业成就感。为了解历史教师产生职业自豪感的原因（时候），我们设置了以下题目：你感到职业成就感和自豪感的原因（时候）是：

A. 高考（中考）成绩出来后，我的学生成绩优秀

B. 若干年后，我教的学生有出息，他们又记得起我

C. 上级对我的工作充分肯定，给我各种荣誉

D. 社会认可我的工作，在业内（校内、本地区）我有着很高的威望

结果如图 9 所示。

教师打交道的主要对象是未成年人群体，未成年人的发展是将来式，教师的职业业绩具有后延性特点。图 9 充分显示了教师职业成就的这一特征。66.3% 的教师感到有职业成就感和自豪感的时候是学生有出息而又记得起老师。稍感意外的是，目前学校、社会关注度极高的中考、高考成绩，并没有被历史教师们列为职业成就感的首选项目，说明广大

教师的功利心态不太强烈。教师们除了关注将来学生的发展外，对自己的关注首先是业内评价，关注的是社会对自己工作的认可度，至于上级给予的各种荣誉，历史教师们的兴趣并不是很大。

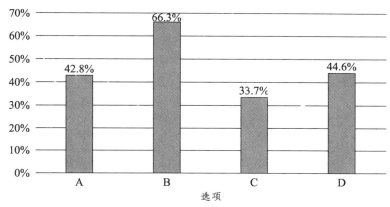

图 9　历史教师的职业自豪感

与此相联系的是教师们从业的心态，我们设置的问题是：对从事历史教学，你的看法是：

A. 从事历史教学就是一种谋生的手段，没有什么可以自豪或自卑的

B. 在学校，历史不是一门主课，领导不重视，学生不重视，历史教学没有地位

C. 历史教学能给学生人生的启发和价值观的引导，从事历史教学是一件很愉快的事

D. 既然选了这个专业（或者领导安排上这门课），那就勉力上好

结果如表 4 所示。

表 4　历史教师从事历史教学的看法

	A		B		C		D	
初中	32 人	28.32%	61 人	53.98%	66 人	58.41%	44 人	38.94%
高中	25 人	47.17%	13 人	24.53%	24 人	45.28%	20 人	37.74%
合计	57 人	34.34%	74 人	44.58%	90 人	54.22%	64 人	38.55%

表 4 显示初中、高中历史教师对从事历史教学的看法有一定的差异。高中教师对 A 项的认可度高于初中教师，说明职业的理想憧憬不如初中

教师，这与前述"教学关系到学生成长，要严肃思考世界观、人生观教育问题"的选择中，初中教师比高中教师高出接近 7 个百分点相一致；对 B 项的选择，高中教师显著低于初中教师，这与历史是高考一门必考学科，分值较大，而中考不一定是必考学科，且各地中考历史学科占的分值较低有关；C 项初高中教师选择比例均较大，说明教师们对历史教育的根本目的认识一致，是历史教师职业幸福感的源头活水；D 项是一个负面选项，是一种无可奈何的态度，初中历史教师的选择比例高于高中历史教师，原因在于初中历史教师的转岗和兼职现象较多。

为进一步了解历史教师对自己职业意义的评价，我们从社会职业中选取了科学家、艺术家、慈善家、运动员、教师、银行家、公务员、警察、医生、厨师、商人等职业，请教师们评价哪些人生活较有意义，结果如图 10 所示。

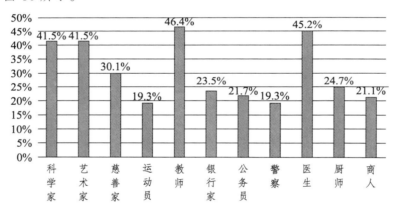

图 10　历史教师对较有意义职业的看法

图 10 可见，教师职业在中学历史教师心目中是较有意义的。我们没有要求教师对"较有意义"的选择进行说明，但结合教师对教学准备的态度、专业发展认识和感到职业自豪感的时间等方面的调查，可以认为，教师们之所以认为自己的职业较有意义，是基于教育的长远发展性而非现时性。

三、思考与建议

（一）简短结论

调查显示，目前中学历史教师的职业幸福感从积极方面看有以下几个明显特点：

第一，调查群体对从事教师职业具有相当高的认同感和自豪感，且自豪感的产生主要源于学生的成就。许多教师对历史教学的根本目标认识清晰，能够从历史教学给学生人生的启发和价值观的引导角度思考问题，正是基于这种认识，所以半数以上的历史教师认为从事历史教学是一件很愉快的事。

第二，教师们对于从事历史教育的意义认识清晰并具有高度一致性，职业价值认同较高。正是基于这种认同，因此教师们在回答"对生活中发生的每一件事，你的自我评价是非常投入感情及参与感"一问时，58.43%的教师表示了"同意"，因而能保持多数时候的愉快心情。

第三，教师们对于自身专业发展比较关注，有专业发展的自觉性，大部分教师强调自身的发展要与社会和时代发展对教师的要求相一致。

调查也显示，目前中学历史教师的职业幸福感存在以下问题：

第一，教师普遍对自己的身体健康状况感觉不佳，且男女教师的感觉有较大差异。图 3 显示 81.93%的教师否认自己身体健康处于最佳状态，其中男教师的比例是 78.57%，女教师是 86.76%，女教师比男教师高出 8 个百分点。L 市另一项对中小学教师的调查显示，33%的教师表示自己处于亚健康状态，还有 14.6%的教师感觉健康状况不佳。

第二，教师的职业愉悦感层次较浅。我们发觉，教师处于一个矛盾状态，从理性上看，教师们对从事历史教育的职业价值认识很清晰，而且对教师职业的人生意义充满正面肯定。但是，在现实的教学生活中，比例很大的教师对职业愉悦的体验是"学生遵守纪律，课堂规范有序，完成了预设的教学目标"，考虑到参加调查教师的职称结构（中级 64.5%，高级 31.3%），我们认为教师的职业愉悦感层次较浅。我们知道，人生的快乐是建立在具体的工作实践基础上，职业的愉悦会对人的整个生活质量和生活态度产生积极影响。教师这种较浅层次的职业愉悦体验，在对教师职业幸福感的心理维度调查方面得到验证。例如，"当你回忆过去时，对于以前发生的事情感到满意"一问，持"不同意"看法的教师比例为 51.2%，而对"你认为整个世界都是那么的美好"一问，持"不同意"看法的教师比例高达 65.66%。

第三，在专业发展方面，相当部分教师的专业书籍阅读面较窄。本次调查中，我们注意到，教师们认为本体性知识很重要，但是许多教师在本体性知识方面的主要阅读书籍是教学参考书和考试辅导类。2012年，笔者曾就优秀中学历史教师应具备的素养做过一项调查，在"本学科专业知识""渊博的文化知识""高尚的职业道德""优秀的教学能力""终身学习能力""科研意识"等选项中，选择比例分别是76%、68%、82%、88%、62%、44%[①]，结合两项调查，我们认为教师的科研意识比较淡漠，结合教学实际开展科研的能力有待提高。

（二）几点建议

第一，进一步提高教师社会地位，提升教师职业的社会尊重感。本次调查的历史教师群体中，95%以上具有中级、高级职称，他们属于教师群体中收入较高层次，但其平均工资水平仅相当于L市城镇全部单位就业人员平均工资，如果把初级职称教师算上，则其平均工资收入将低于L市平均水平。由于目前学校教育的应试现实，历史教师在客观上属于学校教师群体中的较低收入阶层。较低的收入，会影响教师群体的生存状态，进而影响一支稳定、可靠、热爱教育事业的教师队伍建设。如果教师不能保证自己有良好的生活生存状态，要求教师去实现自己的职业理想只能是一种空洞的苍白说教。

第二，加强教师队伍建设，引导教师树立职业理想，把职业当成事业追求。学校管理者和学科建设的业务负责部门，应结合学科特点，多角度开展教师职业认同感教育。首先要开展教育事业的崇高使命教育，真正树立职业自豪感；其次是要强调教师薪火相传的社会意义，增强教师从业责任心；再次是应突出教师润物无声的职业特点，调整教师职业价值观。

第三，准确定位教师的专业发展，针对不同情形，开展形式多样的岗位培训。首先是解决教师专业发展的内需问题，要让教师有比较，认识到自己与别人的差距，产生"学然后知不足"的紧迫感；其次是分析教师的知识结构，了解不同教师群体在教育知识、学科知识、学科教学知识、通识性知识等专业知识和教学设计、教学实施、班级管理与教育活动、教育教学评价、沟通与合作、反思与发展等专业能力方面的状况，明确教师专业发展的现实需要和长远需求，帮助教师制定和实施专业发

---

① 贾雪枫. 管窥高中历史教学的成绩、问题与思考——从教师的角度观察[J]. 历史教学问题，2012（5）.

展规划，针对不同的教师群体，组织不同的学习培训，找准切入口加强行动研究；在培训过程中，要针对教师具有实践经验而理论储备不足的特点，引导教师结合实践领悟理论。

第四，摆脱应试教育功利思想的束缚，因地制宜，为教师实现职业理想，体现职业价值创造条件。2014年3月，教育部发出《教育部关于全面深化课程改革落实立德树人根本任务的意见》，强调推进核心素养教育，改进学科教学的育人功能，这意味着我国教育将从知识素养教育转变为核心素养教育。历史教育关系到学生人生观、价值观的塑造，在核心素养教育中处于关键部位。但是由于应试教育的惯性，许多学校的教学管理仍然囿于知识教育，历史教学与其他学科教学一样，还被所谓"堂堂清，日日清，月月清"束缚，许多课堂被以知识传授为主的所谓"导学案"占据。在这种情况下，一方面学校要转变观念，真正树立立德树人的教育理念；一方面，广大历史教师要自强自立，摆脱应试教育的功利思想的影响，在实践中为实现历史教育的宏大目标而努力。

（三）研究论文的撰写

研究论文与研究报告具有一定的联系，但又有区别。研究报告是以文本的形式回答自己的研究经历了哪些过程、采用了哪些研究方式、取得了怎样的研究成果。研究论文则重在"论"上，是围绕论点展开论述、论证自己的观点。

论文写作的要求：论题要提出观点，标题要很清晰地使用陈述句表达。正文部分包括引言，说明文章因何而写。然后对自己的观点进行阐释论证，阐释论证需注意逻辑性，语言表达要准确，证据要清晰，层次要分明，参考文献要标注清楚。结尾要概括，对文章的中心论点再次强调，或者指出需进一步探讨的问题。

古人写文章讲究"义理、考据、辞章"，义理就是观点，考据就是论据、材料或实例，辞章就是遣字造句。中学历史教师写作论文，最好先从一个研究点入手，拟订提纲，对围绕题目中心准备写哪几点、每一点如何铺展说明、论点与论据如何有机结合等进行思考。论文写作强调两点，一是言之有物，观点必须有材料支撑；二是言之有序，先说什么后说什么，要有层次，不能逻辑混乱。

参考文献

一、专　著

[1] 中共中央马克思恩格斯列宁斯大林著作编译局. 马克思恩格斯选集[M]. 北京：人民出版社，1995.

[2] 中共中央马克思恩格斯列宁斯大林著作编译局. 列宁选集：第四卷[M]. 北京：人民出版社，2012.

[3] 中共中央马克思恩格斯列宁斯大林著作编译局. 列宁全集：第二十八卷[M]. 北京：人民出版社，1990.

[4] 中共中央马克思恩格斯列宁斯大林著作编译局. 列宁全集：第四十六卷[M]. 北京：人民出版社，1990.

[5] 中共中央毛泽东选集出版委员会. 毛泽东选集[M]. 北京：人民出版社，1991.

[6] 中国李大钊研究会. 李大钊全集：第三卷[M]. 北京：人民出版社，2006.

[7] 中国李大钊研究会. 李大钊全集：第四卷[M]. 北京：人民出版社，2006.

[8] 雷蒙·阿隆，梅祖尔. 论治史——法兰西学院课程[M]. 冯学俊，吴泓缈，译. 北京：生活·读书·新知三联书店，2003.

[9] 马克·布洛赫. 历史学家的技艺[M]. 张和声，程郁，译. 上海：上海社会科学出版社，1992.

[10] 卡尔·波普尔. 开放社会及其敌人[M]. 田汝康，译. 上海：上海人民出版社，1982.

[11] 柯林伍德. 历史的观念[M].尹锐，方红，任晓晋，译. 北京：光明日报出版社，2007.

[12] 柯文. 历史三调——作为事件、经历和神话的义和团[M]. 杜继东，译. 南京：江苏人民出版社，2000.

[13] 海德格尔. 尼采：上卷[M]. 孙周兴，译. 北京：商务印书馆，2012.

[14] 伽达默尔. 哲学解释学[M]. 夏镇平，宋建平，译. 上海：译文出版社，2004.

[15] 汉斯·格奥尔格·加达默尔. 真理与方法[M]. 洪汉鼎，译. 上海：译文出版社，1999.

[16] 《朱光潜全集》编辑委员会. 朱光潜全集：第四卷[M]. 合肥：安徽教育出版社，1988.

[17] 王杰. 美学[M]. 北京：高等教育出版社，2008.

[18] 本尼迪克特. 菊与刀[M]. 晏榕，译. 北京：中国华侨出版社，2011.

[19] 贝奈戴托·克罗齐. 历史学的理论与实际[M]. 傅任敢，译. 北京：商务印书馆，1986.

[20] 洪汉鼎. 理解与诠释经典文选[M]. 上海：东方出版社，2001.

[21] 维果茨基. 维果茨基教育论著选[M]. 余震球，选译. 北京：人民教育出版社，2005.

[22] 怀特海. 教育的目的[M]. 徐汝舟，译. 北京：生活·读书·新知三联书店，2002.

[23] 陈桂生. 教育原理[M]. 上海：华东师范大学出版社，2012.

[24] 王道俊，王汉澜. 教育学[M]. 北京：人民教育出版社，1989.

[25] 李秉德，李定仁. 教学论[M]. 北京：人民教育出版社，2001.

[26] 王策三. 教学论稿[M]. 北京：人民教育出版社，1985.

[27] 林崇德. 学习与发展[M]. 北京：北京师范大学出版社，1999.

[28] 吴式颖. 外国教育史教程[M]. 北京：人民教育出版社，2003.

[29] 吴立岗. 教学的原理、模式和活动[M]. 南宁：广西教育出版社，1998.

[30] 路海东. 教育心理学[M]. 长春：东北师范大学出版社，2002.

[31] 戴·冯塔纳. 教师心理学[M]. 王新超, 译. 北京: 北京大学出版社, 2000.

[32] 朱德全, 易连云. 教育学概论[M]. 重庆: 西南师范大学出版社, 2007.

[33] 南京师范大学教育系. 教育学[M]. 北京: 人民教育出版社, 1984.

[34] 钟启泉. 教育方法概论[M]. 上海: 华东师范大学出版社, 2002.

[35] 田慧生, 李如密. 教学论[M]. 石家庄: 河北教育出版社, 1996.

[36] 张楚廷. 教学论纲[M]. 北京: 高等教育出版社, 1999.

[37] 靳玉乐. 对话教学[M]. 成都: 四川教育出版社, 2006.

[38] 约翰逊 (Johnson, D. M.), 约翰逊 (Johnson, R. T.). 合作学习[M]. 伍新春, 郑秋, 张洁, 译. 北京: 北京师范大学出版社, 2004.

[39] 布鲁纳. 布鲁纳教育论著选[M]. 北京: 人民教育出版社, 1989.

[40] 高文. 教学模式论[M]. 上海: 上海教育出版社, 2002.

[41] Stephen D. Brookfield. 批判反思型教师ABC[M]. 张伟, 译. 北京: 中国轻工业出版社, 2002.

[42] 杰夫·米尔斯. 教师行动研究指南[M]. 王本陆, 潘新民, 等, 译. 重庆: 重庆大学出版社, 2010.

[43] 中华人民共和国教育部. 普通高中历史课程标准 (2017 年版 2020 年修订) [S]. 北京: 人民教育出版社, 2020.

[44] 中华人民共和国教育部. 义务教育历史课程标准 (2011 年版) [S]. 北京: 北京师范大学出版社, 2012.

[45] 中华人民共和国教育部. 普通高中历史课程标准 (实验) [S]. 北京: 人民教育出版社, 2003.

[46] 中华人民共和国教育部. 普通高中课程方案 (2017 年版) [M]. 北京: 人民教育出版社, 2018.

[47] 中华人民共和国教育部. 九年制义务教育全日制初级中学历史教学大纲 (试用修订版) [M]. 北京: 人民教育出版社, 2000.

[48] 中华人民共和国教育部. 全日制普通高级中学历史教学大纲[M]. 北京: 人民教育出版社, 2002.

[49] 中华人民共和国教育部. 全日制义务教育历史课程标准 (实验稿)

[S]. 北京：北京师范大学出版社，2001.

[50] 慕容真. 道教三经合璧[M]. 杭州：浙江古籍出版社，1991.

[51] 朱熹. 四书集注[M]. 上海：上海书店出版社，1987.

[52] 沈凤笙，陈戌国. 周礼·仪礼·礼记[M]. 长沙：岳麓书社，1989.

[53] 荀况. 荀子[M]. 上海：上海古籍出版社，1989.

[54] 韩非. 韩非子[M]. 上海：上海古籍出版社，1989.

[55] 司马迁. 史记[M]. 北京：中华书局，1959.

[56] 班固. 汉书[M]. 北京：中华书局，2007.

[57] 刘知几. 史通（下）[M]. 姚松，朱恒夫，译注. 贵阳：贵州人民出版社，1997.

[58] 陈澔注. 礼记集说[M]. 上海：上海古籍出版社，1987.

[59] 鸿雁. 王阳明全书[M]. 昆明：云南人民出版社，2013.

[60] 章学诚. 文史通义[M]. 上海：上海书店出版社，1988.

[61] 郭绍虞. 中国历代文论选：第 3 册[M]. 上海：上海古籍出版社，1980.

[62] 王利器. 新语校注[M]. 北京：中华书局，1986.

[63] 吕思勉. 中国通史[M]. 武汉：长江文艺出版社，2012.

[64] 翦伯赞. 中国史纲要：上册[M]. 北京：人民出版社，1983.

[65] 林剑鸣. 秦汉史[M]. 上海：上海人民出版社，2003.

[66] 茅蔚然. 中学历史教学法[M]. 杭州：杭州市教师进修学院，1982.

[67] 龚奇柱. 中学历史教学法概要[M]. 西安：陕西人民出版社，1983.

[68] 上海师范大学历史教学法教研室. 中学历史教学法概论[M]. 上海：上海社会科学出版社，1986.

[69] 赵恒烈. 历史教育学[M]. 石家庄：河北教育出版社，1989.

[70] 北京师范大学历史教学法教研室，天津师范大学历史教学法教研室. 中学历史教学法概论[M]. 北京：北京师范大学出版社，1988.

[71] 金相城. 历史教育学[M]. 杭州：浙江教育出版社，1994.

[72] 张媛. 中学历史教育学[M]. 郑州：中州古籍出版社，1995.

[73] 朱汉国，陈辉. 高中历史教师专业能力必修[M]. 重庆：西南师范大学出版社，2012.

[74] 李稚勇，陈志刚，王正翰. 历史教育学概论——中学历史教育的理论与实践[M]. 北京：高等教育出版社，2015.

[75] 赵亚夫. 中学历史教育学[M]. 北京：北京师范大学出版社，2019.

[76] 陈辉. 高中历史新课程的理论与实践[M]. 北京：高等教育出版社，2008.

[77] 陈辉. 历史教师培训的理论与实践探索[M]. 成都：四川大学出版社，2020.

[78] 张天明. 何炳松历史教育思想研究[M]. 北京：商务印书馆，2018.

[79] 张天明. 我国历史教科书研究（1979—2014 年）[M]. 长春：东北师范大学出版社，2016.

[80] 朱德全，李娜泽. 教育研究方法[M]. 重庆：西南师范大学出版社，2011.

[81] 刘电芝. 教育与心理研究方法[M]. 重庆：西南师范大学出版社，1997.

[82] 刘旭相. 中小学教育研究实用指南[M]. 成都：四川大学出版社，2017.

二、期刊论文

[1] 南纪稳. 教学系统要素与教学系统结构探析——与张楚廷同志商榷[J]. 教育研究，2001（8）.

[2] 郝恂，龙太国. 试析教学主体、客体及主客体关系[J]. 教育研究，1997（12）.

[3] 马健生，饶舒琪. 论教学即领导：一种教学本质的新解[J]. 教育学报，2017（6）.

[4] 查有梁. 重新全面认识农村基础教育信息化[J]. 教育与教学研究，2017，31（5）.

[5] 何克抗. 如何实现信息技术与学科教学的"深度融合"[J]. 教育研究，2017（10）.

[6] 贾雪枫. 信息技术背景下课堂教学文化的重构[J]. 教育与教学研究，2020，34（4）.

[7] 张琪娜，吕狂飙. 困境与突围：教师作为数字移民的时代挑战[J]. 中国教育学刊，2019（9）.

[8] 任友群. 人工智能何以变革教育[J]. 教师博览，2019（2）.

[9] 张华. 论学科核心素养——兼论信息时代的学科教育[J]. 华东师范大学学报（教育科学版），2019（1）.

[10] 郭元祥. 知识之后是什么——谈课程改革的深化[J]. 新教师，2016（6）.

[11] 郭元祥. 论深度教学：源起、基础与理念[J]. 教育研究与实验，2017（3）.

[12] 郭华. 深度学习及其意义[J]. 课程·教材·教法，2016（11）.

[13] 朱雁. 课堂观察之定性观察法[J]. 中学数学月刊，2014（5）.

[14] 贾雪枫. 高效课堂的课堂观察评价[J]. 基础教育参考，2017（12）.

[15] 尹合栋. 说课评价量规的设计与应用[J]. 现代教育技术，2012（12）.

[16] 沈毅，林荣凑，吴江林，等. 课堂观察框架与工具[J]. 当代教育科学，2007（24）.

[17] 梁文艳，李涛. 基于课堂观察的教师教学质量评价：框架、实践与启示[J]. 教师教育研究，2018（1）.

[18] 王永红. 新时代课堂教学改革深化：从"好课"到"好教学"[J]. 课程教材教法，2020（9）.

[19] 叶澜，吴亚萍. 改革课堂教学与课堂教学评价改革——"新基础教育"课堂教学改革的理论与实践探索之三[J]. 教育研究，2003（8）.

[20] 邢红军，田望璇. 课堂教学评价理论：反思与建构[J]. 课程教材教法，2020（6）.

[21] 刘景福. 基于项目的学习（PBL）模式研究[J]. 外国教育研究，2002（11）.

[22] 胡玫. 从"课"的视角思考"试卷分析"教学[J]. 教学月刊·中学版，2013（5）.

[23] 尹睿. "互联网+"时代学习环境重构：技术后现象学的视角[J]. 现代远程教学研究，2016（3）.

[24] 冯晓英，王瑞雪，吴怡君. 国内外混合式教学研究现状述评——基于混合式教学的分析框架[J]. 远程教育杂志，2018（3）.

[25] 李逢庆. 混合式教学的理论基础与教学设计[J]. 现代教育技术，2016（9）.

[26] 祝智庭. 教育信息化的新发展：国际观察与国内动态[J]. 现代远程教育研究，2012（3）.

[27] 叶澜. 让课堂焕发出生命活力——论中小学教学改革的深化[J]. 教育研究，1997（9）.

[28] 罗祖兵. 生成性教学及其基本理念[J]. 课程·教材·教法，2006（10）.

[29] 胡淑珍，胡清薇. 教学技能观的辨析与思考[J]. 课程·教材·教法，2002（2）.

[30] 张克永，李宇佳，杨雪. 网络碎片化学习中的认知障碍问题研究[J]. 现代教育技术，2015（2）.

[31] 林崇德. 中国学生核心素养研究[J]. 心理与行为研究，2017（2）.

[32] 徐蓝. 关于历史学科核心素养的几个问题[J]. 课程·教材·教法，2017（10）.

[33] 张有奎. 三种类型的历史虚无主义及其批判[J]. 马克思主义与现实，2019（1）.

[34] 贾雪枫. 现代信息技术深度融合下教学要素关系的新变化及其影响——基于公共决策"三圈理论"分析框架的视角[J]. 教育与教学研究，2021，35（5）.

[35] 贾雪枫. 历史教学引领历史教学[J]. 历史教学（上半月刊），2021（5）.

[36] 贾雪枫. 历史教学求真问题再探讨[J]. 历史教学（上半月刊），2016（10）.

[37] 赵汀阳. 历史之道：意义链和问题链[J]. 哲学研究，2019（1）.

[38] 李亚芳. 自媒体条件下大学生抵制历史虚无主义思潮的路径探讨[J]. 新闻研究导刊，2019，10（23）.

[39] 周江平. 改革开放初期的历史虚无主义探析[J]. 河池学院学报，2019，36（6）.

[40] 郝继松. 历史虚无主义的方法论表现及其唯物史观批判[J]. 观察与思考，2020（11）.

[41] 韩炯. 因果解释的迷失：历史虚无主义的方法论基础批判[J]. 史学理论研究，2019（3）.

[42] 刘起林. "戏说历史"的颠覆类型与叙述伦理[J]. 湖南社会科学，2010（4）.

[43] 侯惠勤. 马克思主义方法论四大基本命题辨析[J]. 哲学研究，2010（10）.

[44] 刘大年. 方法论问题[J]. 近代史研究，1997（1）.

[45] 尤·亚·尼基福罗夫. 意识形态与历史[J]. 李晓华，译. 世界社会主义研究，2019（11）.

[46] 蒋孔阳. 浅论自然美——学习马克思《1844 年经济学哲学手稿》的体会[J]. 文艺研究，1983（3）.

[47] 吴伟. 历史学科能力与历史素养[J]. 历史教学(上半月刊),2012(11).

[48] 贾雪枫. 简论历史教师的教学智慧[J]. 历史教学（上半月刊），2015，12.

[49] 钱乘旦. 发生的是"过去"，写出来的是"历史"——关于"历史"是什么[J]. 史学月刊，2013（7）.

[50] 冯一下. 历史想象与历史教学[J]. 历史教学，2011（17）.

[51] 冯一下. 试论历史想象的基本原则[J]. 中学历史教学，2016（1）.

[52] 王琪. 撰写文献综述的意义、步骤与常见问题[J]. 学位与研究生教育，2010（11）.

[53] 贾雪枫. 管窥高中历史教学的成绩、问题与思考——从教师的角度观察[J]. 历史教学问题，2012（5）.

三、学位论文

[1] 方平. 近现代中学历史教学方法的比较研究[D]. 南京：南京师范大学，2004.

[2] 冯素娟. 赵恒烈中学历史教育思想初探[D]. 成都：四川师范大学，2010.

[3] 钱月. 中学历史图示教学法的继承与发展研究——以李秉国图示教学法为例[D]. 北京：首都师范大学，2013.

[4] 孙梦璐. 20世纪中学历史教学论发展趋势研究[D]. 大连：辽宁师范大学，2017.

[5] 迟爽. 中学历史教学应对历史虚无主义影响的策略研究[D]. 延安：延安大学，2020.

[6] 刘景福. 基于项目的学习模式（PBL）研究[D]. 南昌：江西师范大学，2002.

[7] 陈瑶. 课堂观察方法之研究[D]. 上海：华东师范大学，2000.

[8] 吴亚敏. 论高师院校历史专业师范生课堂教学技能的培养与提高[D]. 武汉：华中师范大学，2012.

[9] 付强. 论教学技术的人文向度[D]. 济南：山东师范大学，2013.

后　记

　　屈指算来，我从事历史教学实践和历史教学研究已经 30 多年了，从公开发表第一篇文字到现在也有 30 多年了。30 多年的时间，以 2003 年为界，可以划分为教学第一线的实践和教研第一线的实践两个时期。前一时期，教学为主，教研为辅，这时的教研，多半是围绕教学需要，写些史实性的文章或者高考的试题分析、复习备考之类的应时文章。这些文章，现在看来，多是在技和术上花费功夫。2003 年后专事历史教研员，因为有应对考试的基本经验，对考试的模式也比较熟悉，所以在一段时间内又钻研命题，组织命题、考试、考试分析，撰写了大量的考试分析文章，对数据分析的方式也有了一些理解，但仍然徘徊于教学研究的门庭之外。所幸自己尚有自知之明，知道道与术的关系，命题也好，考试也好，考试的分析也好，都还是术的层面，或者只是道的载体，它们并不是历史教学追求的道。

　　正是基于这种认识，我慢慢地对考试和针对考试的教学失去了研究的兴趣，开始沉心思考历史教学之道，思索历史教育的根本目的如何实现，陆陆续续地将思考的所得通过文章发表、讲座、读书心得等形式表达出来，但零星散乱不成体系，有点随性而起、率性而为的感觉。子曰：三人行必有我师焉。又曰：德不孤，必有邻。正在我踽踽而行之时，四川省教育厅、四川省财政厅启动了省级名师工作室的建设，因缘际会，我有幸位列其中，得以结交省内外优秀教师，又在工作室的建设过程中，与同仁们共同探讨，提出了"问道"的历史教学理念，力图使历史教学过程成为从"问道"到"闻道"的过程。经过实践、讨论、思考、归纳，我把工作室的实践成果进行了总结，并与自己 30 多年的工作经验相联系，形成了现在这个稿子。书成，当表谢意。

首先要感谢四川省教育厅、四川省财政厅，上级领导的高瞻远瞩实施工作室建设，才让我有机会进行系统的思考和开展深入的研究。

要感谢四川省教师发展研究中心，他们作为业务管理部门，为工作室的建设殚精竭虑，筹谋发展，为我们提供了学习和提升的机会，并在专业发展上指导我们做好规划，使我们少走弯路。

要感谢工作室的伙伴们。每一名伙伴背后都是一个团队，自贡的吴跃、唐莉、杨秀玲，内江的王勤、曾宏伟，宜宾的王江茹，凉山的罗清燕、刘琳均、黄永春，攀枝花的周均，南充的罗剑容，成都的饶振宇，泸州的王廷相、邱钰、欧阳菊，他们都在自己的区域内组织和实施了大量的研究工作，积累了丰富的资料，也培养了不少后起之秀。

要感谢工作室成员所在地区的教研员同行们。自贡的刘灵、富顺的王旭东，内江的代焰明、内江市中区的吴国乔，宜宾的杨杰、凌生刚，凉山的徐建，攀枝花的李文妍，南充的雍建平、顺庆区的王全荣，泸州的张洁和泸州市七个县区的教研员，特别是合江县的李世怀、古蔺县的刘洪等，都在协助工作室成员管理特别是工作室活动方面给予了大力支持和帮助。成都市的罗光火名师工作室、泸州市的李世怀名师工作室，经常和我们一起讨论，相得益彰。

要感谢承担工作室研究活动的学校。从 2019 年 3 月起，我因组织工作室的活动，先后到过内江二中、内江七中、内江东兴中学、内江铁路中学、内江六中、自贡蜀光绿盛学校、自贡沿滩区仙市中学、富顺县永年中学、富顺二中、宜宾翠屏区龙文学校、江安县川师大实验外国语学校、江安中学、凉山州民族中学、凉山州西昌俊波外国语学校、会东县参鱼中学、盐源县民族中学、会理中学、攀枝花二中、成都武侯实验中学、成都天府中学、南充高中、南充三元实验学校、南充五中、南部中学、合江中学、合江县城关中学、泸州高中合江分校、古蔺县二郎中学、泸州七中佳德学校等学校，这些学校无不大力支持工作室的活动，给予了人力、物力、财力各方面的保障，使每次活动都圆满成功。特别是内江市的工作室教学成果展示、合江县的工作室暑期集中研修、集中论文写作研讨、自贡仙市中学的学术会议，都是在各承担学校的大力支持下才得以成功组织。

要感谢四川省教育科学研究院的陈静亦、黄勇老师。他们指导工作室工作，特别是给予我本人的指导，使我有机会把自己的一些想法进行整理和反思，形诸文字。

要感谢陈辉、张天明、陈倩三位专家。他们都是四川省内的历史课程与教学论方面的专家，受聘指导工作室工作，尽心尽职，不仅在理论上，更在实践上手把手地帮助我们。我们的活动，他们在时间上都优先安排。每次活动，他们的观点主张、言谈举止、躬身亲行，都使我们的同仁们感动，也因此结下深厚的友谊。

最后，要感谢西南交通大学出版社的编辑，是他们用辛勤的劳动，才使我们问道的所思所想为世人所了解，谨向他们表示由衷的谢意！

贾雪枫

2022 年 10 月 30 日